U0938829

工业品营销[第四版]管理实务

李洪道◎著

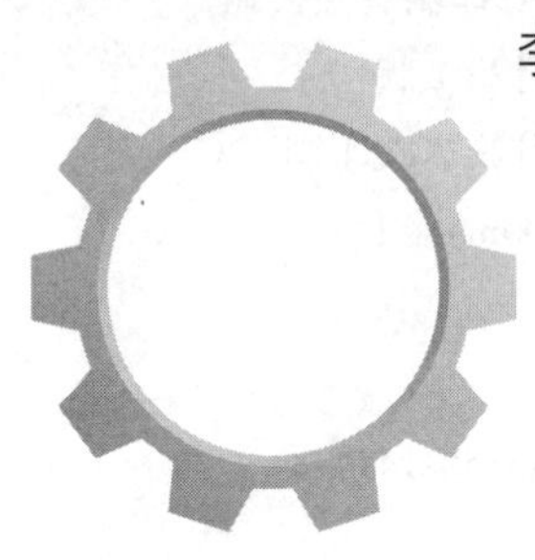

中华工商联合出版社

图书在版编目（CIP）数据

工业品营销管理实务/李洪道著．—4版．—北京：中华工商联合出版社，2015.9

ISBN 978-7-5158-1414-8

Ⅰ.①工…　Ⅱ.①李…　Ⅲ.①工业产品－营销管理　Ⅳ.①F764

中国版本图书馆CIP数据核字（2015）第202622号

工业品营销管理实务（第四版）

作　　者：李洪道
责任编辑：于建廷　臧赞杰
责任审读：郭敬梅
封面设计：久品轩
责任印制：迈致红
出版发行：中华工商联合出版社有限责任公司
印　　刷：河北宝昌佳彩印刷有限公司
版　　次：2015年10月第1版
印　　次：2022年11月第2次印刷
开　　本：710mm×1000mm　1/16
字　　数：350千字
印　　张：23.75
书　　号：ISBN 978-7-5158-1414-8
定　　价：99.00元

服务热线：010－58301130
团购热线：010－58302813
地址邮编：北京市西城区西环广场A座19－20层，100044
http：//www.chgslcbs.cn
E-mail：cicap1202@sina.com（营销中心）
E-mail：gslzbs@sina.com（总编室）

博瑞森图书：企业阅读　本土实践

亲爱的读者朋友：

也许您是博瑞森图书的老读者，也许是新朋友，欢迎您阅读博瑞森图书！

当今中国，各行各业都存在着转型升级的压力与机遇。博瑞森图书与您一同应对转型挑战并发现其带来的机遇。

我们一直在问：什么样的书能为您解决管理难题并带来启发？

我们一直在找：哪些作品能帮助企业从跟随到领先？

我们一直在做：把最好的作品以最便捷的方式呈现给您，纸质版、电子版、书摘邮件、微信……

我们策划图书的原则是：

- 企业阅读——与您一样，做水中的游泳者，而非岸上的观众或教练，企业的困惑就是我们的任务。
- 本土实践——与您一样，立足本土环境，追求卓越实践，传播最适合当下中国企业的管理之道。

我们也向所有的企业管理者、管理咨询专家和企业研究者征稿，让更多被实践检验的好思想、好方法迸发出来，为企业助力！（bookgood@126.com 或 QQ：1963328416 或手机号（微信号）13611149991，绝非“自费出书”，不向作者收取任何费用）

如果有一天，您把博瑞森图书视为您优秀的事业伙伴、管理助手，我们也就实现了自己的梦想。

博瑞森图书

序言

很高兴看到洪道先生的《工业品营销管理实务》第四次再版。

实现工业化的百年梦想是中华民族伟大复兴的重要组成部分，实现工业的转型升级是打造中国升级版经济的重要内容。在实现工业化的进程中，工业仍然是拉动经济发展的主导力量，制造业仍是国民经济的支柱。制造业未来的发展方向是智能化、数字化、网络化和服务化，生产性服务业是制造业的延伸。

充分发挥工业的主导作用、积极发展生产性服务业是新型工业化的战略取向。2014 年 8 月 6 日，国务院印发了《关于加快发展生产性服务业促进产业结构调整升级的指导意见》，首次对生产性服务业发展做出了全面部署，并明确指出：提升商务咨询服务专业化、规模化、网络化水平；大力发展战略规划、营销策划、市场调查、管理咨询等提升产业素质的咨询服务；发展信息技术咨询服务，开展咨询设计、集成实施、运行维护、测试评估和信息安全服务；大力应用系统解决方案；重视培育品牌和提高商誉，大力发展无形资产、信用等的评估服务。

为了加快推进工业企业品牌建设，全面提升工业企业品牌竞争力，在工业和信息化部的指导和中国工业经济联合会的支持下，中国工业报社成功举办了 2013 年度中国工业企业品牌竞争力评价和发布活动。活动产生了较好的社会影响。洪道先生应邀担任中国工业品牌竞争力评价专家委员会专家。2014 年度评价结果也在 2015 年 5 月发布。

为了推进工业和生产性服务业的有机融合，作为中国工业论坛的延伸，中国工业报社还成功主办了“中国工业和生产性服务业论坛”。论坛特邀洪道先生做了题为《工业品营销，赢在信任》的专题演讲。他结合中国工业企业的实际，讲述了构建基于信任导向的中国特色工业品营销管理体系的工具与方法，介绍了其团队自主研发的中国工业企业营销过程管理软件。他的再版新书，凝结了他对近年来若干企业实际案例的总结，很值得一读。

加快发展生产性服务业、创新发展中国特色的企业管理工具体系以及研发具有自主知识产权的管理软件，需要这样一批扎根中国工业实际的实践者与探索者。

中国工业报社社长　陈卫

2015 年 1 月 30 日

前言

李洪道

一辈子一本书，唯原创真实战；

一本书一张网，唯信任真互动。

三十而立，四十不惑。

而立之初，出版《工业品营销，赢在信任》（第一版）。

不惑之后，修改并出版《工业品营销管理实务》（第四版），心中多了些敬畏与感恩。敬畏，是对读者、中国工业品营销从业者的敬畏，更是对营销管理咨询顾问、营销培训师职业的敬畏；感恩，是对这些年为理论提供营养的中国工业品营销实践者的感恩，更是对这些年一起实践打造基于信任导向的工业品营销管理体系的咨询企业与伙伴们的感恩。敬畏与感恩在我的脑海里汇聚成一个个问号。

一、《工业品营销管理实务》（第四版）有哪些特色

本书为《工业品营销管理实务》（第四版），是以信任为导向的中国特色工业品营销体系的全面深化版、工业品营销管理体系优化咨询的升级版。

（一）工具更实战

本书每一章节的论述都遵循理论概述、实战工具、应用案例的逻辑主线。理论概述，即梳理每一章节所涉及的基本知识与通用理论；实战工具，即在理论概述基础上结合营销管理咨询实践，提炼出工业品营销的实战工具，并且清晰画出每一个实战工具的逻辑图，打通逻辑，提升工具的实战性。

（二）案例更鲜活

本书全面更新了企业案例，在营销咨询项目中精选工业企业不同发展阶段的 7 个真实案例，以真实案例为原型编写应用案例，力求鲜活。

（1）方案营销——MC 公司：表达效果，彰显品质。一个老板就读于国内知名商学院 EMBA 的生产型企业，在产品营销遇到天花板时，按照方案营销的逻辑方法展开方案营销，在逆势中取得佳绩。

（2）营销策略——SC 公司：主动服务，立体防御。一个在细分行业市场地位稳居第一的企业，在内部员工关系分裂与外部客户流失的双重压力下，运用四轮驱动组合策略保持优势。

（3）营销组织架构——ZD 公司：基于营销战略与策略的营销组织优化。一个其母公司是世界第一的开关电源供应商企业，运用营销组织优化的原则与方法，构建出科学、高效的营销组织，为公司的战略落地和策略实施提供了组织保障。

（4）工业品品牌——SY 公司：专“芯”专意，“中芯”报国。一个在国产化道路上默默耕耘 12 载的专业化公司，历经风雨与诱惑，在外资的重重围攻之下，依然坚守国产品牌之梦，而今终于迎来国产品牌圆梦的季节，这个案例的核心是告诉我们如何进行品牌提炼与塑造。

（5）工业品渠道——YZ 公司：高效暖通，全程无忧。一家生产制造能力与技术能力俱佳的企业，巧妙运用渠道空间论实施渠道突围。

（6）营销模式创新——LX 公司：价值交换，平台营销。一个百亿上市公司的重要战略经营单元，在传统营销模式下遇到重重困难，却通过营销模式的创新创造了新的比较优势。

（7）营销战略梳理——TY 公司：12310 战略。一个白手起家创业 14 年的区域型企业创始人就读 EMBA（高级管理人员工商管理硕士）后，推进公司战略转型，应用营销战略梳理工具，点亮了自己二次创业的未来。

（三）内容更深化

《工业品营销管理实务》（第四版）在内容与结构上有了大幅调整，按照信任导向中国特色工业品营销管理体系构建的系统模块，全书共分五大部分，每一部分聚焦一个专题进行信任互动。

第一部分，工业品营销现状与本质。这一部分透过工业品营销现状看工业品营销的本质，旨在帮助工业企业进行营销体系的自我诊断，从单品、多品、方案、物流型、项目型等多角度对工业品的营销表现形态展开论述。信任互动一，全面展现了工业品营销诊断的咨询工具，并对营销咨询中诊断出的三大根源问题进行详细描述，指导工业企业对其营销现状进行实操诊断。

第二部分，工业品营销战略与模式。本书增加了第三章《工业品营销调研》模块，从调研方案设计、调研信息获取、调研信息分析、调研结果应用四个方面介绍工业品营销调研的特殊之处，尤其强调了工业品营销调研必须掌握的信息分析工具——三者分析。信任互动二，运用工业品营销战略梳理模型、工业品营销模式三个创新点等工具，探寻工业企业的营销战略与模式创新之路。

第三部分，工业品营销策略与基本功。本书增加了第7章《方案营销》，在这一章中阐述了产品营销与方案营销的区别，并结合营销咨询实践，提炼出方案营销的逻辑与方法。信任互动三，聚焦于如何编写工业品营销操作手册。

第四部分，工业品品牌与渠道。这一部分针对工业企业发展的品牌与渠道两大制约因素，鲜明地提出工业品品牌的两力模型和工业品渠道空间论，并站在实际操作的角度，结合案例对二者进行诠释。信任互动四，回答了怎样进行工业品营销活动策划的问题。

第五部分，工业品营销组织与绩效。在工业品营销绩效管理方面，企业首先要优化营销进程，进而优化薪酬结构，最后才可进行营销绩效管理的优化。第十二章第四节《绩效管理优化》着力解决营销绩效考核的目标设定与KPI制定的问题。信任互动五，围绕"四个合一""两类表单""绩效提升"三个关键点，打开工业品营销的天窗，强调工业品营销过程中管理的实际运用。

（四）互动更信任

为使本书每部分内容的互动更加方便高效，恩虹咨询特别开发了一个基于移动互联网的互动平台——信任空间。读者可以扫描二维码，加入"工业品营销信任空间"QQ群，与其他读者线上线下实时互动、共建共享知识与资源信任圈，同时，还可以参加"信任空间、开门大吉"活动。

本书旨在践行中国特色工业品营销管理体系的逻辑和工具，结合工业企业的营销实际，利用移动互联技术，为工业企业定制工业品营销管理软件，实现远程、互动、高效的营销过程管理，打造"互联网+工业品营销"。附录介绍了恩虹咨询自主开发的A&T工业品营销过程管理软件。

二、为什么要出版《工业品营销管理实务》（第四版）

中国的改革，已经从"摸着石头过河"步入"顶层设计系统规划"的全面深化阶段。中国的经济步入"新常态"，移动互联技术催生了"互联网+"。"新常态"不能靠投机取巧；"互联网+"不能靠弄虚作假。工业企业转型升级、工业品营销管理体系优化迫在眉睫。

中国工业企业营销环境逐渐改变，扎根中国工业企业营销实践的《工业品营销，赢在信任》也必须随之进行全面深化。唯有将中国特色工业品营销管理体系的工具体系、实践优化、咨询心得进一步提炼、归纳、演绎，我们才可帮助更多的工业企业进行营销管理体系的优化。

"专心做一本具有中国特色的实战好书，一版一版记载中国工业品营销管理的逐步深化，一版一版凝结中国工业品营销的智慧"，任重道远。

三、《工业品营销管理实务》（第四版）的读者是谁

工业品营销是一个系统，系统中参与者众多，但每一个参与者都必须系统了解工业品营销，方可在出色完成本职工作的同时还能够实现其职责所赋予的系统功能。第四版的读者定位为：中国工业品营销从业者。

如果您是忙忙碌碌的工业品营销大军中的一员，并且正在为业绩的达成而日夜苦恼，请更多关注工业品营销的基本功；如果您是工业企业的营销管理者，正在为营销目标的达成而苦思冥想，请更多关注工业品营销的策略制定与过程管理；如果您是工业企业的掌门人，正在为战略转型而谋划营销变革，请更多关注工业品营销战略梳理与模式创新。

如果您正在就读 MBA（工商管理硕士），对工业品营销感兴趣或者有意从事工业品营销工作，希望本书能够为您打开一扇通向中国工业品营销实践的系统理论之窗，帮助您规划您的工业品营销职业蓝图；如果您正带着多年工业品营销征战的尘土走进 EMBA（高级管理人员工商管理硕士）的学堂，期待本书能为您提供一条串起工业品营销实践珍珠的工具体系链，让您能够尽情编制属于您的工业品营销珍珠项链。

如果您是营销咨询顾问与营销培训师，恳求您区分好消费品营销与工业品营销，切勿套用消费品营销的理论工具，期盼与您就中国特色的工业品营销管理体系工具深入研讨。

如果您正在高校从事营销教学工作，但愿本书能给中国工业品营销理论研究提供实践参考，给学生提供中国特色工业品营销理论体系的阅读参考，帮助打造中国工业品营销大军的预备人才。

敬畏与感恩，赐予我们勇往直前的力量；

信任与包容，鞭策我们创新求索。

观点

第一部分

- 工业品营销，赢在信任。
- 工业品营销绝不仅仅是营销部门的事，营销部门解决不了工业企业营销的根本问题。
- 工业品营销，首先是营销企业，接着营销个人，最后才是营销产品。
- 进行工业品营销时，企业不一定要有绝对的优势差异，但一定要有相对的比较优势。
- 找不到产品的比较优势，就找企业的比较优势；找不到企业的比较优势，就找营销团队的比较优势。
- 工业品营销团队的差异，一看专业度、二看职业化、三看战斗力。
- 营销团队的战斗力取决于目标、方法、利益的金三角。
- 关系不是万能的，没有关系却万万不能。关系不能“被利用”，关系只能“被需要”。
- 工业品营销是团队营销，团队营销构建立体关系。一线营销人员与一线使用者等基层人员应构建起所谓的“线人”关系；营销主管与用户的执行层应构建起“倾向”关系；营销高级管理者与用户的决策者等应构建起“共赢”关系，并与影响者构建起“催化”关系。
- 工业品采购者的关注点，首先应是采购风险，其次是采购收益，最后才是采购成本。
- 价格是由带给用户公司的价值和参与者个体价值综合决定的，高价必须解决灰色猜疑，低价必须解决质量陷阱。
- 灰色地带挥之不去，灰色更多的是起润滑作用，企业决不能让它变成黑色地带。

第二部分

- 要找工业企业的差异，首先看营销战略，营销战略无差异则看营销模式，营销模式无差异则看营销策略，营销策略无差异便只能拼营销政策。
- 营销战略差异是上策，营销模式差异是中策，营销策略差异是下策，营销政策的差异是下下策。
- 工业品营销战略是锁定几个聚焦圈，营销模式是在聚焦圈内画几条线，营销策略是在聚焦圈内几条线上找几个关键点。
- 工业品营销模式的三个创新点分别是：价值定位、交易路径、利益分配。

第三部分

- 工业品营销策略不是“点子”，更不是“手段”。
- 工业品营销策略不能“靠经验、拍脑袋”，而要“先分析、再组合”。
- 工业品营销策略分析四要素：（进入）机会、（关系）资源、竞争（选择）、策略（措施）。
- 工业品营销四轮驱动策略：风险、价值、关系、服务。
- 工业品营销比拼的是资源与能力，资源不仅是关系，能力绝不是技巧。
- 工业品营销没有技巧，只有基本功。
- 三大武器强筋骨，五诀成交通经脉，六大步骤胸成竹。
- 工业品营销讲究“放水养鱼”，不能套用“销售漏斗”。

第四部分

- 品在工牌在业，精提炼聚传播。
- 工业品品牌不一定要溢价，但一定要做好区隔。
- 做好工业品品牌的区隔，核心是品牌诉求的精提炼。
- 工业品品牌溢价，选对标杆才有空间。
- 工业品品牌塑造要靠两个力：基础力与传播力。
- 渠为伴道无边，定功能享空间。
- “支点”与“放大”——工业品渠道两大基本功能。

第五部分

- 工业品营销构建了两个圈，一个是用户圈，一个是影响圈。用户圈由用户的使用者、购买者、决策者等相关人员及其延伸的人际圈组成；影响圈由行业组织、行业媒体、政府主管部门等单位以及行业专家、权威人物、非竞品营销团队、竞品渠道商等组成。
- 只要结果不要过程，近似赌博，也许有小结果，肯定没有大结果；
只要过程不要结果，纯属过瘾，没有小结果，也不会有好过程。
- 不要让营销人员有太多的选择，选择越多，理由越多、目标越散、绩效越低。
- 营销人员不能放养，令其自生自灭；更不能圈养，使其唯唯诺诺。
- 人人头上有指标，指标头上有客户；
月度绩效重过程，年度绩效重结果。
- 财务指标不是绩效的唯一指标，工作任务完成度、营销进程推进度也是绩效指标。
- 做前有计划、做中有章法、做后有记录。想好了再做，做好了再想。
- 计划月月明、任务日日清，过程有指导、工作有记录。
- 信息及时报、费用不糊涂。
- 最大的费用是浪费，最缺的资源是时间。
- 最好的习惯是多写，最坏的习惯是多说。
- 成绩是公司的，成长是自己的。
- 经验不是资本，精英不要忘本。
- 营销人员都是聪明的，公司领导都是过来人，决不能“耍手段”“开偏方”。
- 工业品营销过程管理软件不等于CRM，更不等于OA。
- 进程规范、过程透明；移动互联、立体互信。

第一部分　工业品营销现状与本质

第二部分　工业品营销战略与模式

第四部分　工业品品牌与渠道

第五部分　工业品营销组织与绩效

第一部分

工业品营销现状与本质

营销问题千千万，追根求源一二三。

透过现象看本质，解铃还须系铃人。

发现问题，才有解决问题的可能。工业企业的营销问题，大多出自企业内部。发现并确定自身存在的问题，离不开系统的诊断工具。唯有把握工业品营销的本质，企业方可运用诊断工具进行营销体系问题的精准诊断。

直面工业品营销的现状，首先要界定什么是工业品，搞清楚工业品与消费品的区别；其次，要纵观中国工业企业的营销现状，把握企业面临的共性问题：工业品营销操作层面的误区、工业品营销管理体系中的困惑。对照现状之镜，窥视企业之困。

把握工业品营销的本质，必须区分工业品营销与消费品营销，进一步了解工业品营销的常见类型与表现形式，如：单品、多品、方案、物流、项目、服务等；还要全面了解工业品营销的七大特点，深刻理解工业品营销的三大要义，切实将工业品营销的出发点与落脚点由满足用户需求上升到赢得用户信任。

本部分的信任互动为读者提供了工业企业营销诊断的模型、工业品营销经脉图和营销诊断问卷。据此，可以对工业企业营销管理体系进行自我诊断。我们在此整理了营销管理诊断中出现的三大根源性问题及其本质，仅供参考。

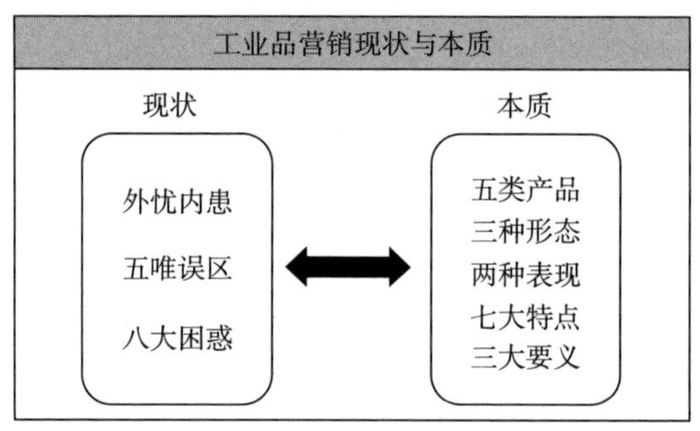

第一章

工业品营销现状

第一节　工业品 VS 消费品

一、工业品及工业品市场

（一）工业品的定义

工业品是相对于消费品而言的一个专用统称，泛指一切非消费品。工业品是在企业与企业之间或企业与其他组织机构之间进行交易的产品，这类产品是用来间接或直接生产消费品的，处于价值链的中间部位。

唐纳德（Donald D. Lee，1984）从供应商、加工商、用户这一价值链的角度，将工业品划分为工业初级产品和工业加工产品两大类，忽略了系统集成等工业工程服务产品。结合中国的实际情况，工业品通常可分为五大种类：原材料、零配件、基本设备、附属设备、系统集成与服务。如图 1－1 所示。

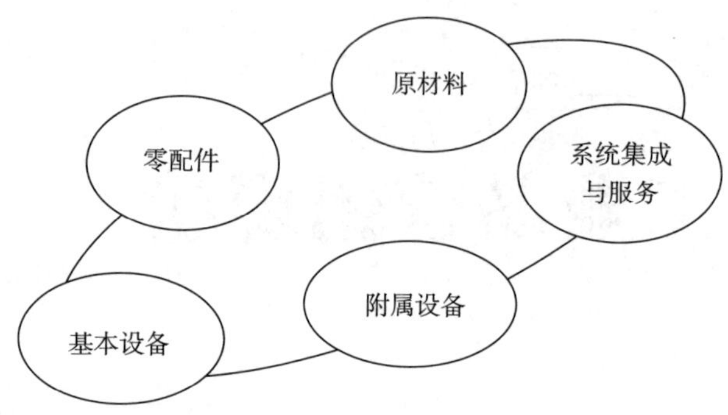

图 1－1　工业品五大种类

原材料：指生产某种产品的基本原料，是用于生产过程起点的产品。原材料又分为自然原料和人造原料两大类。自然原料即自然形态下的森林产品、矿产品，如铁矿、石油等；人造原料，又称合成材料，是人为地把不同物质经化学方法或聚合加工得到的材料，如纺织纤维、钢制品、建材等。

零配件：指已经完工，构成用户产品一个组成部分的产品，如集成电路块、仪表、仪器、汽车配件等。

基本设备：指保证企业进行某项生产的，直接影响企业产品质量和生产效率的基本设备，大多为固态资本，包括重型机床、流水线及成套设备等。

附属设备：指价值较低的标准化设备，相对于基本设备而言，其对生产的重要性低一些，如机械工具、电气设备等。

系统集成与服务：指企业内部运行及主要流程用 IT 技术等新技术组成的优化集成，包括运行软件及硬件设备，如电力自动化系统集成、智能监控系统集成、水处理系统集成，等等。

（二）工业品市场特征

工业品市场是由制造产品或根据业务需要购买商品或劳务的组织或个人所组成的市场，通常也称生产者市场。除消费品市场之外的市场都泛称工业品市场。工业品市场主要包括制造加工业、化学工业、建筑业、建材业、运输业、服务业等。工业品市场按客户的性质可以划分为：企业市场、机构市场、政府市场。

由于工业品是不直接面对普通消费者的，因此，工业品市场与消费品市场相比具有其显著特征。

1. 客户数量相对较少，但比较集中，单次购买量大

工业品的客户主要是企业、政府、机构、组织等，因此，其客户数量相对消费品来说少很多，而目标客户就更少了。但另一方面，工业品的客户数量十分集中，客户市场掌握在少数“巨头”手中，客户的单次购买量大。以一个中型工程项目为例，客户购置成套电气设备时动辄花费几千万元。因此，有的企业的业绩主要来自几个大客户的大项目，可以说，他们是靠几个大客户来生存的。这样，他们的前途就系在了几个大客户的身上，大客户的决定将直接影响到企业的命运。所以，工业企业在做广告宣传时就不能像消费品企业那样“铺天盖地”“大众情人”，而必须树立品牌，对目标客户进行重点突击，有的放矢。

2. 专业、理性购买，购买决策复杂

工业品一般都是大宗产品，单次购买费用高，购买次数较少。客户购买工业品时目的性非常强，不是出于生产或工作的需要，他们是不会购买的，而且，客户对产品的采购时间、采购数量都有严格的计划。因此，在购买工业品时，客户显得十分谨慎、小心，时时担心买错了或者买贵了。

客户对工业品的技术指标、规格、用途等都有很高要求，一般会将任务交由专业知识深厚、经验丰富的专职采购人员完成，遇上成交金额大、非常重要的产品，客户还会召集工程部、技术部、财务部以及企业高层领导等组成采购小组，对生产产品的企业、产品本身以及售后服务等进行层层考核。

所以，客户购买工业品属于专业、理性的购买，而且是一个复杂的决策过程，少则几月，多则几年。不过，如此长的决策过程，为企业的项目公关争取了足够的时间，企业可以充分利用这段时间，做好客户的公关工作，赢得客户的信任，树立企业的形象，与客户建立良好的伙伴关系。

3. 通常采取直接买卖方式

由于工业品成交金额大，客户往往会直接与生产企业联系，实地考察，亲自考核，实施直接采购。而生产企业为了将企业形象、产品信息更好地传达、展示给目标客户，会采取直销的模式，组建企业自己的直销队伍，面对面地与客户沟通，利用形象颇佳、产品知识过硬的直销人员树立良好的企业形象，赢取客户的信任。当然，企业也可能挑选、培训一批实力、能力都比较强的代理商或其他中间商。

4. 定制采购，注重服务

工业品的技术含量一般比较高，并且客户对产品会有一些特殊要求，因此，许多客户会通过招投标的形式提出自己的技术要求和相关条件；而供应商往往会根据客户的需求组织技术力量，定制化设计产品，满足客户需要。由于定制加工的产品不具有通用性，只能由定制客户使用，因此，客户不再需要的时候，这批产品也就不再生产了；而客户中途不要时，产品就很难卖出去，这样就加大了供应商的风险。供应企业会与客户签订《工业品买卖合同》，约定双方的权利与义务、违约责任等，还会要求客户交付一定的订金。工业品是再生产产品，技术含量相对较高，因此，对用户来说，产品服务就显得尤为重要，包括售前、售中以及售后服务等。

5. 派生需求，缺乏弹性

工业品市场可以说是派生的市场，工业品市场的需求也是派生的需求，是消费者对消费品的需求派生出来的需求。没有对消费品的需求，就不会有对机械设备的需求，也不会有对原材料的需求。

由于工业品市场的需求是派生的需求，因而只要消费品的需求存在，工业品的需求就必然存在，而且它不会受消费品市场的波动而波动。这是因为工业品市场的需求取决于生产过程、生产特征，只要企业不改变生产方式或产品种类，需求就会存在。例如：彩电生产企业不会因为显像管的涨价而少买或者放弃购买显像管；汽车生产企业也不会因为轮胎价格的下跌而大量采购轮胎。

二、工业品购买的影响因素

工业品的购买行为同消费品的购买行为一样，都受到诸多因素的影响，美国的韦伯斯特（Frederick E. Webster）和温德（Yoram Wind）将影响工业品购买行为的各种因素归结为四个主要方面：环境因素、组织因素、人际因素和个人因素。如表1－1所示。

表1－1　影响工业品购买行为的因素

环境因素	组织因素	人际因素	个人因素
经济环境 需求水平 资金成本 技术变革 社会发展	目标 政策 程序 组织结构 制度	职权 地位 志趣 说服力	年龄 收入 教育 职位 个性 文化

1. 环境因素

经济环境是影响工业品购买行为的重要因素，经济大环境的好坏、企业的经济状况都直接影响到工业品的购买需求。经济不景气时，企业就会减少投资，压缩库存，减少采购，工业品的购买需求就会减少；相反，经济快速发展时，企业就会加大投入，采购需求也较旺盛。同时，购买行为也会受到政治、文化、国际形势、社会发展等的影响。

2. 组织因素

我们已经知道，工业品一般是由采购部或由多个部门组成的采购小组进行采购的，每个企业都会有他们自己的采购需求、采购目标、决策组织、采购程序，其中的每一环节都影响着购买行为的进行。市场营销人员首先应该做好全面的前期调查，调查内容包括客户的真正需求、具体的采购目标、采购决策人、采购参与人员或部门，等等。只有对这些信息都了如指掌，营销人员才能知己知彼，有的放矢。

3. 人际因素

采购企业内部的人际关系对工业品购买行为的影响也是至关重要的。客户在购买大宗工业品时会将此工作交由专门的采购部或临时采购决策小组来进行。这些人的个性不同、地位有异、权力有别，他们之间的关系也是错综复杂的，因此，他们的购买要求会有所不同，他们每个人对购买决策的影响也有所不同。营销人员应该摸清决策成员的个性、喜好、权力、地位，弄清采购企业的采购标准、决策方式，有目的、有计划、有区别地与客户成员建立起良好的人际关系，为营销成功打好“人际通道”。

4. 个人因素

工业品市场的购买行为虽具有专业性、理智性、目的性，但也有其个人性。参加购买决策的是一个个的个人，每个人都有自己的个性特征。年龄、教育、生活背景、职位的不同，以及购买风险与自己的利害关系的不同，使得每个人在采购决策中都会表现出不同的立场和态度。摸清每个人的个性特征，把握每个人的态度、立场，是营销人员在营销公关时必须要做的功课。个人因素在工业品购买的决策过程中往往是最重要的影响因素。掌控好个人因素，你就在营销之路上开启了成功之门。

三、工业品购买过程及参与人员

企业在采购工业品时面临复杂的购买规程和购买决策，一次工业品全新购买过程可分成八大阶段，并有五类人员参与。

（一）工业品购买过程的八大阶段

工业品的价格都比较高，交易额很大，所以，企业在购买产品时会反复考察，细细盘算。决策过程不但复杂，而且相对漫长。排除企业直接重购的情况，工业品全新购买过程可以分成八大阶段。如图 1－2 所示。

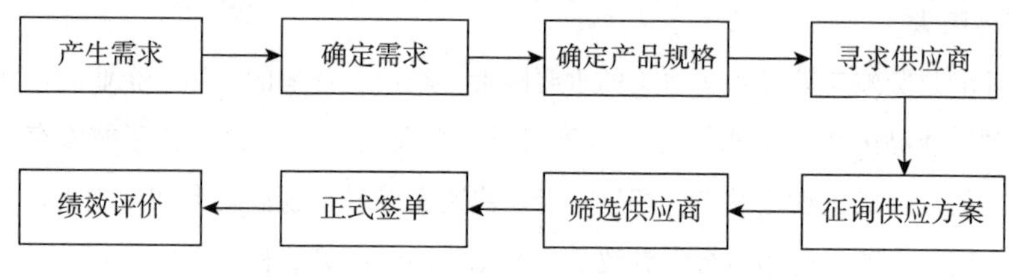

图 1－2　工业品全新购买过程

1. 产生需求

有需求才会有购买计划与购买过程，需求既可能是企业内部生产、工作的需求，如企业扩大生产、改进工艺等；也可能是外部环境的刺激引起的需求，如竞争加剧、技术水平普遍提高，或者供应企业的广告宣传或上门推销等。

2. 确定需求

需求产生后向上级提出，还需进一步研究确认。简单的采购由采购人员直接决定，复杂或重要的采购由企业决策者或者由使用部门、技术部门、采购部门等组成的决策小组共同决定。

3. 确定产品规格

专业的技术人员会对所需产品的规格、型号、性能等技术指标做具体的分析和详细的说明，以供采购人员参考。对于大批量或者大交易额的采购，企业还可能通过招投标形式提出对所采购产品的详细要求。

4. 寻求供应商

为了花最少的钱获得最优的产品，采购企业会派专人收集产品企业名录、参加展会、向目标企业发传真函或电子邮件，发布需求信息。有实力的企业还会在电视、报纸、杂志、网络等专业广告媒体上发布需求信息，吸引供应企业前来洽谈。

5. 征询供应方案

在收集到一定数量的供应商之后，采购企业就会邀请合格的供应商提交供货方案。供货方案可能是简单的一张纸，有的供应商也可能派一个营销代表亲临汇报。但对于大额的采购，采购企业对这一步骤的要求非常严格，往往会要求供应商提供详尽的背景资料和供货方案，有的还会联合招标公司，将需求信息及各项要求做成招标书，供应商可以通过购买招标书获得详细的采购信息，并以投标书的形式拟出详细的供应方案。

6. 筛选供应商

通过发布需求信息吸引来众多供应商之后，采购企业就需要对他们进行比较、筛选。在此过程中，采购企业不仅要考虑供应商的技术能力、产品质量、价格水平，还要考虑其供货周期、服务质量等。通常，采购筛选由采购经理或者分管副总完成，但对于大额的全新采购，企业还会联合正规的招标公司通过评标小组评标选出中标企业。

7. 正式签单

企业在多方面的比较之后筛选出最终的供应商，并和供应商签订供销合同，约定产品名称、数量、规格、单价、交货期等。对于直接再购买类型，供应商在收到正式书面购货请求后，就会按原定的产品规格和价格及时供货；对于修正再购买类型，双方只需要按协商结果对原来的合同稍做修改就可以了；对于全新购买类型，双方就要按事前的约定签署详细的《工业品供销合同》，详细约定产品的品牌、规格、技术条件、数量、单价、付款方式、运输方式、交货地、交货日期等。

8. 绩效评价

产品采购完成后，采购企业还会对供应商进行绩效评估，考核供应商的履约情况、后继服务质量等，并根据评估结果来判断是否继续由原供应商供货。评估方式通常有三种：一是直接与使用者沟通，了解产品使用情况及售后服务情况；二是采用不同的标准，通过加权计算来评价供应商；三是把各种不理想效果的开支求和，形成一个含价格在内的修正成本。

（二）参与工业品购买的人员

工业品的采购决策过程中往往有多方面、多层次的人员参与，而且他们的角色不同、地位不同，在决策中所起的作用也不同。一次较大宗的工业品的采购一般由以下五类人员组成，如图 1－3 所示。

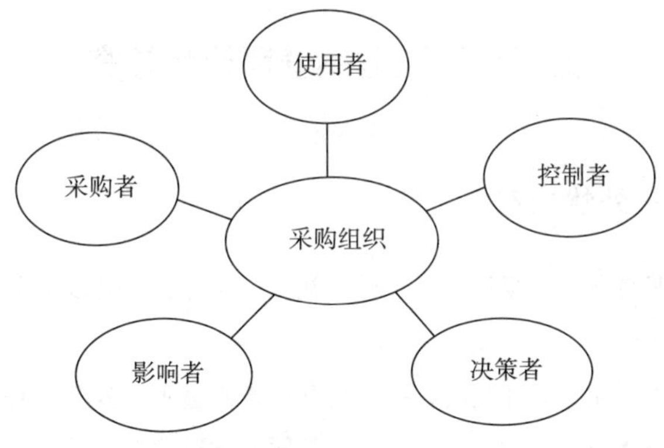

图 1－3　参与工业品采购的人员

1. 使用者

使用者是产品的直接使用人，一般也是购买需求的提出者。产品使用者会根据企业的生产及发展需要，提出购买计划，对产品的品种、性能、规格等提出要求，这些要求是购买决策的重要依据。但产品使用者对产品的购买很少具有决策权，而且对产品的最终购买决策产生的影响也不是很大。

2. 采购者

采购者是由企业安排的具体执行采购的人。他可能是一个人，也可能是一个团体。采购者按照采购要求，进行供应商的选择和具体谈判。

3. 影响者

影响者是一些直接或间接影响产品购买决策的个人或团体，如企业内部的高层领导、技术人员及维修工等；企业外部的影响者有政府部门、行业组织、咨询机构、亲戚、朋友等。

4. 决策者

决策者是企业购买决策的最终拍板人，具有购买的决定权。在通常的采购中（小单量），采购者就是决策者；但在进行大单量或大价值的采购时，决策者往往是企业的高层领导，甚至是企业的老板或企业的最高领导者。

5. 控制者

控制者是指控制工业品买卖信息的人，如产品代理商、技术人员、企业秘书、门卫等。

企业一般有自己专职的采购人员或独立的采购部门，对于大单工业品的采购，企业还会成立采购小组，由采购小组专门为采购做出决策。工业品营销人员必须了解工业品购买的决策组织、决策参与者及其个性特征、角色、作用，等等。

第二节　工业品营销现状总览

一、特征——外忧内患

曾几何时，一只皮包，一桌酒席，一份厚礼，一次考察，引多少关键人物竞折腰，工业产品订单多多。

然今朝兮，政府反腐，企业拒腐，招标公开，价格透明，多少订单付诸东流。

工业品营销困境重重的原因，一方面是产品同质化导致竞争激烈、价格走低、费用增大、回款艰难、风险多多；另一方面是资质证书要齐全、技术标准更苛刻，交货期要短、产品质量要求高、关系还得要到位……中国工业品营销已经进入产品同质化、价格市场化、成本透明化、关系隐性化的“四化”阶段。

工业品营销四面楚歌，工业企业营销管理外忧内患，如图 1－4 所示。

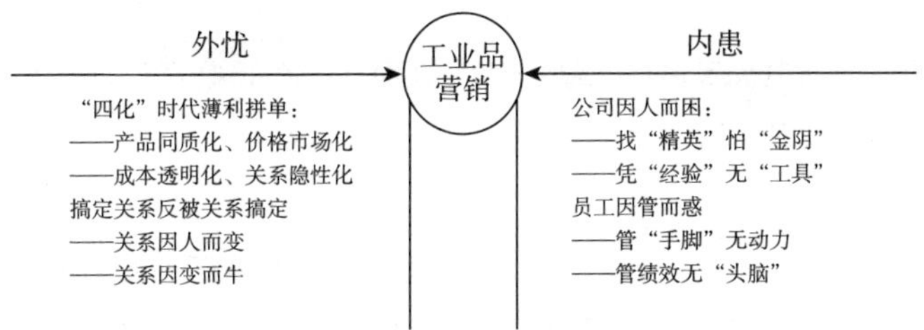

图1－4　工业品营销现状

（一）外忧

我国工业企业营销的外忧主要来自两个方面：一个是市场趋势，即“四化”时代薄利拼单；另一个是销售惯性，即搞定关系反被关系搞定。

1. 市场趋势——“四化”时代薄利拼单

中国虽然是工业品的制造大国，但还不是制造强国或者创造大国。由于技术水平和经济实力的限制，国内很多企业在产品研制方面几乎是全面采用“拿来主义”，用仿制替代研制，什么产品畅销就仿什么。于是，大厂仿制国外的，小厂仿制大厂的，工业产品同质化问题十分严重。不同品牌的同一类产品，在外观设计、理化性能、使用价值、包装与服务、营销手段上相互模仿，以致产品的技术含量、使用价值逐渐趋同。

另外，工业产品的价格逐渐市场化，由市场需求说了算，工业企业往往会根据市场需求进行竞争定价。而与此同时，产品的成本又是十分透明的，铜、铝等原材料成本的价格更是有据可查，想隐瞒都不可能。当然，在政府反腐、企业拒腐的环境下，想通过“关系”获得暴利也是不可能的了。在产品同质化、价格市场化、成本透明化、关系隐性化的情况下，工业企业被迫薄利拼单。有些企业试图从产品差异来突围，却发现差异利润很难获得。要有产品差异势必需要研发的大投入和随之而来的市场推广的大投入，姑且不说成功的难度，即便成功了，迅速模仿和复制也会使得这一差异优势快速减弱。

2. 销售惯性——搞定关系反被关系搞定

产品差异难行，大多数企业就从关系差异着手，其销售惯性就是搞定关系，干脆把工业品营销等同于关系营销。业务人员的主要任务就是搞定关系，而且这种关系大多是业务人员个体与用户相关人员个体之间的关系。当业务人员和用户相关人员有一方发生人员更换时，这种关系就会出现变化，这也就是所谓的“关系因人而变”。也正因如此，业务人员和用户相关人员变得很“牛”，业务员把持“关系”要挟公司，用户相关人员拥有“关系”制约公司的情况也就出现了。倘若“关系”都被一一搞定，仔细算账，到最后公司的利润也被“搞定”了。

市场趋势使得利润逐步减少，销售惯性使得费用逐步加大，一小一大势必造成工业企业营销的外忧。

（二）内患

工业企业的营销内患大致可以总结为两大方面：一个是公司层面，公司因“人”而困；一个是员工层面，员工因“管”而惑。

1. 公司因“人”而困

笔者接触到的工业企业，无不为找不到合适的营销人员而困惑。一方面，他们总是在苦苦寻觅所谓的销售精英，却总是收效甚微，即便费尽心思找到了精英，重“金”伺候还未必有高业绩，稍有不慎他们还会“阴”阳怪气、暗度陈仓，“精英”变“金阴”，金钱的“金”，阴险的“阴”。另一方面，精英们更依赖于过去的经验和关系，不愿意或者不会运用工具，无法将日常经验提炼成知识并与更多的业务人员分享，如此就会使营销越来越依赖经验和关系，使得精英更金贵，从而形成公司越来越缺人的恶性循环。

2. 员工因“管”而惑

工业品营销在某种程度上是建立在人与人关系上的公司与公司之间的交易，销售过程较为复杂，其管理难度很大。管“手脚”则无动力：某些公司对营销人员管得太紧太细，员工也就失去了动力；管绩效则无“头脑”：很多公司管员工的业绩，而影响业绩的最大因素却是公司领导们制定的政策，无“头脑”却要有业绩，这个要求让员工们无所适从、浑浑噩噩。

找人难，管人难，一个“人”、两个“面”勾勒出工业企业营销的内患。

二、对策——从“以人为本”到“以众为本”

“以人为本”，也就是以关系和经验为主导，以个体为主体展开工业品营销。这个观点认为人情就是订单，于是将“搞定”作为工业品营销的撒手锏。一切以个体的“人”为根本出发点，公司给营销人员充足的资源，以满足用户相关“人”的个体需求，从而建立营销人员个体与用户相关人员个体之间所谓的人际关系；或者借助、依赖销售精英们既有的经验和人际关系来达成订单。

然而，工业品营销是企业与企业之间发生的理性的交易，用户的采购行为是专业、理性、注重程序的，并且十分强调成本分析与风险控制。因此，工业企业的营销也必须是团队的、专业的，而非个体的、关系的。满足用户的需求是一个基本必要条件。营销成功的根本是赢得用户的信任，并持续建立这种信任关系。个体之间的人际关系不足以支撑企业与企业之间的信任。

由此可见，“以人为本”是工业品营销外忧内患的罪魁祸首。在人情已不再是订单的今天，要突破营销困境，企业就必须从“以人为本”转向“以众为本”，如图1－5所示。

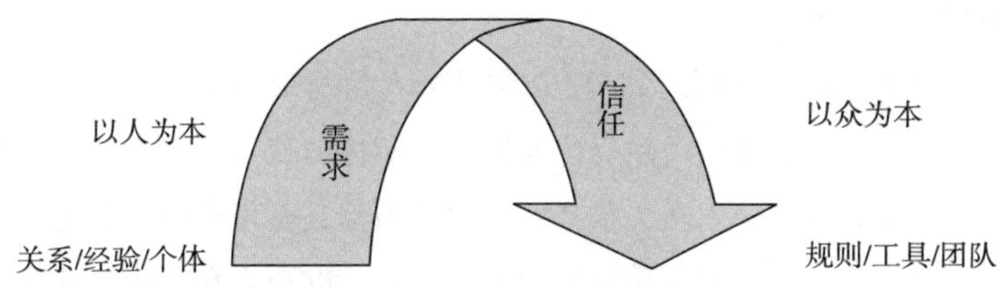

图 1－5　工业品营销转型

从一个“人”到三个“人”的“众”，也就是从个人到团队。三个人要形成一个团队，必须有一定的规则和工具。“以众为本”，也就是以规则和工具为主导、以团队为主体来展开工业品营销，其核心是构建基于信任导向的中国特色工业品营销管理体系。工业品营销要实现从“以人为本”向“以众为本”的转变，必须要在以下三大方面努力。

1. 从个体向团队转变

企业首先应建立团队模式，改变考核方式，变单打独斗为团队作战，实现从个体向团队的转变。目前，很多工业企业在营销过程中，习惯依靠销售精英的力量。企业依靠营销总监，营销总监依赖营销经理，而营销经理就指望一个个的销售人员——这种模式在中国目前的工业企业中是常见的，也是十分可怕的。因为个人的力量是有限的，靠自身一个人的力量，不但难与同行相抗衡，而且也会增大公司的风险。

工业品营销是团队营销，团队营销构建立体关系：一线营销人员与用户的一线使用者等基层人员构建“线人”关系；营销主管与用户的执行层构建“倾向”关系；营销高级管理者与用户的决策者等构建“共赢”关系，与影响者构建“催化”关系。所以，工业企业应该以团队为主体来展开营销工作，形成从公司到营销部门、从营销总监到普通销售员的立体营销模式，增强一线销售人员之间的经验共享、营销部门与公司后台支持部门之间的信息互通和协同作战。营销人员“小米加步枪”的地面作战，加上公司“飞机加大炮”的空中支援——只有通过这样强大的火力攻击，企业才可能攻城拔寨，无往不胜。

2. 从经验向工具转变

企业“以人为本”，看重的就是个人的经验，依赖的是销售人员个人的经验和资源。客户公关成功与否企业没底，销售业绩完成与否企业没数。而销售人员也是凭经验、凭感觉做销售，没有策略规划和市场计划，做一单算一单。客户公关、企业介绍、产品推介等都是由其凭经验随性介绍，没有统一的说法。销售人员说得天花乱坠，但难有说服力。

企业要“以众为本”，提供统一的营销工具，比如：营销策略指导、区域作战计划、品牌道具、销售话术等。同时，企业还要对员工进行基本功训练，比如：把握自身优势的武器——FAB、激发潜在需求的武器——SPIN、赢得客户信任的武器——AT 法则等。企业应提供统一的营销工具，并通过系统的基本功训练使销售人员思想统一、步调一致，做事有方法、上阵有弹药。

3. 从关系向规则转变

“以人为本”的工业品营销往往是建立在以个人为基础的关系之上。这关系既有销售人员个人的关系，也有企业的关系资源为销售员所用的变现关系。但不管是个人的关系，还是企业的关系，这种建立在关系基础上的营销都是不可靠的，企业随时都有因关系的变化而丢失订单，甚至丧失合作关系的风险。而“以众为本”的工业品营销就是要以团队为主体，通过合约等形式建立规则，形成基于公司与公司信任的企业级立体合作，从而有效化解因个人的变动、关系的变化带来的风险。

建立规则就是界定什么该做，什么不该做，以及制定全体成员共同遵守的可以接受和能做到的标准。在企业的管理当中，规则又常常表现为程序和制度，管理文件通常都是程序和制度，比如：质量程序、客户接待程序、下单程序、发货程序、合同制度、大客户制度等。企业当中几乎所有的事都必须要程序化：这件事该怎么做、按什么标准做、按什么步骤做、用什么方法做、达到什么样的指标，等等。同时，这些规则通过制度被固化下来，由员工共同遵守。

规则是严肃的，遵循规则时有三条基本原则，简称“三化原则”，第一是僵化，规则一旦定下来，员工就要僵化地去学习、去执行，不找理由和借口；第二是优化，员工要在执行过程中发现问题、总结问题、解决问题，优化规则，使规则更趋合理；第三是固化，规则经过一段时间的运行和优化后，就要固化下来，不能总是变来变去，朝令夕改。

第三节　工业品营销五唯误区

工业品营销是市场营销的分支，大量的市场营销书籍都是针对消费品营销的，所以大量的工业品营销人员很茫然，他们没有现成的理论来参考，只好套用传统的营销理论来指导工作，凭经验、想象进行营销。结果，他们在进行工业品营销时走进了一个又一个的误区，还浑然不知。我们说，没有中国特色工业品营销理论指导的工业品营销是十分可怕的，而更为可怕的是无奈地错误套用传统的营销理论进行工业品营销！许多人的工业品营销意识存在五个误区，如图 1－6 所示。

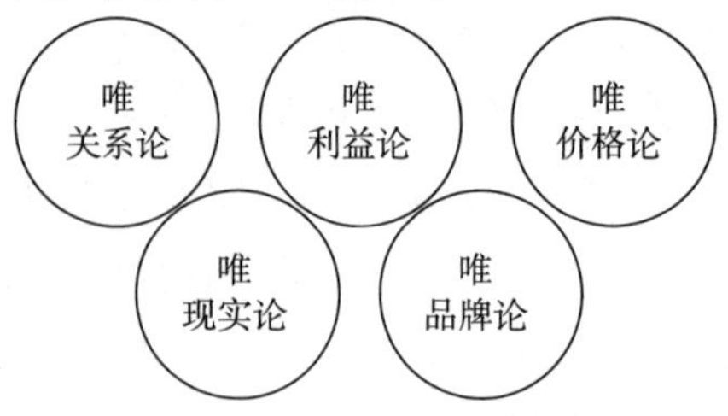

图 1－6　工业品营销五唯误区

一、唯关系论

很多人认为，工业品营销就是关系营销，销售成不成功，完全取决于关系过不过硬。

持这种观点的人忽略了关系营销的最根本的基础——所提供的产品和服务能够满足用户的需求。工业品营销从谈判到签订合同，从发货运输到安装验收，从使用指导到售后服务，是一个系统、漫长、枝节繁多的过程，会涉及企业的不同部门，任何一个环节出差错都可能导致满盘皆输的后果。因此，企业必须以客户为中心，保证产品质量和服务质量。如果产品与服务没有保障，那么无论怎样的私人关系和感情，也都是“水中月，镜中花”。不但如此，产品与服务没有保障还会使得双方关系僵化，感情变质。

在工业品营销实践中，关系在不同的情境下有着不同的作用。在获得客户需求信息时，关系起的作用是“线人”；在客户决策时，关系起的作用是“拍板”；在客户服务过程中，关系起的作用是“润滑”；在客户疑惑时，关系起的作用是“催化”。

关系不是万能的，没有关系却是万万不能的。但是，关系不能“被利用”，关系只能“被需要”。

二、唯利益论

有人在总结工业品营销时，常常下定论：就一个词——利益。无可否认的是，工业品营销中确实存在灰色地带，但这绝对不是工业品营销的决定性因素。在不少情况下，生意之所以成交，是因为双方是相互信赖的朋友。在质量和价格相差不大的情况下，客户会倾向于购买自己相信的人的产品。所谓“先做朋友，再做生意”即是如此了。

解决信任问题是前提，灰色地带只对信任的人。要信任产品，先信任企业；要信任企业，先信任人；要信任人，朋友为先。

灰色地带挥之不去，灰色更多的是起润滑作用，企业决不能让它变成黑色地带。

三、唯价格论

在工业品营销的拉锯战中，如果有同类产品竞争，有人会想到把价格降低，以促成交易，但这可能是一厢情愿的想法。

在工业品采购过程中，用户会从采购风险、采购收益及采购成本三个方面进行权衡，而用户考虑得最多的是采购风险，因此价值才是决定性因素。用户最关心的问题是产品和服务是否可靠、交货是否及时，以及设备的运行是否经济合算。只有在确保产品和服务可靠的前提下，客户的决策考虑才会涉及成本方面的问题。

价值决定价格，用户所在公司的价值与关系人个体价值同时决定价格。价格高的风险在于“灰色的猜疑”，要想高价，企业必须解决这一问题；价格低的风险在于“质量的陷阱”，要用低价，企业必须解决这一问题，价格竞争决不能以丧失利润为代价。

四、唯现实论

很多人在进行工业品营销时，短期利益思想严重，非常现实地把与客户的关系概括为“露水夫妻”，在不择手段地完成交易后，立即把客户一脚蹬掉，既不做回访，售后服务也一团糟。

工业品厂商与客户的关系不应该是买卖关系，而应该是伙伴关系。不断在技术上创新，与客户共享信息和资源，帮助客户解决生产及销售上的难题，从而最大限度地满足终端消费品用户的需求，实现双赢，这才是工业企业发展的长远之计。实际上，在工业品营销中，一旦与客户建立起长期稳定的关系，并不厌其烦地向客户提供优质及时的服务，企业就会为竞争同行的进入筑起很高的门槛，从而为自己源源不断的后续产品提供销售机会。

有了长期的需求才会有长期的买卖关系，有了长期的买卖关系才能与对方成为伙伴。因此，企业首先要判断客户是否有长期的需求，然后依此决定与客户关系的种类。

五、唯品牌论

业务人员常常抱怨：“公司的品牌竞争力低下，这让我无能为力，只要公司的品牌××××，我就一定能完成指标。”每当遇到这样的抱怨，企业不妨思考以下几个问题：工业品营销进入品牌竞争时代了吗？品牌在工业品营销中的作用是什么？工业品的品牌该如何塑造？一线销售人员的行为与品牌是什么样的关系？

品牌有两个作用，一个是溢价作用，即产品可以因品牌提高价格；一个是区隔作用，即产品可以因品牌与其他同类产品相区隔。当前，我国的工业品品牌起得更多的是区隔作用，少数的能够起到溢价作用。

工业企业的形象是由业绩和榜样客户建立起来的，是通过行业或专业渠道传播出去的，是高层的形象活动和企业规模地位所表现出来的，是由具体的营销行为和用户的感受落实的。

第四节　工业品营销八大困惑

一、市场部门与销售部门之间的矛盾

许多企业的销售与市场两个部门不能明确各自的职责和权力，互相重叠、互相牵连的地方过多，工作上要么推诿扯皮，要么互不沟通，形成两个独立的系统。市场部和销售部的负责人也是表面上一团和气，暗地里却谁也不服谁，还往往钩心斗角、互相拆台，影响公司营销计划的执行，造成市场机会的错失和资源的浪费。

按照理想的状况，市场部与销售部，本应是营销系统中的左膀右臂：市场部负责市场调研、策略制定、跟踪检查；销售部负责方案实施、信息反馈。本是一个相互弥补、相互促进的完美组合，可是在有些企业里这两个部门却成了“生死冤家”，互相抱怨、互相推诿、互相攻击。

（一）市场部与销售部最常见的矛盾

1. 市场部：精心制订的市场计划，销售部怎么就执行不好

在企业里，市场部往往是市场计划的制订者，适时制订各种推广计划，制定促销方案等。市场部将一份份自认完美的市场计划交给销售部执行，得到的结果却令人大失所望，销售部不是不执行，就是执行不顺利。为此，双方时常争执不休，市场部认为销售部没有市场概念，执行不力；销售部则认为市场部的方案不切实际或者没有新意，不可能达到预想的效果。

剖析：双方的看法都有失偏颇，双方都只站在了自己的角度去思考问题，而没有换位思考。一个市场方案执行得好与坏，既与方案本身的可行性、创新性、差异性有关，也与方案实施区域的差异、不断变化的市场环境密不可分，我们不能简单地将失败归咎于某一个部门或某一个人。深入分析、研讨计划各个环节可能出现的问题，及时调整、完善计划才是解决之道。

2. 市场部：销售人员水平比我们低，挣得却比我们多

市场部的人员常常抱怨：销售人员素质差、水平低、缺乏市场意识和策划思维，不是在客户那里催款、发货、喝酒、聊天，就是在公司催货、报账，而对客户价值挖掘、培训辅导、市场信息收集、活动策划等漠不关心，或者无能为力，可是他们拿的工资却比我们多，在公司的地位也比我们高。

剖析：市场部和销售部有不同的功能定位，相应的人员也有不同的职责分工，公司给他们的薪资待遇自然也会不同。所以，我们不能简单地将两者进行比较。销售人员的职责就是把产品销售出去，不管是喝酒聊天，还是催货要账，能按公司要求把产品很好地卖给客户的就是好销售人员，市场人员也没必要对此说三道四，心理不平衡。

3. 销售部：市场部在“闭门造车”，不切实际

销售人员整天在客户里转，对客户相对比较熟悉，所以自认为对市场也十分了解，动不动就批判市场部制订的计划是“闭门造车”，没有可操作性。很多企业的市场部也确实存在不去深入了解市场，坐在家里“闭门造车”的状况。不下市场，不做市场调研，不去了解客户，也不去了解竞争同行，凭空设想，就搞出一个方案出来，完全脱离实际，叫销售部或者渠道商如何去执行呢？

剖析：市场方案的制定一定要从市场中来，再回到市场中去，“闭门造车”肯定“造”不出好方案。但销售人员“一叶障目，不见泰山”的情况也有存在，许多销售人员只顾眼前利益，没有市场全局观念和长远发展打算。要制定一份切实可行的市场方案，市场部和销售部应该紧密配合，在方案的制定前、制定中和执行的过程里都要全程参与，加强沟通，多交换意见，切切实实地制定出一份既满足市场需要，又能切合销售要求的方案来。

4. 销售部：市场部做的这些都没有用

销售部经常抱怨市场部不多做一些能拉动销售的渠道商激励方案、用户促销方案，却搞什么品牌推广、形象建设、技术交流……这些对产生订单毫无用处，只会劳民伤财！

剖析：销售人员一般都是比较短视的，一心只为销量，所以这种偏见的产生也是情理之中的事。而市场部的工作大多不是着眼当下，而是谋划未来。只有市场部做好了开疆扩土的工作，铺平了道路，销售人员才能顺利拿下客户，获得订单。

以上是企业里市场部和销售部常常出现的一些矛盾，其根源是两个部门相互不了解、不认同、不配合。在工业品营销中，市场部与销售部是不能完全独立和分开的两个职能部门，甚至完全可以合二为一：这两个部门有着共同的追求和共同的利益，如对市场开拓、客户开发、销售业绩、利润回报等的关注；许多营销工作需要双方配合完成，如市场调研、市场推广、促销活动等的制定和执行。本来需要融为一体的两个部门现在变成了两个不相干的部门，如此就必然带来双方功能定位、责权划分、工作方式等方面的分歧。

（二）市场部与销售部矛盾的解决办法

1. 市场部与销售部互相培训

首先要打破的是两个部门“老死不相往来”的状况，加深了解。怎么做呢？从新人做起，每个新人都必须到对方部门去培训、实习一段时间，这样两个部门的了解自然增多，由于互不了解而产生的诸多问题也就迎刃而解了。

这样做的好处有：

（1）销售人员与市场人员能够互相了解对方的各种工作原则、工作流程，对对方的工作更有认同感，从而大大减少因隔阂产生的误会。例如：销售部向市场部申请广告费用时，销售人员清楚市场部的审批原则、程序与时间，就不会像以前那样不问青红皂白就骂“怎么这么慢”“凭什么不批”。

（2）私人感情将起到润滑工作的效用，这些在市场部培训的销售人员将成为市场部很重要的“情报员”。市场部与销售部的很多同事不曾谋面，以前很难达成合作。市场部与培训过的销售人员保持频繁的联系，就如在市场上安插了“卧底”，信息来源将宽广很多。从另外一个角度来说，这也将使市场部人员更了解销售人员的工作状况，而不是像以前那样一味地抱怨与埋怨。

2. 市场部与销售部矛盾十分僵化时，企业可以考虑互换部门领导

当市场部与销售部关系很僵、矛盾不可化解时，不妨互换一下两个部门的领导，说不定会收到柳暗花明的效果。市场部经理去了销售部，他不好对市场部说三道四，唯有拼命做好业绩，来证明自己；销售部经理去了市场部，他了解市场，制定的方案就会更有实战性，反应速度也将更快。而且他们换位之后，会争相指出对方在管理部门时存在的不足，很多“冰山下的问题”也终于浮出水面，最终得到解决。

对于市场部与销售部的其他岗位，企业也可采用轮换的机制。两个部门通过轮换，做到你中有我，我中有你，部门互融，信息互通。

轮换还有一个很重要的目的，那就是培养一批既能埋头拉车又能抬头看路、既了解市场又具策略思维、既懂企划又懂销售的营销多面手。这样的人无疑是营销队伍中的生力军，是企业未来发展的中坚力量。

3. 市场部与销售部共同参与客户接待

一般企业的客户来工厂，都是由销售人员全程陪同，其他部门人员基本都不参与。客户不是销售部门的客户，是全公司的客户，若有客户来公司，企业可从制度上规定需由市场部人员陪同接待。这样一来，市场部人员就可以熟悉客户，从与客户的沟通过程中，了解市场信息和客户的需求，足不出户地进行市场深度调研；还可以向客户和销售人员介绍公司的营销理念、政策等；同时也加深其对销售人员的了解。

4. 月度市场部与销售部的沟通会

市场部与销售部的月度定期沟通会必不可少。沟通会由市场部经理与销售部经理轮流主持，由双方介绍各自部门近期的工作内容和需配合的事项，并解决合作中的“不和谐”。两个部门在公司的所有人员都可参加。这样一个固定的会议，作为制度化的沟通管道，可以使得市销信息畅通，动作协同。很多企业都有这个会，但大多流于形式，不是闹哄哄地争执，就是谁也不愿暴露问题。当沟通会无法良性进行时，营销总经理应亲自主持此会，直至会议进入常态。

5. 两个部门既要有制约，又要有合作，既要有纷争，又要有沟通

制约：市场部对市场进行监控的同时，还可以了解销售人员的工作业绩。销售人员的业绩从销售人员对市场信息反馈的及时性、准确性、完整性就可以表现出来。把销售员业绩考核项目部分地交予市场部，可以加强制约的力度。

合作：销售部门在市场推广工作中承担着市场执行、市场反馈和第一手资料的收集整理、统计分析以及建议上报工作，这是一个极其关键的环节。没有销售部的合作，市场部再好的策划也不会收到任何效果。

纷争：纷争是任何企业的市场部和销售部都无法避免的事情。通过纷争把各自工作中的缺点暴露出来，对于双方的工作都有促进作用。

沟通：市场部与销售部的工作关系并不是谁领导谁的关系，两个部门在工作中应以沟通为主，通过沟通把双方的目标和利益统一起来，通过沟通把营销计划落实、完善。

市场部与销售部，这对营销的双翼，折一难成飞，一边强一边弱也会飞得不够平稳，两者唯有平衡、互动、互援、互融，才能振翅高飞，推动营销前行。

实施建议：

在工业品营销实践中，企业最好不要将市场部与销售部单独设置，市场的策略制定决不能脱离销售，销售也不能无视市场的策略。一般的做法是，两者合二为一，由营销副总统统一掌管，唯有如此，企业才能做到在销售实践中制定并修正市场策略，用市场策略为销售指明方向，并指导和促进销售的提升。

二、营销部门与生产部门之间的矛盾

营销部门认为自己的职责就是把产品卖出去，能不能完成生产那是生产部门的事；而公司的生产部门则更关心自己能够生产出什么样的产品，对于客户的需求并不重视，生产部门一切围绕产品质量、生产周期转。

现实中，生产部门虽然尽力去缩短产品的交付周期，但还是难以满足客户对交付期的需求。尤其当一些紧急订单出现时，即使让所有的设备都运转起来，生产部门也还是满足不了客户的要求，这就种下了营销部门与生产部门矛盾的祸根。营销部门责怪生产部门生产进度太慢，影响交货，使公司的形象受损；而生产部门也会抱怨营销部门不懂生产，没考虑产品的生产周期，接单不力。其实，营销部门在接单之前应征求生产部门的意见，与其协商生产周期，如果动用一切条件都无法满足客户交货要求的话，到手的合同也要放弃；生产部门应及时了解营销计划和产品订单情况，制订合理的生产计划，统筹安排，预留余地，为特殊订单让路。

调和营销和生产的矛盾，要看企业所处的阶段、行业的竞争状况，以及企业的资源能力情况等。当企业是行业的新进入者或者处于发展初期时，营销与生产的主要矛盾表现为对订单选择的标准不同：站在生产的角度，由于成本较高、技术不成熟、规模不经济等，生产部门往往会要求优质的订单，但优质的订单一定有更高的要求，营销又很难满足；站在营销的角度，营销部门只能接受市场的选择而无权选择订单，先吃饱再说，有时只能接下一些劣质的订单，如此势必给生产带来更大的难度。一般，在发展的初期或竞争优势不明显的阶段，企业更偏重营销；而处于发展的持续稳定期或具有资源性竞争优势的企业则偏重生产。

营销与生产本位意识的差异，以及两者岗位价值观的巨大差异，是造成这一矛盾的根本原因。企业可以通过以下两个途径的尝试，尽量减少两者的矛盾：

（1）定期召开营销和生产对话会，使得生产线了解营销工作的艰辛以及营销中存在的各种风险；也要让营销系统了解生产系统的难处，尤其是营销能力低下或营销失误带来的生产压力等。

（2）分别对营销和生产系统展开工业品营销理念的培训和交流，使得两部门在一些理念上达成共识，尤其是工业品的三大要义。做工业品营销，营销的不仅仅是产品，也是公司的生产、技术、财务、运营所体现的公司综合实力，也就是说，营销的绩效绝不是营销系统所能决定的，它与生产等后台密不可分。营销的绩效与生产密不可分，生产的绩效与营销也不是孤立的。

实施建议：

营销部门务必做好销售的预测工作，月初时必须能够清晰地告诉生产部门确定能够拿到的订单和可能拿到的订单。生产部门也要做好生产计划，及时向营销部门通报产能情况。

三、产品专业性与区域分布之间的矛盾

工业品营销的一个重要作用就是将所在区域的特色优势产品销往需要的区域。但不同的区域对产品有着不同的需求，同样的产品在不同区域的市场容量也不尽相同。在工业品营销的实践中，大多企业按照区域来划分市场，也有的按照产品来划分市场，这自然会带来区域与产品不均衡不匹配的问题。

以区域来划分市场，是因为成熟市场、新开发市场以及成长市场具有不同特征，不同市场的营销绩效也存在着较大的差别，需要不同的营销策略和投入。于是，营销人员都想选择成熟市场而不愿意到新开发市场去，营销人员在区域分配上存在矛盾；另一方面，区域策略的不同，尤其是价格策略的差异，十分可能带来区域窜货现象。同样，以产品来划分市场的方式，也会造成成熟区域、新开发区域以及成长区域之间的矛盾。

这对矛盾的解决，主要是通过营销组织结构设计与区域营销绩效管理优化来实现的。区域的差异以及人际关系的区域性等客观现实，要求我们尽量以区域为主线来设计营销的组织结构，把销售的指标以及相关的决策权限下放到区域。当产品的专业性或技术含量很高，必须由专业技术人员来完成销售时，不妨以产品为主线来设计营销的组织结构，把销售的指标以及相关的决策权都赋予产品经理；或者在区域市场设立产品专员，实现“产品线－区域线”的矩阵式结构，这种营销组织结构的绩效考核就要细化到区域内的不同产品专员，且企业务必要处理好区域负责人与产品负责人的绩效关系，否则不可避免地会碰到效率与绩效低下的“多头管理、无头管理”的问题。

四、销售额与应收账款之间的矛盾

一些企业出现应收账款金额长期居高不下，甚至“潜亏”的现象，在相当大的程度上是由于企业经营目标出现了偏差。从客观上看，一些企业领导人在政府主管部门要求业绩、政绩的压力下盲目地追求生产、销售规模，这肯定会带来企业经营目标的偏差；而从企业内部经营管理上看，各级管理人员和各业务职能部门的管理目标不能很好地协调统一到公司总的利润目标上来，也是企业经营目标出现偏差的原因之一。企业在扩大销售额和市场占有率的同时，必然会碰到应收账款增加的问题。问题的关键在于，企业能否始终抓住利润这一根本性的目标，合理地控制销售额与应收账款的比例关系。有的企业为了追求销售额，向客户盲目、被动地赊销，结果是赊销的合理回报率没有保证，大量应收账款的利息成本和坏账损失吞噬了企业的最终利润。

（一）应收账款信用风险的防范和控制

对于应收账款管理来说，最重要的就是正确衡量信用风险。应收账款信用风险，是指企业不能收回赊销商品的货款而发生坏账损失的可能性。那如何对应收账款信用风险进行防范和控制呢？一般有以下办法。

1. 制定合理的信用制度

在买方市场条件下，企业要有效保护自身利益，必须制定切实可行的信用政策。

首先，企业要确定适当的信用标准，谨慎选择客户。企业应对信用评估机构、银行、税务部门、客户协会、工商管理部门等保存的有关原始记录和核算资料进行加工整理，从中获得客户的信用资料。在此基础上，企业要根据对客户信用资料的分析，确定评价信用优劣的数量标准。首先，以一组具有代表性、能够说明付款能力和财务状况的若干数据作为信用风险指标，根据数年中最坏年度的情况，分别找出信用好和信用坏的两类客户的相关数据的平均值，将此作为衡量其他客户的信用标准，再利用客户公布的财务报表数据，测算其拒付的风险系数。然后，结合企业承担的违约风险及市场竞争的需要，具体划分客户的信用等级。企业在设定某一客户的信用标准时，往往会先评价其赖账的可能性，其主要的判断因素有客户信用、还债能力、财务状况、经济环境等。

其次，企业还需要建立客户信用档案。企业要在确定客户信用等级和对客户进行信用评价的基础上，为每一个客户建立一个信用档案，对有关资料进行详细记录。企业应事先决定档案的有关内容，以确保信用控制人员的资料搜集是完整的，而不是随机的。客户档案的主要内容一般包括：客户与企业有关的往来情况以及客户的付款记录；客户的基本情况，如客户所有的银行往来账户、客户的所有不动产资料以及不动产抵押状况，客户所有的动产资料、客户的其他投资、转投资等资料；客户的资信情况，如反映客户偿债能力、获利能力及营运能力的主要财务指标，客户即期及延期付款情况、客户的实际经营情况及发展趋势信息等。

2. 制定和完善信用政策

企业在充分进行信用等级评定和恰当进行信用评价以后，就可以在此基础上制定合理的信用政策。信用政策主要包括：为鼓励客户提前付款而给予的现金折扣政策、允许客户付款时间间隔的信用期限，以及企业愿意对某一客户承担的最大赊销风险的信用额度等。

（二）加强应收账款的日常管理

1. 合理分工、明确职责

企业只有建立分工明确、配合协调的应收账款的内部管理机制，才能有效地减少不必要的应收账款占用，避免坏账损失的发生，同时，也可以有效地防止业务处理过程中的舞弊和差错，避免或及时发现不法分子截留、贪污企业货款的行为，减少应收账款风险。企业的应收账款涉及销售、仓储、财务等部门，企业必须将与应收账款相关的职责落实到各个部门和人员。

2. 强化对赊销业务的授权和控制

赊销虽然可以扩大企业的销售额，但同时也增加了企业潜在的风险。因此，处理赊销业务前，财务部门应对客户的信用进行调查，此外，还必须在领导或有关部门的授权批准下，将赊销控制在合理的限度内。

3. 建立应收账款坏账准备制度，及时进行赊销业务的账务处理

无论企业采取怎样严格的信用政策，只要存在着商业信用行为，坏账损失的发生总是不可避免的。因此，企业应遵循谨慎性原则，对坏账损失的可能性预先进行估计，建立弥补坏账准备金制度，做好坏账准备。

4. 落实责任制

对销售部门的考核，企业要根据资金时间价值、赔偿能力等，以谁经手谁负责、谁回笼谁得益的形式，将回收、责任、期限落实到人，辅以考核挂钩、奖惩兑现的手段，充分调动营销人员收款的积极性。同时，企业要加强营销队伍建设，明确发货审批权限，确保责任到人，以防止盲目发货或发人情货。

5. 加强收账管理

首先，企业要实行全面监督，通过账龄分析、平均收账期分析、收现率分析等判断客户是否存在账款拖欠问题，从而估计潜在的风险损失，正确地估量应收账款金额，以便及时发现问题，提前采取对策。

其次，企业要确定合理的收账程序，以合情、合理、合法的方式收回账款，使客户愿意偿还欠款。对逾期较短的客户，企业不便过多地打扰，以电话或信函通知即可，以免失去这一客户；对尚未到期的客户，企业可写信措辞婉转地催收账款；对逾期较长的客户，企业应频繁地进行催收；对故意不还或上述方法无效的客户，企业则应提请有关部门仲裁或诉诸法律。

（三）建立信用报告制度

企业应定期开展不同层次的信用报告会议，相互沟通，以便及时掌握情况，将信用风险降至最低。

信用报告会议可分为：信用控制部门内部会议，其中心议题可以是信用控制部门的运作情况、过去的工作绩效和未来的工作规划，时间一般为两周一次；信用控制单位和业务部门的联席会议，其中心议题可以是对主要客户的信用风险以及目前危险客户的分析和评价、对逾期账款和超过信用额度销售账户的分析、对未来市场的展望以及新客户的财务资料的报告等，时间一般为两月一次；最高财务主管或管理当局会议，其中心议题可以是报告目前信用控制的运作情况和所遇到的困难、信用风险预测、企业信用政策的执行情况以及改进措施等，时间一般为一月一次。

（四）多渠道、多途径降低信用风险

1. 开展信用保险

为了避免在提供赊销时遭受意外的坏账损失，企业可以向保险公司投保信用险。在投保时，企业应在坏账损失和保险费之间进行权衡，以使风险最小，收益最大。

2. 实行资金融通，加速应收账款的变现

为尽早回笼资金，企业可将未到期的应收账款向银行或其他融资公司抵借或出售。

3. 开展债务重组，盘活资金

客户有时会有资金周转困难的问题，或经营陷入困境，致使财务困难。在此情况下，企业如果对客户采取立即求偿的措施，就有可能给客户造成更大的困难，使客户永久无法摆脱债务。当对方是长期合作的客户时，坏账给企业带来的损失将更大。因此，当客户发生暂时财务困难时，双方应寻求重组方式来清偿债务。

总之，只要企业采用有效的措施，应收账款的信用风险是可以防范的，也只有进行了科学的防范，企业才能在市场竞争中既扩大销售，增加盈利，又使应收账款风险尽可能地降到最低，从而使自身立于不败之地。

实施建议：

应收账款的比例，取决于外部市场的竞争态势以及主要竞争同行的销售政策、内部营销管控能力以及用户信用把控能力。

企业应该及时跟踪账期，追讨账款前应该备齐所需的资料。

企业应把账款的回收视同新客户的开发。

五、大客户维护与开发之间的矛盾

客户开发是客户维护的起点和基础。起点不高，基础不牢，维护也就成了无本之木、

无源之水。维护不好，开发也就没有意义。目前，一些工业企业在客户开发与维护上存在较多矛盾：

（1）大客户开发的短视行为，造成维护困难。

营销人员为了快速增加业绩，完成公司下达的销售任务，获得收益，忘记了选择大客户的标准，只要有人做就统统拿下，滥竽充数。结果，大客户是多了，不过什么样的客户都有了，实力差的、信誉不好的都有，这对后续的服务很不利。

（2）与客户之间只有利益关系，不能创造双赢。

开发大客户、维护大客户，不可否认是为了公司利益。然而，如果把局部的短期收益绝对化或者最大化，企业就难与客户建立互惠互利的双赢关系，双方的合作只能是浅尝辄止，后会无期。

（3）重开发，轻维护，有损公司形象，更使客户寒心。

许多企业对大客户的态度是重开发、轻维护。前期洽谈时高层云集、精英荟萃、阵容强大；一旦签约实施，企业往往减员换将，拼凑应付。结果客户寒心，再无续意。当进则进，当退则退，双方才能在充分信任的基础上实现双赢的预期目标。

在营销实践中，大客户的维护是大多销售员偏向和乐于去做的事，而新客户的开发却很少有人愿意主动去做。从这一现象我们可以看出客户维护与开发之间的现实矛盾。这一矛盾的根源是新客户开发需要大量投入、开发周期长、开发期间的收益很少、开发存在着很多不确定因素、成功率较低。

有的企业，大客户被一些资历老的营销员把持着，他们着力服务好这些大客户，小富即安，根本无心也无力开发新的客户，导致市场增长减慢甚至下降。与此同时，这也使得大客户在公司的地位变得无比重要，为此，公司不得不在客户强势的情况下做出更大的让步，否则就要承担大客户流失所带来的严重损失。如此的恶性循环，使企业处于尴尬的境地。当公司要求营销人员加大新客户开发力度的时候，营销人员会要求公司给予特殊的开发期保护政策，要求公司化解新客户开发的高投入低收益的风险，并对新客户提供更加优惠的政策。如此也就不可避免地导致老客户与新客户之间出现矛盾，进而是维护老客户的营销人员与开发新客户的营销人员之间的矛盾。

开发与维护这一矛盾的存在，也是促使工业品制造企业进行营销创新的动力源泉。缓和这对矛盾并将其转化为营销动力，主要的方法如下：

（1）强化营销的过程管理。这个方法的要点包括：对大客户实行对口分段专业服务，对新客户实行跟踪服务；对客户、项目信息等实行专人汇总分析；按照工业品营销六大步骤的客户分类步骤进行客户关系管理；明确并强化客户是公司资源的意识。

（2）制定有针对性的绩效考核办法。由于客户开发与维护在工作量、侧重点、投入、当期收益上都有差异，企业应制定适应公司营销战略的营销绩效考核办法。客户维护的

KPI应侧重于客户销售额的增长和大客户转介绍新客户的数目；新客户开发的KPI应侧重于新客户开发的数目、新客户的质量与潜力等。

六、价格竞争激烈与销售成本居高不下之间的矛盾

随着工业技术水平的提高，工业产品日趋同质化，产品成本也逐渐透明化。为了争夺客户，抢占市场，生产厂家互相杀价，“血拼”到底。特别是一些正规操作的公开竞标项目，价格一压再压，而生产成本却居高不下，生产商几乎是无利可图，有的甚至还要倒贴，苦不堪言。

产品价格因竞争而不断下降，销售成本因人员工资、物价水平等因素而不断上升。价格竞争的目的是要拿下订单，而拿下订单的目的就是要获得利润，扩大市场占有率。但与其将人力、精力、物力花在无利可图的订单上，还不如放弃这块“骨头”，转而开发有利可图的项目。

价格竞争并不一定就是降价竞争，薄利多销并不是一条通行的商业竞争规则。此外，在实施价格竞争策略时，企业还要注意两个问题。第一，有些产品可能会成为需求规律的例外。比如，在低档劣质品市场上，价格降低反会导致需求进一步减少，因为用户会觉得“便宜没好货”。第二，从较长时期看，任何降价竞争都必须以成本的降低为前提，因为任何理性的生产者都不会永远地提供“免费午餐”，包括那些需求富有弹性的产品的生产者在内。也许在短期内，一些企业为能占领甚至控制更大的市场，宁可选择低于成本的销售价格，但这样一种选择是不可能长久的。因为在打败竞争同行之后，倘若不能推出新的产品而把价格恢复到原先有利可图的水平上，企业同样会失去用户。

这一矛盾存在的根本原因是企业对工业品营销的价值策略的忽视，或者把价格策略等同为价值策略。工业品的价格是许许多多非价格因素综合体现的结果。不同的原料、不同的工艺、不同的包装、不同的运输、不同的技术要求、不同的付款方式、不同的服务条款等都会对价格产生不同程度的影响。可见，在工业品营销中，我们可以用很多的方法和途径来制造自身的差异，从而避免价格恶性竞争。非价格因素在工业品营销中的影响力远大于其在消费品营销中的影响力，在“四化”的现实处境中，企业应运用服务的差异化带给用户更多的让渡价值，从而提升公司的价值。

实施建议：

要在激烈的价格竞争中突围，客户的选择是基础，按照公司的营销战略选择正确的客户是避免价格竞争的第一关；价值的体现是手段，公司要针对客户的问题，向其阐述产品会给客户带来的价值，运用专业度打造非价格差异；风险的化解是关键，公司要将客户潜在的风险折现，并计算可能出现的损失，从而规避价格的非理性竞争。公司的营销战略定

位必须清晰，定位必须有别于竞争同行，并且要按照这种独特定位来进行公司的运营以及对客户承诺的兑现，这是在营销层面上规避价格竞争的内在驱动力。

七、销售公关活动大投入与小产出之间的矛盾

成功的公关活动能持续提高品牌的知名度、认知度、美誉度、忠诚度，提升企业品牌形象，改变公众对企业的看法，累积无形资产，并能在不同程度上促进销售。为此，很多企业在公关活动上做了大量的投入，但结果往往是收效甚微，如此，销售公关活动大投入与小生产之间的矛盾就出现了。

究其原因，我们不难发现，很多企业的公关活动没有目标、没有重点、虎头蛇尾。不够严谨的公关活动屡见不鲜。有的公关活动由于策划欠周全或危机处理不力而失败，甚至酿成事故，造成人员伤亡，使企业遭受巨大损失。

公关活动是展示企业品牌形象的平台，而不是一般的促销活动。企业首先要确定活动主题，并以活动主题作为策划的依据和主线。很多公关活动花了不少钱，人们却不知它是什么活动，也不会对它有很深的印象。只有提炼出一个鲜明的活动主题，企业才能把相关资源整合起来，达成活动目标。活动主题要策划得更有唯一性、相关性，且要易于传播，使得活动事隔多年，情节大多被人淡忘，但主题仍令人记忆犹新。在对公关活动进行评估时，企业不能只评估销量或者客户获得等财务指标，还应评估活动目标是否正确、活动主题是否鲜明、经费投入是否合理、投入与产出是否成正比、公众资料收集是否全面、媒体组合是否科学、用户关系是否更加巩固、社会资源是否增加、各方满意度是否增加等。这种全方位评估是活动绩效考核的重要依据，据此，企业也能总结活动经验，从而为下一次公关活动的策划与实施打好基础。

工业品营销的公关活动还有最重要的一项就是大客户的公关。这里的大客户既指最终大用户，也包括大的渠道商。一些大件工业品除企业直营销售外，还可以通过渠道商完成销售。寻找有实力的、资信等级高的、有地方影响力的大代理商是企业的重要公关目标。企业为了笼络大代理商，会花大价钱去参加展会、申请证书、进行广告宣传、举办代理商联谊会和代理政策研讨会等。对于直营销售的大用户，企业也必须投入大笔的公关费用，向目标用户展示企业的形象、实力，与客户建立良好的关系，为项目做铺垫。为了让客户对企业有更深入的了解，企业还会邀请客户的决策人到公司实地考察。企业投入了不菲的公关费用，但是竞争是残酷的，花了大量人力、物力和财力公关的项目，到头来往往却是一场空。投入与收获的失调，造成了销售公关活动大投入与小产出之间的矛盾。

实施建议：

企业要正确认识公关活动的作用与目的，一切宣传推广活动都要针对相对应的客户

群，而不是面向大众广泛宣传。

企业应针对清晰的目标客户群，联合行业内影响因素单位，策划主题明确的公关活动，同时务必做好活动后续跟踪服务工作。

八、订单的周期短与产能不均衡之间的矛盾

工业品一般由企业、组织、机构、政府等采购，为保证正常生产经营，供货既不能提前，也不能推迟，而且客户对产品的质量和供货时间都有一定的要求。有时为了赶工期，订单签订后半月内企业就要交货，而有时客户却是拖上一年半载都不提货。订单生产只能规避库存风险，对于解决产能与销量的矛盾，实际上无能为力。订单周期短，生产厂家来不及生产，产能跟不上；订单周期长，产品积压占用库存，也不利货款回收和资金的尽快回笼。

例如，有的生产企业按照最大产能配置了现代化厂房和先进的生产设备，可是随着销售业绩的逐年攀升，销售订单与生产产能之间的矛盾越发突出。旺季时订单如雪片飘来，而且有的周期极短，几乎是马上就要交货。工厂工人在炎热的夏日加班加点，开足了设备都无法满足生产需要，结果延期交货，客户极不满意。有的虽然赶工按时交了货，质量问题却十分严重，不是返修，就是出现现场事故。表面上看，企业业绩上去了，实际利润却很低，甚至出现亏损的状况。无法按时交货和质量问题使企业信誉受损、形象破坏，无形损失更大。淡季时，工人不能减，费用照样出，而订单却不见了踪影，生产设备半开半停，工人工作一天歇两天，企业仅有的利润还不够支出。

所以，不管是旺季还是淡季，订单的不均衡及周期短都会给企业带来巨大压力。

实施建议：

营销部门要做好全年营销计划，尽量准确地预测销售业绩的季节分布和增减趋势。

生产部门应根据营销部门的预测和规划做好全年的产能调整和季节安排。

营销人员在签订订单时要注意交货期的协调，对不能满足交货要求的订单要忍痛割爱，懂得放弃。

营销总监要随时掌控市场动态，把握销售进度，控制好节奏。

营销部门、生产部门以及其他相关部门和高层领导要常“碰头”，多研讨，相互了解状况，科学、合理安排计划。

第二章

工业品营销本质

第一节 工业品营销 VS 消费品营销

工业品营销是企业在企业、组织、机构、政府等市场间进行的营销，也可称为企业间营销。企业间营销的概念提出于20世纪30年代，最初以"Industrial Marketing"表示，随后用"Business Marketing"和"Business to Business"来代替。到了20世纪70年代，国际上才真正开始对企业间营销进行研究。在企业购买行为领域，舒尔茨（Sheth，1973）在企业购买的概念、企业购买模型和经验实证方面提出了比较完整的理论体系，他的理论被称为OBB理论（Organizational Buying Behavior）。随后，威恩德、卡多佐（Wind Y. and Cardozn R.，1974）提出宏观－微观变量两层变量分析法，格雷夫和波尔（Griffith R. L. and Pol. I. A.，1994）创立五步分析法。20世纪90年代中期以后，技术和制度两个车轮迅速推动产业全球化的发展，企业间营销的研究开始侧重于国际企业间的合作、并购、联盟及依赖关系等全球化课题。在信用体系和市场环境已经相当完善和成熟的国际背景下，工业品营销的研究重点很自然地落在对企业购买行为的研究上。

工业品营销的营销对象是企业、政府机构、特殊组织等，营销的客体是工业品，营销的主体、客体与消费品营销有所不同，而且差别也非常大。因此，工业品营销与传统消费品营销在市场分析、产品策略、营销渠道、销售政策、过程管理等诸多方面存在较大的差异，具体表现在以下几方面（见表2－1）。

表2－1 工业品营销与消费品营销的差异

差异项	工业品营销	消费品营销
市场结构	市场集中，买主少且需求明确	市场分散，买主多且需求难明确
产品用途	企业、大型组织生产，再使用成本	个体、家庭等应用，直接消费
购买行为	复杂的购买过程，专业、理性购买	家庭购买，感性、非专业购买
决策特征	程序明确、清晰，团队决策	无程序或程序模糊，个体决策
产品特征	为客户定制，侧重服务、配送等	产品批量、标准化，侧重感性
渠道特征	短，直接	长，间接
销售方式	强调人员促销，注重专业度	强调广告，注重知名与美誉度
定价特征	竞争性谈判，强调用户成本分析	不同折扣下的价格清单

（1）工业品营销的需求是派生的。

工业品是用于生产产品和服务的中间品，是直接成本的构成部分，其需求是派生的。但工业品营销目标用户的需求很明确、很显性。相对于消费品而言，工业品营销的需求弹性相对较小，或者说缺乏弹性。例如，汽车制造商不会因为钢板价格下跌就大量购买钢板，因为其需求不仅受到钢板等原料的影响，也受到汽车客户的影响。工业品营销的另一个重要特点是其需求波动较大，极易受宏观经济政策的影响。

（2）工业品营销的购买关系是通过契约来约定和固化的。

工业品的购买主体是企业，工业品是用于再生产的成本，因此其购买关系必须以合约的形式进行固化。工业品的购买一般是企业间的法人化购买行为，或以项目的形式存在，由专业人士和专业机构公开招标，通过谈判达成共识后形成合约，双方依据合约来规范购买过程中各自的权责。而消费品的购买主体是个人和家庭，其决策的程序是模糊不清的，以感性决策为主，消费者一般只有在购买大宗商品时才会考虑维权等因素，并用合约作为凭证，除此之外一般没有合约。

（3）工业品营销的渠道特征是短和直接，但信息又是极其不对称的。

考虑到存货成本最小化、产品的及时供货、产品的技术支持与售后维护、产品需要定制等综合因素，工业品营销的渠道设计趋于更直接和更短。目标用户和生产企业都倾向直接联系，以便建立较为稳定的信任关系，从而减少交易成本，形成整合优势。一些标准化的、市场分散的工业产品，则是通过专业性的渠道商进行销售，产品的配送则基本上交给第三方物流企业去完成。然而，近些年来，工业企业数目增加，产品同质化加剧，工业企业良莠不齐，目标用户的需求信息也只有在一定范围内发布，这就造成了双方信息的不对称。信息的不对称在客观上也造成了中间渠道存在的必然。

（4）工业品营销呈现出价格和非价格属性交融、技术和商务交融的特点。

工业品营销不仅仅要考虑产品本身的价格问题，技术和售后服务也十分重要，因为最终产品的质量和功能很大程度上依赖于工业品的质量和性能。用户在购买工业品的时候，首先要了解工业产品的技术水平、技术支持和售后服务等非价格属性。价格是建立在技术参数、规格与服务基础上的，单谈价格没有任何意义，价格与非价格属性是密切交融、互相影响的。价格确定一般采用招标和磋商的方式，其中，用户的财务因素起到比较重要的作用，技术和商务也是互为表里、相容交错的。

总体来看，工业品营销与消费品营销的重要区别在于营销系统的不同。工业品营销中，企业之间会通过内外部两个互为关联的系统建立起牢固的营销系统，外部关联就是企业间的市场联系特征，内部关联就是企业适应外部关联的特有特征。如图 2 – 1 所示。

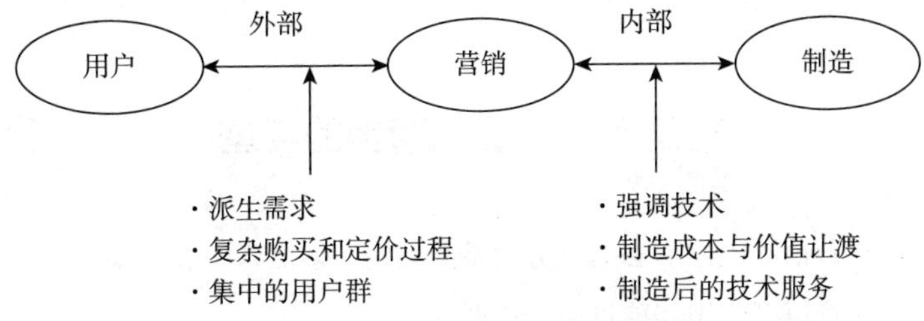

图 2 – 1　工业品营销的内外部关系

以汽车为例，我们可以把工业品营销和消费品营销做个比较。汽车的生产过程中一般会有两三个工业品营销环节：上游供应商将钢板等原料卖给汽车配件 OEM 制造厂，这是典型的工业品营销；OEM 制造厂把配件卖给汽车组装厂，这也是一个工业品营销环节。汽车生产后被卖给直接消费者（私家车主），这就是消费品营销；汽车被卖给企业或是公交、出租公司，这就又是工业品营销了。如图 2－2 所示。

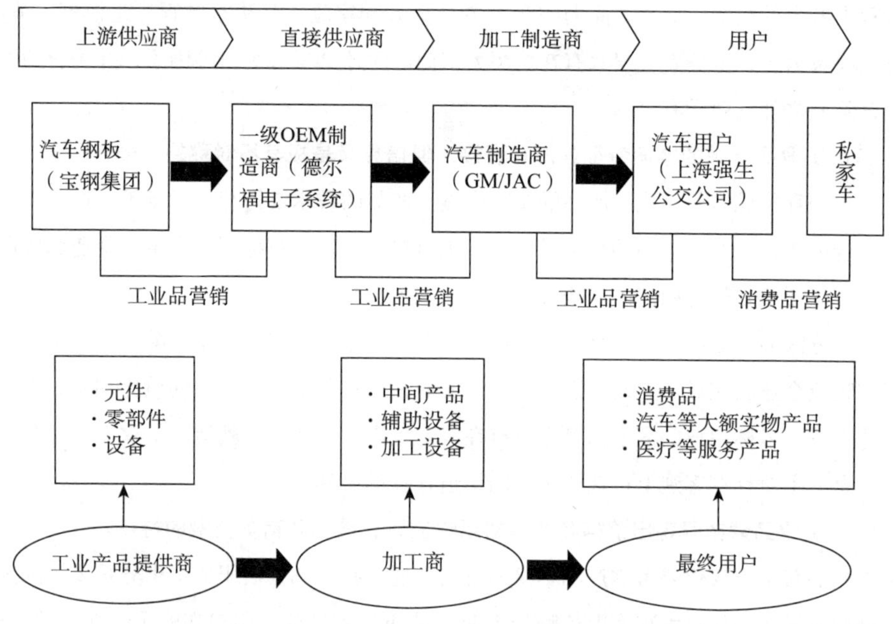

图 2－2　以汽车为例的工业品营销与消费品营销的比较

工业品营销，首先是营销企业，接着营销个人，最后才是营销产品。工业品营销不是营销一个部门的事，营销部门解决不了工业企业营销的根本问题。企业进行工业品营销的时候，不一定要有绝对的差异优势，但一定要有相对的比较优势。找不到产品的比较优势，就找企业的比较优势；找不到企业的比较优势，就找营销人员的比较优势。

用户"程序明确、团队决策"，因此，工业品营销也更加注重"团队营销"。营销团队的战斗力取决于目标、方法、利益的金三角。团队的差异，一看专业度、二看职业化、三看战斗力。

第二节　工业品营销的类型

工业品营销从营销的主体形态上可分为单品营销、多品营销和方案营销；从营销的表现形式上又可分为物流型营销和项目型营销两种。

一、工业品营销的三种形态

工业品营销的主体是工业品，其存在的形态归纳起来有三种，即单品、多品和方案。对同一用户群，“单品”是销售单一产品线产品；“多品”是销售多个产品线产品，但企业只是对这些产品进行简单的叠加和组合；而“方案”是销售解决问题的产品系统，是为解决某个问题而设计的产品系统方案。

（1）单品。指营销人员对同一用户群，通过相同的销售途径，销售一群相关的、功能相似的产品。工业企业对同一客户，只销售单一产品线产品。单品销售的形式有利于产品聚焦、目标用户群聚焦，也有利于集中公司的资源和能力；有利于针对性地提炼产品卖点、打造概念，提升单品的知名度和美誉度；也有利于塑造企业特定的品牌形象，提升企业品牌的价值。但销售单品时，客户资源共享不够，容易造成客户资源浪费；营销团队重复建设，容易造成人力资源浪费；营销费用重复投入，会造成营销费用浪费。

（2）多品。指营销人员对同一用户群，通过相同的销售途径，销售多群相关的、功能相似的产品。销售多品就是将多类产品进行组合销售，也就是人们常说的“打包销售”。工业企业对同一客户，不但卖一个产品，还组合卖其他产品。多品销售有利于客户资源的重复利用，“一鱼多吃”；有利于公司资源的集中利用，避免营销费用的重复投入；对用户来说，也有利于降低购买成本，增加边际效益。但“多品”只是将产品进行简单组合，没有从解决用户问题出发，竞争力有限，销售难度也较大。

（3）方案。指针对目标用户群存在的现实问题，为其提供问题的解决方案。解决方案是从解决用户的问题出发，为其量身定制的产品系统。因此，只有当用户存在问题，但又无法自己解决或解决需要付出更大代价时，企业才有机会卖方案。比如，系统集成与服务类工业企业不是简单地卖产品或者产品组合，而是通过方案验证、互动研发、合作研究等方式，为其客户提供解决方案。方案销售可以有效解决用户的难题，使企业获得用户的高度认可和信赖，甚至依赖；企业还能通过方案构筑竞争壁垒，提升市场竞争力；同时，方案能使产品的价值最大化和客户效益最大化。但方案销售对企业的技术能力、解决问题能力、服务能力等有较高要求；方案销售周期较长，销售难度相对更大。

二、工业品营销的两种表现

从营销表现形式上，工业品营销可分为物流型营销和项目型营销。物流型营销，是指产品的标准化程度高，客户需要重复购买，一旦合作，营销过程通过物流配送就能完成。五大类工业品中，原材料、零配件的营销一般属于物流型营销。项目型营销，是指用户为了某个项目而进行采购，产品的定制化程度较高，购买次数少，购买决策复杂，营销过程需要的时间较长。五大类工业品中，一般设备、附属设备和系统集成与服务的营销一般属于项目型营销。

第三节 工业品营销七大特点

工业品营销与消费品营销有很大差异，有其自身的属性和特点，企业不能错误或者无奈地把工业品当作消费品来展开营销活动，不能以传统的需求导向营销理论体系来设计工业品营销的组合策略。总结起来，工业品营销有七大特点，如图 2－3 所示。

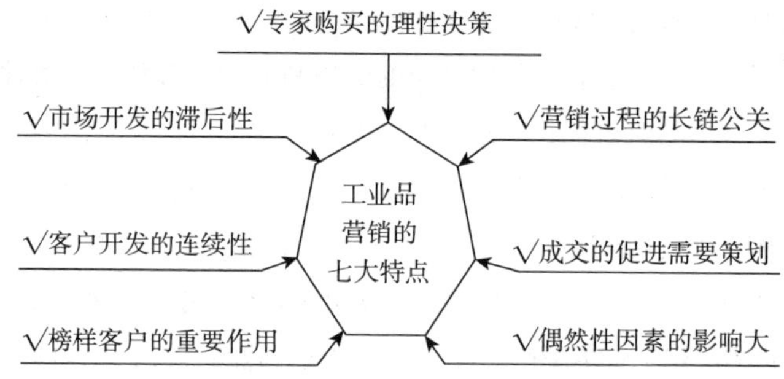

图 2－3　工业品营销的七大特点

一、专家购买的理性决策

专家购买的理性决策这一特点，是工业品营销区别于消费品营销的本质特征。工业品作为工业企业再生产的原料/零配件，或是维持生产运行的设备/系统的这一属性，决定了工业品营销是在企业与企业之间进行的。企业与企业之间的交易，其决策绝非个体的感性决策，而是会走一定的采购程序；工业品可用于进行再生产或者是维持生产运营，这一属性决定了它的生产与采购有一定的技术要求，决策过程中势必要有专业人士或专家参与。

工业产品的类别不同，专家购买的表现形式也有所区别。有的是派遣企业内的使用部门人员或者总工程师及其领导下的团队成员来购买；有的是通过联合中介机构推荐的外部专家进行决策；有的是邀请设计院的设计人员参与决策。其决策的依据大致有两个方面：产品因素，即技术层面；企业因素，即质量层面。技术层面的产品因素有产品选型、技术参数、功能要求、方案优化等；质量层面的企业因素有企业规模、行业地位、生产设备、技术力量、相关资质、管控体系等。

理性决策是由工业品购买企业的理性动机所决定的。企业购买工业产品前一般要经过购买立项或是相关的审批确认，大多由使用部门或是项目负责人提出购买要求，而后企业根据一定的目标并按照企业的政策、程序、组织结构和系统来进行采购决策。在总体战略目标、竞争优势目标的指引下，企业会制定关于某项采购的具体目标，依据这些目标制定购买规则，并将这些规则分解到具体部门，由这些部门参与采购任务的执行。采购的具体目标主要包含产品、质量、价格、付款方式、服务与运输、安装等方面。企业通常以采购的投资回报率作为价格决策的重要参数，以提高生产效率和客户满意度、促进销售增长等目标来选择质量等级。在成本允许的条件下，大多数情况的决策标准是技术先导：产品由行业的领导者生产；产品或服务具有竞争优势；生产商有快速的反应机制，能提供技术解决、综合过程控制、培训、维修、更换、安装和调试等整体服务。

在采购过程中根据采购规则赋予相关部门不同的责任，对不同部门提出不同的要求，界定权力界限，使得决策人员在采购活动中相互协调、相互制约，这是实施理性决策的组织保障。

企业购买中有关部门承担的责任如表 2－2 所示。

表 2－2　企业采购过程中各相关部门的责任

部门	承担责任
使用部门	提出需求、立项、使用
采购部	定价、付款、服务等条款的商务谈判、成本核算、合同起草
财务部	提出财务条件、付款、支付控制、票据保存
法务部	支持、控制、合同审定
技术部	技术审查、技术谈判、技术优化、维护
总经理	把控投资回报率、综合决策

二、营销过程的长链公关

工业品营销专家购买、理性决策的基本特点，决定了其采购过程的决策链是环环相扣的。这也就意味着工业品营销的公关过程必然是长链公关。在用户采购决策的不同过程，营销公关的主要任务也有很大的差别。用户购买的决策过程大致可以分为五个环节：项目调研、项目确立、初步筛选、确定供应商和签约实施。工业品营销成交“五诀”——走对路、找对人、说对话、做对事、用对心，分别对应用户采购决策的五个不同环节。在工业品营销的长链公关过程中，每一个环节都很重要，一个不能少，一个不能偏。

三、成交的促进需要策划

工业品营销过程长链公关的特点，要求企业对漫长公关的每一个环节都要进行规划设计，如此才能够实现最后的成交。在用户决策的每一个阶段，企业需要规划的内容与目的也有所不同。

项目调研阶段，走对路，即规划拜访客户的时机、目的、频率、路线等。比如：如何才能走进客户所在的关系圈、如何才能走进客户的门、应该走进客户的哪个部门的门等。

项目确立阶段，找对人，需要规划的是：如何寻找线人、如何接近决策人、如何设计与关键人物的亲密接触以及接触的场合、接触的递进程度，如何处理或平衡有影响力的人的关系等。

初步筛选阶段，说对话，需要规划的是：针对不同的人，分别由谁来说话、说话的内容、说话的情景、说话的语气、说话的分寸等。

确立供应商阶段，做对事，需要规划“事”的时机、合理性，做的“事”要具有很强的信服力，给人带来愉悦，既要力度到位，又要顺理成章。在自然中展示实力，以得到“水到渠成、顺水推舟”的效果。

签约实施阶段，用对心，需要的是真诚和坚持。不同的人在不同的环境中对真心的标准是有很大差别的。公关人员要站在对方的角度考虑，竭尽全力为其提供帮助，务必要使你的真心是对所有相关人的，但你对每一个人的真心都要有差异，要让每个人都认为你对他最为用心。

成交的每一个环节都需要规划，各个环节都不能出现脱节。任一环节的脱节，都可能造成营销的失败。工业品营销的艺术性在这一特点里体现得淋漓尽致。

四、偶然性因素的影响大

采购决策有很多环节，成交的每一个环节都需要规划，且不能出现断裂。与人打交道时总是有许多不可控的偶然因素的，何况是如此长链的公关环节。这就形成了工业品营销的第四大特点：偶然性因素的影响很大。偶然性因素有很多，大致可分为：

“时”的因素：宏观环境的变化、项目下马或推后、用户组织机构调整带来的项目决策权的转移，等等，这些因素大多来得突然，很难预测。

“人”的因素：关键人物的力量受到某种力量的制约而产生改变，比如有更大级别的官员的指示、对其有重要利益的关系人的最新介入；关键人物变更或者发生意外，失去决策权力。这类偶然因素在工业品营销实践中发生最多。

“事”的因素：一方面是营销人员没能够“做对事”；另一方面是企业本身存在的问题的暴露，比如因产品质量出现严重问题而受到权威部门的处罚、企业领导人恶性事件曝光，等等。这类偶然因素完全可以通过规划来预防。

偶然性因素影响大这一特征，要求在工业品营销中，企业必须强化过程管理，不能存有侥幸心理，只抓几个项目或只维护几个客户，必须扩大客户开发以及项目跟踪的数量，同时，一定要注意团结一切可以团结的人，做好每一个项目（产品），调动并维系好所有的关系资源。要正确对待失败，分析原因，注重积累，切忌短视。

五、市场开发的滞后性

专家购买理性决策、营销过程长链公关、成交促进需要策划、偶然性因素影响大等以上四大特点，充分说明了工业品营销的第五大特点——市场开发的滞后性。市场开发是在用户所在的行业内进行企业和产品的推广并寻找目标客户的过程，这一过程需要相当长的时间。市场开发滞后性的特点，在工业品营销实践中经常被忽视，这就产生了工业品营销八大困惑中的诸多困惑：市场部门与销售部门的矛盾、营销部门与生产部门的矛盾、销售公关活动的大投入与小产出之间的矛盾、订单周期与产能均衡之间的矛盾。

六、客户开发的连续性

客户开发不可能一蹴而就，企业需要确定好开发目标，并对其进行连续开发。客户对某一产品或企业的信任的建立，需要一个过程，谁都不愿意成为第一个吃螃蟹的人，成为试验品；另外，客户关系建立也需要有一个递进的过程，正所谓“路遥知马力，日久见人心”。在下文中我们会详细阐明客户关系递进的策略以及 AT 法则的运用，这可以加快客户关系的递进，但这种递进必须建立在客户开发连续的基础上。

七、榜样客户的重要作用

工业品营销的对象大多有自己的圈子，因此，圈内榜样客户的重要作用不言而喻。工业品的口碑胜过一切自我包装。抓住行业内的一个榜样客户，让其主动或是被动地成为企业或产品的宣传者，是打开新市场最为有效的也是最常用的策略。榜样客户更为重要的作用是赢得客户基于风险的信任。

第四节　工业品营销三大要义

根据工业品营销的特点，我们能总结提炼出工业品营销的三大要义：

第一，工业品营销是合约营销和关系营销的交叉学科。

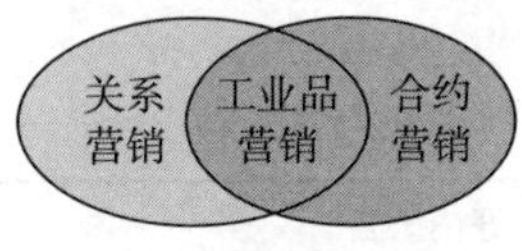

· 工业品营销的成交必须通过合约来固化，工业品营销是通过合约营销展开的。
· 工业品营销中，用户需求的信息是小范围发布的，因此关系营销是获得信息和机会的开始，尤其在中国，更是如此。

第二，工业品营销是专家理性决策的技术与商务融合的系统工程。

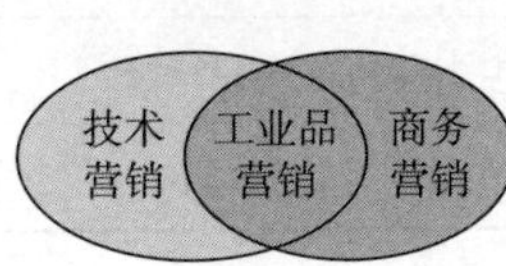

· 专家理性决策的基础是技术条件和参数，工业品营销的实质是技术营销。
· 工业品购买的决策是长链多层决策，用户从成本考虑，会十分重视商务层面。工业品的决策者和使用者是分离的，因此，技术营销与商务营销相结合的营销才最有效。

第三，工业品营销的根本是赢得客户的信任并持续建立信任。

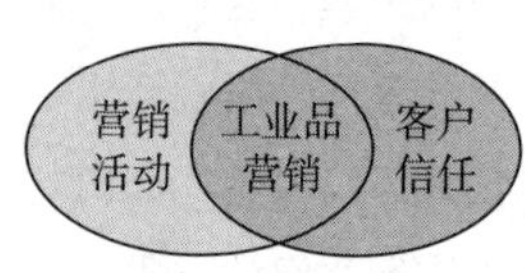

- 工业品用户的需求明确，因此，满足需求只是企业营销的必备条件，满足需求也只是让企业有了竞争的资格。
- 无论是关系营销、合约营销，还是技术营销、商务营销，所有的营销活动只有赢得用户的信任才有效果。赢得信任更利于企业了解用户需求的差异。

三大要义揭示了工业品营销的本质，是工业品营销理论研究的前提和出发点，引导我们将研究的重点聚焦为“信任导向”，而非现行营销理论着力研究的“需求导向”。在中国工业转型升级阶段，社会信用体系尚不健全、生产高成本低收益、企业运作不规范、信息不对称的这些现状，使得工业品营销的研究主题必然是解决企业间建立并维持信任的问题，满足需求仅仅是进行工业品营销的必要条件。

信任互动一：工业企业营销诊断

构建基于信任导向的工业品营销管理体系，首先要从对营销系统的信任诊断开始。在这一部分，我们要清晰描述公司的营销现状，运用工业品营销诊断模型、工业品营销经脉图，系统检核公司战略、营销战略、营销模式、营销策略、营销组织、营销管理中的信任问题。请通过工业企业营销诊断问卷，对照工业品营销困惑的三大根源，进行自我诊断，完成您所在企业的《营销诊断报告》。

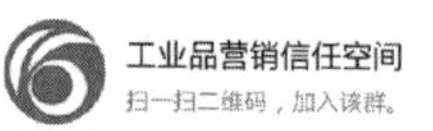

扫一扫右侧二维码，进入互动空间，就“诊断模型工具运用”“营销诊断结论”等相关话题与他人进行互动交流。同时，您还可以参加“信任空间，开门大吉”活动。

“信任空间，开门大吉”活动详情：

信任空间		开门大吉
进入空间	扫描二维码，加关注并成为好友	本人获取：作者亲笔签名的《工业品营销管理实务》（第四版）专著一本
		公司获取：团购《工业品营销管理实务》（第四版）专著享五折优惠
打开一扇门	提交“信任互动”一个专题的内容，并进行互动交流	本人获取：作为特邀嘉宾参加工业品营销专题研讨会
		公司获取：2000 元信任基金，可以用于企业内训

续表

信任空间		开门大吉
打开两扇门	提交“信任互动”两个专题的内容，并进行互动交流	本人获取：作为特邀嘉宾参加工业品营销专题研讨会，并有机会作为嘉宾发言
		公司获取：5000 元信任基金，可以用于企业内训、专题策略营
打开三扇门	提交“信任互动”三个专题的内容，并进行互动交流	本人获取：参加工业品营销课程授权讲师训练班，并有机会成为课程授权讲师
		公司获取：10000 元信任基金，可以用于内训课程、专题策略营、营销管理咨询
打开四扇门	提交“信任互动”四个专题的内容，并进行互动交流	本人获取：参加工业品营销咨询顾问培训班，并有机会成为签约咨询顾问
		公司获取：15000 元信任基金，可以用于企业内训、专题策略营、营销管理咨询
打开五扇门	提交“信任互动”五个专题的内容，并进行互动交流	本人获取：参与专题研发与案例开发，并有机会署名参与《工业品营销管理实务》（第四版）再版修订
		公司获取：20000 元信任基金，可以用于企业内训、专题策略营、营销管理咨询

1. 工业品营销诊断模型

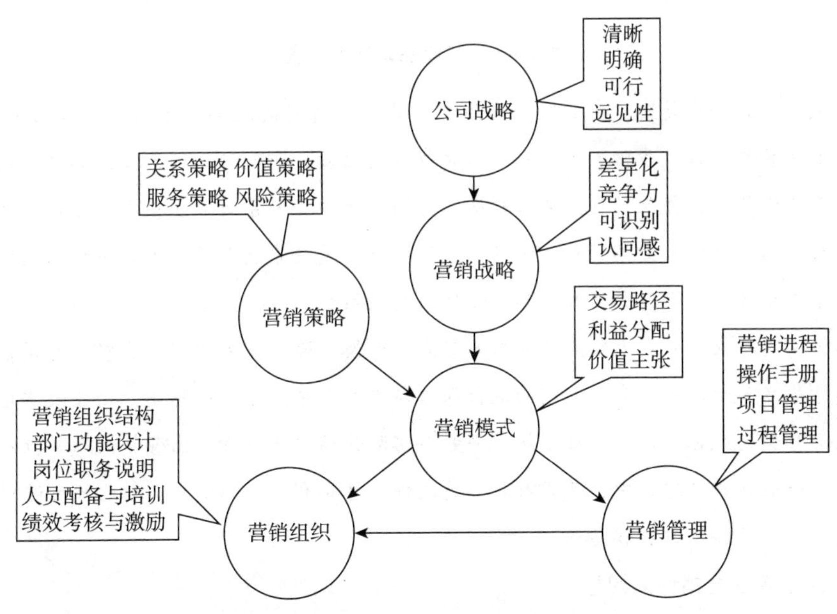

图 2－4　工业品营销诊断模型

2. 工业品营销经脉图

基于多年的工业品营销实践和理论研究，我们从工业品营销的八大困惑着手，结合工业品营销的七大特点、六大步骤、五大优化、四大系统、三大维度、两大循环、一大法则等由表及里绘制了工业品营销经脉图，如图 2－5 所示。

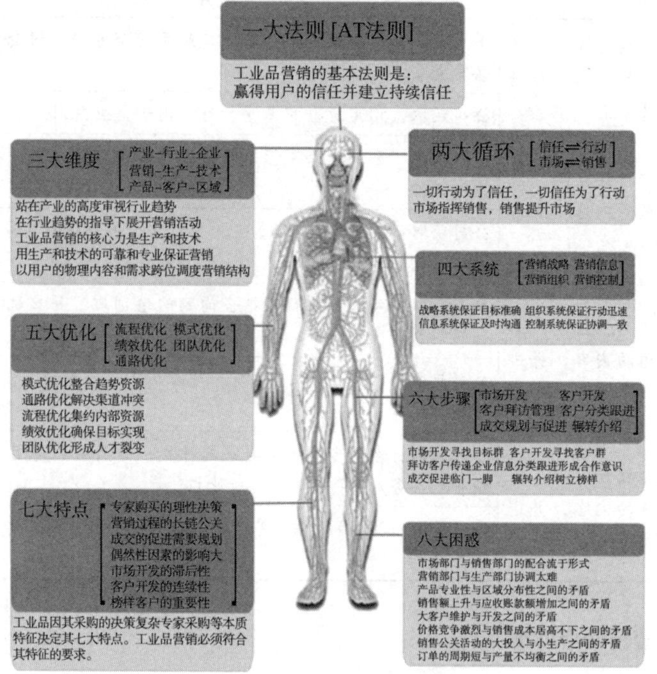

图 2－5 工业品营销经脉图

八大困惑的存在是由于企业对工业品营销的七大特点的忽略。企业应依据七大特点，制定工业品营销的六大步骤；为了保障六大步骤的运营，企业必须进行工业品营销的五大优化；而要进行五大优化，企业又必须从工业品营销的四大系统着手；三大维度、两大循环、一大法则是制定工业品营销系统的依据和标准，是指导整个营销系统设计与运营的出发点与基本路径，三者包含了工业品营销体系的精髓。

八大困惑是表象，七大特点是分析的起点，六大步骤、五大优化属于操作层面，四大系统属于战略层面，是工业品营销的运行保障与中枢系统。这张经脉图，由表及里地剖析了工业品营销的经脉，使人一目了然，并能在实际营销中及时诊断出营销问题的症结并及时调整。企业在营销过程中，既要有局部的运作，也要有全局的视野，如此才可避免“头痛医头，脚痛医脚”的错误方法。

3. 工业企业营销诊断问卷

《企业内部营销现状调查问卷》

［1］ 您认为经济、技术、政治、文化等哪些环境因素正在影响行业的发展？

［2］ 近些年来，工业品市场在产品技术、工艺技术方面出现了哪些重要变化？这对行

业发展带来了哪些影响?

[3] 已出台或将要出台的政策、法律等可能给行业发展带来哪些影响?

[4] 客户对公司所从事的业务、生产的产品的看法如何?

[5] 公司的营销在市场规模、增长潜力、区域分布和产品利润方面发生了怎样的变化?

[6] 您了解您企业的营销战略吗?

□很了解　□比较了解　□一般　□不太了解　□很不了解

请概述您所知道的本公司的营销战略的内容:

---

[7] 公司的营销战略与企业战略一致吗?

□完全一致　□基本一致　□不一致

[8] 您认为您的日常工作与公司的营销战略目标相关吗?

□紧密相关　□比较相关　□一般　□不太相关

□完全不相关

[9] 您了解公司的营销模式吗?

□很了解　□比较了解　□一般　□不太了解　□很不了解

请概述您知道的公司的营销模式的内容:

---

[10] 您知道公司的主要竞争同行及他们的营销战略与营销模式吗?

主要竞争同行	营销战略	营销模式

[11] 您认为公司过去几年中获得发展的最重要的原因是:(最多可以选择三项)

□ 客户需求把握准确　□ 销售网络广泛

□ 产品线齐全　□ 销售政策有激励性

□ 产品聚焦大客户、大市场　□ 售后服务水平较高

□ 技术实力强　□ 企业内部管理体系完善

□ 产品品质有保证　□ 技术创新,引领行业发展

□ 产品价格有竞争力　□ 市场开拓力度大

□ 品牌有较大的影响力　□ 销售能力强

□ 客户关系良好
□ 领导的正确决策
□ 社会资源丰富
□ 其他＿＿＿＿＿＿

［12］您认为下列哪些是目前制约公司发展的主要障碍？（最多可以选择三项）

□ 对客户需求无法准确把握
□ 销售人员流动性大，团队能力薄弱
□ 产品定价偏高、缺乏竞争力
□ 公司层面公关力度太弱，重点客户难以开发
□ 产品的研发跟不上市场需求
□ 营销管理薄弱，效率低下
□ 产品品类多，发展没重点
□ 售后服务不完善，客户关系难以维系
□ 产品品质不稳定
□ 供应链管理薄弱，产品交货周期长
□ 战略定位不明确，战略路径不清晰
□ 销售网络不健全
□ 销售政策不灵活，不具激励推动作用
□ 其他＿＿＿＿＿＿

［13］在您所在行业取得成功的关键因素是：（最多可以选择三项）

□ 企业硬件与资质
□ 成本价格优势
□ 销售网络健全
□ 市场反应速度快
□ 产品质量稳定可靠
□ 高素质的销售队伍
□ 技术创新，引导行业发展
□ 售后服务能力
□ 客户公关能力
□ 及时供货能力
□ 品牌影响力
□ 其他＿＿＿＿＿＿

［14］与竞争同行相比，您认为公司的优势主要体现在哪里？（最多可以选择三项）

□ 技术研发能力
□ 营销能力
□ 产品的性价比
□ 服务能力
□ 生产能力
□ 社会资源
□ 管理能力
□ 其他＿＿＿＿＿＿

［15］与竞争同行相比，您认为公司的劣势主要体现在哪里？（最多可以选择三项）

□ 技术研发能力
□ 营销能力
□ 产品的性价比
□ 服务能力
□ 生产能力
□ 社会资源
□ 管理能力
□ 其他＿＿＿＿＿＿

［16］请您为公司营销管理体系的以下各个环节从 1 至 5 进行评分。（1 代表很差，远远不能满足业务发展的需求；5 代表很好，完全能够满足业务发展的需求）

□ 营销战略规划
□ 品牌管理
□ 营销策略制定
□ 营销队伍能力

☐ 定价管理 ☐ 营销队伍激励体系
☐ 产品管理 ☐ 营销政策设计
☐ 区域市场定位 ☐ 营销组织体系
☐ 市场信息分析 ☐ 营销流程管理
☐ 客户（最终用户）管理 ☐ 营销过程管理
☐ 渠道管理 ☐ 营销管理工具

[17] 在营销策划方面，您认为公司存在哪些主要问题？（限选三项）

☐ 无品牌策划 ☐ 产品卖点不明确
☐ 营销策划不及时 ☐ 市场推广缺乏系统规划
☐ 营销策划没有针对性 ☐ 市场推广投入力度不够
☐ 营销策划执行不到位 ☐ 市场开拓力度不够
☐ 活动主题不明确，吸引力不够 ☐ 其他____________

[18] 在信息和市场研究方面，您认为公司存在哪些主要问题？（限选三项）

☐ 信息分散，共享性差 ☐ 缺乏市场研究
☐ 缺乏信息反馈机制 ☐ 没有建立规范的信息系统
☐ 信息意识不强 ☐ 其他____________

[19] 公司现有的产品组合，您认为存在哪些问题？（限选三项）

☐ 产品定位不清晰 ☐ 从设计到推广都存在资源不足的问题
☐ 产品种类雷同，差异化不明显 ☐ 各产品间的资源共享不充分
☐ 产品之间发生营销冲突 ☐ 其他____________

[20] 公司目前的客户状况是什么？（限选三项）

☐ 客户数量太多 ☐ 现有客户主要集中在某几个区域
☐ 小客户多，大客户少 ☐ 现有客户主要集中在某几个行业
☐ 客户数量太少，销售业绩主要依靠几个大客户 ☐ 其他____________

[21] 您认为可以帮助公司在短期内快速突破营销瓶颈的最有力措施是什么？（最多可以选择三项）

☐ 调整产品结构，开发新产品 ☐ 优化供应链管理，保证及时交货
☐ 积极开拓新的区域市场 ☐ 创新营销模式，优化营销管理
☐ 优化销售队伍，提升销售能力 ☐ 针对性制定营销组合策略
☐ 改变销售激励政策，提高销售人员积极性 ☐ 调整销售政策
☐ 明确战略定位，优化业务组合

□ 加强公关，开发重点大客户　　□ 其他＿＿＿＿＿

□ 加强内部管理，提升产品质量

［22］下列哪种情形在公司比较常见？（限选三项）

□ 时间观念差　　□ 人治大于法治

□ 没有人愿意拍板决策　　□ 上级的上级经常直接干预自己的工作

□ 职能部门服务意识不强　　□ 部门之间推诿扯皮

□ 不注重效率　　□ 领导不尊重员工

□ 领导经常交办一些事情但不问结果　　□ 其他＿＿＿＿＿

［23］您认为目前的营销组织机构设置是否适应现在业务发展和管理的需要？

□完全适应　□适应　□说不清　□不太适应　□完全不适应

［24］在日常管理中，上下级间的指令和汇报是否存在越级现象？

□非常普遍　□有时有　□说不清　□几乎没有　□没有

［25］在需要与相关部门合作的事务中，您认为各部门间的责任界定是否明确？

□非常明确　□比较明确　□一般　□不明确　□非常不明确

［26］当您的工作需要营销系统内部相关部门的协助时，他们的配合情况如何？

□很好　□比较好　□一般　□不好　□很不好

［27］营销系统各部门间是否存在推诿或扯皮现象？

□经常存在　□偶尔　□不存在

［28］如果存在，部门间出现推诿或扯皮现象的原因是什么？（限选三项）

□ 部门间职责不清　　□ 部门本位主义严重

□ 业务流程不合理　　□ 员工解决问题的主动性不强

□ 规章制度不健全　　□ 缺乏一个统一协调的部门

□ 管理机制的约束　　□ 其他＿＿＿＿＿

［29］您是否明确地了解您的工作职责和权力？

□非常明确　□比较明确　□一般　□不明确　□很不明确

［30］您认为公司营销系统的管理制度是否健全？

□很健全　□比较健全　□一般　□较不健全　□很不健全

［31］从内部管理体系来看，您认为公司最需要提升的环节是什么？（最多可以选择两项）

□ 调整组织架构、明确职责分工　　□ 加强信息化建设

□ 优化内部流程、加强部门协作　　□ 进行企业文化建设，提升企业凝聚力

□ 提高决策效率和内部工作效率　　□ 提高人员素质、提升员工能力

□ 调整绩效考核办法，优化考核指标　　□ 加强市场管控

□ 加强营销过程管理　　□ 其他＿＿＿＿＿＿

[32] 您认为公司的薪酬制度中最严重的问题是哪些？(最多可以选择三项)

□ 收入差距太小　　□ 奖金与工作绩效不匹配

□ 收入差距太大　　□ 基本工资太低

□ 收入整体偏低　　□ 同工不同酬

□ 薪酬结构不合理　　□ 其他＿＿＿＿＿＿

[33] 与公司其他人相比，您对自己目前的收入水平满意吗？

□非常满意　□满意　□一般　□不满意　□很不满意

[34] 与自己的工作付出相比，您对自己目前的收入水平满意吗？

□非常满意　□满意　□一般　□不满意　□很不满意

[35] 与本地区的其他同类公司的同行相比，您认为自己的收入水平如何？

□远远高于　□较高　□差不多　□较低　□远远低于

[36] 您认为公司的绩效考核体系最严重的问题有哪些？(最多可以选择三项)

□ 考核体系缺乏　　□ 考核中沟通不足

□ 考核指标不合理　　□ 考核中没及时反馈

□ 考核周期不合理　　□ 考核不公开透明

□ 考核信息不客观　　□ 其他＿＿＿＿＿＿

[37] 您认为营销系统是否存在工作量不饱满、人浮于事的现象？

□非常严重　□有时有　□一般　□几乎没有　□完全没有

[38] 您的工作强度如何？

□非常轻松　□比较轻松　□正常　□有些超负荷　□严重超负荷

[39] 您在公司的工作年限是多少？

□不到1年（含1年）　□1~3年（含3年）　□3~5年（含5年）

□5~10年（含10年）　□10年以上

[40] 您的最高学历是什么？

□高中/中专/技校及以下　□大专　□本科　□硕士及以上

[41] 您认为公司营销系统目前存在的主要问题是什么？对此您有什么对策和建议吗？

营销战略方面：＿＿＿＿＿＿＿＿＿＿＿＿＿＿＿＿＿＿＿＿

营销模式及策略方面：＿＿＿＿＿＿＿＿＿＿＿＿＿＿＿＿＿

营销管理方面：＿＿＿＿＿＿＿＿＿＿＿＿＿＿＿＿＿＿＿＿

4. 工业品营销困惑的三大根源

在工业品营销实践中，除书中总结的“八大困惑”外，还存在销售靠精英、精英靠经验、团队成长慢、业绩上不去、营销效率低、考核难落实等问题。这些困惑与问题都是表象，其根源是营销战略模糊、市场功能缺失，以及过程管理乏力。

（1）营销战略模糊

营销战略模糊具体表现为营销战略目标不明确和营销战略路径不清晰。很多公司的高层领导对营销战略思考不深入，没有进行系统的战略规划和战略实施路径设计，更没有提供可操作的策略作为保障，以致营销战略目标不明确，战略实施路径不清晰，营销时战略常常摇摆。如果公司没有达成一致的、清晰的营销战略，那么公司员工对营销战略也会感到混乱迷茫，甚至一无所知。没有战略，就没有方向。没有方向，就没有持续的精神动力，企业也就不可能得到可持续的发展；没有方向，部门之间的配合就会变得困难，营销效率就会低下，绩效考核就很难准确到位，营销团队也就很难成长。

（2）市场功能缺失

营销困惑的另一个重要根源就是工业企业的市场功能缺失。当下，许多工业企业的营销过程当中，常常出现重销售轻市场的状况，比如：缺乏市场研究，市场信息分散；缺乏系统的市场规划，市场工作零散；市场推广力度不够，区域策略缺失，策略性指导不够，等等。具体表现如下。

缺乏市场研究：很多工业企业在营销组织结构上，没有设置市场类部门，或者能承担市场工作的岗位。这使得企业对市场、客户、竞争对手等的了解不够，造成市场与销售的脱节。

市场信息分散：公司信息管理系统的缺乏，对公司的信息收集、整理、分析、使用及管理都有不利影响。市场信息分散于营销人员、营销管理部门、售后服务部门、技术部门等相关人员手中，对于公司而言是一种信息风险。

销售经验化：销售人员主要是单兵作战、单打独斗，缺乏团队精神，大多采取精英式营销、经验式营销。销售人员思考缺乏策略性，公司的策略性指导不够。

后台支持不够：公司在市场开发、市场推广、品牌建设、技术服务等方面的支持力度不够，公司资源缺乏整合，公司的综合优势和实力得不到发挥。

（3）过程管理乏力

过程管理乏力的直接体现就是重结果轻过程，营销人员凭业绩说话，工资、奖金直接与业绩挂钩，企业对营销过程的关注很少，对营销过程的管理和考核也是缺失的。很多工业企业没有过程管理的相关组织和人员，过程管理不到位。即使有，正确的管理方法和管理工具也是缺失的，大多企业的营销管理都是“人治”状态下的人性化管理，对销售人员的工作目标、工作内容、工作方法、工作状态等缺乏有效的指导和监管。没有企业对营销过程的指导和管理，营销效率就会低下，营销人员靠自己就很难成长，销售业绩就难有突破。

第二部分

工业品营销战略与模式

竹外桃花三两枝，春江水暖鸭先知。

身在其山识时节，运筹帷幄一线牵。

工业品营销战略，是以公司战略为圆心画些圈，圈定了哪些不能做、哪些必须做且要做到什么样子；工业品营销模式，则是在营销战略的圈内画些连接各个要素的线，从中优化组合出一条线；工业品营销策略，研究的就是营销模式的最佳线条上每一个点的突破措施。无论是营销战略的圈、营销模式的线，还是营销策略的点，它们都离不开一个信息畅通的营销情报系统。

有别于广义的市场调研，工业品营销调研更加聚焦于营销情报圈。在这个情报圈子里，不可或缺的是来自用户内部的线人、服务同样用户的营销者、用户所在行业组织的影响人物和相关政府主管部门的知情者。如果能够吸引竞争对手的营销管理者、渠道伙伴与交易相关的利益参与方（集成商、总包商、设计院）中的相关人员，这个情报圈子就会更加有效。工业品营销调研的信息分析，就是一次次地使用“三者分析法”这一工具，编制用户（群）的动态信息表，依据动态信息表的内容设计调研方案、确定调研对象。我们要用心呵护情报圈，只要圈子的“青山”在，我们就“不怕没柴烧”。

结合营销咨询实践，我们综合研究了工业品营销战略的相关理论，并且提出工业品营销战略梳理的逻辑模型。我们坚信，战略是企业各种机缘组合的产物。我们没有能力帮助企业制定战略，我们能做的就是运用工具把确实存在但模糊不清或者不能达成共识的营销战略进行梳理，并按照工业品营销战略的三个维度进行检核，使之清晰化、共识化。在中国经济第一次高速发展的时期，众多企业迅速地成长起来，而现在，许多创始人都完成了EMBA（高级管理人员工商管理硕士）的学习，并开始推行公司战略转型，试图进行二次创业，他们面临着自身理论高度与一次创业团队视野的双重制约，此时，如何摆脱曾经成功经验的禁锢、如何清晰描绘出营销战略显得尤为重要。TY公司的应用案例，充分表明了营销战略梳理工具的作用。

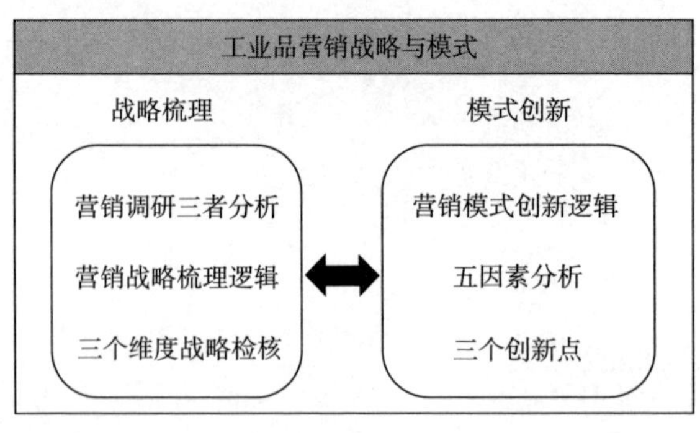

当产品高度同质化或者传统产业遇到经济周期不利时期，营销战略选择空间有限时，营销模式的创新是形成竞争差异的重要手段。企业要运用“五因素分析”与“三个创新点”等工具，优化组合，设计出创新的营销模式。LX是一家生产基础化工原料的上市公司，产品高度同质化，同时遇到了化工行业的不景气，传统的营销模式令其举步维艰。LX公司从构建信任出发，采用互联网思维、优化电子商务，推出了“价值交换、平台营销”的新模式。LX的应用案例，对正在探寻传统工业企业如何与电子商务融合的企业，具有一定的参考与借鉴作用。

信任互动，聚焦营销战略的梳理与营销模式的创新实战运用。

第三章

工业品营销调研

营销调研（marketing research）是指系统地设计、收集、分析和报告与某个组织所面临的特定营销问题相关的各种资料和数据，以帮助营销管理人员做出有效的营销决策。公司在进行营销战略制定、营销模式创新、营销组合策略设计、营销组织变革、营销品牌提升时都需要进行营销调研。

工业品营销调研更多关注机会问题分析、行动目标与时机、关系梳理与建立。

通过营销调研，我们可以：

确定营销小组组成人员，如技术专家、销售骨干、市场人员等；

确定在哪些区域进行营销活动，如工业发达、经济运行良好的上海、深圳、广州等；

确定在哪些行业、哪些企业进行营销活动，如冶金行业、电力行业等；

确定营销活动的最佳时间，如年中或年底的产品配套订货会；

确定营销方式，如广告、展销、宣传及其他促销手段，并对以上活动进行资金预算以控制产品进入市场的成本；

确定并准备销售工具，如产品说明书、使用手册、包含性能对比和使用成本对比的小册子等。

工业品营销的市场调研主要依赖于一线销售人员在营销实战中的总结与感悟。每一个营销人员都必须是一个很好的情报员。不经意间收集到的信息才是最真实有效的。营销人员需要关注的是用户需求的变化、用户所在产业的发展趋势、用户的决策程序的变化、竞争同行的政策变化等。

工业品营销调研过程包括四个步骤：方案设计、信息获取、信息分析和结果应用。如图 3－1 所示。

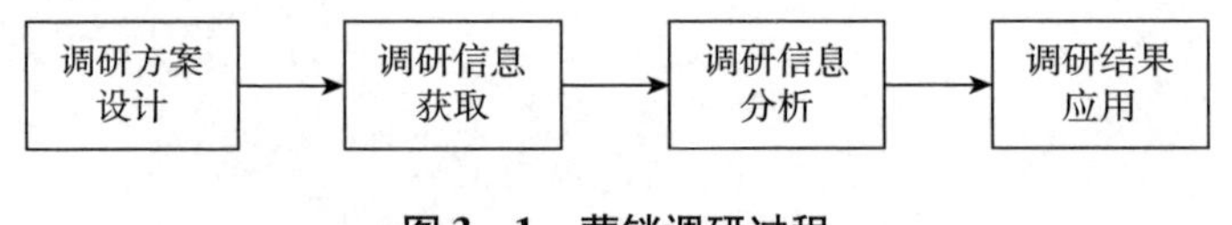

图 3－1　营销调研过程

第一节　调研方案设计

营销调研方案设计主要包括确定调研目标、调研内容、调研对象、调研方法和制订调研计划。

一、确定调研目标

制定营销调研方案，首先要确定营销调研的目标是什么，即本次营销调研要解决的问题。确定问题和调研目标是营销调研的第一步，通常也是最难的一步。

营销研究是为了得到重要营销决策需要的信息而进行的，研究者应当根据决策者所面临的问题来定义营销研究的问题，这些决策主要涉及下列情况：

（1）需要寻找新的市场机会时。决策者在把某一产品投入新的市场之前，需要通过营销调研了解用户的需求状况和市场竞争状况。

（2）需要寻找某种问题产生的原因时。例如，在某一市场上原来深受用户喜爱的产品现在被用户们冷落了，这时管理者或决策者就会向调研部门提出调研课题，研究是产品质量或服务质量下降了，还是用户的购买意愿有所变化。

（3）决策者在制定决策后必须在实施过程中对其进行跟踪调研。许多情况下，市场营销调研就是为了了解决策是否有效而进行的。营销调研的一个重要作用就是分析一项新的决策是否能使市场营销活动向更为有利的方向发展。

（4）预判未来。调研为决策者预判未来提供资料依据，预测的准确性很大程度上取决于营销调研的质量，比如预判技术发展趋势、产品需求变化、用户购买决策变化、竞争趋势等。

在确认了调研问题之后，企业就要确定调研目标。营销调研项目根据其目标通常可分为四种类型：探索性调研、描述性调研、因果性调研和预测性调研。

（一）探索性调研

探索性调研的目标是收集初步信息、确定问题并提出假设，一般是在调研专题的内容与性质不太明确时，为了了解问题的性质、确定调研的方向与范围而进行的收集初步资料的调查。通过这种调研，企业可以了解情况、发现问题，从而得到关于调研项目的某些假定的或新的设想，并基于此进行进一步调查研究。探索性调研特别有助于把一个大而模糊的问题缩小为一个小而精确的子问题，使问题更明确，并有助于营销人员从中识别出需要进一步调研的信息（通常以具体假设的形式出现）。

（二）描述性调研

描述性调研的目标是描述状况，一般是对所面临的不同因素、不同方面现状的调查研究，着重于客观事实的资料数据采集和记录。大多数的营销调研都属于描述性调研，如对市场潜力、市场占有率、用户的购买特征、竞争状况的调研等。通过描述性调研，企业可以发现市场的一些关联因素，但此时，企业还不能了解其中的因果关系。与探测性调研相比，描述性调研的目的更加明确，研究的问题更加具体。

（三）因果性调研

因果性调研是指为了查明项目不同要素之间的关系，以及查明导致一定现象产生的原因而进行的调研。通过这种调研，企业可以清楚外界因素的变化对项目进展的影响程度，以及项目决策变动与反应的灵敏性，它的调研结果具有一定程度的动态性。

因果性调研的目标是检验因果关系的假设、找出关联现象或变量之间的因果关系。描述性调研可以说明某些现象或变量之间相互关联，但要说明某个变量是否引起或决定着其他变量的变化，我们就要用到因果关系调研。

（四）预测性调研

预测性调研是指为了预测未来一定时期内某一环节因素的变动趋势及其对企业市场营销活动的影响而进行的市场调研，如市场上用户对某种产品的需求的变化趋势调研、某产品供给量的变化趋势调研等。这类调研的结果就是对事物未来发展变化的预测。

预测性调研的意义重大，因为，只有通过需求调研和销售预判，企业才能较为准确地制订出生产、财务、人力资源等计划。

二、确定调研内容

工业品营销调研的内容包括外部市场调研和内部企业资源及能力梳理两个方面。

（一）外部市场调研

外部市场调研主要包括：

1. 营销环境调研

政治法律环境调研：即对企业产品的主要用户所在国家或地区的政府现行政策、法令及政治形势的稳定程度等的调研，如对经济体制、产业政策、投资政策、环境保护、税法变化、各政治利益集团等的调研。

经济环境调研：主要是调查企业所面对的市场在宏观及微观经济环境发展中将发生何种变化。宏观经济环境主要指一个国家的人口数量及其增长趋势、国民收入、国民生产总值及其变化情况，以及这些指标反映的国民经济发展水平和发展速度。微观经济环境主要指企业所在地区或所服务地区的用户的收入水平、购买偏好、储蓄情况、就业程度等因素。这些因素直接决定着企业目前及未来的市场大小。

社会文化环境调研：调查一些对市场需求变动产生影响的社会文化因素，如文化程度、职业、民族构成、宗教信仰及民风、社会道德与审美意识等方面的调研。

技术环境调研：主要是了解与本企业生产有关的技术水平状况及发展趋势，同时还应把握社会相同产品生产企业的技术水平的提高情况。

竞争环境调研：主要是关于竞争同行数量、竞争同行的市场占有率及变动趋势、潜在竞争同行情况、主要竞争同行的实力及其已经或将要采取的营销策略和销售政策等方面的调研。

2. 行业经济特性调研

一个行业的经济特性主要有：市场区域范围及规模大小、规模经济特征、行业进入壁垒与退出壁垒及难易程度、对资源的要求程度、平均投资回收期、市场成熟程度、市场增长速度、行业中公司的数量及其规模、购买者的数量及规模、分销渠道的种类及特征、技术革新的方向及速度、行业总体盈利水平等。

3. 行业驱动因素调研

迈克尔·波特（Michael E. Porter）在《竞争战略》中对行业变革驱动因素做了深入分析，并对其进行了归类，它们主要包括：行业的全球化趋势、行业增长率的变化趋势、客户群、客户对产品使用方式的变化、产品与服务的革新、技术变革、营销变革、技术诀窍的扩散、行业中大公司的进入或退出、成本和效率的变化、客户偏好的变化、监管机构的影响力、政府政策的变化、行业不确定性和风险的降低、社会关注点、价值观和生活方式的变化等。

4. 产品调研

对于工业品来说，不同的行业用户、不同的地域市场，对产品的使用环境和使用要求都不一样。因此，我们需要通过产品调研了解不同用户的真实需求，对产品进行量身定制。产品调研的主要内容包括：目标用户对产品的需求现状及发展趋势、目标用户的购买特征、既有用户对产品的性能及质量等情况的反馈、国际产品的市场走势，等等。

5. 价格调研

价格直接影响到产品的销售额和企业的收益情况，也直接关系到产品在市场的竞争力。企业要制定合理的价格策略就必须进行价格调研。价格调研的主要内容包括：用户对产品价格的承受心理及预期、主要竞争同行的价格等。

6. 服务调研

服务调研主要侧重于既有用户对公司所提供服务的反应，了解目标用户最容易接受的服务形式，其具体内容包括：服务满意度调查、服务需求调查等。

7. 营销渠道调研

工业品营销渠道的正确选择和合理布局，对于提高销售效率、缩短资金周转周期、降低营销费用支出等有着重要的作用。因此，营销渠道的调研也是营销调研的一项重要内容。营销渠道调研的主要内容包括：行业内现有营销渠道的经营状况、资源及能力状况、地域分布、合作条件等的调研；相关联行业营销渠道的经营状况、资源及能力状况、地域分布、合作条件等的调研。

（二）内部企业资源及能力梳理

企业的任何一项营销决策都必须以企业资源及能力为基础，离开企业的资源及能力去做营销决策是徒劳的。因此，企业在做营销决策前必须进行企业内部的资源及能力梳理。

1. 企业资源梳理

企业的任何营销活动都需要借助一定的资源来进行，企业资源的拥有和利用情况决定其活动的效率和规模。企业资源可分为有形资源和无形资源两大类。有形资源主要包括企业的固定资产（厂房、设备等）、人力资源、财力资源等；无形资产包括企业的企业形象、企业口碑、组织文化、管理、知识产权、技术诀窍、专利、商标、交易秘诀、特别知识、销售网络、公共关系等。

2. 企业能力梳理

企业价值链分析是企业能力梳理的重要手段。企业价值链是指设计、生产、营销、交货以及对产品起辅助作用的各种价值活动的集合，如图 3－2 所示。通过企业价值链梳理和分析，我们可以找到企业存在的优势及劣势。

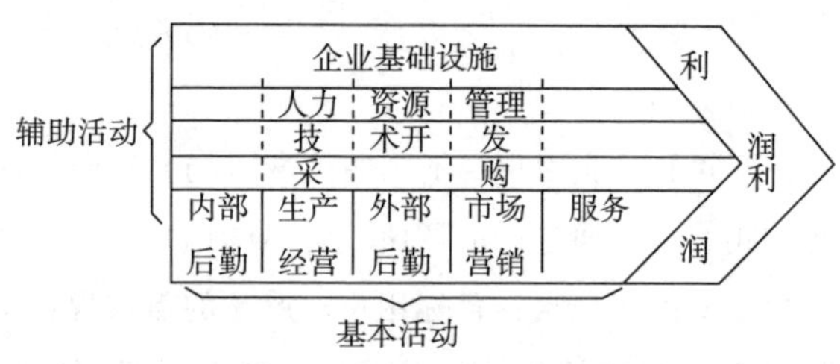

图 3－2　企业价值链

三、确定调研对象

工业品的营销对象是企业、政府机构、特殊组织等，市场集中，买主少且目标明确；但工业品市场购买决策复杂，参与购买决策的往往不是一个人，而是一个组织。因此，对于工业品营销调研而言，调研的对象是集中的、明确的、少数的，但调研又必须是纵向深入的，需要在目标用户企业的不同层次上进行。工业品的采购组织一般由使用者、购买者、控制者、决策者和影响者 5 类人员组成，我们需要根据营销调研目标选择不同的调研对象。

（1）目标用户。

目标用户调研对象主要包括：用户企业的生产部门人员、采购部门（组织）人员、技术部门人员、企业高层领导等。

（2）行业专家。

行业专家调研对象主要包括：行业协会等行业组织、行业设计院、行业媒体等行业专家及专业人士等。

（3）合作伙伴。

工业企业的合作伙伴主要有渠道商和供应商等。渠道商包括代理商和经销商，其中，代理商又分为区域代理商、项目代理商和关系代理商等。

（4）**竞争同行。**

任何一个工业品都不可能是独家生产的，工业企业一定会面临很多的竞争同行。但公司在进行工业品营销调研时，也不是要对所有的同行都进行调研，一般来说，选择 3 ~ 5 家主要的竞争同行就足够了，比如行业内的标杆企业、经常与公司短兵相见的对手、潜在对手等。

（5）**企业内部人员。**

在进行工业品营销调研时，除外部的用户、行业专家、合作伙伴、竞争同行之外，针对企业内部人员的调研也是必不可少的。因为，工业企业的大量营销信息都集中在公司内部，比如财务部门、售后服务部门、客户服务部门、技术部门、生产部门，以及营销中高层人员等。

明确调研对象后，我们还需要进行样本设计，样本是调研设计的重要部分。样本是从总体中挑选出来并能代表总体的一部分，理想的样本能代表并解释总体的情况，从而帮助营销调研人员对人们的想法和行为做出准确的估计。营销调研人员通常根据抽样得出对统计主体的估计。

样本设计需要确定三个问题：

首先，必须界定调研所涉及的总体，也就是样本的来源。调研人员必须确定能提供目标信息的群体。

其次，调研人员必须确定样本的规模，即调查多少人。虽然大样本的结果比小样本的结果更为可靠，但这并不意味着我们要对所有或大部分的目标对象进行调查。

最后，调研人员必须确定如何进行抽样。抽样类型总体上分为随机抽样和非随机抽样。其中，随机抽样又分为简单随机抽样、分层随机抽样和分群随机抽样等；非随机抽样又分为任意抽样、判断抽样和配额抽样等。如表 3 – 1 所示。进行随机抽样时，每个总体成员都有机会进入样本，调研人员可以确定样本误差的区间。但是，如果随机抽样所需时间太长或者成本太大，调研人员通常会选择非随机抽样，但非随机抽样的样本误差无法测量。各种抽样方法所需时间不同，付出的成本也不一样，准确性和统计性能也有差别。选择何种抽样方法取决于调研项目的需要和样本的规模。

表 3 – 1　抽样类型

随机抽样	
简单随机抽样	从总体中任意抽取一定数量作为样本，每个总体成员都有相等的被抽中的概率
分层随机抽样	将总体分成互不交叉、互不重复的几组（如按年龄、职业、地域等划分），然后在每个组内随机抽取样本

续表

分群随机抽样	将总体分成互不交叉、互不重复的几组（如几个产品线用户群），调研人员从几组中抽取一组进行调查
非随机抽样	
任意抽样	调研人员选择最容易获得的总体成员，并从他们那里获得信息
判断抽样	调研人员依据自己的判断选择总体成员，因为他们有可能提供准确的信息
配额抽样	调研人员从每一类型的人中，各选规定数量的人来进行调研

四、确定调研方法

要完成一个科学的调查研究，我们要根据具体的调研目标和调研内容，选择合适的调研对象，采取适当的调研方法。如果是二手资料收集，我们可以从内部企业和外部行业进行资料收集；如果是原始数据调查，调查方法一般分为访问法、观察法和实验法。访问法通常是描述性的和探测性的，也可能是因果性的；观察法通常是描述性的；实验法几乎都是因果性的。这些方法各自都有其优缺点和使用范围，详见本章第二节。

五、制订调研计划

在确定了问题与调研目标、调研内容、调研对象及调研方法之后，调研人员就要制订详细的调研计划，并上报营销调研管理者申请批准。

调研计划的内容主要包括：调研问题及目标、调研项目、调研内容、调研对象、调研方法及资料来源、调研时间、调研地点、调研分工、费用预算等。在调研计划里，调研目标要有具体的信息需求；调研项目要明确；调研内容要详细，使调研人员一看就明白；调研对象要有针对性、可行性；调研时间安排要合理；调研分工要具体，每项工作落实到人，并做好统筹管理；费用预算要合理，费用过多难以审批通过，过少又不利于调研工作的开展。

第二节　调研信息获取

营销信息的获取包括两个方面：二手信息收集和原始数据调查。

一、二手信息收集

（一）二手信息的优势与不足

营销信息的获取往往从二手信息收集开始。与原始数据相比，二手信息有其优势，也有其不足。

二手信息的优势：

1. 经济性

二手信息通常可免费取得或廉价购得，因此企业可以节省一大笔调研费用。另外，二手信息有时能够为公司提供一些公司本身无法收集的信息，因为这些信息的取得难度较大，或者需要花费大量的人力、物力和财力。

2. 快速性

二手信息基本上都是已经存在的，因此二手信息收集往往比原始数据调查要来得快速。

3. 功能性

二手信息虽然很少能够为一项研究计划提供其所需的所有资料，但尚具备如下功能：

（1）协助形成决策问题。

（2）建议满足资讯需要的方法与资料类型。

（3）作为一种比较性资料的来源，可以解释与评估原始资料的正确性。

二手信息的不足：

1. 合适性

二手信息是为了其他目的而收集的，因此很少能完全适合研究计划的资讯需要。影响二手信息的合适性的主要因素有：衡量单位、分组的定义、资料的时间等。

2. 正确性

在市场调研的过程中，导致误差的原因不一而足，而市场调查人员未亲自参与二手信息的收集与分析工作，因此二手信息的正确性无法评估。

3. 有无性

有时调查人员需要的信息根本就不存在，因而无法从二手信息中获得。例如，新产品投入市场前，调查人员就没法获得用户对新产品的反应信息。

（二）二手信息的收集

在工业品营销领域，二手营销信息主要包括内部企业信息和外部行业信息。

1. 内部企业信息

我们研究发现，工业企业的营销信息大部分存在于公司内部，这些信息主要存在于以销售及财务统计为基础的内部报告和其他档案资料中。企业内部报告提供的内部信息是很有用的二手信息，企业为了别的目的或别的调查项目而保存的档案资料也是重要的二手信息，它对于新的调查项目有时是很有用的。例如，销售统计报告、年度总结报告、年度经营计划、客户意见资料、服务反馈资料等，都会提供有价值的信息。

此外，企业内部所设的生产、技术、采购、营销及人力资源等部门都存有大量的资料。这些资料的形式有生产文件、技术资料、采购记录、储运记录、销售合同与订单、计划单、任务书、来往公文、客户名录及商品介绍、会议纪要等。这些资料涉及的内容包括生产能力、供货周期、技术能力、产品种类、产品性能特征、价格体系、客户需求、市场结构、竞争状况、渠道状况、销售政策、人员报酬和激励等。

2. 外部行业信息

外部的二手信息可以通过查找已发表在刊物上和互联网上的资料而获得。因此，通晓许多市场营销资料的来源，对于调研者来说是很重要的。外部资料来源包括以下方面：

（1）**行业组织**。行业法规、市场信息、经验总结、形势综述及统计资料汇编等，这些资料披露了全行业主要厂家及品牌产品的质量、价格、性能、产量、市场占有率以及未来发展趋势等，这些资料对于本行业内的各类调查的前期研究都是很有用处的。

（2）**行业媒体**。行业杂志、行业网站等登载有大量的行业信息，包括市场信息、同行信息、目标用户信息等。这些信息主要以统计报告、综述文章、软文广告、硬性广告等形式出现。

（3）**各级政府部门及其统计机构**。为了管理，各级政府部门一般都会收集本辖区的市场信息资料、企业经营现状等情报资料。特别是在我国统计报表制度下的各级统计机构，均比较系统地收集了各方面的报表资料，例如统计期刊、统计年鉴、普查统计资料及专题统计资料汇编等。

（4）**图书馆**。在高等院校的图书馆或者电子图书馆收录的期刊论文里，我们也能检索到所需的信息资料。

（5）**因特网**。现在的因特网十分地发达，整合了海量的信息，通过因特网我们能搜寻到大量的二手信息。例如，百度的百科、文库、知道等就包含了许多有用的信息。

（6）**信息商业单位**。一些专业的调查公司或者信息经营公司，调查、整理了各行各业的市场信息，并形成了完整的行业市场报告，只要购买这些报告，企业就能很快了解到所需的营销信息。

二、原始数据调查

二手信息为原始数据调查提供了一个好的起点，通常能帮助确定问题和调研目标。原始数据的收集调查主要包括访问法、观察法和实验法。

（一）访问法

访问法是指通过直接访问、电话采访、邮寄问卷、网络等途径向被访问者获取数据资料的调查方法。四种常用访问方法的优缺点比较如表 3－2 所示。

表 3－2　四种访问方法的优缺点比较

项目	直接访问	电话采访	邮寄问卷	网络
灵活性	非常好	好	差	好
数据质量	非常好	一般	好	一般
对访问员影响的控制	差	一般	非常好	一般
样本控制	一般	非常好	一般	差
数据收集速度	好	非常好	差	非常好
问题回答情况	好	好	差	好
成本	差	一般	好	非常好

1. 直接访问

直接访问是指用直接提问的方式访问被调查者。在进行直接访谈的时候，访谈者既可以请被访谈者到安排好的地方进行访谈，也可以深入实地与被访谈者交谈，形式非常灵活。

直接访问的计划性比较强，访谈者能够同时询问多个问题，也可以在访谈过程中更清楚地了解访谈对象的行为、特征、动机等一些间接访谈中得不到的资料，访谈者还可以看到对方的表情、神态和动作，这有利于访谈者掌握更详细的资料。但直接访问的结果容易受到访谈者主观因素的影响；有时被访谈者由于种种原因，对一些问题可能也不愿当面做出真实全面的回答。直接访问特别适用于访问题目太长、太多，题意很复杂的调查。不过，直接访谈所需的人力、物力规模也最大，若想要扩大样本的分散性，在实施上很不容易。直接访问包括个人访谈和小组访谈两种访问形式。

个人访谈很灵活，训练有素的访谈者能较好地抓住被访谈者的注意力，围绕调查主题展开询问，并可根据被访谈者的反应和现场行为，及时地调整问话方式及问话内容。个人访谈收集数据的速度快、质量高，但付出的访问成本往往也比较高。

小组访谈，又称小组座谈或小组深度访谈，就是一次召集数人，采取小型座谈会的形式，由一个经过训练的主持人与一个小组的被访谈者进行交谈和讨论，深入了解有关问题的详细资料。小组访谈通常会在一个环境较好的地方举行，主持人引导大家紧扣主题进行自由讨论，表达出自己的真实情感和想法。在小组讨论时，主持人要做好会议记录或录像。为了便于讨论，同时为了节省时间和费用，小组访谈一般会控制规模，以 6～10 人为宜。由于规模的限制，小组访谈得出的结论很难具有广泛性。同时，小组访谈容易受到主持人及调研人员现场表现的影响，从而引起调研数据偏差。当下许多工业企业利用可视会议系统与营销人员进行远距离沟通和联系，现场进行小组深度访谈。

2. 电话采访

电话采访是指利用电话进行访问和调查。电话采访是最快的信息收集方式，灵活性高。调查人员可以根据需要设计访问话题，在访问中可以向被访问者解释一些疑点，还可以根据得到的答案选择性地深入对某些问题进行访问。电话访问可以更好地控制调查样本，也方便访谈者与符合调查目标的被访者交谈。

但是电话采访时间紧，调查人员看不到电话那头被访者的表情和行为，而且，有时人们不愿谈及你感兴趣的话题。同时，调查人员的谈话方式、提问方法等都会影响被访问者的回答，这会引起调查结果的偏差。这些问题给电话访问带来了较大难度。为此，调查人员在进行电话访问前要充分准备，拟好问题提纲，才不至于在几分钟的短促采访中手忙脚乱；同时，提问要简短、精炼，也不要过多参与讨论，影响被访者的思路和答案。

3. 邮寄问卷

邮寄问卷是指将事先设计好的调查问卷通过邮政系统寄给被调查者，由被调查者根据要求填写后再寄回。当信息量较大时，采用此方法较为妥当。与其他调查方法相比，邮寄问卷花在每个答卷人身上的费用较低，答卷人回答问卷上的问题时会比较诚实。而且邮寄问卷调查可以给予被调查者更加宽裕的作答时间，问卷篇幅可以较长，也便于被调查者深入思考，避免受到访问者影响。

但是，邮寄问卷调查需要较长的时间来完成，时效性差；而且问卷回收率较低，因而容易影响样本的代表性；邮寄问卷调查也缺乏调查对象的控制，问卷或许是由指定被调查者之外的其他人填写的，如此就可能出现错误的答复或不真实信息。

4. 网络调查

网络调查又称在线调查，是指通过互联网及其调查系统把传统的调查、分析方法在线化、智能化。网络调查的速度快，调查结果显示几乎是即时的，而且所花费的费用也相对较低。另外，网络调查没有时间和地域限制，不同地方的人都可以通过因特网随时参与进来。

不过，网络调查也有一些弊端。一是很难找到需要的调查对象。上网的人很多、很杂，以年轻人和社会底层人员居多。而工业品营销信息调研的对象一般是专业人士或企业中高层管理者，通过网络我们很难同时、全面地接触到这些人。因此，样本的有效性较差。另外，即使找到了正确的调查对象，网络调查也缺少与调查对象的交流，限制了回答者的表现力。

（二）观察法

观察法是指通过观察相关的人、行为和情况来收集原始数据。例如，工业品生产企业可以到使用现场去观察产品的使用情况，也可以到渠道商处观察渠道商的销售状态。观察法能用来获得人们不能或者不愿提供的信息。但，有些信息通过观察是不能得到的，比如感受、态度、动机、需求和私下行为等。因此，观察法一般作为辅助调查方法，和其他数据收集方法配合使用。

（三）验证法

验证法的目的是对询问法、观察法得出的初步结论，通过另一个信息渠道来做针对性的验证。运用验证法时，调查人员首先要选择合适的被验证对象，最好是相关客户中的一线使用部门，或者是行业内的资深专家，也可以是询问法的对象，然后，对初步结论提出自己的观点，在此基础上进行综合分析，并予以修订。涉及产品的性能参数、成套设备的运行效果、解决方案的试用效果的验证法，则需要用与一般不同的处理方式——要控制不相关的因素，详细记录实验过程数据，并对实际数据与理论数据的差异进行二次分析。

第三节　调研信息分析

从内部企业数据库、外部行业数据库、营销情报和营销调查获得大量信息后，调研人员需要对其进行进一步的统计分析，通过分析了解这些数据之间的关系和统计上的可靠性，让信息使用者不仅仅局限于数据的均值或者标准差之类的东西，而是能够回答关于市场、营销活动和结果的问题，能把这些信息应用到营销问题的解决和营销决策上。

调研人员需要分析数据的准确性和完整性，并将数据转化成计算机可以统计分析的形式。调研人员还要把调研结果制成表格，并计算出所需要的统计量，比如进行加权统计、因子分析、相关分析等。

为了进行信息分析，调研人员还需要建立起一些数据模型或者分析模型，使得信息分析者能得出更好的结论，做出更好的决策。通用的营销信息分析模型有 PEST 分析模型、五种竞争力模型、波士顿矩阵法、SWOT 分析等。恩虹咨询针对工业品营销信息梳理分析研发出了“三者分析法”。

在工业品营销中，由于用户理性购买、团队决策的特性，“买的人不用，用的人不买，不买不用的人影响大”的状况常常发生。购买者、使用者和影响者三者常常是分开的。为此，要对用户做深度透视，就必须分析这三者的主体特征、关注利益、担心的风险和关系权重，我们称之为“三者分析法”。如表 3 - 3 所示。

表 3 - 3　三者分析法

		购买者	使用者	影响者	
				内部	外部
主体特征					
关注利益					
担心风险					
关系权重	决策				
	既有				

购买者是用户中执行采购的部门以及具体负责的人。其任务是依据采购要求，组织供应商的选择与考察，全过程参与招投标、商务对接与谈判、合同签订与执行等。购买者大多关注价格和商务条款等影响采购成本的因素，担心“灰色的猜疑”。

使用者是产品的直接使用人，有时也是购买需求的提出者和参考者。根据企业的生产及实际需要，使用者会对产品的品种、性能、规格等提出具体要求或者参考建议。使用者关注产品的性能、使用舒适性、交货及时性、售后及时性等影响使用效率、效果的因素，担心“不好用、不能用”的陷阱。

影响者是企业内部能够直接控制或者干预采购决策的部门及其领导、企业外部间接影响购买决策的个人或团体。内部影响者关注的是采购的价值，担心的也是“灰色的猜疑”；外部影响者关注的是用户的满意度，担心的是其公信度以及影响力的降低。

用户不同、项目不同、情景不同，购买者、使用者、影响者的决策权重区别很大。只有在分析三者决策权重后，比较既有的关系所能提供的权重数，然后分析应该采取的策略措施，企业才能大大提高营销策略实施的精准度。

一家通信设备生产厂家，在通信运营商（中国移动、中国联通、中国电信）的市场上占有十分骄人的份额。它想利用三网融合的机会，进入广电行业。为此，它对某省的广电用户进行了调研的三者分析（见表3－4）。

表3－4 某省广电用户的三者分析

<table>
<tr><th colspan="2" rowspan="2"></th><th rowspan="2">购买者</th><th rowspan="2">使用者</th><th colspan="2">影响者</th></tr>
<tr><th>内部</th><th>外部</th></tr>
<tr><td colspan="2">主体部门</td><td>省公司运维部</td><td>地市公司运维部</td><td>主管副总</td><td rowspan="5">《中国有线电视》杂志
业内通信专家
招标公司</td></tr>
<tr><td colspan="2">关注利益</td><td>性价比、技术先进性</td><td>稳定性</td><td>技术的先进性</td></tr>
<tr><td colspan="2">担心风险</td><td>品牌更换或同一品牌不同系列变更后品质出现问题</td><td>运行稳定、维护涉及的功能齐全</td><td>稳定可靠</td></tr>
<tr><td rowspan="2">关系权重</td><td>决策</td><td>60%</td><td>5%</td><td>30%</td></tr>
<tr><td>既有</td><td>0</td><td>0</td><td>0</td></tr>
<tr><td colspan="2">对策措施</td><td>加强与省公司运维部门的专责联络，阐述产品应用方面的优异性能</td><td>保证在设备投入使用后，为用户提供规律的售后服务</td><td>厂家规模介绍、品牌介绍</td><td>在行业杂志上做企业广告，并与之联合举办相关专家研讨会，邀请用户的技术副总与运维部负责人出席</td></tr>
</table>

通过三者分析，该厂商清晰地看到了用户的决策及其潜规则，于是对进入广电行业的策略做了精准的调整：

第一步，作为行业的新进入者，它从外部影响者入手，与之联合举办购买者以及内部影响者共同参加的专题活动，这些专题都是用户十分感兴趣且有着高度共鸣的话题。在活动中，它着力介绍了产品如何为用户解决一个什么样的未被解决的问题，或者是更好地解决一个什么样的老问题，并介绍了公司的实力与品牌。然后，相关负责人与众人一同分享与交流厂商在通讯运营方面的成功案例，并且邀请电信运营商的相关技术负责人到现场介绍使用效果。

第二步，跟踪联络省公司运维部门，进行地市公司使用者使用情况的调研，整理出使用中存在的问题以及需要进一步优化的地方，收集原有使用产品的竞争同行的情况。

第三步，针对使用者的实际需求设计一个产品的优化方案，与省公司的运维部门做深入沟通，进一步联络感情，树立专业形象，认真研讨沟通后，整理出一份更为有效的方案，报告给技术副总。

第四步，与此同时，通过行业杂志及行业专家邀请内部影响者到公司参观，令其对公司品牌与实力有一个直观的深入的印象。

第五步，参与项目招标。

实施建议：

“三者分析法”是工业品营销中很常用的一个必备工具，既是用户群的宏观透视仪器，也是单一用户或者项目的微观透视仪器。它的主要作用如下：

（1）它是工业品营销市场调研中主要的信息分析工具。工业品营销的市场调研必须清晰地完成用户的三者分析，如此，调研才能够为一线作战者提供有效的信息。

（2）在工业品营销的策略研讨与验证方面，只有利用“三者分析法”，营销人员才能够做到有的放矢，精准营销。

（3）在工业品品牌提炼的过程中，只有利用“三者分析法”，企业才可完成品牌内涵六要素的提炼。

（4）在一个项目招投标过程中，“三者分析法”可以清晰地为企业指明行动路线，从而避免遗漏或疏忽某一些环节和参与者，把精力集中在最有效的地方，提高中标率，减少浪费。

（5）企业在进行用户开发与维护时，利用“三者分析法”，可以最快地以最少的投入建立较为稳固的立体关系，强化信任。

在使用“三者分析法”时，企业一定要注意信息的来源以及其真实性。企业可以将其与通过直接调研和用户拜访获得的信息进行比较，分析其真实性；还可以从非竞品厂家的营销人员处获得相关信息，分析竞争同行的策略，据此验证这些信息。

第四节　调研结果应用

在营销调研的最后，调研人员需要对调查的数据进行统计分析，并形成营销调研报告，然后提交给管理部门，以供营销决策者或其他信息使用人使用。

一、营销调研报告撰写

（一）调研报告写作标准

一个好的营销调研报告必须满足“四性”，即完整性、准确性、明确性和简洁性。

1. 完整性

调研报告的结构和内容要完整，调研报告的信息要能足够营销决策者做出决策判断，能解决调研问题，达到调研目标。

2. 准确性

调研所得的信息要准确和有效，必须符合客观实际，引用的材料、数据必须是真实可靠的。调研报告必须用事实来说话，撰写人不可弄虚作假，或为迎合上级的意图，挑他们喜欢的材料撰写。

撰写人撰写调研报告时用词要准确，要准确地把握住概念，做到词义相符，不能像写作文学作品那样使用夸张、拟人、借代、比喻等修辞手法，避免带有感情色彩的语言。

在以中文书写的调研报告中，数字的使用应符合国家标准规范。对于社会经济统计数据，凡直接取自正规出版物的，可以按原有数位的详尽程度引用；凡取自初级资料而又经过运算的，其结果的数位详尽程度不必超过调查问卷中的数位详尽程度；凡是不同来源数据的综合测算结果，其数位的详尽程度以来源数据中数位最低的为准。

3. 明确性

明确性依赖于有逻辑的思考和准确的表达，如果逻辑混乱、表达不明确，读者就很难理解，甚至出现误解。

4. 简洁性

营销调研报告必须简明扼要，不能纷繁复杂。调研人员必须对收集到的信息资料进行归类统计整理，并有选择地采用，避免让读者面对所有的信息资料。有些信息材料若与调研主题没关系，可以直接去除。同时，在撰写调研报告时，撰写人应避免高谈阔论，过多发表自己的主观意见。因为你的意见或建议会左右读者的思考和想法，也可能引导营销决策。

（二）调研报告写作路径

尽管每一篇调查报告都会因项目和读者的不同而有不同的写法，但一份完整的调查报告通常可分为 3 大部分：前文、正文和附录。

1. 前文

前文包括标题页和标题扉页、目录、摘要。

（1）标题页和标题扉页

标题页包括的内容有报告的题目、报告的提供对象、报告的撰写者和发布的日期。进行企业内部调查时，报告的提供对象是企业某高层负责人或董事会，报告撰写者是内设调查机构；进行社会调查服务时，报告的提供对象是调查项目的委托方，报告的撰写者是提供调查服务的调查咨询公司。在后一种情况下，撰写者有时还需要在标题页上写明双方的地址和人员职务。若报告具有保密性质，撰写者要一一列明报告提供对象的名字；若报告要求正规，撰写者在标题页之前还应安排标题扉页，此页只写调查报告标题。

标题必须准确揭示调查报告的主题。调查报告可以采用正、副标题形式，一般正标题表达调查的主题，副标题则具体表明调查的单位和问题。标题的形式有三种：

直叙式标题。这种标题直接反映调查问题或调查目标，如《关于中压断路器市场的调查报告》。直叙式标题简明、直观，一般市场调查报告的标题多采用这种标题形式。

观点式标题。这种标题直接阐明作者的观点、看法或对事物的判断、评价，如《中压断路器市场前景广阔》。

提问式标题。这种标题是以提问的形式突出问题的焦点，以吸引读者阅读，并促使读者思考，如《××断路器的营销出路在何方?》。

（2）目录

除只有几页纸的调查报告之外，一般的调查报告都应该编写目录。目录包含报告所分章节及其相应的起始页码。撰写者通常只需要编写两个层次的目录，对于较短的报告，也可以只编写第一层次的目录。

如果报告中含有图和（或）表，目录中需要包含一个图表目录，便于读者快速查找对应的详细信息。撰写者要对图表进行独立的数字编号，列出每一图表的名称，并按其在报告中出现的次序排列。

（3）摘要

摘要需写明调查目的、主要的调查内容、调查结果、结论和建议。摘要是调查报告的重要部分，必须写好。许多高层管理人士通常只阅读报告的摘要，可见摘要很可能是调查者影响决策者的唯一机会。摘要的撰写应该是在报告正文完成之后。摘要是报告的核心内容，它的长度一般不超过 1 页，因此作者要仔细斟酌，将最重要的内容写进摘要中。但摘要不是正文各章节的内容的浓缩，它要写得自成一篇短文，既要概括调查成果的主要内容，又要简明、重点突出。

2. 正文

调研报告正文主要包括引言、调查方法、结果及局限性、结论和建议等。

（1）引言

引言主要解释开展此项调查的目的。引言中包括基本的授权内容和相关的背景材料。这些内容和材料要清楚表述此项目的意义。当然，不重要的历史情况应予略去。引言的详尽程度，视报告提交对象的需要而定。在介绍本项目的目的时，对于问题的表述可以采用在调研方案中的提法。这里提到的每个问题都应该在正文给出相应的答案。

（2）调查方法

这一部分所使用的材料不必详列，详细的材料可以放到附录中。调查方法部分主要需要阐明以下 5 个方面。

调查设计：说明所开展的项目是探索性调查、描述性调查，还是因果性调查，以及为什么采用这一特定的调查类型。

资料采集方法：说明所采集的材料是初级资料还是次级资料；结果的取得是通过调查、观察，还是实验。所用调查问卷或观察记录表应编入附录。

抽样方法：说明目标总体是什么、抽样框如何确定、样本单位是什么、样本如何选取等。对以上问题的回答依据及相应运算需在附录中列明。

实地工作：说明启用了多少名、什么样的实地工作人员，如何对他们进行培养和监督管理，以及如何对实地工作进行检查等。

分析：说明所使用的定量分析方法和理论分析方法，但注意不要与后面的内容相重。

（3）结果及局限性

结果在正文中占较大篇幅。这部分报告的内容一般为：按某种逻辑顺序列出紧扣调查目的的一系列项目。结果可以以叙述形式表述，以使项目更为可信，但要注意不可过分吹嘘。在讨论中可以配合一些总括性的表格和图像，这可以避免枯燥无味的、不易建立起总括印象的大块文字叙述。详细和深入分析的图表宜放到附录中。完美无缺的调查是难以做到的，所以撰写人必须指出调查报告的局限性，如作业过程中的无回答误差和抽样程序存在的问题等。讨论调查报告的局限性，是为了给正确地评价调查成果提供现实的基础。

（4）结论和建议

调查报告正文的最后部分是有关的结论和建议。正如我们前面已经提及的，结论是基于调查结果的意见，而建议是提议应采取的行动。正文中对结论和建议的阐述应该比摘要中更为详细，而且要辅以必要的论证。

3. 附录

任何一份太具有技术性或太详细的材料都不应出现在正文部分，而应编入附录。这些材料可能只为某些读者感兴趣，或者与调查没有直接的关系。附录包括的内容通常有调查提纲、调查问卷和观察记录表、被访问人（机构单位）名单、较为复杂的抽样调查技术的说明、一些次关键数据的计算方法、较为复杂的统计表和参考文献等。

二、营销调研结果应用

营销调研信息如果没有被用于制定更好的营销决策，那它就是没有价值的。因此，在营销调研的最后，调研人员一定要做好调研信息的分配和使用，让营销信息及营销调研报告能成为营销经理们或者其他人决策或者日常工作时参考。

而调研信息应该如何分配使用呢？一方面，营销人员可以将营销调研报告打印出来，发放给相关信息需求人员；另一方面，可以将信息资料输入公司内部数据库，使公司员工可以很方便、及时地去使用这些信息。现在的工业企业十分重视信息化建设，一般公司都有内部网络或者网络硬盘等，通过网络，相关人员可以很轻松地查看调研原始信息、营销调研报告，以及共享的工作文件等。

营销决策者可以将营销调研结果应用于营销战略调整、营销模式创新、营销策略优化和营销组织变革等。但直接使用只是由调研人员解释的调研结果是不行的。调研人员可能是营销调研和数据统计方面的专家，但营销决策者更了解问题及其所要做的决策。如果营销决策者听信了调研人员的错误意见及建议，那么，就算基础调研做得再好，这项调研到了最后也是没有价值的，甚至是误事的。同样，营销决策者也可能会对调研结果做出有偏差的解释。因为，他们期望的调研结果和自己的想法是一样的，他们会拒绝跟自己想法不一样的调研结果。许多时候，调研结果可以有多种解释，为了更加准确地解释调研结果，营销决策者和调研人员应该一起讨论，这样会使问题更加清楚，做出的决策也更加精准。

恩虹咨询为营销调研结果的应用开发出了具有针对性的分析工具，比如工业品营销战略调整的“营销战略梳理逻辑”、“三个维度”营销战略检核等；工业品营销模式创新的“五因素分析”和“三个创新点”等；工业品营销组合策略优化的“四要素分析”等。这些方法和工具在后面的章节中会详细介绍。

企业如果要对一个用户所在的行业展开营销调研，并依据调研成果设计行业开发的营销策略，不妨参照模板，如表 3－5 所示：

表 3－5　行业调研与开发策略设计模板

<table>
<tr><td colspan="6">行业概况</td></tr>
<tr><td colspan="2">需求容量</td><td colspan="2">投资主体</td><td colspan="2">发展趋势</td></tr>
<tr><td>产品构成</td><td>信息节点</td><td>资金来源</td><td>信息节点</td><td>影响因素</td><td>信息节点</td></tr>
<tr><td></td><td></td><td></td><td></td><td></td><td></td></tr>
<tr><td colspan="6">三者分析</td></tr>
<tr><td rowspan="2"></td><td rowspan="2">购买者</td><td rowspan="2">使用者</td><td colspan="2">影响者</td></tr>
<tr><td>内部</td><td>外部</td></tr>
</table>

续表

主体部门				
关注利益				
担心风险				
关系权重				
对策措施				
竞争分析				
竞争同行	竞争优势	竞争手段	直销/渠道	业务骨干
非竞品梳理				
非竞品类型	主要厂家	营销模式	业务骨干	对接途径
互补产品				
配套产品				
附属产品				
平行产品				
典型案例				
背景				
竞争格局				
策略组合				
实施步骤				
亮点启示				
开发策略——市场推广				
推广对象	推广内容	推广渠道	推广方式	
开发实施——销售实现				
五诀	具体内容			
走对路				
找对人				
说对话				
做对事				
用对心				

第四章

工业品营销战略梳理

第一节 工业品营销战略选择

企业战略即确定企业的长远发展目标，并指出实现长远目标的策略和途径。它是管理者所采取的旨在达成一项或多项企业目标的行动。企业战略也是对企业各种战略的统称，包括营销战略、发展战略、品牌战略、融资战略、技术战略、人才开发战略、资源战略等。企业战略虽然有多种，涵盖了企业的方方面面，但它们的基本属性是相同的，都是对企业的谋略，都是对如何解决企业整体性、长期性、基本性问题的规划。

根据企业战略，企业在确定目标后，决定如何采取行动和分配资源，以达成目标。它实际上就是企业根据自身能力和经营环境所做出的发展选择和实施、控制措施，即企业想做什么、可做什么、能做什么和该做什么。企业战略应该随着企业自身能力和经营环境的变化及时调整。企业战略的核心问题是：企业要为哪些客户创造什么价值？我们必须回答的几个要素是：Who（谁），即谁是你的客户；What（什么），即我们要向他们提供什么；How（如何），即我们应如何提供产品/服务。

营销战略是企业战略的重要组成部分，往往也是其核心内容。营销战略，是对企业营销整体性、长期性、基本性问题的考量，是一种营销谋略；是企业根据整体战略规划，在综合考虑外部市场机会及内部资源能力状况等因素的基础上，选择目标细分市场，进行市场定位和相应的市场营销策略组合，并予以有效实施和控制的过程；也是业务单位在目标市场上达成各种营销目标时的广泛原则。因此，营销战略的核心是选择、定位和原则，它是一个管理过程。营销战略作为一种重要战略，其主旨是提高企业营销资源的利用效率，使企业资源的利用效率最大化。营销战略对于保证企业总体战略的实施起着关键作用，尤其是对制造能力高度发达、产能严重过剩的行业，营销是企业的第一要务，制定营销战略更是非常迫切和必要的。

工业品营销是企业营销，工业品营销战略很大程度上等同于企业战略。工业品营销战略的主旨是提高工业企业营销资源的利用效率，使工业企业资源的利用效率最大化。随着工业企业营销竞争的加剧，系统地制定长远的工业品营销战略就变得更加重要。每个企业自身的资源和能力不同，所面临的营销环境也不同，所采取的营销战略也不尽相同，但我们还是可以从中总结提炼出两种最基本的营销战略：聚焦和差异化。之所以说它们是基本的营销战略，是因为一个工业企业，无论它属于什么行业，无论它处在什么营销环境中，都可以采用这两种战略。

一、差异化营销战略

所谓差异化营销战略（Differentiation marketing strategy），是指为创造一种用户认为重要的与竞争对手有差别的或独特的产品或服务来获得竞争优势而采取的一种营销战略。差异化营销战略的核心是取得某种对用户有价值的独特性。

实施差异化营销战略可以使该产品或服务缺乏可比较的对象，以降低用户对价格的敏感度，削弱用户讨价还价的能力。同时，此种产品或服务具有较高的转换成本，客户不得不依赖企业，因此，企业能够形成强有力的营销壁垒，使竞争对手无法与之竞争。差异化营销战略也存在一些风险：如果差异化导致产品价格上升、服务质量下降，企业可能会丧失部分客户；另外，差异是相对的，随着用户采购的越发成熟以及竞争对手的模仿，产品或服务间的差异会越来越小，差异化就会越来越难。

（一）差异化途径

选择差异化战略的企业要力求在尽可能多的方面进行差异化，与竞争对手的差异越大，企业就越能保持自己的竞争优势，就拥有越强的市场吸引力和营销竞争力。差异化主要有四种基本的途径：

（1）产品差异化。企业可以通过提升产品品质和进行技术创新实现产品在特征、性能、式样等方面的差异化。

（2）服务差异化。由于工业品具有技术复杂性，服务是工业品营销不可或缺的内容。服务的差异化主要包括售前的技术交流、解决方案等服务，售中的安装、培训等服务，以及售后的巡检、维修等服务。通过服务的差异化，企业可以增强与用户的黏着度，提升用户满意度。

（3）人员差异化。专业化、高素质的员工能增强用户对企业的信任。营销人员更应该进行“职业化、专业化、工具化和数据化”的五项修炼（《工业品营销：赢在信任》第2版有详细介绍）。

（4）品牌差异化。用户在采购中越来越注重供应商的品牌。要在众多的品牌中突出重围，引起用户的注意，得到用户的信赖，差异化不失为一条好的捷径。品牌差异化包括差异化品牌定位和差异化品牌传播等。

实际上，差异化的机会是无穷无尽的，企业还可以在营销模式、营销组合策略、销售政策等方面实现差异化。

（二）差异化条件

要得到具备差异化优势的独特竞争力，企业付出的代价往往是高昂的。对于是否实施差异化营销战略，企业可以参考以下条件，量力而为：

（1）用户对产品的需求和使用要求是多种多样的，即用户需求是有差异的。

（2）创造企业与竞争对手之间产品的差异是可行的，并且企业产品能得到用户的认可。

（3）采用类似差异化途径的竞争对手很少，即企业能够保证自己是真正“差异化”的。

（4）企业具有很强的研发能力和生产制造能力。

（5）企业建有客户服务系统，拥有强大的客户服务能力。

（6）企业的营销能力强，营销人员素质高。

（7）企业内部各职能部门之间职责分明，协调性强。

（8）企业各营销渠道能强有力地合作。

二、聚焦营销战略

所谓聚焦营销战略（Focus marketing strategy），是指企业的营销活动聚焦于某一特定的用户群体、产品线的某一部分或某一区域市场的一种营销战略。这种战略的核心是营销活动围绕某个特定目标展开，所有的资源分配、每一个营销活动和每一项职能性方针都要考虑这一目标。聚焦营销战略便于将整个企业的力量和资源集中起来并服务于某一特定的目标；营销战略目标集中明确，经济效果易于评价，战略实施过程也容易控制，便于管理。聚焦营销战略将企业全部力量和资源都投入到某一特定的用户群、产品线或区域市场，当用户需求发生变化、技术出现创新、市场发生变化时，这种战略就可能使企业受到巨大打击；如果更多的对手也投入到企业选定的特定目标市场，而且它们力量更强、资源更多、聚焦更彻底，企业就会面临强烈的竞争压力，选定的特定目标就可能不足以支撑企业长久的更大发展。

（一）聚焦途径

与差异化营销战略一样，聚焦营销战略也可以具有许多形式，也就是有多个“聚焦点”。一般来说，工业品营销的聚焦主要有用户聚焦、产品聚焦和区域聚焦。企业在制定战略时，通常会将三者组合使用，并以某一方面为主线。组合模式通常有三种：用户－区域－产品、产品－用户－区域和区域－用户－产品。

1. 用户－区域－产品

同一工业品往往有不同的用户群，不同用户群的需求和产品使用要求往往也是不同的。企业要以某一特定用户群或用户行业为主线进行聚焦，为其提供定制化产品和个性化服务。比如，断路器产品的用户行业有化工、钢铁、交通、电力等，企业可以根据自身的资源及能力状况，聚焦某一个或多个用户行业，深入研究特定用户的特征、需求、采购决策程序以及竞争状况等，然后根据用户分布划定区域，为特定用户提供定制化产品以及个性化服务。

2. 产品－用户－区域

企业往往不是只有一类产品，不同产品可能会面对分布在不同区域的不同用户群。企业可以以产品为主线进行聚焦，合理选择产品的目标区域市场以及目标用户。

3. 区域－用户－产品

企业面临广阔的市场，但不同区域市场的市场状况、用户需求、竞争程度等往往是不同的。企业可以以区域为主线进行聚焦，在不同区域里选择目标用户，为其提供相应的产品。

（二）聚焦条件

具备下列四种条件的企业，适宜采用聚焦营销战略：

（1）具有完全不同的用户群，这些用户有不同的需求或不同的产品使用环境。

（2）在相同的目标细分市场中，其他竞争对手没有进行聚焦。

（3）企业的资源或能力不允许其追求广泛的市场，也不能支持其覆盖所有的用户。

（4）市场细分后，营销难度降低，营销效率提高，盈利增加。

第二节　工业品营销战略梳理逻辑

一个企业的战略往往是企业家意志的体现，也是企业长期发展积累下来的成果，不是说改变就可以改变的。但是，对战略进行梳理和优化是可行的，也是必须不断进行的。战略梳理能使战略目标更加明确，战略路径更加清晰，战略实施措施更加具体。工业品营销战略梳理逻辑包含四个步骤：内部梳理、外部分析、战略定位和战略路径，如图4－1所示。

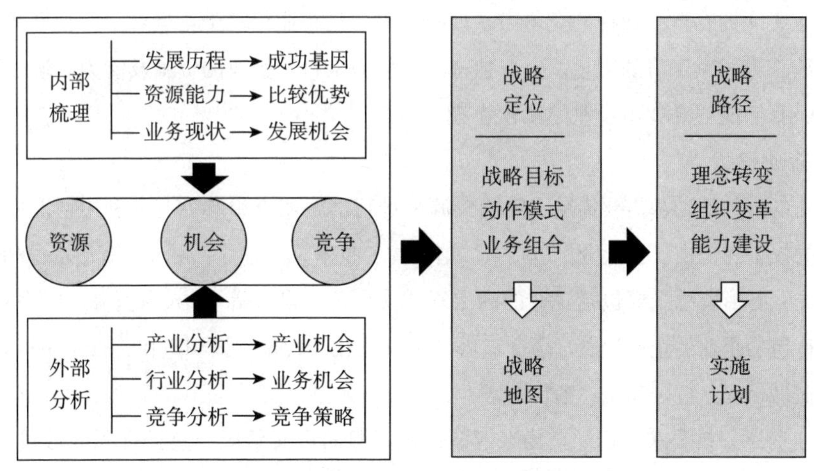

图4－1　工业品营销战略梳理逻辑

一、内部梳理

营销战略的制定始于对外部市场的分析，而营销战略的梳理始于对企业的内部梳理。

通过内部梳理，我们能够了解企业的发展历程，提炼企业的成功基因；梳理企业的资源及能力，分析企业的竞争优势；评估企业的业务现状，寻找企业的发展机会。只有梳理、提炼出企业的资源能力和独特竞争力，我们才能有针对性地进行外部市场分析，寻找企业的外部市场机会。我们要内外部相结合，梳理出企业的营销战略。企业内部梳理主要包括企业发展历程梳理、企业资源能力梳理和企业业务现状梳理。

（一）发展历程梳理，提炼成功基因

企业的生存与发展不是一成不变的，企业的发展过程就是一个在未知领域不断探索的过程。一个企业能在竞争激烈的环境中生存发展，就一定有它发展的因素，也就是“成功基因”。企业发展历程梳理的目的就在于寻找到一个能够与企业特点相适应，并能不断促进其发展延续的特定“成功基因”，并从企业发展历程中找到一个相对较优的模式来保持企业的发展能力，然后，利用这个“成功基因”和这个模式，使企业在其每个生命周期阶段内都充分发挥自己的特色优势，延长自身生命周期，实现自身的可持续发展。

梳理企业的发展历程时，我们可以结合企业的生命周期。企业的生命周期是指企业的发展与成长的动态轨迹，通常包括初创期、成长期、成熟期和衰退期四个阶段。不同的企业存在着不同的生命周期，不同的生命周期有着不同的变化特征。尽管它们有共同的规律，但 4 个不同周期阶段的变化是不一样的，各自的发展轨迹也不同。针对不同的周期，我们应采取不同的战略，以使企业的总体战略更具前瞻性、目标性和可操作性。

（二）资源能力梳理，寻找比较优势

企业必须拥有自己独特的竞争力。独特竞争力是企业相对于竞争对手所独有的，引导企业持续获得竞争优势的力量。企业独特的竞争力来自于企业的资源及能力。通过资源能力梳理，我们能够寻找出企业的比较优势。

1. 企业资源

企业的任何活动都需要借助一定的资源来进行，企业资源的拥有和利用情况决定了企业活动的效率和规模。企业资源包括人、财、物、技术、信息等，可分为有形资源和无形资源两大类，有形资源主要包括企业的固定资产（厂房、设备等）、人力资源、财力资源等；无形资产包括企业的企业形象、企业口碑、组织文化、管理、知识产权、技术诀窍、专利、商标、交易秘诀、特别知识、销售网络、公共关系等。

企业资源分析要求我们从全局来把握企业资源的现实状况，包括资源的数量、质量、分配组合情况等。企业资源是构成企业实力的物质基础，企业资源的现状和变化趋势是制定营销策略的根本基础。因为，企业能投入到经营活动中的资源是有限的，而能有效利用的资源就更少了。进行企业资源分析时，我们不但要分析企业资源的数量和质量，还要注意企业对资源的使用和控制能力。我们可以从成本分析、资源利用的有效性分析以及企业财务分析，考察企业资源的使用效率及资源控制能力。

2. 企业能力

企业能力分析是指对企业的关键性能力进行识别并进行有效性、竞争性及强度的分析。企业能力分析的目的是分析企业是否能抓住机会、满足需求、销售产品。企业价值链分析是能力分析的重要手段。企业价值链是设计、生产、营销、交货以及对产品起辅助作用的各种价值活动的集合。

价值链的各个环节是紧密联系的，各个环节对企业竞争优势的形成所起的作用也是不同的。通过企业价值链分析，我们能够找到企业的优势及劣势。企业的竞争优势来自于企业在研发、生产、营销、交货等过程及辅助过程中许多独立的活动。企业的产品最终成为买方价值链的一部分。如果企业所得的价值超过了创造产品所花费的成本，企业就有利润。如果企业的成本低于对手，企业就有竞争优势。

（1）研发能力

研发能力是工业企业一项十分重要的能力，企业研发能力分析主要包括以下几个方面：

· 企业研发成果分析

企业已有的研发成果是其能力的具体体现，如新技术、新产品、专利以及技术改造等。

· 研发组合分析

企业的研发有四个层次：技术研发、新产品开发、老产品的改进、设备工艺的技术改造。一个企业研发水平处于哪个层次或哪几个层次的组合，决定着企业在研发方面的长处和短处，也决定着企业发展的方向。

· 研发能力分析

企业研发队伍的现状和发展趋势从根本上决定着企业的研发能力和水平。分析研发队伍的现状和发展趋势就是要了解他们是否有能力根据企业的发展需要开发和研制新产品，是否有能力改进生产设备的生产工艺。如果没有符合要求的人员，企业就要在短期内找到人才，否则，企业就要考虑和高等院校或科研单位合作，以解决技术开发和技术改造的问题。

· 科研经费分析

企业的研发设施、研发人才和研发活动等都需要有足够的研发经费来支持，因此，企业应根据自身的财务实力做出研发预算。研发预算一般可以按照总销售收入的百分比、竞争同行的研发经费状况以及实际需要来确定。

（2）生产能力

生产是企业进行资源转换的中心环节，生产能力反映了企业的加工能力和生产规模。生产能力的构成要素包括以下几个方面：

· 加工工艺和流程

加工工艺和流程决定了整个生产系统的设计，它包括工艺技术的选择、生产工艺流程的设计、工厂的设计、生产能力和工艺的综合配套、生产控制和运输的安排等。

· 生产能力

生产能力反映企业所具有的加工能力，也反映了企业的生产规模。生产能力的决策主要包括产量预测、生产设施和设备计划、生产日程的安排等。

· 库存

库存决定了原材料在制品和产成品的合理水平，包括订货的品种、数量、交期以及原材料的库存等。

· 劳动力

劳动力主要涉及生产工作的分工、工作标准、绩效测定和激励方法等内容。

· 质量

质量是要确保企业生产和提供高质量的产品和服务，它主要包括质量的控制、样品、质量监测、质量保证和成本控制。

（3）营销能力

企业的营销能力是企业在复杂的竞争环境中生存与发展的关键能力，是企业在引导产品或服务到达使用者手中的这一转移过程中所具有的经营管理能力。一个完整的营销系统一般包括营销战略、营销策略、营销组织、营销绩效及过程管理四大部分。

· 营销战略

营销战略主要检验企业的战略目标是否明确、战略定位是否科学、战略实施路径是否清晰。

· 营销策略

营销策略主要检验企业的关系策略、价值策略、服务策略、风险策略、产品策略、品牌策略及渠道策略等是否得当，策略措施有没有竞争力。

· 营销组织

营销组织主要检验企业的组织架构设置是否适应企业的营销战略和策略的需要、组织运转是否高效、信息传递是否通畅、人力资源配置是否合理、营销人员的能力是否满足需要。

· 营销绩效及过程管理

营销绩效及过程管理检验企业的营销绩效考核办法是否合理、有没有充分调动营销人员的积极性和主动性、有没有系统的营销过程管理。

通过这四大部分的检验，我们能综合评价企业的营销能力。营销能力是一个系统性的能力，任何一个环节出现能力短板，都可能导致整体营销能力下降，从而导致企业营销竞争力的减弱。

（4）组织能力

企业的一切活动说到底都是组织的活动，组织是实现目标的工具，是进行有效管理的手段。我们要分析组织效能，发现制约企业长远发展的组织管理问题并加以改进。

良好的组织应符合以下基本原则：目标明确、组织有效、统一指挥、责权对等、分工合理、协作明确、信息通畅、有效沟通、管理幅度与管理层次有机结合、有利于人才成长和合理发挥作用、有良好的组织氛围。

（三）业务现状梳理，探寻发展机会

业务现状梳理的目的是深入了解企业的业务构成、各业务板块的营销现状及未来的发展规划，分析各业务板块的市场表现和竞争能力，探寻企业的业务发展机会，从而根据可能的业务机会选择性分析外部市场。

二、外部分析

外部分析是指结合公司内部的资源及能力现状，通过外部市场环境及竞争力量的分析，识别产业及行业的机会与威胁，寻找企业超越竞争对手的战略机会。如果企业能够利用环境条件制定和实施提高赢利的战略，那么，我们就认为企业在市场上存在着机会。外部分析主要包括：产业分析，寻找产业机会；行业分析，寻找行业机会；竞争分析，寻找竞争对策。

（一）产业分析

产业是由利益相互联系的、具有不同分工的各个相关行业所组成的业态的总称。产业分析是指对产业的市场结构、战略群体、生命周期等进行深入分析，为企业制定科学有效的战略规划提供依据。在进行产业竞争结构分析时，我们通常采用美国著名的战略管理学者波特的五力模型分析法。

1. 竞争结构分析

根据波特的观点，竞争不只是在原有竞争同行之间进行。基本的竞争力量有五种，即潜在竞争者的进入、潜在替代品的开发、客户讨价还价的能力、供应商讨价还价的能力及现有企业的竞争。这五种基本竞争力量状况及综合强度的变化，能够引发行业内经济结构的变化，也决定着竞争的激烈程度，决定着最终的获利者以及资本的流向，这一切最终决定着企业保持高收益的能力。如图 4－2 所示。

（1）潜在竞争者的进入

潜在的新进入者是一种重要的竞争力量，这些新进入者大都拥有新的生产能力和某些优势资源，期待能占据有利的市场地位。新进入者的加入会带来生产能力的扩大，而其对市场占有率的要求必然会引起其与现有企业的激烈竞争，使产品价格下跌；另一方面，新

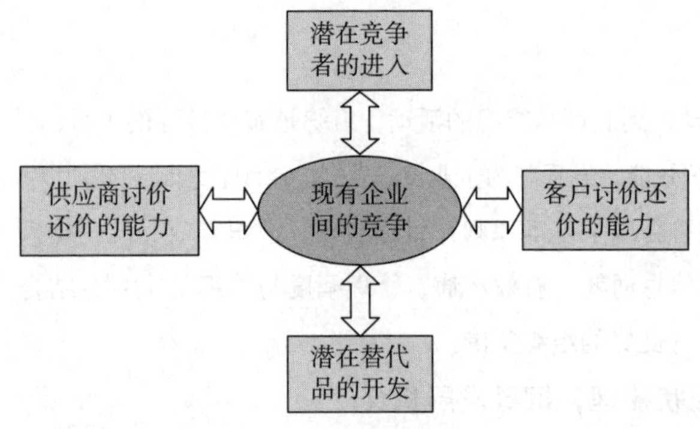

图 4-2　五种基本竞争力量

加入者要进行生产，必须获得资源，这可能使得生产成本升高，这两方面都会导致行业的获利能力下降。

（2）现有企业间的竞争

这种竞争力量是企业所面对的最强大的一种力量，这些竞争者根据自己的一整套规划，运用各种手段（价格、质量、服务、销售网络、广告、创新等），力图在市场上占据有利地位和争夺更多的用户。导致行业内部竞争加剧的原因可能有：行业发展缓慢，市场空间有限；竞争者数量较多，竞争力量大致相当；竞争同行提供的产品或服务大致相同，同质化竞争；产品大量过剩，企业大打价格战。

（3）替代品的开发

替代品是指那些来自不同行业的产品或服务，这些产品或服务的功能与该行业的相同或相似。一般说来，如果客户面临的转换成本很低甚至为零，或者当替代品的价格更低，质量更好，性能相似于甚至超过竞争产品时，替代品的威胁会很强。替代产品的价格如果比较低，它进入市场就会使本行业产品的价格上限只能处在较低的水平，这就限制了本行业的收益。本行业与生产替代产品的其他行业之间的竞争，常常需要本行业所有企业采取共同措施和集体行动。

（4）客户讨价还价的能力

这里的客户是指购买方，买方总是期待用最小的支出获得最好的产品和最优质的服务。为了减少支出或降低成本，买方通常会讨价还价，寻求更好的产品、更多更好的服务，以及更低的价格。客户购买的竞争力量视具体情况而定，但主要由以下三个因素决定：买方所需产品的数量、买方转而购买其他替代产品所需的成本，以及买方的采购目标。买方要求降低购买价格，要求高质量的产品和更多的优质服务，其结果是竞争者们相互竞争残杀，导致利润下降。通过压价、要求提供更好的质量和服务，使竞争者相互拼杀，买方可以极大地影响企业盈利。

（5）供应商的讨价还价能力

供应商竞争力量的强弱，主要取决于供应商行业的市场状况以及他们所提供产品的重要性。当供应掌握在少数几个大公司手中且没有很好的替代品、供应商的产品对买方很关键、供应商的产品已经给企业制造了很高的转换成本时，供应商的讨价还价能力更强。供应商的威胁手段有两种，一是提高供应价格，增加采购方的成本；二是降低相应产品或服务的质量，使采购方的产品或服务的质量相应降低。

通过五种力量的对比分析，我们对企业的外部竞争环境有了一个充分的认识和理解，并能描绘出企业的竞争压力图，如图4－3所示。这有利于企业更积极主动地面对竞争，寻找市场机会，制定竞争对策。

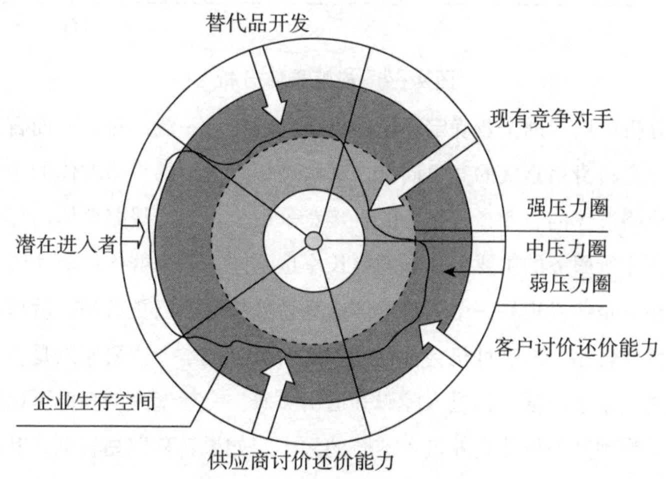

图4－3　企业竞争压力图

2. 战略群体分析

战略群体是指一个产业内执行同样或相似战略并具有相似战略特征或地位的一组企业。波特认为，根据产品（或服务）的差异化程度、各地区交叉的程度、细分市场的数目、所使用的分销渠道、品牌的数量、营销的力度（如广告覆盖面、销售人员数目等）、纵向一体化的程度、产品的服务质量、技术领先程度（是技术领先者还是技术跟随者）、研究开发能力（生产过程或产品的革新程度）、成本定位（为降低成本所做的投资大小等）、能力的利用率、价格水平、装备水平、所有者结构、与政府及金融界等外部利益相关者的关系、组织的规模等特征组合，我们可以将战略群体进行划分，从而绘制出战略群体分析图，如图4－4所示。

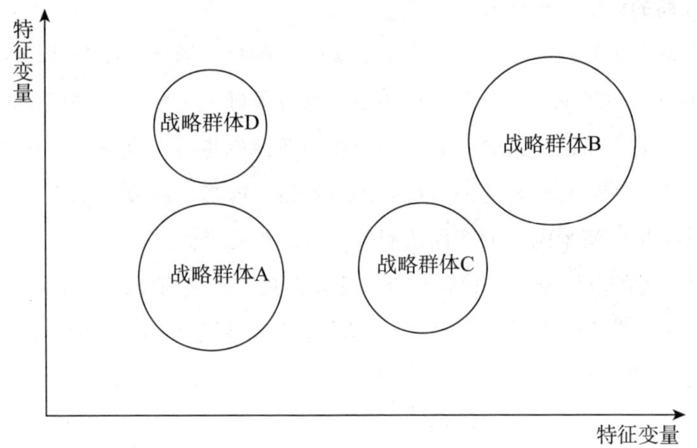

图 4－4　战略群体分析

战略群体分析可以帮助企业确定环境的机会和威胁。一般，对企业而言，在同一个战略群体中的企业是自身最直接的竞争同行，其次是相距最近的战略群体的企业，而与本企业相距很远的战略群体的企业，与自身的直接竞争很少。各个战略群体内部的竞争程度各不相同，各个群体所服务的主要客户群的增长率也不同，各个群体的驱动因素和竞争力量也并不相同。如果企业发现另一个战略群体的竞争形势对自己更有利，就可以考虑由一个群体向另一个群体转移。但这种机会都存在较大的机会成本，主要原因是在群体之间的转移存在转移壁垒。壁垒因素包括进入障碍和退出障碍。专业壁垒的高低可以用于评估一个特定群体的企业受到其他群体企业进入威胁的大小。如果转移壁垒较低，其他群体企业的进入威胁就较大，这在很大程度上限制了企业的价格和利润；如果进入壁垒高，进入威胁就小，在这个受保护的群体中的企业就有机会提高价格，获得更多利润。

3. 生命周期分析

产业生命周期模型是分析产业演变对竞争力量影响的重要工具。

生命周期是一个动态的演进过程，一般分成四个阶段：形成期、成长期、成熟期和衰退期。

（1）形成期

形成期是指行业开始发展的阶段。在这个阶段，企业的重要任务是研究技术、开发产品，最大限度地满足用户需求。营销的关键点在于技术的先进性和产品的匹配性。

（2）成长期

进入成长期后，市场营销和生产管理变得十分重要，最大限度地让用户知道你、信任你，有助于用户采购你的产品。营销的关键点在于产品的质量、服务的水平。

（3）成熟期

在行业的成熟期阶段，产品的成本控制和市场营销的有效性成为企业成功的关键因素。营销的关键点在于产品的价格及价值。

(4) 衰退期

这一阶段就是所谓的“夕阳期”，市场机会越来越少，企业应考虑收割或退出。

(二) 行业分析

产业分析是从宏观层面分析影响企业营销战略的因素，而行业分析是从中观层面对行业经济的运行状况、产品生产、销售、技术、行业竞争力、市场竞争格局、行业政策等行业要素进行深入的分析，从而发现行业运行的内在经济规律，进而预测行业发展的趋势。除对行业基本状况、行业特征和行业结构的分析之外，行业分析更重要的是对行业市场吸引力和行业关键成功因素的分析。

1. 吸引力

吸引力分析是指在经济特征分析和主要机会、威胁分析的基础上，找出关键性的影响因素，如市场规模、增长潜力、获取回报的能力、成熟度、进入门槛、盈利能力、与国外的差距、市场竞争强度、技术要求、周期性、规模经济、资金需求、环境影响、社会政治与法律因素等，并从中识别出几个关键的因素，然后根据每个关键因素的相对重要程度定出各自的权数，再对每个因素按其对企业某项业务经营的有利程度逐个评级，最后用加权得出行业吸引力值的过程。

吸引力是由影响企业生存的一系列外部因素组成的。经过分析、评判，我们可以把行业吸引力分为高、中、低几类。如果行业吸引力大，而且企业在这个领域有相当的竞争能力，一般来说，企业在这个行业里就有竞争优势；反过来，行业吸引力很小，企业在这领域里面没太强的实力，建议企业就不要进入这个行业，或回收投资及时退出。

2. 驱动因素

环境会发生变化，是因为一些重要的力量在推动行业内的成员（供应商、用户或其他参与方）改变他们的行动。驱动因素是指那些改变经济环境的主要基本因素。驱动因素分析的要点，一是要辨认各种驱动因素；二是要评估各种驱动因素的重要程度。我们可以通过以下几个方面来分析驱动因素：

(1) 增长率

增长率的上升或下降是变革的一个重要因素，因为它会影响供求关系的平衡、进入和退出方面的平衡，也会影响竞争厂商增加销售量的难度和发展的空间。需求的长期攀升会鼓励既有厂商扩大生产，同时吸引新进入者进入市场；市场的萎缩则会导致行业的某些公司退出该行业，也诱使剩下的厂商收缩业务，限制产能。

(2) 产品的使用方式

产品使用方式的变化可能改变竞争的态势：迫使行业中的竞争厂商改变客户服务（信用、技术支持、维护或修理）的方式和行业产品销售的渠道结构，迫使生产商扩大或缩小产品线，带来不同的销售及促销途径。

(3) 产品革新

产品革新往往会扩大行业的客户群、重新实现行业的增长、扩大竞争厂商之间产品差别化的宽度，从而动摇已有的竞争结构。新产品的成功导入往往会提高革新公司的市场地位，而对于那些固守老产品或不善于推出新产品的公司来说，新产品则会使其利益受损。

(4) 技术变革

技术进步可以大大改变一个行业的结构，使得供应商可以以更低的成本生产新产品和更优产品，并且打开整个行业的前沿领域。技术进步还可以带来以下各方面的变革：资本要求、有效生产的最低工厂规模、垂直一体化的利益、学习曲线和经验曲线的效应。

(5) 营销革新

如果竞争厂商能够成功地引入产品销售的新方式，那么，他们就可以激起购买者的兴趣，扩大行业需求，提高产品竞争度的差别，降低单位成本。这其中的每一点都可以改变竞争者的竞争地位，迫使竞争同行调整战略。

(6) 竞争结构

当非本行业的外资或者本土大型企业等也进入到本行业时，它们肯定会动摇市场的竞争环境和竞争结构。大公司的进入往往标志着一场全新竞争的开始，一些新的游戏规则也会建立起来。同样的，大公司的退出也会改变行业的竞争结构，导致剩余厂商纷纷尽力抢夺客户，抢占市场，改变市场竞争格局。

(7) 技术扩散

如何开展某项具体业务或实施某项生产技术的知识一旦扩散，那些因为持有这些技术诀窍而拥有以技术为基础的竞争优势的有关厂商就会遭到打击。这种诀窍的扩散渠道可能有：宣传资料、技术交流会、现场生产工厂考察、供应商和客户的口头传播、技术人员的解聘等。当技术诀窍的拥有者将该技术诀窍许可给他人以收取版税，或者与有志于将该技术诀窍变成一个全新的事业的公司合伙时，技术诀窍也会扩散。

(8) 全球化

全球化竞争通常会改变行业中重要竞争厂商的竞争模式，并且它给各个竞争厂商带来的利益是不均衡的。全球化的驱动因素有：

规模经济性很大，竞争厂商必须在多个国家和市场上销售其产品，以获取足够大的销售量并降低单位成本；

低成本生产是一个关键因素，这就迫使公司必须将生产工厂放在成本最低的国家；

以销售量增长为导向的公司会尽可能多地在有吸引力的国家的市场上巩固其显著的优势地位；

业务以自然资源为基础的公司往往在地理区域上遍布全球。

(9) **成本和效率**

竞争厂商之间的成本和效率差异的扩大或缩小往往会改变竞争的格局。成本控制好、效益高的公司具有更强的竞争力。

(10) **用户偏好**

用户偏好的变化也会影响竞争格局，比如用户的差别化产品偏好代替了商品化产品偏好，或标准化程度偏好代替了高度差别化的偏好。因此，厂商必须采取措施去适应采购方的采购偏好变化，将产品方向向差别化产品或标准化产品转变。这就势必引起竞争格局的变化，一些能更好满足客户偏好的企业将获得更大的竞争优势。

(11) **经济环境**

管理当局和政府的行动常常会带来行业惯例和战略方面的重大变化。同时，国内国际的经济环境、法律环境、社会文化环境等的变化也会引起行业的变化。

(12) **不确定性和商业风险**

新兴行业往往有以下这些明显特征：成本结构不明确、潜在的市场规模不明确、解决技术问题的时间和资本不明确、必须予以重视的分销渠道不明确。新兴行业往往只吸引愿意承担风险的具有企业家精神的公司。不过，随着时间的推移，如果行业的先驱者取得了成功，如果行业产品活力的不确定性降低了，那么，保守一些的公司也会被诱惑进入该行业。一般来说，这些后来者往往是一些大型的、有着巨大财务资源的公司，他们的投资对象是具有吸引力的成长中的市场。

虽然起作用的驱动因素有许多，但是真正能够算得上驱动因素的一般只有 3 到 4 种，因为驱动因素是变革原因和变革方式的主要决定因素。

(三) 竞争分析

梳理营销战略的一项核心任务是了解和分析竞争对手。在同一个产业或者行业里，企业的竞争对手可能很多，但企业不可能将每个竞争对手都一一分析。我们可以根据企业内部的业务现状分析、外部市场的产业战略群分析和“五力分析”，梳理出企业重要的现有竞争对手和潜在竞争对手，并对每个竞争对手进行全面的了解和分析。下面对竞争分析的目的和内容做详细介绍。

1. 竞争分析目的

竞争分析的目的主要是了解每个竞争对手现在以及将来可能采取的营销战略行动、各竞争对手对其他公司在一定范围内的营销战略行动倾向可能做出的反应、各竞争对手对可能的市场变化可能做出的反应。

2. 竞争分析内容

竞争分析的内容主要包括竞争对手的营销目标、营销假设、现行营销战略、营销能力和竞争对手面对竞争的反应情况等五个方面内容，如图 4 – 5 所示。在长期的市场竞争中，大部分公司对他们竞争对手的现行营销目标、营销战略和营销能力都有一定了解，对竞争对手的营销假设却了解甚少。因为，对竞争对手营销动因的了解要比对其实际行动的了解难得多。

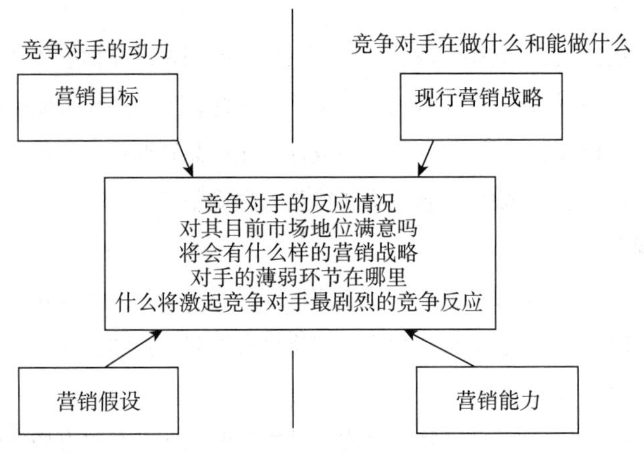

图 4-5　竞争对手分析

（1）**营销目标**

每个企业都会制定自己的营销目标体系，并且这个目标体系会在企业的营销制度和日常营销活动中体现出来。对竞争对手营销目标的分析，可以帮助企业预测每位竞争对手对其目前市场地位和财务状况是否满意，从而推断这个竞争对手是否会改变营销战略，也有助于企业预测竞争对手对营销环境变化的反应能力，以及其受到威胁时采取报复的可能性。比如，一个注重市场拓展的企业与一个注重价值回报的企业，遇到市场需求不旺时所采取的战略反应措施可能是完全不同的。

营销目标除了包括人们最关心的财务目标，还包括一些其他定性目标，比如市场占有率、市场地位、老用户的维护、新用户的开发等目标。目标调查还应该是多层级的，一般说来有公司级、业务单位级、区域级、产品级等。

（2）**营销假设**

每个企业都会对自己所处的营销环境做出假设，包括我们的竞争对手。这个假设既包括竞争对手对自己的假设，也包括竞争对手对行业及行业中其他公司的假设。这些假设不管正确与否，都将指导公司的行为方式和其对营销环境变化的反应方式。比如，如果它自视为差异化竞争者，当其他公司与其相同时，它可能就会发生改变，创造新的差异。因此，识别竞争对手的假设，可以帮助企业恰当地估计对手的行为。竞争对手的假设可以从以下途径获得：

· 竞争对手的公开言论、领导层和营销队伍的宣传及其他暗示中。

· 竞争对手在某些特定产品、特定性能等方面的方针政策。

· 竞争对手公司已根深蒂固的营销观念或行为准则。

· 竞争对手对市场需求和行业发展趋势的看法。

· 竞争对手对其竞争者们的目标和能力的看法。

· 竞争对手的现行战略。

（3）现行营销战略

每个企业都会制定自己的营销战略，以指导企业在营销实践中进行资源分配，投入竞争，并利用合理的策略和措施实现竞争目标。现行营销战略分析的意义是揭示竞争对手正在做什么，以及它能够做什么。企业的营销战略有的是在营销规划过程中明显地提出，也有的是通过企业各个职能部门的活动含蓄地表示。一般来说，分析竞争对手营销战略的有效方法是，把竞争对手的营销战略看成是其各个职能部门的关键营销策略的有机组合，然后分析其是如何令各职能部门相互联系、相互协调的。

营销战略的内容一般包括企业的营销战略定位、营销战略目标、营销战略路径，以及营销战略实施计划等。这些内容可以通过对手的营销规划报告、企业网站、新闻报道、企业家专访、营销活动、市场推广、营销人员行为、组织结构等去综合分析判断。

（4）营销能力

每个企业都有其优势和劣势，这种客观存在的强项和弱点，就是企业应对营销环境变化和实现营销目标的能力。竞争对手的营销能力决定其在营销活动中的竞争实力。营销能力分析的意义在于揭示竞争对手对其他企业战略行为做出反应的可能性、时间选择、性质和强度。营销能力分析的对象主要包括核心能力、发展增长能力、快速反应能力、适应变化能力、持久力等。

（5）竞争对手的反应

通过对竞争对手的营销目标、营销假设、现行营销战略和营销能力的分析，我们能推断出竞争对手可能做出的反应概况。

· 进攻行动

首先，把竞争对手的营销目标与其现在的市场地位相比较，竞争对手对现有市场地位的满意度能够预示其是否可能着手发起战略变革；然后，根据对竞争对手具体营销目标、营销假设、营销能力的分析，了解竞争对手对营销趋势的见解，及其对自身实力的评估，从而判断竞争对手将以谁为对手、将如何竞争；同时，分析竞争对手的营销目标和营销能力，以此评估其可能采取战略行动的预期强度；同样，评估竞争对手采取行动的可能收益，并将其与对手的营销目标相比较，可以判断该竞争对手采取行动的严肃程度。

· 防御行动

在市场竞争中，企业除了主动进攻，就是被动地防御。

对于进攻者来说，它们寻找的是竞争对手的战略行动、政府行为、宏观经济政策、行业事件等在一定时限或一定范围内的实施，这些因素会使竞争对手无法冒风险采取相应反应，而自己则能够从中获利。

对于防御者而言，当遇到竞争和挑战，自身地位和营销目标的实现受到威胁时，不管情愿与否，它都会被迫实施报复反击行为。大多数企业都会有反映在既定目标、情感上的承诺等方面的战略“痛点”，一旦被触及，它们将做出超常反应。只要可能，我们要尽量避免触及这些“痛点”，从而提高竞争的成功率。因此，对竞争对手营销目标、营销假设、现行营销战略和营销能力的分析，能帮助企业清楚了解竞争对手是否会做出反应，是否会由于某种因素的阻碍，无法反击或者反应迟缓。

三、战略定位

营销战略定位，实质上就是通过规划，制定企业发展的宗旨、目标，使企业的资源和能力与不断变化着的营销环境相适应的过程。这种定位表现为制定一个企业营销的长期性、全局性、方向性的动态发展规划。

定位的本意为“确定品牌在用户心中的位置”，战略定位就是追求与众不同，并需要企业做出取舍，以形成具有一致性的经营方向。通过对运营活动的取舍，企业能够确定自己的战略方向，并将模仿者阻挡在外。营销战略定位通常有两类，一是以用户为中心的营销战略；二是以竞争为中心的营销战略。

（一）以用户为中心的营销战略

工业品市场营销的第一目的是创造价值、获取和维持用户。企业要在竞争激烈的市场中取胜，必须以用户为中心，从竞争对手那里赢得用户，进而通过风险化解、服务、价值创造等来保持用户的不断增加，从而持续获得更多订单，创造更多利润。以用户为中心要求企业首先要对用户进行深入的调查和分析，了解用户的需求和要求。不同行业、不同地域用户的需求和要求都是不一样的，为了让用户满意，企业制定营销战略时必须对市场进行细分，从中选择最佳的细分市场，制定有针对性的营销战略，使自己比竞争对手更有利可图地、更具竞争力地为选定市场用户服务。这个过程包括三个步骤：市场细分、选择目标市场和市场定位。如图 4－6 所示。

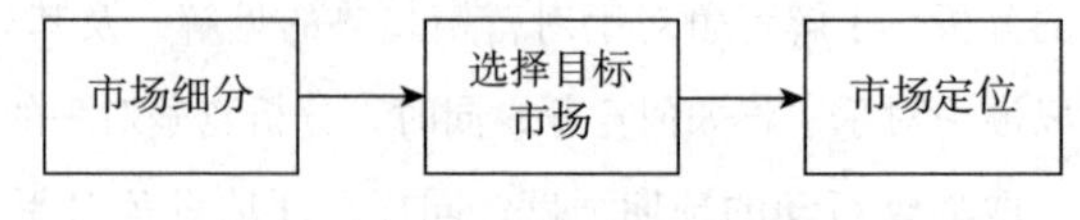

图 4－6　市场选择步骤

1. 市场细分

任何一个企业或者企业的一个产品，都面临着庞大的用户市场，即不同的用户行业。不同的用户行业对产品的需求和对企业的要求存在较大的差异。企业必须进行深入的市场调研，了解不同用户市场的需求状况和其对生产企业的要求，然后结合企业自身的资源及能力，确定哪些细分市场能为公司实现目标提供最好的机会。这种将市场划分成若干具有不同需要、特征或行为的独特用户群体的过程，就是市场细分。例如，中压断路器的用户市场包括钢铁、化工、配网、交通等用户行业，由于这些行业对断路器产品的使用环境和要求不一样，所以其对断路器产品的需求就会有差别，对厂家的要求也不同，而且不同行业市场的竞争激烈程度也不一样。因此，我们可以按用户行业把断路器市场划分成若干子市场，选择最有机会、最具竞争力的市场作为目标市场。

2. 选择目标市场

公司明确细分市场的下一步就是选择目标市场。公司可以通过评估每个细分市场的吸引力和公司的竞争力来选择一个或多个市场作为公司的目标市场。公司应该确保自己能够在选择的目标市场里有利可图地创造最大客户价值，保持强大的竞争力。例如，公司结合自身的营销状况，可以选择优先发展钢铁或者其他多个用户市场，并使其在细分市场里有足够的竞争力，从而获得更大的细分市场占有率。企业的资源和能力往往是有限的，想一下占领全部市场是不现实的。从最有机会、最有竞争力的细分市场做起，如果取得成功，再进入更多的细分市场，不失为一种明智的选择。

3. 市场定位

菲利普·科特勒（Philip Kotler）认为“战略的核心就是定位”，迈克尔·波特说“战略就是创建一个有利的定位”，杰克·特劳特（Jack Trout）更是发明出了为组织准确定义成果的新生产工具——定位（positioning）。市场定位是相对竞争对手产品而言，在目标用户心中为自己的产品占据一个清晰、独特而且理想的位置。如果一个产品与市场上的其他产品十分相似，那么用户就没有理由去选择它。因此，营销人员需要对市场定位进行策划，使自己的产品与对手的产品有所区别，并且能在目标市场上给予公司最大的战略优势。对产品是如此，对工业企业来说，市场定位就是企业的整体形象，即品牌定位。

（二）以竞争为中心的营销战略

以竞争为中心的营销战略定位的本质是针对外部竞争对手，选择一套不同的运营活动，或者以不同于对手的方式实施运营活动，形成一套独具特色的运营活动，以此创建一个价值独特的定位。战略定位的基点是：基于品类的定位，看重经济上的合理性；基于需求的定位，目的是满足某类独特客户群；基于接触途径的定位，主要看地理位置或客户规模。战略定位是针对竞争对手确立自身最具优势的位置（position），从而使品牌胜于竞争对手，被用户优先选择。以竞争为中心的战略定位有四个步骤：外部环境分析、确立品牌优势位置、为定位寻求证明、全面传播定位。如图 4－7 所示。

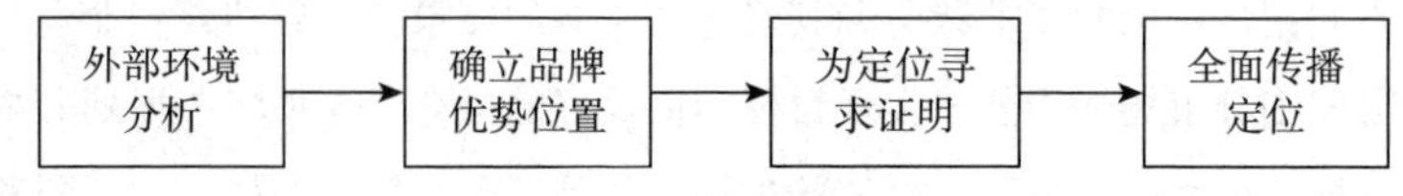

图4-7 竞争定位步骤

1. 外部环境分析

外部环境分析，即分析整个外部环境，确定“我们的竞争对手是谁，竞争对手的价值是什么”。根据哈佛大学心理学博士米勒（George Miller）的研究，用户心中最多只能为每个品类留下七个品牌的空间。随着竞争的加剧，最终连七个品牌都难以容下，只能给两个品牌留下空间，这就是定位理论里著名的“二元法则”。因用户的选择过多，心智有限，企业需要以竞争为导向制定战略。

2. 确立品牌优势位置

企业要避开竞争对手在用户心中的优势，或是利用其强势中蕴含的弱点，确立自己品牌的优势位置——定位。比如，安徽SY公司在分析了外部环境后，确定了“专‘芯’专意，中‘芯’报国”的品牌定位，专注于中压断路器领域，扛起中压断路器国产化的大旗。

3. 为定位寻求证明

定位就好比提出一个论点，企业需要用大量的论据来证明这个论点，也就是要为这个定位寻求可靠的证明。例如，安徽SY公司围绕“专‘芯’专意，中‘芯’报国”的品牌定位，在业务组合上只做中压断路器，力求做专做精；在发展战略上，坚持走国产化、民族品牌道路，坚持产业报国，等等。

4. 全面传播定位

最后，企业应将这一定位整合进企业内部运营的方方面面，特别是一切营销活动中，并集中公司的优势资源对其进行传播，以将这一定位植入用户的心中，形成品牌独特的优势。例如，安徽SY公司为“专‘芯’专意，中‘芯’报国”的品牌定位进行了全方位的传播规划：重塑员工行为，增强专业度；推行“出彩服务”，提升用户黏着度；进行行业内专业推广，打造公信度；树国产旗、打服务牌，以“开关中国芯、安徽SY公司梦”为主题，组织召开行业论坛，在行业媒体上发表专访等。

四、战略实施路径

战略制胜，不仅需要好的战略规划，更需要战略的有效实施。受到愿景、人员、资源、管理等障碍因素的影响，只有10%的企业能有效组织并实施其战略。战略实施是一个复杂而又令人困惑的问题，许多企业总感觉战略比较空泛，难以融入日常管理当中。

（一）战略实施的影响因素

影响战略实施的因素归纳起来主要有以下几个方面：

（1）企业的组织机构及其运行机制是否与战略的实施相适应？

（2）企业内的各事业部和各职能部门之间的资源分配能否使它们相互协调并为实施企业战略提供足够的支持？各事业部和各职能部门能否在各个领域内解决各自的实质性问题？

（3）各级领导人员的素质和领导作风与战略实施要求其承担的角色是否相匹配？高层领导人员是否会全程参与、持续推动战略的实施？

（4）企业文化、经营理念，或者一些不成文的规定是否与战略实施的要求相适应？

（5）企业的战略是否为企业成员所清楚地理解？各级人员能否取得与他有关的战略意图的信息以及在他职责范围内为实施战略所必需的信息？

（6）控制系统能否提供及时、准确的反馈信息？绩效制度能否激励和促进战略的实施？

（二）战略实施三大路径

战略的实施，首先要求企业必须转变观念，然后通过组织变革为战略实施提供组织保障。同时，企业还必须加强相关能力建设，为战略实施提供重要支撑。如图 4－8 所示。

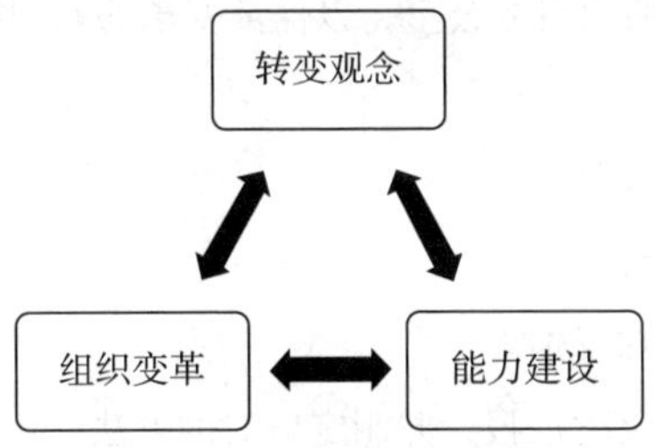

图 4－8　战略实施路径

1. 转变观念

观念的转变是一个持续的、艰难的、痛苦的过程，首先，它需要公司全体人员的理解、认同，然后由高层领导持续推动，同时，公司相关管理体系为其提供支撑和保障。如图 4－9 所示。

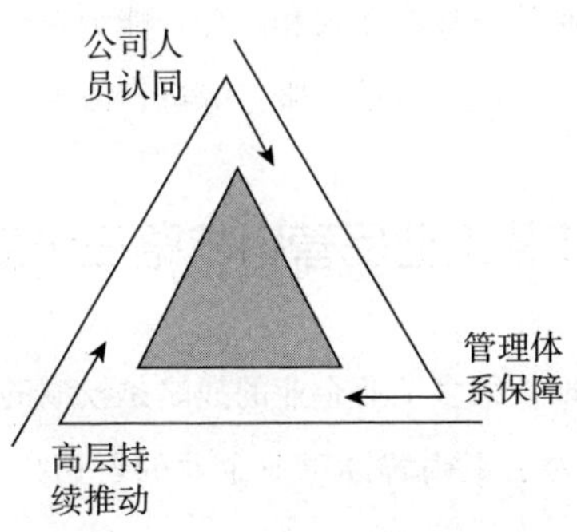

图 4－9　观念转变三角形

（1）公司人员认同

公司人员认同，是统一战略实施的思想战线。企业需要通过知识培训和战略宣传，确保上下员工对战略思想的理解和认同。

（2）高层持续推动

战略的落地需要自上而下进行。战略的实施和观念的转变是一个长期的过程，需要高层领导全程参与，持续关注。

（3）管理体系保障

战略的实施需要有相关管理体系为其提供支撑和保障。公司要根据战略要求，优化、完善公司的管理体系。

2. 组织变革

首先，公司要依据战略规划，优化营销组织结构，为战略实施提供组织保障。营销组织的优化在本书的第 11 章中有详细介绍。实施组织变革时，公司要做好人才盘点、薪资摸底、对比分析、上岗指导和管理优化等工作。

其次，公司要设立专门的项目办公室，以保证变革的顺利推进和战略举措的落实。项目办公室的主要职责包括：

（1）对当前战略的定期评估。

（2）战略实施计划的制订。

（3）战略实施进度的跟踪反馈。

（4）对发现的问题进行及时汇报，并制定应对的方法。

（5）制定变革推进的具体行动方案和时间表。

（6）跟踪各项改革措施的执行情况并提供定期反馈。

（7）建立协调机制，以协助各项措施的推进。

3. 能力建设

营销战略的实施无法通过简单的组织优化和管理规范来实现，公司必须根据战略需要，进行全面的能力提升，使其与战略要求相匹配。能力建设主要根据企业价值链的各个环节，对企业的研发、采购、生产、营销、服务等进行改善。

第三节　工业品营销战略三维度检核

在咨询实践中，我们发现，很多工业企业的战略是模糊的、隐形的，于是它们制定策略的时候就显得十分无助。为了正确解读工业企业的营销战略，我们可以运用“三个维度”来对营销战略进行检核。

第一个维度：产业—行业—企业，即站在产业的高度审视行业趋势；在行业内寻找企业的竞争位置；在行业趋势的指导下开展企业营销活动。

第二个维度：营销—生产—技术。工业品营销是一个体系，营销的是企业的整体实力。企业必须按现阶段自身的状态，从营销、生产和技术三个方面合理分配有限的资源。

第三个维度：产品—客户—区域。营销层面，企业必须确定自身营销资源的分配是以产品为主线来配置，以客户为主线来配置，还是以区域为主线来配置。如图 4－10 所示。

产业
行业
企业
营销
客户
产品
区域
生产
技术

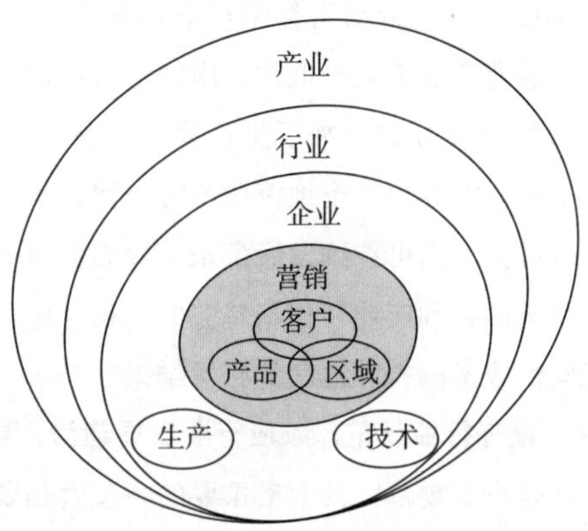

图 4－10　工业品营销战略三个维度检核

一、产业—行业—企业

这一维度的目的主要是梳理产业政策、分析行业环境与发展趋势、寻找企业在行业中的位置。产业政策与环境分析如图 4－11 所示。

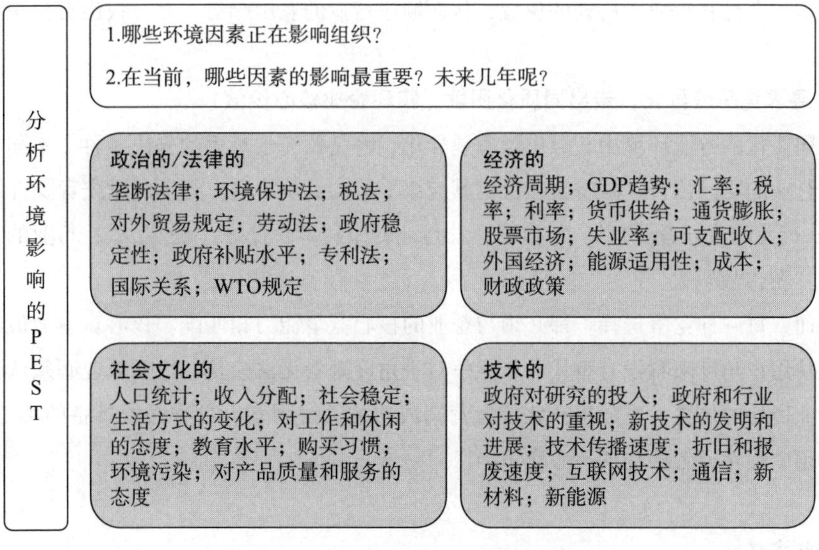

分析环境影响的PEST
1.哪些环境因素正在影响组织？
2.在当前，哪些因素的影响最重要？未来几年呢？
政治的/法律的
垄断法律；环境保护法；税法；对外贸易规定；劳动法；政府稳定性；政府补贴水平；专利法；国际关系；WTO规定
经济的
经济周期；GDP趋势；汇率；税率；利率；货币供给；通货膨胀；股票市场；失业率；可支配收入；外国经济；能源适用性；成本；财政政策
社会文化的
人口统计；收入分配；社会稳定；生活方式的变化；对工作和休闲的态度；教育水平；购买习惯；环境污染；对产品质量和服务的态度
技术的
政府对研究的投入；政府和行业对技术的重视；新技术的发明和进展；技术传播速度；折旧和报废速度；互联网技术；通信；新材料；新能源

图 4－11　产业政策与环境 PEST 分析

进行产业政策与环境分析之后，企业要做好以下几点：

1. 顺应政府的产业规划和行业规划，使企业获得一个良好的发展环境

工业企业的成长离不开国家产业政策的支持，政策直接决定着行业的生存环境和发展趋势。解读产业政策，就是为了更好地把握市场机会。正确解读产业政策，顺应产业政策，企业就很有可能获得政府相关部门的资金支持与税后优惠。

当前中国的产业结构不够合理，劳动密集型产业占多数，资金、技术密集型产业较少，产业层次仍处于全球制造业产业链的中低端，附加值低；产业链条不完善，销售、研发、服务环节薄弱；粗放型的增长方式带来了生产要素的低效消耗，一些高能耗、低产出、高污染的产业和项目未能及时退出，土地资源消耗过快，水电供应紧张，劳动力出现结构性短缺，环境污染代价过大，给可持续发展带来了较大的压力。加快工业产业结构升级是更好地适应国际经济结构调整和产业转移新趋势的战略考虑。产业梯度转移是国际资本由高成本国家和地区流向低成本国家和地区的必然结果。

2. 遵循行业发展规律、遵守行业规范，顺应行业发展趋势，寻找企业发展路径

遵循行业发展规律、遵守行业规范，其中最重要的一条就是要严格遵守行业标准。标准也是衡量企业产品质量优劣的尺度，因此企业必须强调标准的严肃性，还必须把行业标准化工作和企业产品质量、创品牌活动紧密结合起来，用标准化工作来促进全行业企业产品质量的不断提高，同时推动全行业标准的制定、修订和贯彻落实。

行业协会是行业信息的集散地，也是政府与企业间的桥梁和媒介，更是对外合作的引导者，企业品牌的传播者。积极加入行业协会，并与行业专家、专业媒体等保持密切联络，专注于行业的发展规律、影响因素、发展趋势、竞争态势等研究，工业企业就能够清醒地认识到自己在行业中所处的位置，从而顺应行业的发展趋势，并寻找出自身正确的发展路径。

3. 寻求竞争差异化，走出同质化困境，实现企业核心价值

在同质化的行业环境中，寻求竞争差异化，将是领先于对手的先决条件。不同工业企业处于行业的不同位置，这将直接决定其应该采取的竞争手段。行业的领先者要打好“防御战”；行业的追赶者要打好“进攻战”；行业的跟随者要打好“侧翼战”；行业的新进者要打好“游击战”。

然而，每一种竞争选择，都必须与企业的核心竞争能力相匹配。核心竞争力最简单的定义是从用户角度来看没有替代、从竞争对手角度来看无法模仿。工业企业必须认清楚自身在行业所处的位置，并分析在此位置营销成功的关键因素、自身必须具备的关键能力，以及必须要强化或者构建的核心竞争力。

实施建议：

第一个维度是聚焦产业层面的宏观透视，工业企业必须明确回答以下问题，并就这些问题认真研讨，达成公司层面的共识：

（1）产业的发展阶段与政府的产业政策分别是什么？

（2）行业的发展趋势以及影响因素有哪些？行业的竞争格局如何？

（3）本公司在行业处于什么位置？该采取什么样的竞争手段？必须强化什么样的核心竞争力？

二、营销—生产—技术

这一维度主要是梳理、规划工业企业的内部资源，为营销战略的实施提供资源保障。营销、生产、技术是工业企业的三大重要系统，也是公司资源投入的三大环节，实现这三个环节的平衡是公司战略实施的重中之重。

在公司发展的不同阶段，公司面临不同的竞争状态，结合公司现有资源，针对这三个环节的资源分配比例也就不尽相同。

在完全竞争的格局下，工业品制造企业营销的差异性和生产成本的控制就显得很重要，而技术处于次要地位。如大多数通用产品，其价格是市场竞争所定，任一企业都不具备价格决定权，此时竞争力更多来自企业生产成本的控制，也就是说，生产环节的资源投入要优先于营销和技术。

在寡头竞争或垄断竞争的格局下，技术的地位会大大提高，企业要利用技术的先进性来建立营销的差异壁垒。此时竞争力更多来自企业技术的先进与成熟，也就是说，技术环节的资源投入要优先于营销和生产。

在公司创立初期或是新进一个市场领域时，竞争力更多来自营销的开拓能力，也就是说，营销环节的资源投入要优先于生产和技术。随着市场的成熟以及公司的成长，生产与技术这两个环节的资源配置比例就要逐步提高。

另外，从这三个环节人才获得的角度来看，企业在人员配置以及人才储备上也要做出相应的调整。比如，除专业高级技工以及现场生产管理人才之外，一般生产人才的选聘都较为简单，而技术人才的招募就较为困难，尤其是技术专才；营销从业人员多，人才相对来说好寻找，但营销人员尤其是营销精英的管理和留存是较为困难的。

工业企业存在营销与生产的矛盾、价格与成本的矛盾等，大多是因为这三个环节的平衡出了问题。这三个环节的平衡，直接牵涉到公司组织机构的设计、工作流程的调整、薪酬体系的完善等。

平衡是最重要的，三个环节的脱节会对公司造成致命的损伤。技术的先进性要与生产能力匹配，营销的攻击性要与生产能力相匹配，营销的差异性要与技术的先进性匹配。

实施建议：

第二个维度是聚焦企业层面的中观透视，工业企业必须明确回答以下问题，并就这些问题认真研讨，达成公司层面的共识：

（1）现阶段竞争力的主要来源是生产、技术、营销的哪一个环节？

（2）现阶段公司营销、生产、技术这三个环节的资源状况分别是怎样的？相互之间是否平衡？

（3）公司资源投入在营销、生产、技术这三个环节上的优先次序是什么？

三、产品—客户—区域

这一维度主要是梳理工业企业的营销系统资源，规划营销资源的配置，为营销战略的实施提供资源保障。工业企业营销资源配置不外乎三个方面：产品、客户和区域。在进行营销资源配置时，企业必须以某一个方面为主线。

如果以产品为主线来配置营销资源，以产品总监为直线领导，那就根据不同的产品线进行区域的规划和客户的分类；如果以客户为主线来配置营销资源，以客户总监为直线领导，那就根据客户的不同规划在不同区域不同产品的资源配置；同样，如果以区域为主线，以区域总监为直线领导，那就要在不同的区域按照客户、产品进行资源的配置。公司赋予直线领导资源配置的权力，相对应地，直线领导也必须承担达成营销指标的责任。

在产品线多且相关性不大、客户无重叠、区域差异很小的情况下，企业一般应以产品为主线来调配营销资源，实行产品经理负责制；当客户的重叠性很大且分布在不同区域、对不同产品都有需求的时候，一定要以客户为主线来配置营销资源，实行客户经理负责制；产品和客户都在同一区域，且需要就近服务与沟通，区域间的差别也很大时，最好实行区域经理负责制，以区域为主线来配置营销资源。

很多公司存在这样的现象：理念层面是以客户为中心、资源配置是以产品为中心、执行层面是以区域为中心。于是，这三个方面的矛盾和冲突不断，内耗导致营销效率低下。

产品、区域、客户这三个方面的优先次序直接影响到营销组织机构的设计、管理流程、绩效管理等。它们也是营销体系设计的三个主要着手点，营销资源整合效率的高低也完全取决于这三个方面设计的合理性。

实施建议：

第三个维度是聚焦营销层面的微观透视，工业企业必须明确回答以下问题，并就这些问题认真研讨，达成公司层面的共识：

（1）公司应以产品、客户、区域中的哪一个为主线来配置资源？

（2）如果以产品为中心配置营销资源，公司要如何进一步聚焦行业以及选择区域？

(3) 如果以客户为中心配置营销资源，公司要如何进一步聚焦产品以及选择区域？

(4) 如果以区域为中心配置营销资源，公司要如何进一步聚焦行业以及选择产品？

【案例】TY 公司：12310 战略

TY 公司是一家专业从事环境治理工程、水污染治理、环保节能工程、特种专业防渗工程、防水防腐保温工程、设备安装工程及材料生产销售的综合性高新技术企业。自 1999 成立以来，TY 公司进行了两次大的业务转型——从防水、防腐工程施工，到防渗工程施工，再到渗滤液处置、污泥处理等系统解决方案。

TY 公司是一家传统的工程施工型企业，决策层一直在思考 TY 公司的公司发展战略，提出了由工程施工型公司向环保科技型公司转型的大目标，并确定了在原有业务基础上重点向污泥处置领域发展的战略方向。但此战略更多停留在高层的思考中，公司没有进行系统的战略规划和实施路径设计，没有提出可实施的战略实施方案和落实计划。公司员工虽然对战略方向比较认可，但对现实状况信心不足。TY 公司没有进行战略的系统评估和路径设计，公司层面对战略的态度有些摇摆，对战略投入很是谨慎。

1. 初步判断

TY 公司需要对战略转型做出具体的规划，制定企业的使命、愿景和总目标等基本战略，并将其进一步细化为各业务战略和相关的职能战略，以落实到日常工作中。TY 公司要做大、做强，转型发展，不仅需要领导人高超的个人预见和决断能力，更需要有效的决策支持与监控系统。创始人就读 EMBA 之后，对管理有了系统的认知，系统地梳理了企业战略和营销战略，使公司具备了转型的理论基础。

进行转型升级的理性分析与二次创业的战略规划时，公司要提炼出自身 14 年发展的成功基因——14 年沉淀的既有资源形成的公司比较优势，以及二次创业的机会、资源、竞争及策略。公司必须规划好既有业务的挖潜与延伸、新兴业务的创新与提速；融合好区域型施工企业的经营思路、全国型环保科技企业的运作规律；区隔好一次创业的个体精英与艰辛摸索、二次创业的团队精英与资源整合。

2. 战略梳理

公司要依据工业品营销战略梳理逻辑，对公司的外部产业环境、竞争环境以及公司的发展历程、经营管理模式、资源能力、业务现状等基本情况进行具体分析，指出公司可能的发展机会；然后结合资源、机会、竞争状况，对 TY 公司的发展战略进行最终定位，确定战略目标、运作模式和业务组合；最后围绕公司的具体战略目标，就战略实施中的能力建设与风险管控等方面提出具体的建议。主要内容如下：

发展历程

TY 公司从防水/建筑到防渗，再到渗滤液，其成功的关键因素是领导的正确决策，抓住了国家相关政策的市场机会，积累了一个个的工程业绩，并聚焦区域和业务领域，不断做强。

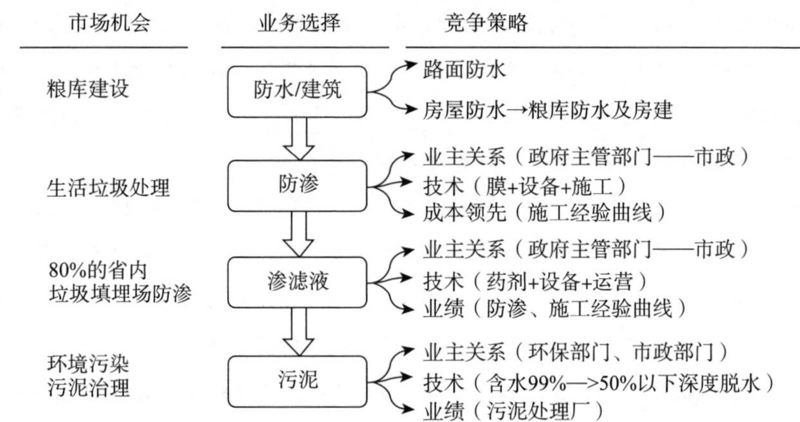

资料来源：中高层访谈、TY 公司资料分析

成功基因

TY 公司的成功基因是：抓住国家政策机会，通过“真诚感恩”等企业行为，获得人脉优势；然后引进相应的先进技术，形成比较优势，拿下业绩；有成功业绩后再聚焦该领域，集中优势资源不断地扩大业绩，在该领域中做强。归纳起来就是“人、技、本”运作模式。

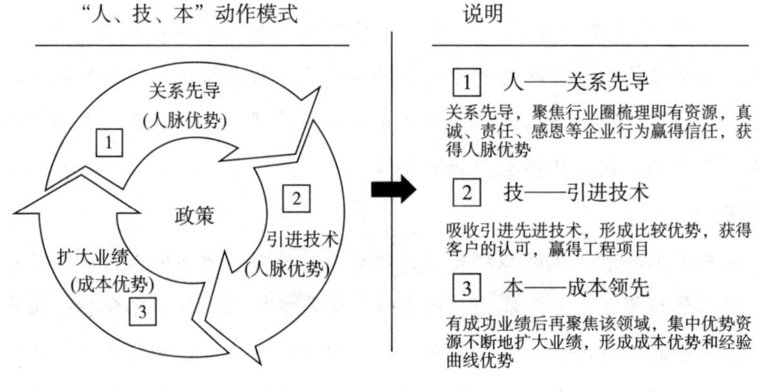

资源能力

TY 公司对工程施工积累了丰富的经验和资源，有很强的资源和区域优势。污泥工艺技术有一定的先进性。但从环保行业整体来看，TY 公司在人力资源、营销能力、技术研发、质量保障能力等方面还相对较弱，行业知名度和品牌影响力很有限。在资源有限的情况下，必须对现有业务进行区别发展。

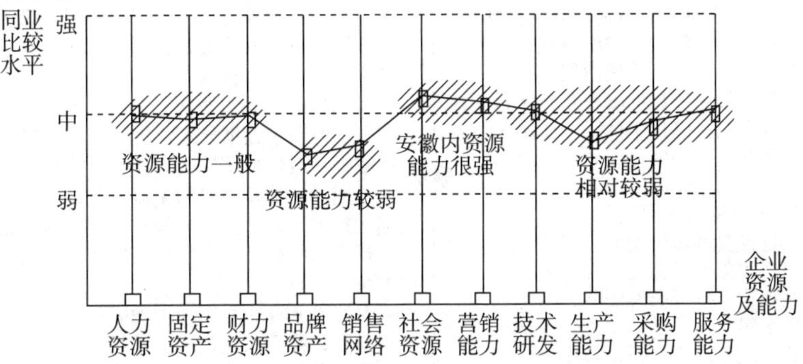

业务现状（1/2）

TY 公司在垃圾填埋场防渗工程领域拥有 80% 的市场占有率，但市场整体已经饱和，可以充分发挥防渗工程的社会资源、膜产品和施工技术及成本优势，向垃圾填埋场渗滤液处置及运营一体化发展，以及向市场广阔的工业防渗横向发展。

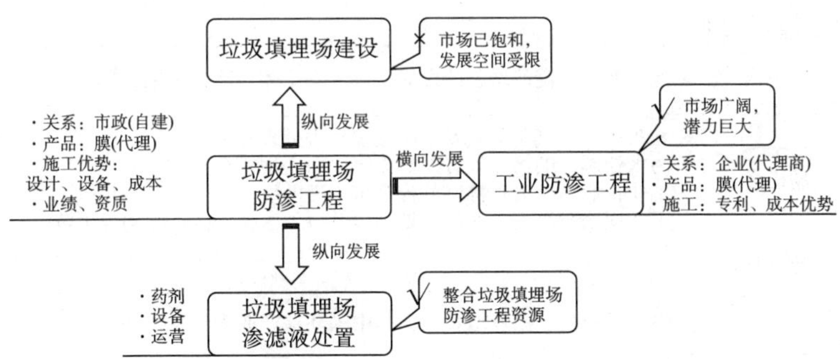

业务现状（2/2）

TY 公司虽然在污泥市场进入较晚，但掌握了较为先进的工艺技术，而且污泥市场还处于无序竞争，发展的空间仍很大。因此，TY 公司将污泥作为业务发展的重点方向是可取的，但污泥处置科技性强，不能按原来环保工程的运作模式来操作。

污泥业务现状与困惑		污泥业务发展对策
·TY公司虽然确定了污泥是下一步发展的重点方向，但缺乏详细规划，污泥处理工程目前处在摸索阶段。 ·公司的高效一体化深度脱水技术目前在国内有较大的技术优势，是第一家直接将含水率99%污泥处理至含水率50%污泥的企业。但该工艺技术尚在不断完善中，产值较低，成本较高，而运营处置费市场价偏低，因此，该技术经济效益还没完全发挥出来。 ·污泥组建了技术研发团队，具有一定的技术实力，但是研发管理系统缺失，处于经验试错式研发阶段。	⇔	·公司应站在战略高度对污泥处理处置业务的发展进行系统地规划，明确目标，制定路径和措施，加大投入。 ·虽然目前污泥的处理工艺还较多，但其他工艺在实践中逐渐显现出劣势，失败较多；而浓缩、改性加压榨的方式将可能是今后一段时期污泥处理处置的主流工艺，TY公司应加大技术研发力度，取得工艺技术的突破，实现技术的稳定性，发挥其经济性。同时，加快市场布局。 ·对污泥业务的运作和管理应真正上升到公司高度，而不仅仅是一个部门，要建立、健全相关职能，构建环保科技公司运作体系。

污水及固废物处理的发展机会

TY 公司目前涉足的环保行业中，污水处理厂的污泥处置、城镇污水处理、工业污水处理等市场机会很大，"十二五"计划投资超 4000 亿元。但垃圾处理填埋市场逐渐饱和，发展空间有限。

污水处理行业

发展现状	·经过前一轮高峰增长阶段后，进入一个相对平稳的增长期
市场机会	·城镇污水尤其是县城及中小城镇污水处理设施 ·污水处理厂的污泥处置及其无害化后土地综合利用 ·工业企业污水处理标准的提升带来新的机会 ·工业壁垒较高的工业污水处理以及再生水技术(如MBR)等领域

固废处理行业

发展现状	·整体投资处于高峰增长期，是中国环保产业未来主要增长点
市场机会	·从固废处理行业上游设备、中游固废处理工程和运营、下游各固废处理厂及废弃物回收循环利用的产业链来看，固废工程建设和设备集成投资回报率较高 ·从垃圾处理的填埋、堆肥、焚烧三种方式来看，垃圾焚烧发电是未来我国城市生活垃圾处理的热点

资料来源：行业报告、恩虹分析

行业分析　污泥处理处置市场前景

目前全国约有3836座城镇污水处理厂投入运营，到2015年，城镇污水处理厂处理能力将达到2亿立方米/日，全年城镇污水处理厂湿污泥（含水率80%）产生量约3230万吨，污泥脱水至含水率50%以下的需求巨大，市场潜力无限。

国家对污泥治理十分重视	"十二五"规划对污泥处理处置投人巨大
2010年11月，环保部印发《关于加强城镇污水处理厂污泥污染防治工作的通知》。《通知》规定：污水处理厂以贮存(即不处理处置)为目的将污泥运出厂界的，必须将污泥脱水至含水率50%以下。 该《通知》明确要求，污水处理厂新建、改建和扩建时，污泥处理设施应当与污水处理设施同时规划、同时建设、同时投人运行。不具备污泥处理能力的现有污水处理厂，应当在该通知发布之日起两年内建成并运行污泥处理设施	《"十二五"全国城镇污水处理及再生利用设施建设规划》规划投人347亿元进行污泥处理处置的设施建设。 地方政府纷纷出台政策加大污泥治理力度 江西、福建、广西、上海、浙江、重庆、深圳等地也纷纷出台污泥处理处置工作意见等文件，加大污泥治理力度

资料来源：行业报告、产业政策文件、恩虹分析

行业分析　污泥处理处置的技术路线

目前我国提倡的污泥处理处置方案有6种，污泥处理单元技术主要有浓缩脱水技术、厌氧消化技术、好氧发酵技术、热干化技术、石灰稳定技术等，现阶段各种工艺技术百花齐放。但从经济性、现实可行性等综合来看，未来深度脱水技术有望成为污泥处理处置的主流技术，TY公司的"污泥高效一体化深度脱水技术"市场前景广阔。

典型处理处置方案		厌氧消化+土地利用	好氧发酵+土地利用	机械干化+焚烧	工业窑炉协同焚烧	石灰稳定+填埋	深度脱水+填埋
最佳适用的污泥种类		生活污水污泥	生活污水污泥	生活污水及工业废水混合污泥	生活污水及工业废水混合污泥	生活污水及工业废水混合污泥	生活污水及工业废水混合污泥
环境安全性评价	污染因子	恶臭 病原微生物	恶臭 病原微生物	恶臭 烟气	恶臭 烟气	恶臭 重金属	恶臭 重金属
	安全性	总体安全	总体安全	总体安全	总体安全	总体安全	总体安全
资源循环利用评价	循环要素	有机质氮磷钾能量	有机质氮磷钾	无机质	无机质	无	无
	资源循环利用效率评价	高	较高	低	低	无	无
能耗物耗评价	能耗评价	低	较低	高	高	低	低
	物耗评价	低	较高	高	高	高	高
技术经济评价	建设费用	较高	较低	较高	较低	较低	低
	占地	较少	较多	较少	少	多	多
	运行费用	较低	较低	高	高	较低	低

资料来源：《城镇污水处理厂污泥处理处置技术指南》

竞争分析 污泥处理处置竞争格局

在污泥市场持续走热时期，国企抢占一线城市的大型污泥处理项目，外企抢占二线城市污泥处理项目，大量的民营企业抢占各地的三线城市。在污泥市场降温后，企业普遍面临困境，出现“一年只有一个新项目”的尴尬局面。谁能做好市场布局，谁能就在下一轮行情中胜出。

发展时期	竞争格局
2009年–2011年	· 以北控集团、金隅集团、上海排水集团为代表的国企拿下了位于北京、上海等一线城市的主要污泥处理项目。 · 苏伊士集团旗下的得利满技术公司、威立雅公司等外企也先后获得了重庆、青岛等二线城市的污泥处理项目。 · 中科博联、山西沃土、中持环保等小型民营公司则多集中在河北秦皇岛、江苏苏州等三线城市。
2012年至今	· 2012年至今，各污泥处理处置企业面临困境，很多企业出现“一年只有一个新项目"的尴尬局面。 · 新上的一些小型污泥处理项目基本由地方小型民营企业瓜分，在污泥处理处置行业市场还没特别突出的品牌企业。

资料来源：行业报告、恩虹分析

竞争分析 污泥处理处置五力分析

从竞争压力图看，技术替代的压力较小，目前处于技术流派之争，但浓缩脱水技术正逐渐成为主流，TY 公司有较大的竞争优势。相对来说，潜在进入者和用户讨价还价能力的压力较大，必须做好资源整合和能力补强。

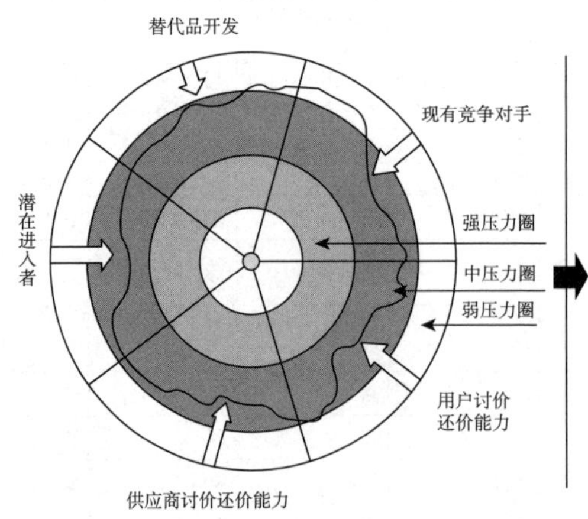

企业竞争压力分析

· 替代品开发
目前国家提倡的技术路线有5种，其中一些技术已被淘汰，技术竞争压力较小。

· 潜在进入者
污水处理工程商向后发展：环保设备厂家纵向发展，一旦进入，且有特定的优势。

· 供应商讨价还价能力
环保设备技术门槛相对较高，需求量小的情况下，供应商讨价还价能力较强。

· 用户讨价还价能力
污泥项目资金目前来源于污水处理，用户对污泥不太愿意投入，用户的讨价还价能力强。

· 现有竞争对手
目前做污泥的企业比较多，从技术角度讲有5大流派，现处于技术流派之争。

战略分析

TY 公司的成功基因是不断寻找“市场机会”和创造“比较优势”，站在环保产业高度审视行业发展和 TY 公司的企业位置，结合 TY 公司的资源及能力，污泥处理处置将是 TY 公司下一个重要市场机会，通过技术领先创造比较优势。

资源、机会、竞争分析		公司发展战略方向分析
资源	·TY公司经过14年的发展，积累了大量的工程施工经验，成本控制能力较强。 ·TY公司是唯一一家国内最早从事垃圾处理处置、污泥处理处置的企业，有80%市场占有率。 ·污泥处理处置工艺有较强的先进性，可能成为行业的主流工艺，目前有较多的工程业绩。	·充分发挥TY公司的施工优势和成本控制能力强的优势，由垃圾填埋场防渗工程向工业防渗工程发展。 ·充分利用在垃圾填埋场防渗工程拥有80%的市场占有率的资源优势，向垃圾填埋场渗滤液处置及运营一体化发展。 ·充分把握污泥市场的发展良机，发挥公司的技术优势，将污泥业务做大、做强，实现公司的战略转型。
机会	·环保产业我国大力发展的战略性新兴产业之一，“十二五”期间我国环保投资总额将达到3.4万亿元，到2020年，环保产业将成为国民经济的支柱产业。 ·污水处理将成为环保产业重点发展领域，尤其是污泥处理、域镇污水处理厂改造和新增，“十二五”计划投资超4000亿元，其中347亿元进行污泥处理处置的设施建设。 ·环保部印发《通知》规定：污水处理厂以贮存(即不处理处置)为目的将污泥运出厂界的，必须将污泥脱水至含水率50%以下。	
竞争	·在污泥处理处置行业市场还没特别突出的品牌企业，目前还处于无序竞争。 ·一些竞争同行的工艺技术逐渐被淘汰。	

战略定位

<table>
<tr><td colspan="3">企业使命：保护生态环境、建设绿色未来
企业愿景：通过持续的环保科技创新和技术研发，成为保护生态环境的中坚力量和环保行业最具竞争力的上市企业
企业定位：环保方案系统解决商</td></tr>
<tr><td>战略目标
·通过 4～7 年的发展，实现从环保施工型企业向环保科技型企业的转型，企业的管理能力和综合竞争力显著提升，实现企业上市，并逐步发展成为环保行业优秀的环保方案系统解决商</td><td>运作模式
·运作模式为：“技术＋营销”双轮驱动，实施“技术驱动，方案营销”
·以技术为先导，实现技术领先；以营销为龙头，实现市场领先</td><td>业务组合
·环保工程和环保科技
·环保工程：生活垃圾填埋防渗及其渗滤液处理、工业填埋防渗及其渗滤液处理、建筑施工等
·环保科技：污泥处理解决方案及其运营。主要包括：城镇污水处理厂、生活用水、工业废水、河道等的污泥处理</td></tr>
</table>

公司战略目标

TY公司的战略目标是：通过4～7年的发展，企业的管理能力和综合竞争力显著提升，完成企业转型，实现企业上市，并逐步发展成为环保行业优秀的环保方案系统解决商。

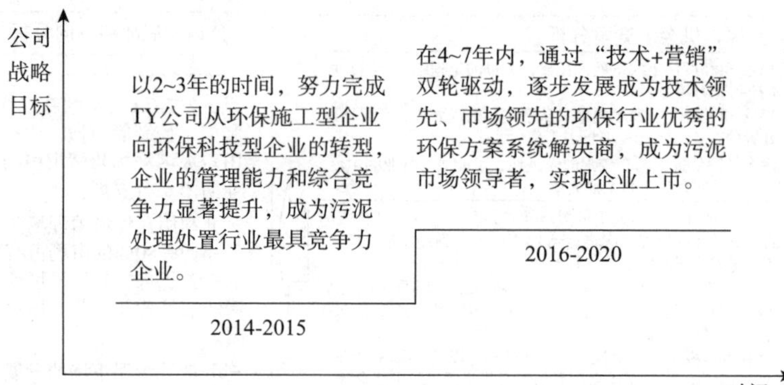

发展目标规划

到2015年，TY公司实现销售收入超过4亿元；在未来4～7年内，保持20%的年均增长率，实现超过10亿元的营业收入。

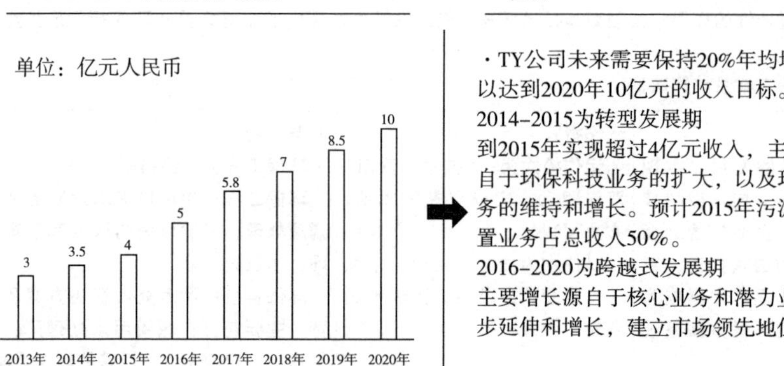

公司业务组合

通过对 TY 公司的资源及能力评估和外部市场分析，建议将目前的业务分成三大类，并以污泥处理处置为重点扶持的核心业务。

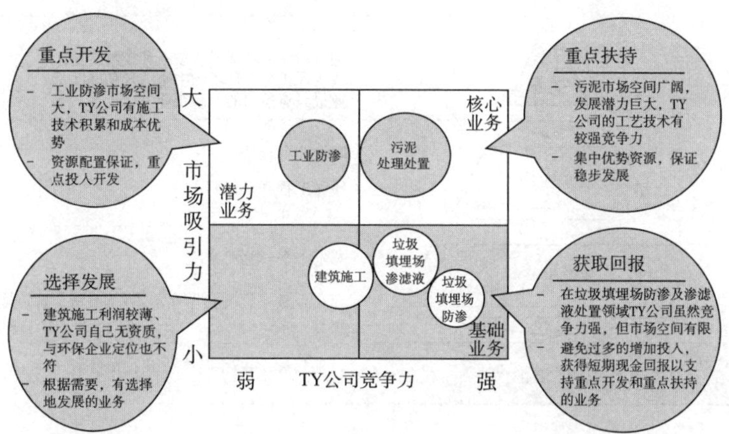

公司战略地图

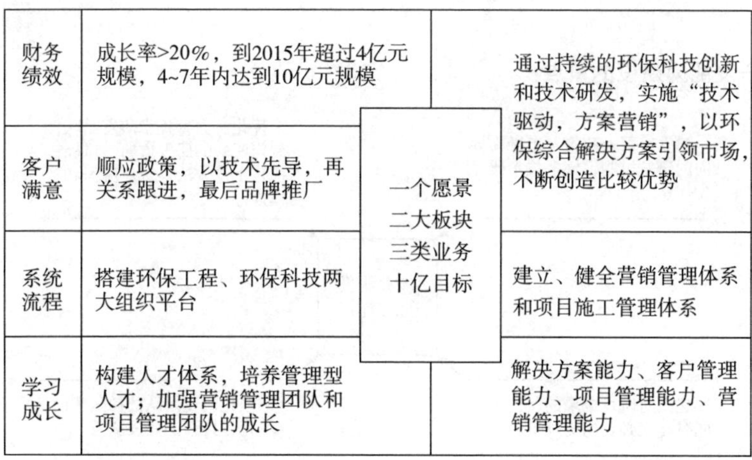

财务绩效	成长率>20%，到2015年超过4亿元规模，4~7年内达到10亿元规模	一个愿景 二大板块 三类业务 十亿目标	通过持续的环保科技创新和技术研发，实施“技术驱动，方案营销”，以环保综合解决方案引领市场，不断创造比较优势
客户满意	顺应政策，以技术先导，再关系跟进，最后品牌推广		
系统流程	搭建环保工程、环保科技两大组织平台		建立、健全营销管理体系和项目施工管理体系
学习成长	构建人才体系，培养管理型人才；加强营销管理团队和项目管理团队的成长		解决方案能力、客户管理能力、项目管理能力、营销管理能力

12310 战略

TY 公司将实施“12310 战略”，即：实现 1 个愿景，布局 2 大业务板块，发展 3 类业务，4～7 年内达到 10 亿元规模。

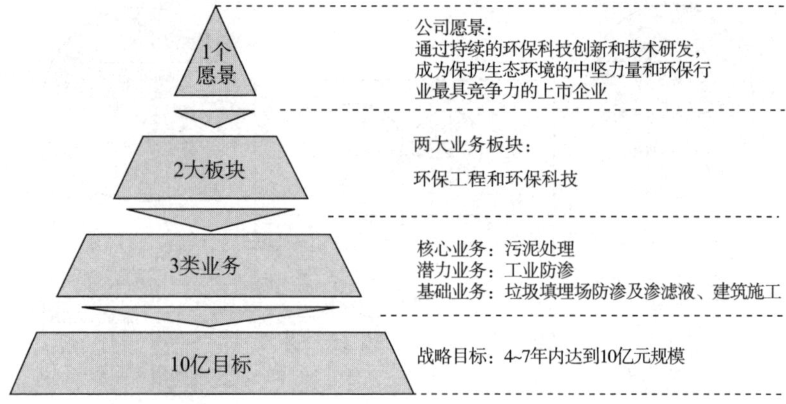

战略实施路径：技术研发能力建设

通过技术研发能力的建设和提升，为 TY 公司走“技术＋营销”的双驱动路线提供能力支撑。

技术研发能力建设的重点：

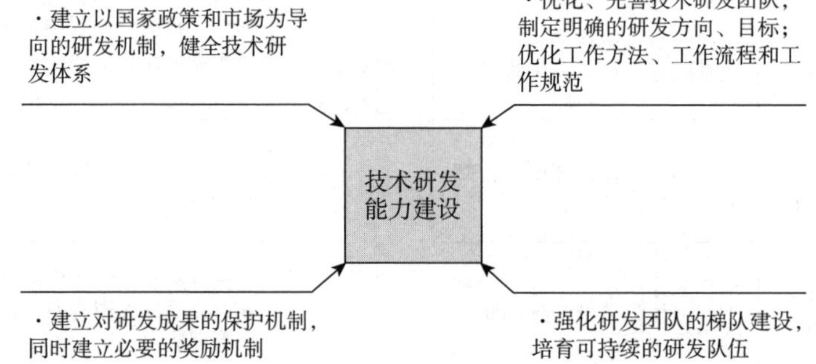

战略实施路径：营销能力建设

TY 公司从“关系营销”到“技术营销”，对营销团队的素质和能力以及营销管理提出了更高的要求。通过营销能力建设，实现营销管理的规范化和标准化、营销团队的专业化和高素质。

营销能力建设的重点：

营销管理优化	营销能力建设	营销团队提升
· 支撑体系 –优化营销组织和职能设计。 –建立有效的激励政策。 –导入注重结果的过程管理体系。 · 过程管理 –编制销售进程，规范营销行为，提高营销效率。 –优化业务关键流程，提升服务能力。 · 客户管理 –制定明确的客户管理策略与体系。 –构建立体的客户关系。	营销能力建设	· 现有团队能力补强 –对现有营销团队进行能力摸底，针对性制定能力补强计划。 –通过培训、训练、帮扶、自我学习等形式，提升营销团队能力和素质。 · 人才引进与培养 –根据公司战略需求，引进高素质的、合适的人才。 –制定职业生涯规划和人才培养计划。

战略实施的主要风险和控制措施

风险与机遇共存，必须做好风险的防范和管控，尽量化解风险，或者将风险控制在可承受范围内。

主要风险提示	控制措施
1. 业务选择风险 将污泥处理处置作为TY公司的核心业务，存在市场选择和资源投向的风险。 2. 技术风险 污泥工艺技术存在技术研发跟不上国家政策导向和市场需求的风险。 3. 营销转型风险 TY公司有区域市场优势，存在全国性布局和“技术先导”的经验不足的风险。 4. 人才及管理风险 业务重心及业务模式的调整，存在人才及管理跟不上的风险。	1. 把握污泥处理处置市场的发展现状和趋势，紧跟国家政策导向，制定详细规划和可操作的实施计划，在风险可控的情况下稳步推进。 2. 构建以国家政策和市场需求为导向的技术研发体系，优化研发团队，明确研发目标，加强研发管理，加大研发投入。 3. 引进职业化营销人才，组建顾问式营销团队。同时，由顾问单位提供培训和辅导。 4. 加强公司人力资源管理，制定人才规划，加快相关人才的选聘和培养。

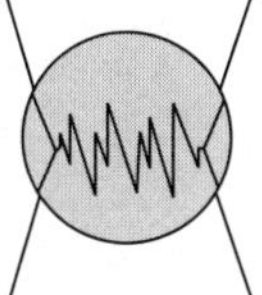

案例启示：摸着石头过河，创始人凭借过人的能力与资源完成一次创业之后，带领团队进行二次创业。不能简单复制过去的经验，必须用系统的工具理性梳理企业发展战略，尤其是营销战略。有了清晰的战略，企业才不会摇摆，才能更好地凝聚团队向着光明的未来进发。

第五章

工业品营销模式创新

第一节 创新四原则

营销模式创新的核心是营销的要素组合创新。新的营销要素在不断涌现，新的营销模式也在不断产生。营销要素组合创新有两种做法：一是市场细分法，通过企业管理体系细分延伸归纳出市场营销模式；二是客户整合法，通过建立客户价值核心，整合企业各环节资源，整合营销模式。细分法是以企业为中心构筑营销体系，整合法则是以客户为中心构筑营销体系。围绕具体营销过程，又有众多营销模式衍生出来：体验式营销、数据库营销、一对一营销、全球化营销、品牌营销、文化营销、深度营销等。

营销模式创新，要求企业要么为客户提供更多价值，要么比竞争对手更有效率。企业给客户的让渡价值越大，其竞争优势就越大，溢价能力也就越强。企业要发现并聚焦于目标客户现实或潜在的最重要的需求，基于此进行产品和服务的设计与组合，同时要注重有效传播与互动沟通，提升品牌形象，以提高客户的价值感知。而在差异化方面，企业要围绕公司的产品、服务、人员、品牌等塑造差异性，使客户获得不同价值感受，从而与竞争对手形成区隔。

工业品营销更强调的是价值创造和客户服务，因此较多的工业品营销模式也逐渐衍生出来：直销、分销、价值营销、技术营销、服务营销、关系营销、方案营销、平台营销，等等。

营销管理方式的差异，也会造成营销模式的不同，常见的营销模式有提成制、包干制、年薪制等。在企业的创业阶段，高额提成的营销模式能有效地激励营销员，有利于企业拓展业务，顺利渡过生存期；在企业的成长阶段，企业的管理逐渐规范，企业文化逐步建立，随着销售收入和利润的快速增加，单纯的高额提成模式已不适应企业整体营销管理的需要，此时营销管理应遵从“效率优先，兼顾公平”的原则，从单一的物质激励转向物质激励与精神激励并重；在企业的成熟阶段，企业的营销渠道逐渐牢固，客户关系基本稳定，企业文化大致定型，企业的营销管理应遵从“公平优先，兼顾效率”的原则，主要是进行制度化建设，提供具有内外竞争优势的薪酬，增加营销员的归属感，精神激励多于物质激励；在企业的衰退期，企业面临着被兼并、收购、破产的风险，在营销管理上，应加强对原渠道和原客户关系的管理，努力保持营销团队的稳定。

一家生产单一汽车配件的民营企业，创立于 20 世纪 90 年代初。它所生产的汽车配件主要是为国内一些汽车主机厂做相关配套，仅有少部分产品流入终端维修市场。该企业的生产运作属于典型的按订单生产的方式，公司的营销重点主要是围绕国内这些汽车主机厂展开。终端维修市场方面，采用代理制，由相关营销员负责。创立之初，该企业的生存环境艰难，为了迅速打开市场，企业采取高额业绩提成的激励模式，即企业对营销员从主机厂获得订单所发生的各种费用一律不予报销，营销员的工资与各项开支通过高比例营销提成予以返回。在该种计酬模式下，营销员各显神通，加上这几年中国汽车工业发展提速，该企业获得了长足的发展，渡过了生存期，步入快速发展的成长期。随着企业的发展，该企业所采用的简单高额提成营销模式已不能适应企业发展的需要了。

该企业成立之初，采用高额提成的模式，即将销售环节中所发生的各项费用，如差旅、住宿、餐饮等打包计入提成比例。在高额提成比例的刺激下，该企业的市场份额迅速增长，但随之而来的是一系列问题：

（1）营销员片面追求销售额而忽视应收账款的回收，造成企业大量的呆账、坏账。

（2）营销员个人能力有差距，各主机厂状况也不同，导致各渠道销售额参差不一，营销员收入差别较大。

（3）各主机厂所处地理位置不同，订货条件、交易方式不一样，营销员在各渠道的各项销售费用不同，而营销员的计酬比例相同，因此该模式显失公平。

营销模式只有与企业的环境和发展的阶段相适应，才能使企业与营销人员达到双赢，营销员才能获得更大的激励，企业才能实现加速跳跃式的发展。

工业品营销模式是指企业面对不断变化的市场环境，依据自身的资源和能力，在营销战略圈定的业务圈内，寻找出的连接关键营销因素的最佳路线。工业品营销模式创新必须遵循四项基本原则：

（1）满足营销战略需要。营销模式创新的最终目标是提高营销管理水平，提高企业在市场上的竞争力，提高企业的营销能力，因此营销模式的创新必须满足企业营销战略实施的需要。

（2）适应行业特征。不同的行业由于其行业的特殊性，对于营销模式也有特殊的要求，因此营销模式创新必须要考虑到企业所在行业的特征以及用户行业特性。

（3）结合企业发展历史。营销模式创新还需要考虑企业的发展历史，如果不考虑企业的发展历程及发展现状，营销模式创新将很难取得成功。

（4）为企业量身定制。各种工业品营销模式都各有利弊，如何将其恰当地组合，使其优势得到最大的发挥，其劣势得到最大程度的规避，将是营销模式优化能否成功的关键因素之一。

第二节　五因素分析

营销模式的创新是营销因素的组合创新，工业品市场营销的最关键因素是用户、产品、公司、渠道和品牌。因此，工业品营销模式创新必须围绕这五个因素展开，我们将此称为工业品营销模式创新“五因素分析”。

一、用户因素

用户是工业品营销的客体，也是工业品营销模式创新的关键因素之一。用户因素主要包括市场容量、用户区域分布、市场密度和用户购买行为特征等。

市场容量是指一个市场内的准用户和潜在用户数量的总和。市场容量决定着企业的渠道模式，市场容量与渠道结构之间关系的模型如图 5－1 所示。

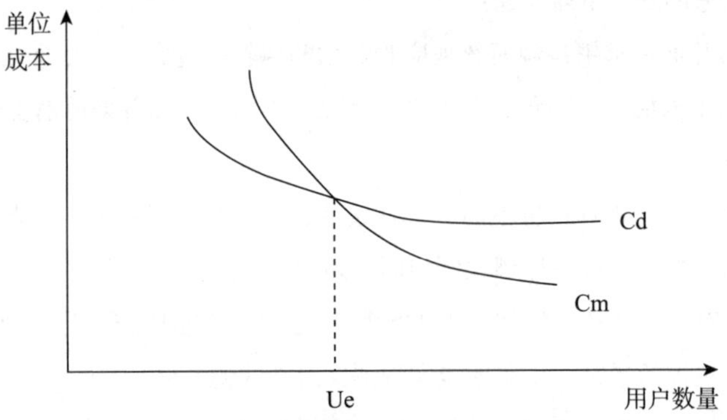

图 5－1　市场容量与渠道结构之间的关系模型

图 5－1 中，横轴表示用户数量，纵轴表示用户花在渠道上的单位成本。Cd 线表示直销模式下的单位成本，其大小会随着用户数量的增加而下降；Cm 线表示分销模式下的单位成本。在用户数量较少的情况下，市场规模小，分销模式的成本相对比较高，但随着用户数量的增加，分销模式的单位成本快速下降，其优势也会逐渐显现出来，Ue 点是两种渠道选择的转折点。

用户区域分布是指用户分布的地理位置、每个地理位置的市场容量及与产品生产地的距离。制造商与市场间的距离越远，使用分销模式的成本比使用直销模式的成本低的可能性就越大。

市场密度是指单位面积上的目标用户数量，工业品市场的市场密度相对消费品市场要小很多。一般情况下，市场密度越小，采用直销模式就越适宜。

用户的购买行为特征、决策程序和决策因素往往决定着交易的路径。如果用户购买产品时只信任制造厂家，那么采用分销模式就很困难；如果用户的采购组织人员构成、购买决策程序等十分复杂，那么直销也同样是困难的，如果有现成的渠道商，销售就更容易达成。

二、产品因素

营销模式的创新与产品的特性、技术含量、复杂程度、维护服务性和产品的单体价值有关。一般情况下，复杂且价值比较高的产品比较适宜采用直销的模式。另外，技术含量高或需要专门定做的产品一般也采用直销的模式，这样有利于制造厂家为用户提供更好的技术支持和服务。简单且价值比较低的产品采用分销方式就比较有效。产品及市场特性与营销模式对照如表 5－1 所示。

表 5－1　产品及市场特性与营销模式对照表

产品及市场特性	营销模式备选
产品高价格、技术复杂；市场需求不多、市场竞争平缓	直销、技术营销
产品同质化、技术标准化；市场需求量大，市场竞争激烈	直销、价值营销
产品同质化，市场需求量大，市场分散	渠道、品牌营销
产品具有特殊性，市场需求灵活，市场竞争比较激烈	关联营销、方案营销

三、公司因素

公司因素主要是指企业的规模大小、经济实力、组织结构和资产专用性。

1. 规模实力

企业的经济实力是营销模式顺利运作的有力保证，它决定了公司对营销模式的创新能力。一个大企业的规模和实力保证了它有足够的经济能力去选择它真正需要的营销模式，保证了它对营销模式强有力的创新能力和营运能力。相反，一个小企业因规模和实力的关系，对营销模式的创新和营运有时是无能为力的。

2. 组织结构

公司的组织结构对营销模式的选择也有一定的影响，因为营销模式是由营销组织来运作的，营销组织与营销模式应该相互匹配。

3. 资产专用性

企业的营销模式与企业的资产专用性有很大关系。资产专用性是指企业拥有一些为一个或少数几个用户的特殊需要而投资形成的专门资产。专门资产可以是某些特殊设备、特殊知识。比如新产品，独家专利技术；高技术、难以成交、难以传授的工艺、专利；按用户要求定制的特殊产品。一般情况下，资产专用性越强，企业的营销模式就越适宜采用“短、平、快”的渠道方式；相反，就适合采用间接的渠道方式。

四、渠道因素

工业品营销的渠道商主要有代理商、经销商以及分销商等，他们是渠道经营的主体。能否找到满意的渠道商，以及为此付出的代价，是企业营销模式创新时要重点考虑的问题。对于渠道商，企业在进行选择时主要考察他们的信用、声誉、市场覆盖范围、销售能力、销售绩效、市场管理能力、财务状况、规模实力、产品线等。

五、品牌因素

工业品营销逐渐步入品牌时代，用户在选择产品时越来越重视供应商品牌。因此，品牌因素也是工业品营销模式创新的重要影响因素之一。品牌因素分析包含两个层面：一是审视企业品牌在自身行业和用户行业中的地位和影响力；二是分析行业品牌的竞争格局，评估主要竞争品牌的优劣势。

实施建议：

要进行营销模式的优化创新，企业必须做到以下三点：

一是，企业要明确哪些功能对于营销战略的成功是至关重要的，比如面向客户的迅速交货、就近库存（生产线上交货）、个性化制造等，然后经过梳理，明确本企业为获得最佳营销绩效所需的重要功能。

二是，分析所需功能中哪些是企业的弱项，以及这些弱项形成的原因（本企业没有这一功能，或企业为了利益的最大化在这一方面做出让步）。

三是，企业存在的重要功能弱项可以由外部机构，即渠道商来弥补吗？

对这三个问题的回答是营销模式选择与创新的重要依据。“五因素分析法”强调的是从市场营销的五个重要方面进行系统分析，然后再结合自身的资源及能力进行综合选择和创新。

第三节　三个创新点

工业品营销模式创新的五大因素是营销模式创新的分析方向，每个因素里又有很多的创新点，或者说创新路径。我们归纳提炼了三个创新点：价值定位创新、交易路径创新和利益分配创新。

一、价值定位创新

价值定位创新的主要驱动因素是用户，其实质是为用户创造什么样的价值，以及如何去创造这一价值。企业要聚焦于为用户提供价值，通过发现竞争对手或用户的价值盲区，打造独特的产品或服务，实现用户价值的飞跃。从价值定位入手，有了独特的客户价值主张，企业就能提高客户价值，吸引和留住客户，从而在激烈的市场竞争中立于不败之地。

价值定位的核心是为用户创造价值，以解决用户最关心的核心诉求为目标进行定位，这就要求企业的营销策略组合与营销活动安排都以此为基础进行调整，在此基础上进行营销模式的创新。如果能够进行正确的用户价值定位，我们就能精准找到目标用户尚未满足的需求或新的需求，那么营销模式的创新就将水到渠成。反之，如果不能进行科学的用户价值定位，我们也就无法找到正确的目标市场和潜在的用户需求，那么，营销模式创新则无从谈起。

工业品用户在采购产品时最关注的要么是降低成本，要么是提升品质，要么是解决问题，要么是获得更好的服务。从这些角度，我们可以创造出许多营销模式，比如产品营销、方案营销、平台营销、技术营销、服务营销、关系营销等。

实施建议：

价值定位创新，就是站在用户的角度综合比较营销关键要素，然后准确回答：企业要给用户提供什么样的价值？企业如何才能使这一价值显性化？

如果产品有着明显的优势差异，且对手短期之内很难获得这一优势，公司不妨采取产品营销，通过提供差异化的产品获得用户的价值认可与回报。

如果产品高度同质化，公司的平台优势差异较为明显，公司不妨采取平台营销、服务营销，发挥公司平台综合实力，赢得用户的信任。

如果在产品线、产品技术等方面有着显著差异优势，公司不妨采取方案营销、技术营销，聚焦用户问题，发挥技术优势，给用户提供系统整合与产品定制等价值。

价值定位创新，就是要解决“卖什么”的问题。公司可以卖产品、卖技术、卖服务、卖方案、卖平台、卖品牌等；也可以做加法，由卖产品扩展到卖产品加服务、卖方案；也可以做减法，由卖多品缩减到卖单品，由卖产品与方案缩减到卖技术或者卖服务。

例如：有一家做信息技术的公司，主要是做产品标签的信息编码与物流管理的软件与硬件产品。它在营销实践中遇到的最大问题是竞争激烈，产品的差异很难体现，给用户的价值也很难显现，最终公司沦落到“价格血拼”的地步。卖产品艰难，不如卖技术。公司从价值定位上进行营销模式创新，给用户提供产品物流信息技术定制解决方案，收取少许的技术服务费用、运行维护费用，在指导技术方案实施中优选软硬件产品。

二、交易路径创新

交易路径创新，就是整理出与用户进行交易的各种可能路径，通过对交易对象、交易形式、交易程序、交易成本的对比分析，选择出一条最佳路径，最大限度地保证交易目标的实现，最大限度地减少交易中的损耗。

（一）交易对象

用户内部的组织结构以及岗位所赋予的职责，形成了工业品营销的交易对象。不同的交易对象在交易中的决策权重有所不同，关注的利益点有所不同，担心的风险也有所不同。选择不同的交易对象作为交易主体，企业要采用的交易路径自然也就不同。

例如：有家公司给用户提供的价值就是高效率，用智能设备代替人工，工人的数量减少了，人为的失误也大大减少了。而采购部门对这些价值不敏感，他们对价格与账期更感兴趣。此时公司就要寻找用户内对此价值最敏感的部门进行营销，在用户内部进一步彰显这一价值。调研发现，HR 部门最头痛的问题是工人难招、难留，用人成本越来越高；生产部门最头痛的问题是人工效率低，而且人为失误率高，品质与产值某种程度上要看工人的情绪等。于是公司可以将营销对象首先锁定在 HR 与生产部门上，进而到采购部门。

（二）交易形式

工业品的主要交易形式可分为厂家直接与用户进行交易的直销交易，和间接由渠道商进行交易的渠道交易。信息技术的发展使线上与线下两种交易形式都成为可能。但如何进行网络化工业品营销，互联网在工业品营销中的作用到底是什么，这两个问题还值得进一步研究。初步研究显示，企业可以在线上进行信息发布与沟通，在线下进行实地考察与风险验证。

（三）交易程序

交易程序依据用户的采购程序而定，通常有议标、招标等。在用户采购程序的不同节点，营销会产生不同的效果；在用户采购的同一节点，不同的营销行动也会产生不同的效果。

（四）交易成本

交易成本包括交易的选择成本与时间成本。选择合适可信的供应商的难度在某种程度上不亚于开发一个优质的用户。甲乙双方都存在选择的成本以及选择带来的机会成本。交易的时间成本，不仅指花在交易上的时间，还有花在信任建立上，尤其是风险化解上的时间。

实施建议：

交易路径创新，其实就是要解决“怎么卖”的问题。

企业首先要回答“对谁营销”的问题。在工业品营销的交易对象上，除了用户的采购部门，企业还要与哪些部门哪些人进行进一步营销？通过“三者分析”，我们就可以初步判定用户中的哪些部门哪些人对企业所提供的价值最敏感，然后据此找到最合适的营销对象。营销对象选准了，交易的路径自然就会缩短。

接下来要回答“谁来营销”的问题。企业是采用直接营销还是间接营销？直销的话，谁去最合适？间接营销的话，应该选择什么样的渠道？具体可以参见本书相关章节的内容。

最后就要回答“哪个成本低”的问题。企业要测算几种交易路径的交易成本，尤其是时间成本，并选择交易成本最低的路径。

三、利益分配创新

利益分配，可以分为内部利益分配与外部利益分配两大部分。内部利益，主要是营销团队的薪酬与绩效；外部利益，主要是营销费用的预算与投向。

对于营销人员来说，利益分配模式有“大包”模式、绩效考核模式等，具体可以参阅第十二章相关内容；对于渠道商来说，利益分配有买断、价值共享、合伙等模式，具体可以参阅第十章相关章节内容。

外部利益分配，主要是指企业在营销推广与关系联络上的投入比重。一般来说，企业可以参照“三者分析”表中决策权重的大小来进行费用投入的预算。对于影响圈内相关人员，建议采取以年度或者月度的顾问费用为主，以业绩贡献奖励为辅的形式；对于用户圈内相关人员，则建议以业绩贡献奖励为主，年度或者月度的推广费用为辅。具体视情况而定。

实施建议：

利益分配创新，其实就是要解决“怎么投，怎么分”的问题。

无论是价值定位创新，还是交易路径创新，最终都会导致利益分配的变化。利益分配创新是营销模式创新的最后一关，更是最有实效的关键点。

价值贡献的大小，决定了投入的大小。

业绩贡献的多少，决定了分配的多少。

【案例】LX 公司：价值交换，平台营销

LX 公司给人的第一感觉就是实在。作为一个 1998 年上市的国有大型化工企业集团，它的主导产业涵盖化肥、化工、装备制造、设计开发四大产业板块，包含几十种产品，它已逐步发展成为集煤化工、盐化工、硅化工以及化工设计开发、制造安装于一体的综合性化学工业集团，获得诸多国家、省部级荣誉，却十分低调。公司的员工大多以公司为家，实干不张扬。

驱车参观 LX 化工园区，我心中的感觉就是震撼。园区占地面积 4 平方千米，生产 4 大类 36 种以上的化工产品，生产能力超过 350 万吨，已形成完善的园区内水、电、汽动力装置供应网络。除基础原料外，各条产业链下游产品的原料集团几乎都可以做到自给自足，生产也能达到零排放，真正做到循环发展。

为了使 LX 化工自主设计安装、绿色循环产业的全资化工园区发挥市场价值，公司不

断进行营销创新实践。尤其是技术出身的集团副总掌管营销以来，其理性思维与技术专长、身先士卒的领导风格，更加速了营销的创新实践。

化工产品高度同质化，市场行情波动大。在一系列实地调研后，为了增加公司与用户的直接互动，LX 大力推行价格公开、款到发货的电子商务。

一石激起千层浪。在化工行业处于周期性萧条之际，竞争对手都采取因人定价、先货后款且有账期的形式，以致营销人员叫苦连天，既有用户抱怨声声，LX 却在这时在网上卖起了化工产品。

LX 坚信工业品营销一定有其自身的逻辑，认可“工业品营销，赢在信任”的论断，在接受了“工业品营销，赢在信任”专题培训之后，开始导入基于信任导向的工业品营销管理体系，将营销创新实践进行到底。

初步判断

“价格公开、统一定价、款到发货”的营销政策，靠营销人员与用户的采购人员之间单线营销，根本实施不了。营销政策的差异，在产品同质化之下是否有效，完全取决于营销战略与营销模式的差异。LX 需要系统梳理营销战略，尤其是进行营销模式的创新。

化工原料是标准产品，采取电子商务的形式，在理论上是可行的，但需要公司营销系统与后台系统做系统的规划与整合。

模式创新

通过对公司营销现状的梳理、化工行业关键成功因素的分析、用户的“三者分析”、营销模式创新五因素和三个创新点的分析，LX 进行了营销模式的创新。主要内容如下。

现状梳理——电子商务推行中遇到的阻力

“电子商务、价格统一、款到发货”在推行中遇到了来自直接用户、贸易商、营销人员、公司后台及电子商务平台自身缺陷等方面的阻力。

直接用户	·价格一刀切，量大量小一个价。采购量大的客户抱怨较大。 ·先款后货的付款方式用户很难接受。特别是用量大的用户。 ·网上支付麻烦。同时还存在支付网银太少的局限。而且一些用户有自己的财务制度。不愿意网上付款。
贸易商	·价格公开后贸易商给直接用户的价格受限，因此利润空间有限。特别是在销售半径外的贸易商，由于运费的增加，更是无利润可图。
营销人员	·营销人员的营销对象主要是用户的采购部门，用户采购部门本能的反抗加上其公司高层的不理解；营销人员的惯性思维与理解认知，综合形成了推广的动力不足。
公司后台	·化工行业价格短期看供需，价格变动频繁。价格公开后成为价格标杆，影响价格的因素很多，后台与营销未能形成合力，定价的精准、调价时机、评估标准等难把握，定价机制受到挑战。

资料来源：企业内部营销调查问卷、营销模式评估访谈

现状梳理——营销系统

通过营销体系诊断，目前的营销状态是“单线营销、产品交易、被动服务”。没能从根本上解决用户的信任问题，也没能解决公司后台与营销之间的信任，是推行“电子商务、价格统一、款到发货”出现问题的根源。

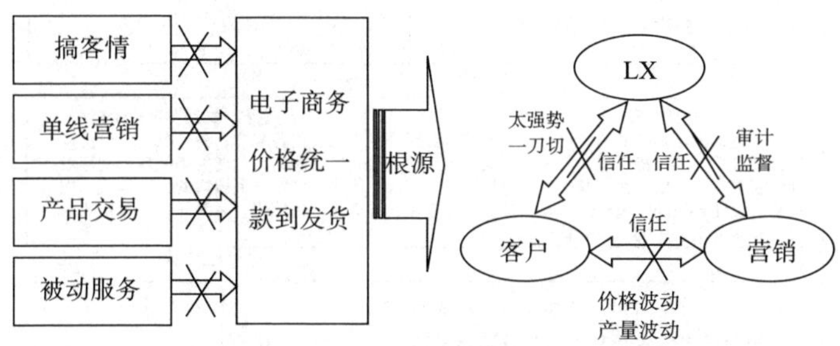

现状梳理——公司后台

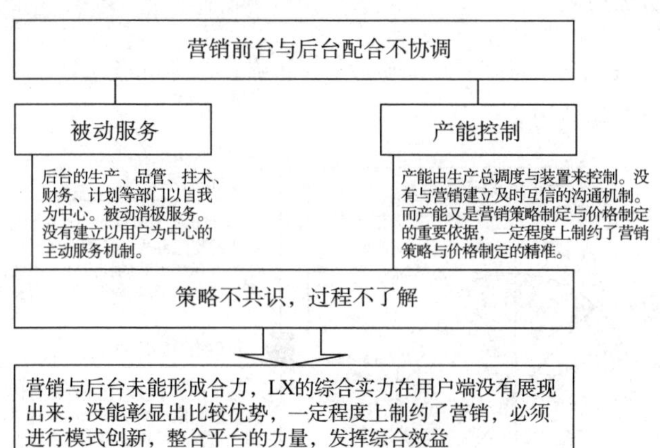

现状判断

价格统一、价格公开、款到发货	电子商务
价格统一、公开，避免了用户讨价还价以及交易中的“灰色猜疑”，大大提升用户与公司的信任度。“价格统一、款到发货”充分证明其能够体现了LX综合实力所形成的比较优势，构建了LX的组织信任。	产品高度同质化，“电子商务”公平、公开、便捷等在交易方式上形成的差异．具有很大的优势。化工产品采取“电子商务”是完全可行的。但LX目前的“电子商务”还只是付款平台，与用户的互动不够，功能亟待完善。

为了彰显LX集团的综合实力、延伸LX集团的组织信任，“电子商务、款到发货，价格统一”在化工板块是必要的、可行的。关键是要梳理出化工板块各装置、各产品的比较优势，整台后台部门的优势资源。与用户形成立体互动：专题研究制约运行的关键问题。制定对策，完善配套措施；在此基础上进一步提炼、完善、优化、创新化工板块的营销模式，构建基于信任导向的营销管理体系，打造“专业化、规范化、标准化、高素质”的营销团队，切实推动营销模式的变革创新。

化工产品营销模式创新

- 执行“电子商务、款到发货，价格统一”
- 能满足各装置及其产品的营销差异性
- 能适应不断增多的新装置、新产品营销需要

行业成功关键因素分析

化工行业的关键成功因素在于产品质量稳定可靠、成本价格优势、及时供货能力和在此基础上构筑的品牌影响力。

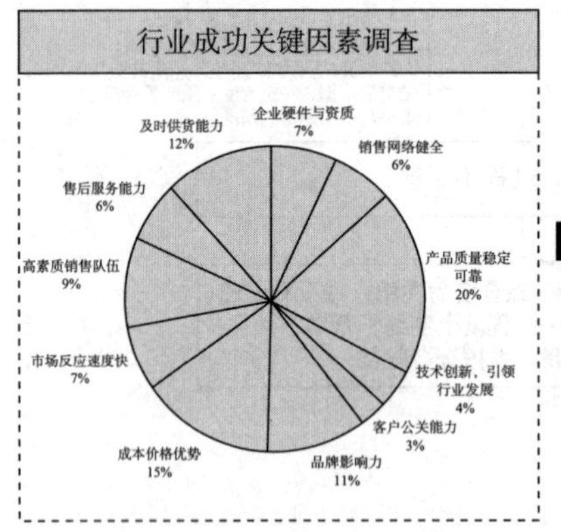

品质稳定性

- LX产品作为原材料。品质的好坏以及品质的稳定性决定了用户所生产产品的品质好坏和生产的稳定性。因此，用户对化工产品的品质稳定性非常看重。

及时供货能力

- 如果供货不及时，出现断货情况，将严重影响用户的生产和经营效益。因此，用户对及时供货能力也非常看重。

品牌影响力

- 品牌影响力是企业实力的象征，是对产品质量、供货能力等的无形保证

资料来源：企业内部营销调查问卷、营销体系诊断访谈

战略用户三者分析

战略用户的营销对策是：对采购采取价格公开，化解“灰色猜疑”；加强与用户质检、技术、生产等的互动；高层互动谈安全管理、模式创新、品牌实力等构建公司级的立体信任关系。

<table>
<tr><td rowspan="2"></td><td rowspan="2">采购者</td><td colspan="3" rowspan="2">使用者</td><td colspan="3">影响者</td></tr>
<tr><td>内部决策者</td><td colspan="2">外部影响者</td></tr>
<tr><td>对象主体</td><td>采购</td><td>质检</td><td>技术</td><td>生产</td><td>高层</td><td>同行</td><td>用户</td></tr>
<tr><td>关注利益</td><td>稳定供货
交易成本</td><td>品质稳定</td><td>使用率</td><td>使用稳定
环保无异味</td><td>安全生产
经营质量</td><td>—</td><td>—</td></tr>
<tr><td>担心风险</td><td>断货
灰色猜疑</td><td>—</td><td>—</td><td>影响收入
对身体有害</td><td>—</td><td>—</td><td>—</td></tr>
<tr><td>关系权重</td><td>50%</td><td colspan="3">20%</td><td>20%</td><td colspan="2">10%</td></tr>
</table>

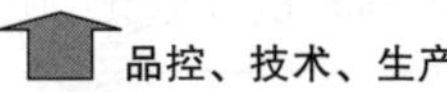

营销模式创新的前提

LX 化工产品营销模式创新的前提是：必须创造比较优势，满足“价格公开、款到发货”的销售政策，同时与公司的发展战略相吻合。

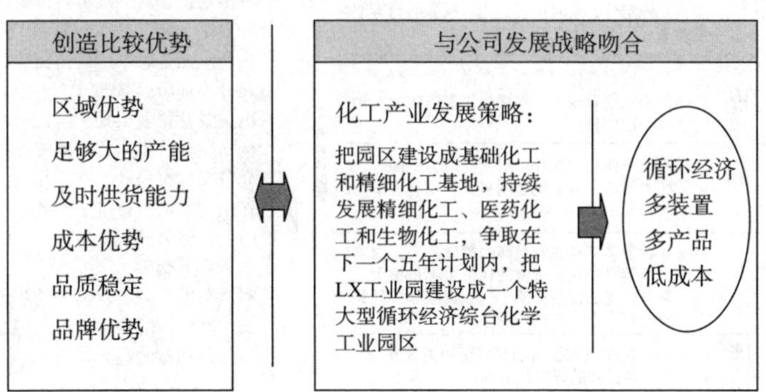

营销模式创新的目标

LX 化工产品营销模式创新的目标：构建 LX 与用户立体的信任关系，实现三个转变，打造“专业化、规范化、标准化、高素质”的营销团队。

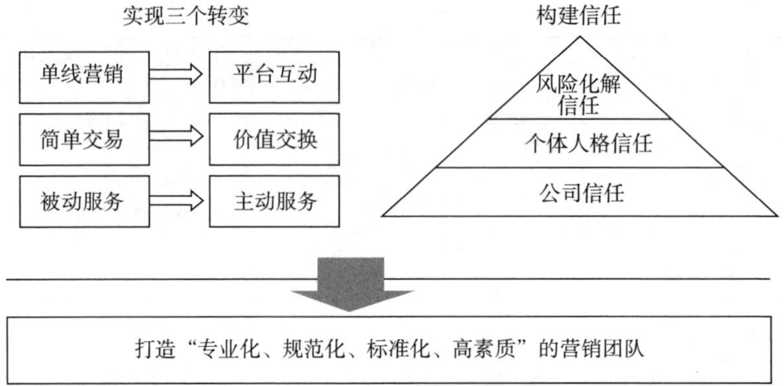

打造“专业化、规范化、标准化、高素质”的营销团队

营销模式创新分析

五因素分析	
用户	化工产品的地域分布明显，产业集中度高，行业处于垄断竞争或者寡头竞争；用户对产品的质量及稳定性、及时供货能力、服务能力等要求较高。
产品	化工产品的标准化程度高，产品同质化严重：产品价格长期看成本，短期受供需影响大，销售区域局限明显。
公司资源	公司打造一体化的循环经济产业园，产能大，供货相对稳定，成本优势明显，价格有竞争力，公司平台实力雄厚。
贸易商	贸易商数量多，寻找贸易商的难度不大，成本较低，为贸易商获利所付的代价也不是很大；贸易商有广泛的社会资源、资金资源和人脉关系，能起到支点或者杠杆的作用。
品牌延伸	LX品牌在化肥领域很高的知名度和美誉度，化工产品要得到品牌的延伸利用。

三个创新点

价值定位：对客户进行分娄，并分层、分级主动服务，实现由产品交易转变到价值交换，充分发挥LX集团的平台优势，由单线营销转变到平台营销。

交易路径：借用贸易商资源，充分发挥贸易商的支点和放大作用，全面推行电子商务，实施“价格公开、交易透明”的电子商务交易。

利益分配：减少营销中的灰色与中间环节的操控，实现用户与公司利益的最大化。

化工产品营销模式创新

价值交换　　平台营销

战略用户			LX	
关注点	部门		部门	价值点
供货稳定 品质稳定 互动研发	生产/品管	⟷	生产/品管	供货稳定 品质稳定 互动研发
	技术	⟷	技术	
财务规划	财务	⟷	财务	财务规划
送货情况	库管	⟷	物流	货物跟踪
交易成本低 灰色猜疑少	采购	⟷	营销	电子商务 战略合作
安全生产 经营质量 发展战略	高层	⟷	高层	安全管理 模式创新 研究实力 品牌资源

公司实体平台（1/2）

分层分级主动服务 专人专责专业互动

LX	客户类型	措施
产品经理	战略用户	组团互动 立体服务 电子商务平台
营销经理	战略用户 / 贸易商	
	贸易商	推电子商务平台
营销员	非战略用户	推电子商务平台

公司实体平台（2/2）

分层分级主动服务　专人专责专业互动

平台部门	服务对象	服务内容	服务标准
生产	生产	产品质量	达到客户需求
		及时解决客户使用中遇到的问题	定期进行使用情况沟通
	采购	稳定生产；带包装的货物及时灌装	保证客户有需求时能及时供货
销售部门	采购、老板	了解产品市场动向；客户需求、发运要求；发挥用户和企业间桥梁的作用	及时将企业生产、价格变化通知客户；掌握产品市场动向，及时给企业和客户提供有利的信息；客户有疑问时给予分析并找到解决办法
财务	财务	账目核对；发票开具	对方要求对账时，及时给予答复并核对清账目；及时开具发票
物流	采购	及时发运；降低运费	在下达发货计划时能实现最快发运；定期对运费进行评比，降低运输费用
质检部门	质检部门、生产车间	使用过程中存在的质量问题	随时与客户进行沟通，定期与客户质检部门进行现场沟通交流
商务中心	采购、财务等	及时解决电子商务做订单及汇款过程中出现的问题	掌握专业的业务知识，解答客户提出的相关问题

电子商务平台

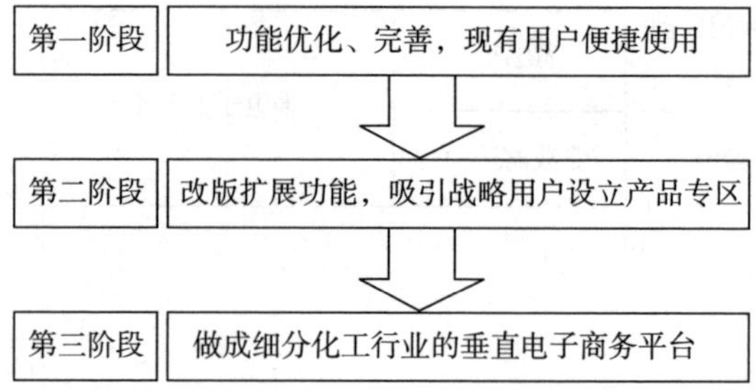

电子商务

第一阶段电子商务平台的功能做如下优化和完善：

1、增加尽可能多的网银接口，以适应更多的付款银行。
2、客户可以通过电子商务系统对账、查询余额。
3、客户可以了解发货情况及在途状态(与物流公司GPS信息对接)。
4、优化网上订单自动生成有效，打款后订单锁定功能。
5、增加产品工艺说明、装置照片、产品质检报告等内容。
6、产品特点、特性及使用过程中的注意事项、各个产品的销售负责单位、销售人员的联系方式等介绍。
7、强化客户提醒与信息及时反馈功能。
8、增加营销数据的分析提报与客户动态管理功能。

资料来源：营销模式创新与组合策略设计研讨

电子商务订单流程优化

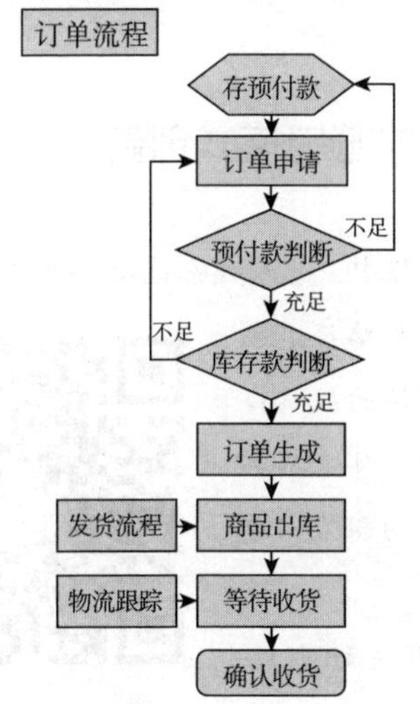

订单管理操作规则

1、需求说明
不同业务类型的商品，不可以同批量购买；不同分公司的产品，不可一个订单直接完成；同一公司的不同产品不可使用一个订单完成订购任务。
2、订单运费
选择送货的订单，在下单时需要客户填写每吨运费价格，以实际出库数量计算实际发生运费金额。
3、客户下单直接付 款或使用预付款下单的，系统应显示客户信用金额；客户下单后，生成销售订单状态、审核数量、出库数量信息应反馈到电子商务，方便客户查看。
4、客户当日下单未进行支付的，次日该订单作废，需重新下单或修改前一层订单进行支付。
5、客户下单有效时间，原则上两日内有效，超时间未执行的订单自动关闭，金额转为预存款。
6、所有订单自动对应计算相应积分，用户的积分可以兑换产品与运输费用。

资料来源：营销模式创新与组合策略设计研讨

营销模式创新，需要实体平台与电子商务平台的融合

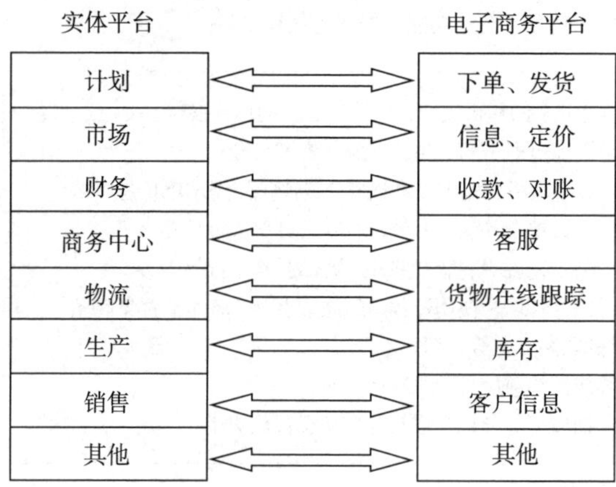

案例启示：营销政策的差异不是营销模式的创新，营销模式创新需要系统的分析与整体的设计。同质化、标准化的工业品的营销，完全可以导入电子商务。电子商务平台必须以实体企业为依托，才可解决交易的信任问题。

信任互动二：营销战略梳理与营销模式创新

在构建基于信任导向的工业品营销管理体系的过程中，营销战略梳理解决了内外部两个信任问题：内部信任，就是公司中高管就战略目标与路径达成共识，并明确各自在战略实现中的作用，且能够用提炼的战略口号凝聚、激励员工；外部信任，指的是向用户与合作伙伴准确描述公司战略，使其产生公司值得合作、可以长期合作的想法，建立双方的信任关系。

要进行营销模式创新，企业务必要在执行层面解决好员工、用户、公司三者的信任关系。

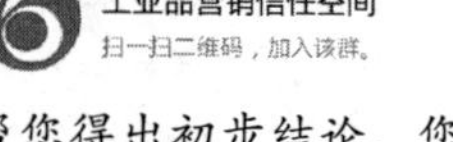

工业品营销战略梳理与营销模式创新的模型工具设计，就是以信任为核心的。将您所在企业的信息输入模型工具中，它就可以帮您得出初步结论。您可以在此基础上进一步填写下面的表单，绘制营销战略地图、创新设计营销模式。

扫一扫右上方二维码，进入互动空间，就“营销战略梳理”“营销模式创新”“模型工具运用”“营销战略地图与营销模式创新设计”等相关话题进行互动交流，同时，您还可以参加“信任空间，开门大吉”活动。

“信任空间，开门大吉”活动详情：

信任空间		开门大吉
进入空间	扫描二维码，加关注并成为好友	本人获取：作者亲笔签名的《工业品营销管理实务》专著一本
		公司获取：团购《工业品营销管理实务》专著享五折优惠
打开一扇门	提交“信任互动”一个专题的内容，并进行互动交流	本人获取：作为特邀嘉宾参加工业品营销专题研讨会
		公司获取：2000 元信任基金，可以用于企业内训
打开两扇门	提交“信任互动”两个专题的内容，并进行互动交流	本人获取：作为特邀嘉宾参加工业品营销专题研讨会，并有机会作为嘉宾发言
		公司获取：5000 元信任基金，可以用于企业内训、专题策略营
打开三扇门	提交“信任互动”三个专题的内容，并进行互动交流	本人获取：参加工业品营销课程授权讲师训练班，并有机会成为课程授权讲师
		公司获取：10000 元信任基金，可以用于企业内训、专题策略营、营销管理咨询
打开四扇门	提交“信任互动”四个专题的内容，并进行互动交流	本人获取：参加工业品营销咨询顾问培训班，并有机会成为签约咨询顾问
		公司获取：15000 元信任基金，可以用于企业内训、专题策略营、营销管理咨询
打开五扇门	提交“信任互动”五个专题的内容，并进行互动交流	本人获取：参与专题研发与案例开发，并有机会署名参与《工业品营销管理实务》再版修订
		公司获取：20000 元信任基金，可以用于企业内训、专题策略营、营销管理咨询

1. 绘制工业企业的营销战略地图

（1）第一维度梳理：产业－行业－企业

首先，企业要梳理产业政策、分析行业环境与发展趋势，寻找自身在行业中的位置；然后分析行业的竞争格局，明确自身应该采取的竞争手段和需要强化的核心竞争力。

项目	状况	小结
产业		
行业		
企业		

（2）第二维度梳理：营销－生产－技术

首先，企业要梳理和规划自身的内部资源，为营销战略的实施提供资源保障；其次，分析自身现阶段在营销、生产、技术三大环节的资源和能力，明确自身的竞争力来自哪个方面，理清公司的资源投向。

项目	状况	小结
营销		
生产		
技术		

(3) 第三维度梳理：产品－客户－区域

首先，企业要梳理自身的营销系统资源，规划营销资源的配置，为营销战略的实施提供资源保障；其次，明确以产品、客户、区域的哪一个为主线来配置资源。

项目	状况	小结
产品		
客户		
区域		

(4) 综合分析三个维度，绘制营销战略地图

财务绩效	(财务指标)	营销目标：	
客户满意	(营销策略)		(营销战略)
系统流程	(组织架构)		(系统流程)
学习成长	(人才团队)		(关键能力)

2. 审视工业企业的营销模式创新

(1) 用户因素分析

用户（群）	内容

(2) 产品因素分析

产品（线）	内容

（3）公司因素分析

项目	内容
规模实力	
组织结构	
资产专用性	

（4）渠道因素分析

渠道	内容

（5）品牌因素分析

项目	内容
自身品牌地位	
竞争品牌格局	

（6）三个创新点分析

项目	内容
价值定位	
交易路径	
利益分配	

（7）营销模式创新结论

营销模式	

第三部分

工业品营销策略与基本功

知己知彼四要素，策略组合四驱动。

三大武器强筋骨，六大步骤胸成竹。

脚步赶不上思路，功夫不负有心人。工业品营销比拼的是资源与能力。资源不仅是关系，能力绝不是技巧。工业品营销，没有技巧，唯有苦练内功。强筋骨、胸成竹，功到自然成。

工业品营销策略，给忙忙碌碌的营销大军插上思考的翅膀。运用三者分析对营销信息深度加工后，从合作机会、关系资源、竞争手段、策略检核四个要素深入分析，企业方可制定信任导向的营销组合策略。四轮驱动就是要具体打开风险如何化解、价值如何显现、关系如何构建、服务如何展开四个问号，并形成一套策略组合。三者分析、四要素分析、四轮驱动等营销工具，有助于训练营销人员的策略性思考能力，提高公司营销团队的战斗力。SC公司以独特的产品优势全盘掌控市场，在内部人员另立山头、用户开始流失、营销团队茫然失措的紧急状况下，运用策略制定的工具，及时导入四轮驱动策略，维护用户、巩固市场。类似事件层出不穷，我们从SC公司的实例中可窥一斑。

当产品营销处于白热化状态时，很多工业企业试图采取方案营销，从卖产品转型到卖方案。那么企业在什么情况下可以实施方案营销呢？方案营销与产品营销的差异在哪里？企业要如何进行有效的方案营销？企业进行方案营销时应遵循什么样的逻辑？为了赢得用户的信任，企业应该如何呈现方案营销的方案？带着这些疑问，我们做了专题研究，ML公司将结果运用到了实践当中。

练就过硬的工业品营销基本功，就是要坚持对三大武器、五诀成交、六大步骤的日复一日的学习、模仿和升华。

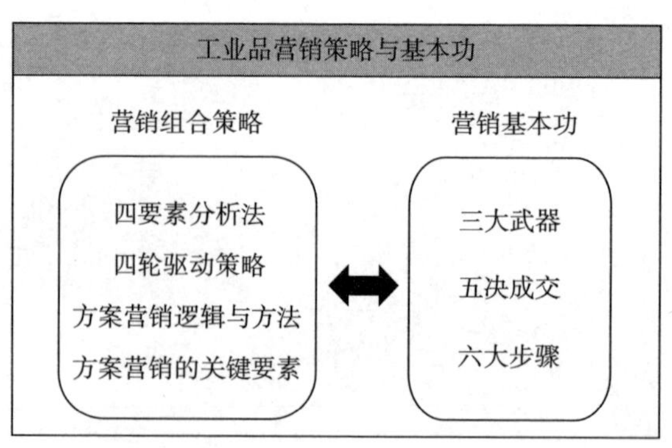

三大武器：快速赢得用户信任的AT法则，能够帮助指导营销行为、编写介绍公司话术、指引营销策略制定；把握自身优势的FAB，有助于企业打通技术与营销的壁垒，提升产品专业度，提高用户的接受度；激发潜在需求提高溢价的SPIN，以换位思考、以问代

答的方式，将风险折现、价值量化，使企业在与用户的共鸣中赢得信任。

五诀成交：走对路，进得了圈；找对人，入得了门；说对话，交得了底；做对事，兑得了现；用对心，交得了友。

六大步骤：市场开发、客户开发、客户拜访、客户分类、成交策划、辗转介绍，融合三大武器、五诀成交，梳理营销进程图。

要想打造一支专业、规范、高效的工业品营销团队，公司必须编写出一本营销操作手册。信任互动特此聚焦工业品营销操作手册的编写。

信任互动三，提供了营销基本功测试题、营销操作手册编写框架。

第六章

工业品营销策略

第一节 需求 VS 信任

营销策略不能与营销战略混为一谈。营销战略是解决“做什么”的问题，策略是解决“如何做”的问题。营销策略是为实现营销战略目标而制定的行动方案，也就是依据用户需求和竞争状况，结合自身的资源、能力和目标，有计划地组织各项营销活动。

工业品营销策略不是点子，更不是手段。

工业品营销的需求是明确的，满足需求是基本条件。要解决用户的信任问题，一两个所谓的点子很难奏效，一两个所谓的手段也很难得逞。

工业品营销策略不能“靠经验、拍脑袋”，而要“先分析、再组合”。

传统的4P营销组合策略在国内外企业经营过程中已被广泛地认同并加以运用。此模型以“需求导向”为核心，把企业营销过程中可以利用的成千上万的因素概括成四个大的因素，即4P（产品、价格、渠道和促销），非常简明、易于把握。

工业品不同于消费品，两者在4P的各个环节都存在较大差异。因此，如果简单地套用4P营销策略，工业品营销就会“水土不服”。经过多年的工业品营销实践和理论研究，我们针对工业品营销提出了以“信任导向”为核心的四轮驱动策略，即：关系策略、价值策略、服务策略和风险策略。

四轮驱动策略有别于基于需求导向或者客户导向的4P营销组合理论，针对工业品市场的特征与实际，构筑了基于信任导向的工业品营销体系，重新整合工业品营销资源，制定有效的营销实施组合策略。如图6－1所示。

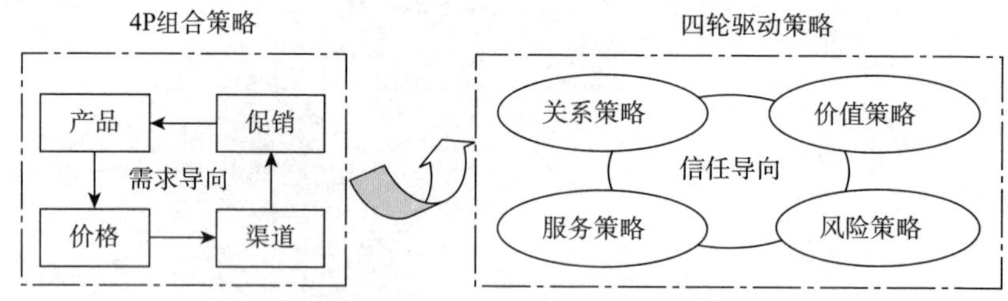

图6－1 从4P到四轮驱动策略

工程机械属于典型的工业品，2011年7月，中联重科与徐工两大巨头上演了一出营销策略的巅峰对决。竞争的激烈程度，从《中国工业报》的两篇报道中可见一斑。

《中国工业报》2011年7月7日刊登了一则题为《团购现身 工程机械营销出新招》的报道（http：//www. cinn. cn/wzgk/wy/239025. shtml）：“6月18日，中联重科旗下路面机械公司联合某行业网站推出团购活动，将五款明星产品推上团购平台。中联重科集团一位负责人在接受中国工业报记者采访时说：‘工业品虽然单台价值大，但是也不见得就要与团购绝缘。宝马都可以在电视上卖，我们也要尝试新的销售方式。’……这五款产品均为中联重科路面机械公司 2011 年的主打产品，参与团购的用户可以享受到超优惠价格。其中，购买 LB3000 型以上沥青站的客户不仅可以获得 15 万元的优惠券，还可以得到价值 10 万元以上的皮卡一辆。……参与团购的客户不仅能够享受价格上的优惠，而且，公司还承诺，团购产品的售后服务绝对不打折，公司不仅将赠送三年的免工时整机全面检修服务一次，还将为客户提供到中联重科总部培训的机会。”中联重科正试图打破行业的传统营销格局，进行工程机械电子商务营销模式创新。

中联重科这一营销创新值得进一步研究。团购是一个以价格为驱动的营销策略，常用于消费品营销。工程机械有别于一般的消费品，属于典型的工业品，购买决策的特点是理性决策、专家决策。它的产品品质以及运行使用的经济性，是用户十分关注的，潜在用户因为价格优惠就购买的可能性有多大，值得研究。这一团购的受益者，可能就是那些正准备购买的用户，其实价格不优惠，公司也不会流失多少客户，客户看中的是产品本身，而非价格。这一团购的另一受益者，可能就是中联重科的一些中小渠道商。但另一方面，此举也可能会给既有的渠道体系带来一些不利因素。试想，某一渠道商在活动之前与某一个大用户签订了比这个价格要高的合同，用户会怎么看待这个渠道商？渠道商会怎么看中联重科？当用户要求按照团购价格来执行合同时，渠道商该如何处理？这一营销创新，最值得研究的是“这五款产品均为中联重科路面机械公司 2011 年的主打产品”。中联重科将年度的主打产品进行团购，不得不让人思考其主打产品的主打性和中联重科的既有渠道对待主打产品的响应度。我们要为中联重科的营销创新意识叫好！但其创新方式与手段，值得我们进一步验证与研究。工业品营销的根本是赢得用户的信任，营销创新的核心是赢得信任。

《中国工业报》2011 年 7 月 14 日刊登了一则题为《起重机现恶性竞争　徐工发起价值保卫战》的报道（http://www.cinn.cn/wzgk/wy/239618.shtml）：“2011 年 7 月 8 日，徐工起重机用户价值提升工程正式启动。……在发布会上，徐工重型总经理孙建忠介绍，近几年中国起重机市场竞争愈发白热化，企业在营销层面的比拼更趋激烈。为了抢占更多的市场份额，很多企业都把注意力集中在抢市场上。激烈的竞争下，为了保证销售规模的持续增长，企业开始在营销，尤其是促销上大做文章。”为此，徐工启动起重机用户价值提升工程，包括“Leader”——起重机投资五大卓越标准、用户价值寻宝活动、操机手培训计划、服务增值计划四项内容。

7 月 7 日，中联重科营销创新搞团购；7 月 8 日，徐工启动起重机用户价值提升工程，工程机械行业尤其是汽车起重机行业的战火硝烟可见一斑。直面过度销售透支行业预期的现状，徐工作为起重机行业领导者，站在行业长期健康发展的高度，站在用户使用的角度，以国家政策法规为依据，发出了帮助客户成为吊装行业的领导者的最强音，而不是简单考虑自身业绩追求，拉动客户购买，进一步诠释了其“徐工徐工，祝您成功”的品牌诉求。

工业品营销策略应该走出套用消费品营销策略的怪圈，要从4P的禁锢中走出，以赢得用户信任为核心，从风险、价值、关系、服务这四个方面来构建“四轮驱动”的营销组合策略。徐工从用户可能存在的风险、行业健康发展的风险着手，制定化解风险的策略；然后进一步阐述其给用户带来的价值，而绝不是价格；徐工充分利用了行业公用影响者因素（中国工程机械工业协会）、典型用户因素（中国石化集团第十建设公司）、行业媒体因素（多家行业媒体见证发布活动）、渠道因素（25家供应商）等企业既有关系资源，借用行业公用关系资源实行其公司层面的关系策略；其服务策略则是对全系列起重机产品实施延保，其中延保项目包括终身、三年、两年、一年、零距离等五个关键项目的承诺，并在全国构建了30个操机手培训基地。

用户价值提升工程勾勒的策略很是精准。策略的实际功效，关键还得看执行。就徐工“四个内容”的执行，从信任的角度，从工业品营销专业的角度，我们的建议如下：

第一项是“Leader”——起重机投资五大卓越标准。公司可以按照“Leader”的标准，把徐工的所有产品编制成投资说明书，站在用户的角度，从产品全生命周期投资收益的视角，精算投资和产出之间的关系，引导起重机投资者理性投资、理性发展。投资说明书的内容包括起重机作业安全、作业效率、节能低耗、运行可靠以及二手车交易等，最后附上经济计算和成功案例。

第二项是用户价值寻宝活动。最好以中国工程机械工业业协会名义主办，徐工承办的形式，在行业内发起一场名为“用户价值寻宝”的活动；具体调研也最好聘请专业咨询公司来完成，保持其独立性与公正性，确保调研的真实性；调研的最终报告，以及调研中施工单位、起重机租赁公司、起重机操机手等的调研报告可以在行业专业媒体上及时发布，从而以专家、行业媒体记者的观点与建议，帮助用户从当前复杂的竞争迷雾中走出来，并让他们通过理性的、系统化的方式，寻找到自己心中的关键价值点，进一步感知价值的真谛。

第三项计划是启动操机手培训计划。同样，建议以行业协会的名义，或者以徐工冠名《中国工业报》等行业媒体举办一次操机手大赛，设置重奖，以徐工在全国构建的30个操机手培训基地为分赛区，通过竞赛的形式，进行操机手的培训。

第四项是启动服务增值计划。徐工要对“诚信服务五大承诺”进行量化，并要求25家供应商对其所服务的客户进行分类跟踪，及时通知服务内容以及服务的实施事宜，使得客户真正地感受到徐工在兑现五个关键项目的诚信服务承诺。

第二节　四要素分析

工业品营销策略制定有四大要素，即机会、资源、竞争和策略。首先，我们要分析企业的市场机会在哪里，然后分析机会面前企业有哪些可利用资源和匹配的能力，再分析可利用的机会里有哪些竞争同行，以及它们的竞争策略，最后针对性地制定竞争策略。如表6－1所示。

表6－1　四要素分析

要素	内容	策略组合
机会		
资源		
竞争		
策略		

一、机会分析

机会分析，即分析公司的市场机会在哪里，分析市场上存在的尚未满足或尚未完全满足的显性或隐性的需求，以便企业根据自己的实际情况，找到内外结合的最佳点，从而组织和配置资源，有效地提供相应产品或服务，达到企业的营销目的。市场机会很多，但一个企业的资源和能力是有限的，对企业来说，众多的市场机会中仅有很少一部分具有实际意义，所以企业就需要搞好市场机会的发现和分析工作，有效地抓住和利用某些有利的机会。

当今成功的企业之所以能够做强做大，并不只是在于它们掌握了多少资源，也不仅仅在于它们有多大的能力，最主要的是它们善于行动，一旦发现机会，便能牢牢抓住。成功的企业都是善于抓住机会的企业，虽然有时难免犯错误。

市场是一个不断变化着的万花筒，市场环境条件的变化，常常带来用户的某些新需求。市场机会潜藏在变化万千的市场环境因素中，企业发现市场机会不易，这就需要企业营销人员有敏锐的市场眼光，善于分析复杂的市场环境，并进行恰当的市场细分，进而在细分市场中寻找和发现未满足的需求点。因此，一个聪明的企业营销人员，应该善于从市场变化中发现那些尚未满足的需求。

在营销策略制定里，企业需要着重分析的是用户的既有需求或新的需求未满足而带来的机会。用户既有需求未被满足的机会为目前市场机会。在市场竞争激烈的行业，企业的目前市场机会一般很少，因为对手可能早已把用户研究得很透，用户的需求也早已得到满足，甚至还超出了用户的期望。但随着环境的变化和时间的转移，用户可能会产生新的需求，这种新的需求未被满足的机会就被称为未来市场机会。企业要寻求和正确评价未来市场机会，提前开发产品或服务，并在机会到来之时迅速将其推向市场，以取得领先地位和竞争优势。这种方法的机会效益较大，但本身也隐含着一定的风险。重视未来市场机会并不意味着企业可以轻视目前市场机会，否则企业将失去经营的现实基础；而对未来市场机会缺乏预见性和迎接的准备，对企业今后的发展也很不利。

机会就存在于未被满足的需求里，未被满足的需求无处不在，关键是如何发现这些需求。通常的做法是进行市场调研，企业通过调查研究寻找和发现市场机会。但实际上，机会分析在很大程度上依赖于经验积累与认知敏感所形成的感觉，量化分析最多是对这些感觉的进一步验证与验算。

工业品营销的市场机会在企业内部往往就能捕捉到，比如企业的营销相关人员掌握了大量的市场信息，洞悉着不同方面、不同程度的市场机会；同时，企业内部各职能部门也掌握了大量的营销信息，我们从售后部门可以了解到用户对产品的使用情况，从营销部门可以了解到企业的销售情况和竞争对手情况等。因此，要进行机会分析，最好在企业内部采取头脑风暴法。公司领导、营销部门负责人及产品经理、区域经理、行业经理等相关人员分别以自身的经验及感觉写出自己对机会的判断，并陈述理由；大家对每一个机会点进行研讨分析，得出几个共识度较高的机会点，并对这几个机会点分别进行经济特征、吸引力、驱动因素分析，然后用 EFE 评价矩阵来量化分析，得出机会点的排序。

并非每一种市场机会都能够成为企业可以利用的有利可图的机会，因此，企业必须对发现的市场机会进行认真的分析与评价，然后进行取舍。企业要冷静分析这是否就是本企业的营销机会，它有多大的开发价值。企业需要事先做好充分的市场调查、论证，对市场前景做深入的分析，对人、财、物的投入与产出效益进行论证，然后在可行性分析的基础上开展营销。这项工作相当重要，正确地分析、评价、选择和利用市场机会，可以使一个企业走向繁荣；反之，就会使企业错失良机，甚至导致企业营销的失败。

实施建议：

机会分析，就是要找到新用户开发的进入机会、老用户维护的被进攻机会或者老用户提升的机会。机会就是从三个角度找“不满足”：

（1）用户的“不满足”：通过用户使用部门看竞品的使用效果，通过用户采购部门看其对竞品的满意度，通过用户的 HR 部门看用户相关人员的变动，通过用户的高层及其外部影响圈看其对供应商的期望。

（2）竞品的“不满足”：竞品由于其自身战略、策略、渠道、人员等的变动已经出现对用户的“不满足”，或者由于其客户结构的调整而“不满足”于既有的用户。

(3) 自身的“不满足”：自身规模效益带来的成本优势，或者技术领先带来的技术优势，使得企业有能力对原有产品或者服务升级换代，给用户带来更多的价值，且对手短期很难模仿。

二、资源分析

企业资源分析是从全局来审视企业的资源和能力情况，把握企业资源的分配和组合。企业资源的现状和变化趋势是制定营销策略的重要基础，也是其根本制约条件。因为，企业能投入到营销活动中的资源是有限的。营销策略制定中的资源分析是对机会分析的进一步聚焦，企业要针对每一个机会点做好两个方面的工作：一是对企业现有资源状况的梳理和利用；二是对外部公用资源的分析和借用。

（一）既有资源的利用

企业要从研发、生产、营销、组织四个方面对企业既有的资源逐一分析，为抓住所对应的机会，充分利用既有资源。既有资源还包括企业领导以及相关人员所拥有的个人关系资源。现有资源分析的目的是确定企业目前拥有的资源量及有可能获得的资源量。经过分析，企业可以列出自身拥有和可以获得的资源清单，再在这个基础上进行进一步的资源评估，为制定策略提供可靠依据。资源清单至少需要包括以下内容：企业规模实力、品牌地位、技术研发能力、生产能力、营销能力、财务能力、人力资源、渠道资源等。

企业在进行资源分析时，除盘点企业的有形资源外，还应重视企业的无形资源，如品牌形象、行业地位等。企业独特竞争力的强弱在很大程度上取决于这些无形资源。另外，除了对各资源要素进行盘点，企业还应分析各项资源的配置和组合情况，确定其现实差距和利用潜力。

（二）公用资源的借用

除企业自身所拥有的资源外，还有很多资源是行业公用的，比如行业协会、政府部门、业内专家、行业媒体等。这些资源是行业所公用的，不为哪一个人或哪一个企业所拥有。既然是公共资源，它们就具备了竞争性，同时不具备排他性。因此，任何企业都可以去争取、借用这些资源。为了抓住存在的市场机会，企业应尽最大可能地寻找到合适的公用资源，并设计一个公用资源的借用策略，让它也可以分享到利益成果，进而制造竞争壁垒。

实施建议：

资源分析更侧重于针对机会梳理相应的人脉关系资源，然后进一步梳理影响圈与用户圈的人脉资源，找到最短最有效的关系路径。

三、竞争分析

资源的梳理和分析，是为了更好地构筑竞争优势。要拥有竞争优势，企业的资源或能力必须满足以下条件：

（1）这种资源和能力必须是稀缺的。

（2）这种资源和能力应当成为客户可感知的价值，如果这种资源和能力并不为客户所感知，也不能为客户带来价值，那么这些资源和能力就是没有价值的，也不会成为企业的竞争优势。

（3）这种资源或能力难以弥补和模仿。如果竞争同行很容易就能获得这种资源和能力，那么该企业的竞争优势就难以持久。

（4）这种资源和能力较多地体现在企业的人才资本上，企业具有优秀的人才，才能不断地创造新的优势。

企业的竞争优势还必须具有可持续性，能维持较长时间。相对来讲，企业优秀人才、企业品牌、企业文化、企业知名度与美誉度、企业组织机构及其他特有无形资源等，是竞争同行难以弥补和模仿的，能够较长时间地使企业占据优势地位。

竞争分析是从竞争优势的角度来进一步聚焦机会，或者选择恰当的竞争手段来强化机会的实现。因此，企业需要回答在什么地方、什么时机，用什么方式、什么手段，与什么对手展开竞争，才能抓住所谓的机会。企业主要要做好以下工作：

（1）列出主要竞争同行的名单，并分析其主要竞争手段。

（2）从资源的配置与机会判断两个方面解读竞争同行的营销策略。

（3）从用户角度和行业影响者角度来验证竞争同行的营销策略。

（4）演算竞争的格局与趋势，圈定竞争的可选手段。

竞争分析通常可以采取行业关键成功要素对比分析和SWOT分析。

（一）关键成功要素对比分析

每个企业要想在某个行业取得成功，都必须具备某些资源和能力，这些资源和能力就是行业的关键成功要素。比如：印染基布行业的关键成功要素是质量、成本、交期、账期、资金等。不同行业甚至不同竞争区域的关键成功要素都可能不同，而且同一行业或者区域，在不同时期的关键成功要素也会不同。比如电缆产品在不同行业市场的关键成功要素就不一样：海底电缆及超高压电缆市场的关键成功要素是技术研发能力和产品品质保障能力；普通高压电力电缆市场的关键成功要素是客户关系能力和产品品质保障能力；矿用电缆市场的关键成功要素是大客户公关和产品交期。所以企业要定期对行业环境、竞争环境等要素进行分析，发现行业在不同时期、不同区域的关键成功要素，并分析竞争同行在各成功要素上的竞争实力。如表6－2所示。

表 6－2 关键成功要素对比分析

比较项目＼品牌		本公司		竞争者 A		竞争者 B		竞争者 C	
关键成功因素	权重	排序	得分	排序	得分	排序	得分	排序	得分
品牌影响力									
产品质量									
产品交期									
产品价格									
客户公关									
成本控制									
资金账期									
综合实力									
得分总计									

说明：（1）排序用 1、2、3、4 表示，1——主要弱势，2——次要弱势，3——次要优势，4——主要优势；

（2）各项的重要性分配权重，总和为 1。

（二）SWOT 分析

SWOT 分析包括企业的优势（Strength）分析、劣势（Weakness）分析、机会（Opportunity）分析和威胁（Threats）分析。因此，SWOT 分析实际上是对企业内外部条件各方面内容进行综合和概括，进而分析组织的优劣势、面临的机会和威胁的一种方法。SWOT 分析可以帮助企业把资源和行动聚集在自己的强项和有最多机会的地方。

优劣势分析是企业的内部分析，主要着眼于企业自身的资源和能力及其与竞争同行的比较；而机会和威胁分析是外部分析，主要将注意力放在外部环境的变化及其对企业可能的影响上。在分析时，企业应把所有的内部因素（即优劣势）集中在一起，然后用外部的力量来对这些因素进行评估，从而确定企业的攻击方向（SO）、防守方向（ST）、补强方向（WO）和避险方向（WT），如表 6－3 所示。

表 6－3 SOWT 分析

外部因素＼内部因素	优势（S）	劣势（W）
机会（O）	SO 行动方向（攻击）	WO 行动方向（补强）
威胁（T）	ST 行动方向（防守）	WT 行动方向（避险）

实施建议：

进行竞争分析时，企业必须清晰回答以下问题：谁是真正的竞争对手？竞争的主要参与者是谁？其主要关系资源是什么？其最常用的手段是什么？我们要与之有什么样的竞争差异或者形成什么样的合作模式？

四、策略分析

策略分析的主要目的是检核企业现有营销策略与营销环境和营销战略的匹配性，以及与竞争对手相比的优劣势。企业营销策略检核模型如图 6－2 所示。

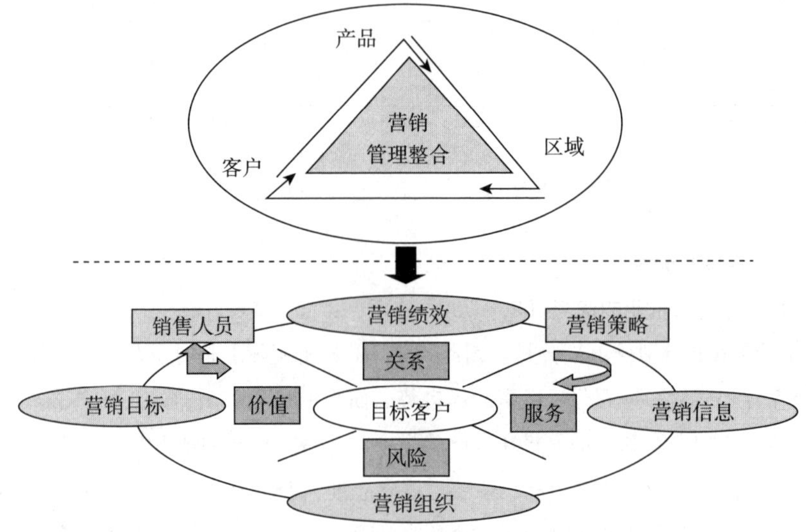

图 6－2　工业品营销策略检核模型

首先，企业要从产品、客户、区域三个方面来检核自身的营销资源配置情况，分析企业是否有以产品、客户或者区域的某一个方面为主线来配置营销资源，是否出现三足鼎立、各自为政，三方面冲突不断、矛盾四起，资源内耗严重，营销效率低下的情况。

其次，检核企业是否根据产品、客户、区域的优先次序，进行营销目标分配、营销组织结构设计、营销管理流程和营销绩效的设计。

最后，检核企业的营销组合策略是否以目标客户为中心，从关系、价值、风险和服务四个方面进行策略设计。同时，企业必须回答以下问题：现行的策略能够解决用户的信任问题吗？它能够化解用户什么样的风险，体现什么样的价值？策略的实施需要构建什么样的关系路径？企业需要提供什么样的服务？

同样，企业也可以以此模型分析竞争对手的营销组合策略状况及竞争力情况。

实施建议：

策略分析的关键在于检核以前的一些策略措施，去其糟粕，汲取精华。

第三节　四轮驱动策略

针对中国现阶段的国情和市场环境，我们提出了基于信任导向的工业品营销组合策略——四轮驱动策略。四轮驱动策略包括关系策略、价值策略、服务策略和风险策略。如图6－3所示。

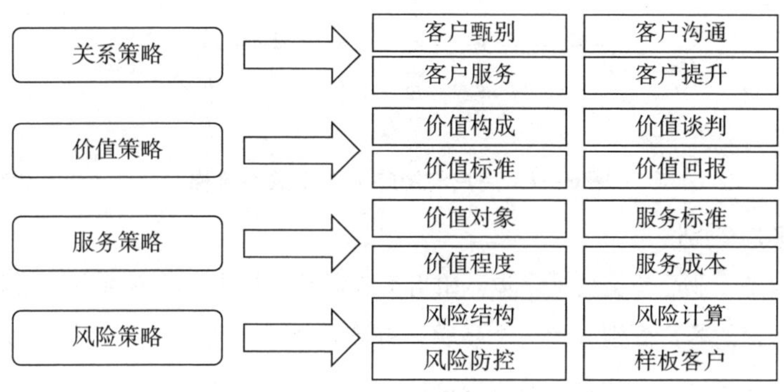

图6－3　四轮驱动策略

一、关系策略

关系策略中有两个重要概念，一个是用户，一个是影响因素。在工业品营销中，市场的启动很少凭借广告，而是靠榜样客户和影响者推荐。一般来说，产业市场内的用户彼此比较熟悉，因此口头传播的力量在行业市场体现得淋漓尽致。你的宣传只有与推荐渠道口风一致才会起作用。用户推荐不仅指用户之间的相互推荐，它也与影响因素中的人相关，如现在企业与大学的联系日益密切，大学的学者往往是一个行业内的权威，有时，他们淡淡的一句评论对用户的影响比你说上一千句还大。开展关系策略的第一步就是和关键的企业、关键的人建立关系，对客户与影响因素分别开展关系营销，使用户关系沿着阶梯上升，进而确立企业的领导者地位。沿图6－4中的45度线发展，您将获得事半功倍的效果！

工业品营销是从关系策略开始的，我们要从对公司以及营销团队的既有关系的分析梳理来进行客户的选择定位，再通过交往沟通服务与客户建立信任，从而达成合作。关系策略在操作层面可细分为客户甄别、客户沟通、客户服务和客户提升四大部分。

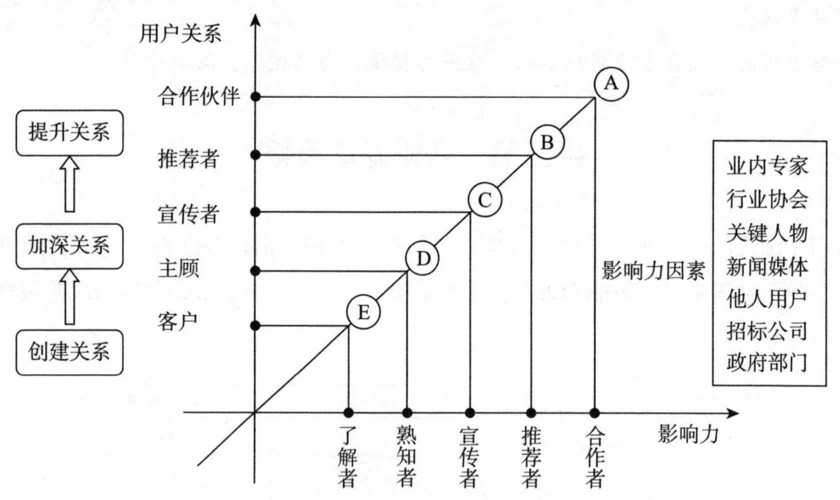

图6－4 用户与影响力因素关系阶梯

（一）客户甄别

客户甄别是工业品营销的第一步，相当于消费品营销中的市场细分以及目标市场选择。工业品营销的客户甄别分为三个步骤：首先是进行产业研究以把握行业发展趋势；然后是进行行业研究以寻找自身的战略定位，并依此寻找、设计行业的关系路径；最后是收集所有可能的客户信息，并在此基础上进行客户甄别。

客户甄别的第一标准就是既有关系。企业可以分别从公司层面以及员工层面两个角度来梳理既有关系。公司层面的梳理内容包括公司领导层的既有关系，公司成功服务过的榜样客户，公司能够接触的行业、政府、中介等影响力方面的关系，公司的销售渠道合作伙伴，公司的供应商等既有关系；员工层面的梳理内容包括亲人、同学、战友、同乡、朋友等既有关系。通过这两个方面的梳理分析，公司可以把既有关系最紧密的客户列为首要开发的客户。当然，有时客户是既定的，在这种情况下，公司就要以既定客户的关系圈来梳理公司以及员工的可能既有关系或可能搭桥的间接既有关系。如表6－4和图6－5所示。

表6－4 既有关系顺推梳理表

公司的既有关系	个人的既有关系
公司领导层的既有关系 公司成功服务过的榜样客户 公司能够接触的行业、政府、中介等影响力方面的关系 公司的销售渠道合作伙伴 公司的供应商 ……	亲人 朋友 同学 战友 ……

图6-5 既有关系逆向梳理图

通过既有关系梳理确立客户以后，公司还必须从客户保留的潜在利润、客户开发的回收期两个因素对客户进行综合评价，进而确立对客户的开发策略，如图6-6所示。

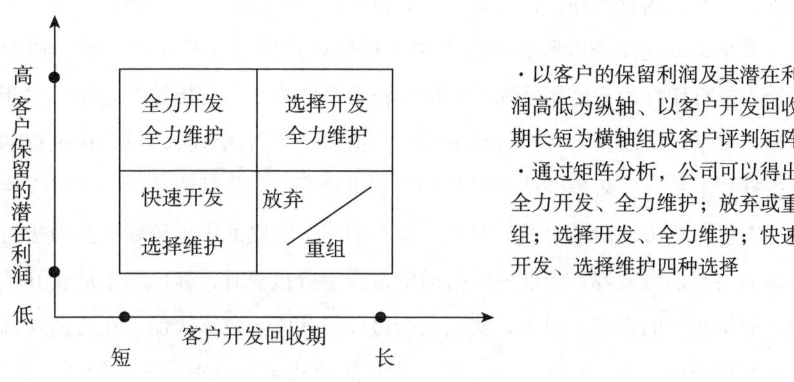

图6-6 客户开发策略图

（二）客户沟通

客户沟通是在客户甄别之后对目标客户设计并实施沟通的过程。公司要针对目标客户的实际情况以及公司的客户开发策略，制定有效的客户沟通方案。方案旨在传递公司有针对性的信息，以及为客户提供解决方案建议。公司要通过人际技能以及专业技能与客户多层级的相关人员建立广泛的联系，赢得客户的初步信任，获取客户真正的需求，以及相关利益人的真正诉求、客户决策程序、关键决策因素等信息；然后，依此设计产品并进行介绍、展示，还可以以工厂参观、与高层互访、技术交流、客户解决方案设计研讨、合作意向与细节交流等沟通方式促进与客户的合作。公司要综合运用AT法则的原理设计各种沟通的话术、资质材料、接待程序与规格，通过客户沟通获得合作的机会。有的时候，公司可以直接与客户达成合作，有的时候，公司要通过招投标等程序才能获得订单。在需要招投标的情况下，公司要在客户的指引和推荐下与招标公司、设计院等影响力因素进行进一步沟通，才能获得订单并形成商务合约。

（三）客户服务

客户服务是订单生成以后的履行过程中公司对客户的服务。有了客户沟通阶段建立的信任基础，在客户服务阶段，公司要做的就是用实际的产品、可见的服务措施来强化这种信任。其中，最主要的就是在客户沟通过程中做出的承诺，公司必须不折不扣地兑现，有条件的话，公司可以依据客户公司以及客户经办人员的特性提供附加的个性化服务，这将会起到“四两拨千斤”的作用。此阶段的关键指标为细致入微、感受惊喜、言行一致，这个阶段涉及的内容有：订单生产过程中的技术交流与确认、生产进程的通报、交货期的协商、货物运输配送的方式以及费用、到货后的验收、设备安装调试中的指导与培训、运行中的维护、相关专业知识的转移、售后回访与信息跟踪等。

（四）客户提升

客户提升是最后一个阶段。公司要把以上三个阶段中沉淀的客户满意度和信任度进一步总结提升，在客户满意度和信任度最高的时机请客户将检验结果、使用感受、经济效益等写成反馈文字，以此作为以后客户开发中的榜样客户反馈或是样板业绩。通常的做法是：由营销人员打印好用户使用反馈表，请客户简单修改或是直接盖上公章，对于有价值的榜样客户，营销人员还要将客户合作前后的价值做一个对比分析，对合作过程的细节详细描述，最好加上每一个阶段的图片以及相关记录凭据等，将其汇总成一个很有说服力的真实案例，在以后的市场活动中适时引述。如果前三个阶段的成果较好，公司也可以请客户在其关系圈为我们做推荐；当前三个阶段的效果十分显著时，客户会主动在其关系圈内进行推荐。如果客户的影响力很大，我们完全可以与其成为合作伙伴，在营销层面展开公司级或个人级的深度合作。如此，一个新的更有效的从客户甄别到客户沟通、客户服务、客户提升的循环又可以开始了。

二、价值策略

在工业品营销中，价格是由质量要求、技术要求、商务要求等综合相关因素经过谈判决定的。因此，撇开质量、技术、商务等要求而谈价格对于工业品营销来说是没有意义的。我们应该将价格的制定转化为价值的制定，形成价值策略。价值策略的实施由价值构成、价值谈判、价值标准、价值回报四个阶段组成。

（一）价值构成

价值构成是价值策略实施的第一阶段。工业品的专家决策、理性购买的特点，要求我们必须对用户的价值构成进行分析，并依此从企业的营销资源中寻找结合点。

用户的价值构成，在实际运用中通常表现为让渡价值。根据图6－7所列，用户价值构成大致由关系价值、产品价值、服务价值、榜样价值、技术价值、形象价值六大部分组成。与用户价值相对应的用户成本分别是：转移成本、货币成本、时间成本、选择成本、生产成本、增值成本。

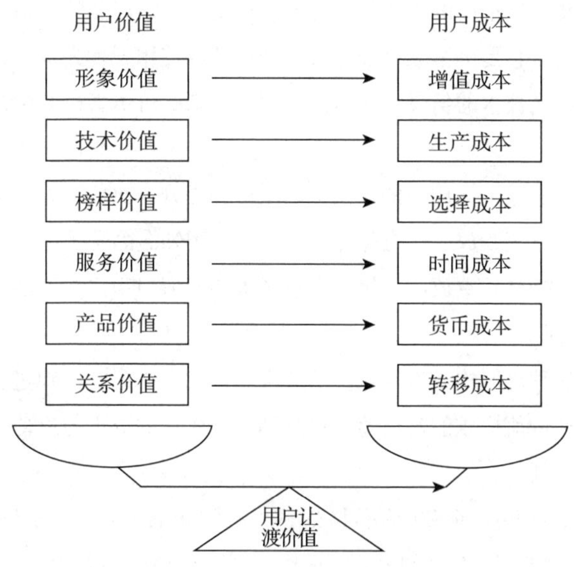

图 6－7　用户价值与用户成本

1. 关系价值

关系价值指用户在与工业企业合作的过程中，其价值在某些社会关系、重要人际关系、政治关系等方面的体现。如果用户是在某种有影响力的关系的影响下，或是为了缔结某种关系而与工业企业合作，则此合作主要是为了关系价值的提升，比如与政府要员的关系、与重要客户的关系。与关系价值对应的就是转移成本，有些时候，某些企业的产品质量、服务等的性价比都高于对手，但用户还是不能选择与之合作，其根本原因是关系的转移成本以及产品配套附属等的转移成本较大。

2. 产品价值

产品价值是指工业企业产品的使用给用户带来的产品价值提升作用。比如选用进口或先进设备、著名品牌企业产品可以提升用户产品的性能、质量。这是从用户的角度来考虑的指标，与之相对应的是货币成本。

3. 服务价值

服务价值是从用户使用和运行产品的效率中体现的，工业品作为再生产资料或工具的属性决定了用户对服务的要求相对高，与之对应的是用户的时间成本。

4. 榜样价值

榜样价值是从用户的竞争同行或潜在对手等同行业标杆企业的角度来考虑的指标。行业内的榜样客户可以大大减少用户的选择成本。

5. 技术价值

技术价值是指生产企业的技术含量和该技术给用户带来的价值回报。工业品的作用之一是再生产，一个技术含量高的工业品会提升生产出的最终产品的价值。企业在宣传自己的产品时也往往会表示它是由某某企业先进生产设备或使用某种先进工艺生产的，以此获得最终用户对产品生产技术的信任。技术上给用户带来的价值直接与生产成本相关。

6. 形象价值

形象价值是指工业品带给用户的形象上的改变和提升。比如，人们会觉得使用跨国企业或知名企业的产品安全、放心、有保障、有面子。用知名品牌工业产品生产出来的产品往往让消费者更愿意接受，更放心。用户企业形象的价值与用户在增值上的成本相对应。

（二）价值谈判

价值谈判是对各种价值构成按照权重的大小进行优先排序的谈判过程。企业可以站在用户的角度分析各种价值构成的对应值，再分别陈述各自的成本与价值，从让渡价值来进行比较分析，协商谈判。

价值谈判旨在从价值方面突破产品价格竞争的误区。产品价格的竞争只是从工业企业的价值方面考虑，而没有从给用户带来的价值方面考虑。价值谈判是从用户和工业企业两个方面综合考虑各自的价值，用整体服务或解决方案来替代纯产品的销售。

（三）价值标准

价值标准是价值谈判后在双方共识的基础上形成的价值标准。它是以后合作合约的基本条款框架，更是合约履行过程中双方共同遵守的准则。价值标准的内容主要包括：产品数量/金额、规格、技术参数、质量标准、运输服务、产品验收、授信额度、付款方式、价格结算等。

（四）价值回报

价值回报是价值策略实施的最后一个环节，是对价值谈判形成的价值标准的落实与进一步细化。价值回报是从用户公司层面的价值回报、用户经办人员及相关联人员的价值回报，以及工业企业的价值回报等方面具体展开，制定工作计划与时间进展等的过程。

（1）用户公司层面的价值回报为产品、设备、服务所带来的让渡价值，如价格折让、资金周转、服务差异等。与之相对应的是违约责任。

（2）用户经办人的价值回报为合约的履行所带来的工作业绩的肯定和其他经济相关的收益。

（3）相关联人员的价值回报主要为友情的增值以及约定的佣金。

三、服务策略

在工业品营销的七大特点中的专家理性购买、营销长链公关等显著特征充分表明服务的重要性，尤其在产品同质化、渠道同性化、价格透明化的环境下，服务策略显得尤为重要。然而，在中国，服务的价值一直是被忽视的，或者说是很难被认可和评估的。服务一直被认为是理所应当的，不需要成本的。因此，服务只能是成本，是沉没成本。

服务策略的制定可以从服务对象、服务标准、服务程度、服务成本四个方面着手。在营销的不同阶段（售前、售中、售后），服务成本各有侧重，企业应适时做出相应调整，如表 6－5 所示。

表 6－5　服务策略制定分析表

服务对象	服务标准	服务程度	服务成本
A			
B			
C			

企业应该按照营销过程中的参与程度、决策影响程度，以及接触顺序罗列出服务对象，并分别赋予一定的权重（服务程度），再分别计算出相应的服务成本。如此，可匡算出单个项目或是某个客户单位的服务预算与制订服务计划。在服务策略实施的过程中，营销人员要做好及时记录与总结反馈，在项目结束的时候统计出服务总账与明细。这一方面是为了服务过程中的成本控制与结算，另一方面是当项目结束，某一个服务对象做出不利于项目合作的事宜时，我们可以用数据来证明我们曾付出的服务以及服务对应的成本。

在产品同质化、价格市场化的竞争环境下，服务策略所体现的差异化就尤为重要。服务差异化已经成为构成核心竞争力的最为重要的元素，是利用非价格因素竞争的主要手段，更是维护客情关系必不可少的法宝。

四、风险策略

AT 法则特别强调风险因素，信任三阶模型中的最后一阶就是基于风险的信任，这是由工业品营销的专家购买、理性决策的特征所决定的。所谓风险策略，就是企业分别站在客户和自身两个角度，从风险结构、风险计算以及风险防范三个方面进行策略设计，最后用榜样客户予以例证，使得客户理性地看到合作的可靠性，从而赢得客户的信任，获得订单。

最大的风险是不知道风险在哪里！工业品在生产使用过程中总会出现这样那样的问题。如果我们说产品不存在任何风险，那这个“不存在”本身就是最大的风险。我们在与客户交流沟通的过程中，要能够站在客户的角度分析和指出使用我们的产品的风险和疑惑，并针对这些风险和疑惑分别阐述我们的防范措施，接着计算使用我们的产品给客户带来的差异性或经济性价值（综合让渡价值），最后用同类型榜样客户作为实证。如图 6－8 所示。

图6-8　风险策略分析步骤

专家购买的理性决策“问题”在我们设计的风险策略中逐步被“解决”，企业也赢得了信任，获得了合作机会。同时，我们更要站在自己的角度分析客户可能给我们带来的风险，比如回款、不当使用等，我们也要对这些风险的防范措施进行进一步商讨和明确，有些必须写进合约当中，在合约中针对各自的风险防范措施约定对应的赔偿责任。

“百闻不如一见”，榜样客户的验证，是风险策略的重中之重。有了基于风险计算的信任之后，如果客户还有疑虑，榜样客户的验证或者第三方的验证就显得尤为重要。

化解客户对风险担忧的另一重要手段就是树立强大的企业品牌，品牌是表达属性、利益、信念、价值的载体，它浓缩了公司及其产品或服务代表的所有内容。客户为了降低选择的风险，往往愿意选择知名度和美誉度较高的品牌的产品。

风险策略是四轮驱动策略最后的也是最重要的策略，在实践中最为有效，是AT法则在工业品营销资源整合、策略组合中最为绝妙的运用。

实施建议：

企业应重新审视各区域、行业的营销组合策略，按照关系策略、价值策略、服务策略、风险策略四大模块制定各区域/行业的营销策略组合。

五、四轮驱动策略的实战应用

（一）关系策略的制定

（1）在对历史客户资料总结归纳的基础上完成表6-6和表6-7。

表6-6　客户资料

用户因素	名称	既有关系
合作伙伴		
推荐者		
宣传者		
主顾		
客户		

表 6－7　客户影响力分析

影响力因素	名称	既有关系
业内专家		
行业协会		
关键人物		
新闻媒体		
他人用户		
招标公司		
政府部门		

分别找出用户、影响力因素既有关系最强的目标对象，如果实在找不到既有关系对象，则必须找出通往目标对象的关系路径；筛选出第一批关系或是目标关系客户，并对每一种客户安排相对应的客户沟通内容以及客户服务活动，达到宣传的目的，使得客户等级沿着关系矩阵的纵轴向上移动。

（2）分析客户保留价值与交易成本，确定主要客户关系目标对象，并完成表 6－8。

表 6－8

	客户名称	主要措施	备注
全力开发/全力维护			
选择开发/全力维护			
快速开发/选择维护			
放弃/重组			

（3）依据上面的分析，完成关系策略组合，寻找出目标客户，制定实施措施，并完成表 6－9。

表 6－9　关系策略的制定

	主要内容（标准）	主要措施（办法）	主要目标
客户甄别			
客户沟通			
客户服务			
客户提升			

（二）价值策略的制定

价值策略的制定如表 6－10 所示。

表 6－10　价值策略的制定

客户	价值构成		价值标准	价值谈判	价值回报
	形象价值				
	技术价值				
	榜样价值				
	服务价值				
	产品价值				
	关系价值				
	其他				

(三) 服务策略的制定

服务策略的制定如表 6－11 所示。

表 6－11　服务策略的制定

分项 \ 服务对象	购买者	使用者	影响者
服务标准			
服务程度			
服务成本			

(四) 风险策略的制定

风险策略的制定如表 6－12 所示。

表 6－12　风险策略的制定

分项 \ 风险构成	质量风险	交期风险	服务风险	其他风险
风险防范				
风险计算				
榜样客户				

【案例】SC 公司：主动服务，立体防御

第一次走进 SC 公司，我就被那精致的厂房与办公楼所吸引，仿佛置身日本的一家先进机械制造企业。当参观到公司自行研发定制的立体智能仓库与智能化的生产流水线时，我更加坚信这是一家日资公司，以至于在接待室见到公司掌门人黄先生的第一眼，我还以为他是一位日本人。当他操着南方普通话细声细语与我们交流之后，我才知道这是一家地道的中国本土机械制造企业。SC 公司包装机械设备的各个产品系列都在市场位居前列，公司凭借其过硬的技术与品质在全球市场与欧美日韩等同行展开正面竞争。作为进口产品的替代，它为中国食品、盐业、卫生用品、生活用纸等制造企业节约了大量设备采购成本，尤其作为国内第一家纸巾包装机械企业，服务着全国几乎所有的纸巾生产企业。

技术与品质，是 SC 公司的核心竞争力。其纸巾包装机械一直处于“卖方市场”，于是公司将更大的精力投在了产品研发与品质提升上，营销方面的工作几乎就只有接单跟单。

中国经济飞速发展，人民生活水平快速提升，生活用纸行业处于高速发展期，纸巾包装机械巨大的市场需求以及 SC 一家独大而形成的供给空间，使 SC 公司内部某些骨干人员以及部分用户的心理悄然发生了变化：人员开始流失，从技术工人、技术骨干、生产主管直到营销负责人；客户抱怨价格太高、品质下滑、服务太差……直到有一天，市场上出现了一家仿制 SC 公司产品的 NC 公司，黄先生与 SC 公司才开始警觉。

NC 公司的资金来自 SC 的用户，其技术骨干与高管均是 SC 先前离职的员工，技术图纸与生产工艺等完全源自 SC 公司。黄先生倒吸一口凉气，公司技术资料与知识产权管理相当严格，怎么会发生这样的事件？他立即向法律顾问提出，要展开知识产权的法律诉讼。

值得庆幸的是，SC 公司很早就建立了科学的生产技术管理体系，机械制造能力非一日之功，即便抄袭图纸与工艺也不能撼动 SC 公司十几年制造实践沉淀所形成的生产技术优势。但 NC 公司的仿制产品对市场的冲击、给公司营销团队造成的负面影响之大，是黄先生所未曾预料到的。

NC 公司对 SC 公司的情况了如指掌，NC 公司的人曾经就是 SC 公司现有营销人员的师父、领导，营销团队逐渐出现了“草木皆兵”的现象，而此现象出现的根本原因是销售经验化，并且，营销人员没有对销售经验进行很好的总结和提炼，销售经验无法很好地传承下去，新销售人员难以成长，遇到曾经的师傅的进攻，他们自然不战而败；另外，营销策略的不清晰也是一个重要原因，营销人员对竞争对手的防御缺乏有效破解策略，而自身的

防御手段又十分有限，对竞争对手的进攻往往无法招架。

制定营销策略、打造营销团队、构建营销管理体系刻不容缓。SC 公司立即组建纸业包装事业部，由上海基地总经理亲自出任事业部总经理，强化营销管理工作。

初步判断

SC 公司的纸巾包装机面临的国内竞争对手很少，产品保持了较高的毛利率，也吸引了一些竞争对手的加入，随着竞争对手低价的攻击，保持高价的 SC 公司将受到很大冲击。因此，公司有必要且有空间，进行价格策略的竞争性调整以及非价格因素的用户增值服务设计。分析 SC 的售后服务，我们得知：在服务方面，大客户更多需要二次调试，中小型客户更多需要的是更换配件；二次调试培训和操作不当引起的服务约占 60%，机修工水平有限，不但使机器故障增多，也使 SC 产品满意度降低，而且花费了大量的人力、物力和财力；保修期外的调试占 12%，为免费服务；保修期外的更换零件服务占 8%，部分收费。随着客户数量的不断增加，公司的售后压力会越来越大，被动的售后服务成本较高且满意度低。公司有必要且有需求，进行提供主动服务，打造自身优势。

营销组合策略制定

导入三者分析、四要素分析、四轮驱动策略组合等工具，结合 SC 公司的营销实际，我们进行了营销组合策略的制定，具体如下：

区域品牌用户分析

区域品牌用户在当地区域市场有一定的规模和实力，企业比较规范，技术能力较强，一般群体采购决策，受全国性品牌影响大。比较关注产品性能、品质稳定性、服务及时性等。竞争对手主要通过“试用”建立标杆，试图抢占市场。

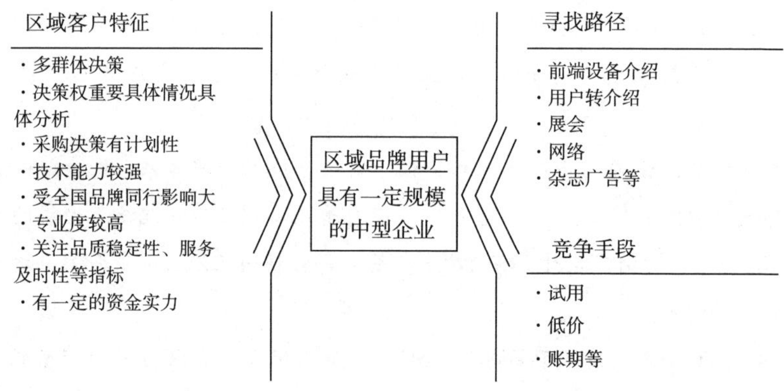

资料来源：恩虹分析、用户分析会

区域品牌用户三者分析

区域品牌用户购买者多为总经理、老板、采购部或者设备部等，关注价格、交期和产品性能等。前端设备以及购买者的上层领导、机修工对采购决策有一定影响力，不同群体的决策权重要看具体情况。

	购买者	使用者		影响者	
对象主体	总经理、老板、采购部、设备部为主	车间主任 生产部	操作工	前端、同行	老板 生产经理 机修工
关注(利益)	价格、交期 技术达标、 降低人工成本	产能 合格率	产能 合格率	自动化程度 竞争	稳定 扩大产能 付款方式 价格
担心(风险)	交货期 废品率 技术不达标	故障率 废品率	故障率 废品率	同行侵占市场份额	稳定性 交货期
决策权重	视客户具体情况而定				

资料来源：恩虹分析、用户分析会

小型用户分析

小型用户一般为私营老板企业，综合实力差，专业度低，技术能力弱，在采购产品时对产品价格敏感度高，受区域品牌同行影响大。竞争对手主要通过低价和放账期来抢占市场。

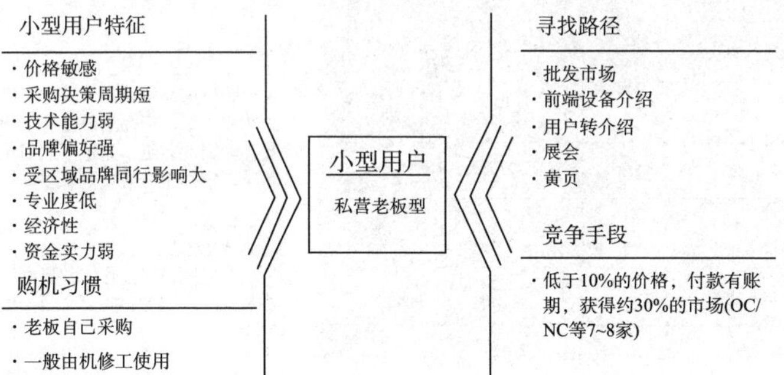

资料来源：恩虹分析、用户分析会

小型用户三者分析

小型用户主要由老板亲自采购和决策，关注产品带来的综合效益，同时也看中品质的稳定性和服务的及时性等。同行、操作工等对老板的采购决策有一定影响力。

	购买者	使用者		影响者	
对象主体	老板	老板	操作工	同行（厂长、机修工、老板）	前端
关注（利益）	效益	效益	产能 技术培训	关系	关系
担心（风险）	品质稳定性 服务及时性 配件价格	品质稳定性 服务及时性 配件价格	品质稳定性 产能高低 服务及时性	产品质量 不兑现承诺	产品质量 不兑现承诺
决策权重 一次购买	50%			50%	
决策权重 二次购买	80%		20%		

资料来源：恩虹分析、用户分析会

营销关键成功因素

纸巾包装机市场的关键成功因素在于技术研发能力、品质保障能力和服务能力。在技术、品质满足的情况下，服务是用户十分看重的。

关键成功因素	打分	说明
技术研发能力	◔	不断研发能满足市场需求的产品
品质保障能力	◔	品质的稳定性很重要
成本价格优势	◑	价格不是用户采购决策时的首要考虑因素
客户公关能力	◑	关系对决策是次要因素
及时供货能力	◑	客户交期的满足
售后服务能力	◔	服务的主动性、及时性

技术研发能力

· 用户对包装机企业的技术研发能力要求很高，不但要能改制产品，还要不断地根据市场需求改进产品。

品质稳定性

· 包装机的品质好坏，决定了纸巾制造的效率、纸巾产品的质量和纸巾包装的效益。因此，纸巾制造厂家对包装机的品质稳定性十分看重。

服务能力

· 纸巾包装机对操作工和机修工的技术要求较高，因此，需要有很强的售后服务能力。

资料来源：恩虹分析、策略分析会

四要素分析

国产纸巾包装机行业正在由无竞争走向无序竞争，新进入者以各种手段抢占市场，作为行业的老大，SC 必须练好内功，筑好防线，抵御竞争对手的攻击。

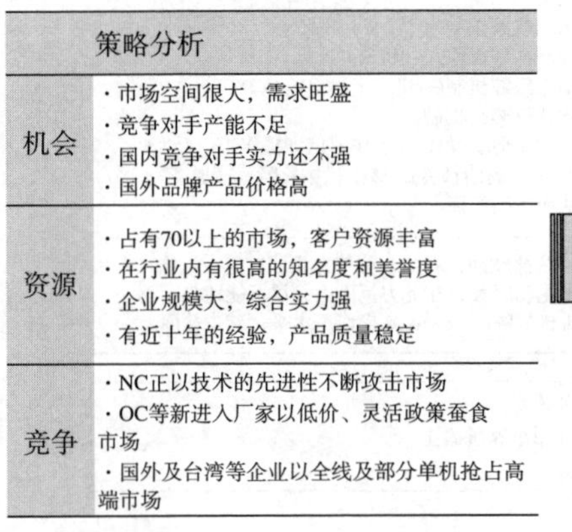

策略分析	
机会	·市场空间很大，需求旺盛 ·竞争对手产能不足 ·国内竞争对手实力还不强 ·国外品牌产品价格高
资源	·占有70以上的市场，客户资源丰富 ·在行业内有很高的知名度和美誉度 ·企业规模大，综合实力强 ·有近十年的经验，产品质量稳定
竞争	·NC正以技术的先进性不断攻击市场 ·OC等新进入厂家以低价、灵活政策蚕食市场 ·国外及台湾等企业以全线及部分单机抢占高端市场

策略措施

·小型客户(私营老板)重点防OC，主要策略是：高空轰炸，以点带面

·中型客户(区域品牌)重点防NC，主要策略是：严防死守、主动服务

·大型客户(全国品牌)竞争对手暂时还够不着，但必须要加强与客户建立公司级立体关系，全面战略合作

营销策略组合创新（1/3）

主动服务　　立体防御

·用户层面
–用户最看重的是厂家的服务能力，特别是服务的主动性和及时性。
–用户对SC的产品与服务在细节上有异议，大多与用户机修与操作工水平有关

–目前公司的服务为被动服务，服务成本高，满意度较差。
–服务的及时性不够，服务质量难保证。

·公司层面

·竞争层面
–竞争对手攻击SC为“老爷式”服务。
–竞争对手的服务网点、人员配备、技术水平等方面与SC比还有一定差距，近期很难追赶。

策略创新
主动服务　立体防御

·最佳的防御战是有勇气攻击自己，补强服务弱项，封锁对手进攻，提升用户满意度。

·从公司层面、用户层面变被动服务为主动服务，塑造SC的服务品牌。

·以服务为主线，从技术、品质、组织、绩效、公关资源、品牌、区域防线等方面进行立体防御。

营销策略组合创新（2/3）

主动服务

公司层面

- 产品品质保证是最好的主动服务。
- 一次培训及调试成功率高(操作手册、操作合格证)。
- 提升用户操作工和机修工的水平。
- 大区主动关注和服务好操作工、机修工。
- 机器使用状况动态跟踪机制(一机一卡，提前预警)。
- 设备改进合理化建议奖励机制。
- 建立知识库：调试手册、操作手册(快速培训操作工)、维修手册(及时排查原因、提前预警)，减少机械故障率，提高机械使用寿命，从而提高产能。

用户层面

- 通过物质激励、精神鼓励、联盟合作等方式，让用户机修工有能力有意愿开展主动服务，在能力范围内，尽可能地自己第一时间解决常见机械故障问题，提高操作工水平，减少故障。

操作措施

- 建立公司级服务体系
- 与地方技校等合作培养机修工
- 机修达人训练营

营销策略组合创新（3/3）

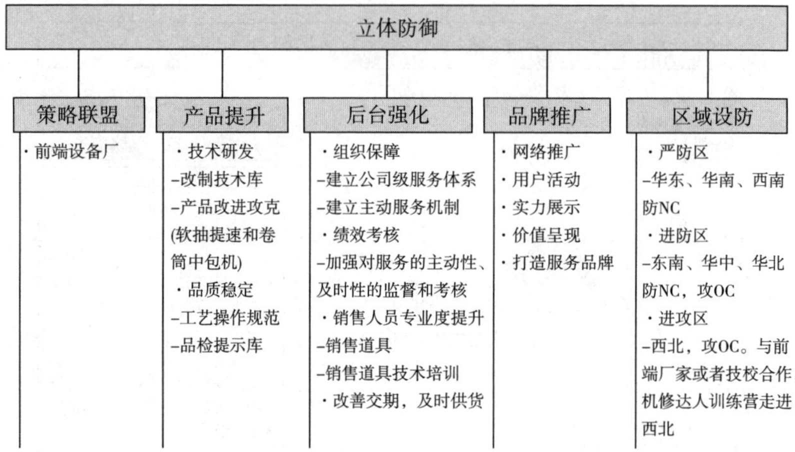

主要对手防御措施

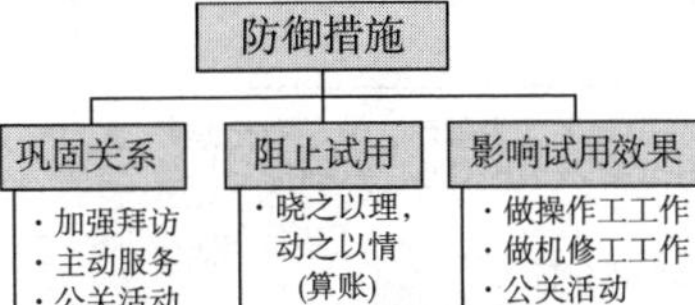

·防止对手在既有客户中的试用，一定要第一时间掌握对手可能试用的用户和可能的关系路径及人。

·分析从SC出去人的关系资源，客户在哪里，上级主管要第一时间去拜访接管客户。

·将已经被对手攻破的重要客户上升为公司级客户，进行重点维护，逐渐修复。同时要防止此客户成为对手的榜样客户，使影响不要扩大。

竞争对手	攻击点	防御措施
NC	·公司综合实力差 ·公司刚成立，没有经验 ·产品刚上市，品质难保证 ·同业竞争 ·服务能力弱 ·专利纠纷	·SC实力展示 –展示方式：来公司考察、去榜样用户参观、宣传资料展示 –展示内容：发展规划、管理体系、服务品牌等 ·强化公司关系资源 对SC出去人关系好的客户，上级主管要第一时间进行关系对接，将个人关系资源转移到公司。
OC	·产品刚上市，品质难保证 ·反面例证 ·服务能力弱	·SC实力展示 –展示方式：来公司考察、去榜样用户参观、宣传资料展示 –展示内容：发展规划、管理体系等 ·投资分析(算经济账)

四轮驱动组合策略（1/4）

风险策略	策略措施
操作工 (使用者)	■ 操作工是纸巾包装机的使用者，他们担心的主要风险是：产能高低、品质的稳定性、服务的及时性等。 **风险化解：加强沟通和情感联络，提升产品的性能和质量，特别是产品质量的稳定性；同时提供及时服务，快速处理出现的问题。**
老板、总经理、供应部 (购买者)	■ 小型纸巾企业的购买者一般就是企业的老板，大中型企业的购买者多为总经理或者供应部，他们担心的主要风险是：品质稳定性、服务及时性和配件价格等。 **化解的策略：以既有区域品牌用户为榜样客户，通过实地考察、资料展示等方式化解客户对品质及服务的担心；通过公司实力展示、服务网络及技术实力的介绍、配件情况的介绍等，化解客户对服务及配件价格的担忧。**
操作工、同行、前端 (影响者)	■ 能影响采购决策的主要是同行、前端及操作工等，他们担心的风险是：产品质量有问题，不能兑现承诺等。 **化解的策略：与影响者建立紧密的关系，加强沟通和交流，展示实力，兑现承诺。**

四轮驱动组合策略（2/4）

价值策略	策略措施
品牌价值	■以SC在大中型客户中较高的品牌知名度为基础，通过强化服务、提升供货能力等，进一步提升SC品牌的美誉度，从而提升品牌价值。 ■以品牌价值的提升来增强产品的溢价能力。
技术价值	■深入用户行业，了解用户需求，研制用户所需要的产品。 ■为用户提供技术支持。
使用价值	■产品品质的稳定性，产品性能(速度等)的提升，提高用户生产效率。 ■提供售前的方案等服务。 ■提供售后的操作工及机修工培训、产品故障维修、定期保养等服务。

四轮驱动组合策略（3/4）

关系策略	策略措施
建立公司级立体关系	■公司高层领导、营销、生产、技术等与用户的公司高层领导、采购、生产、技术等建立立体关系，加强战略联盟和战略互信，提升客户的忠诚度，建立长期、稳定的战略伙伴关系。
加强公共关系建立	■通过行业会议、学术会议、行业展会、行业专家联盟(聘为公司顾问)等建立公共关系，扩大纸业公司在用户行业内的知名度和影响力。
整合既有关系资源	■公司中高层牵头，制定并落实对被竞争对手攻克的用户和曾受伤害用户的关系恢复、修补计划。 ■加强与前端企业的联盟及合作。

四轮驱动组合策略（4/4）

服务策略	策略措施
销售服务	■为用户提供纸巾包装系统解决方案服务。 ■销售员对服务的用户巡回走访，提供贴身、及时、周到的全程服务。
售后服务	■为用户提供及时的首次安装、调试服务。 ■为用户提供操作工和机修工的专业培训服务。 ■定期进行产品巡检及保养服务。

·用户访谈及相关调查分析发现，用户十分看重供应方的服务，要求能主动、及时，体贴、周到。
·服务的好坏影响着用户对企业印象的好坏，往往决定着用户再次购买时的决策。

策略实施——举办“机修达人”活动（1/2）

机修达人

资料	项目	指标
《操作手册》	·熟练掌握机器操作	·及时指导操作工 ·现场培训操作工
《维修手册》	·机器维护与故障预防 ·排查机器故障 ·易损零件更换	·跟踪机器使用情况 提前预防故障 ·及时排查机器故障 ·更换易损零件
《调试手册》	·调试机器	·能够进行二次调试
《需求建议》	·实际需求 ·疑难问题 ·改进建议	·提交机器使用需求 ·对疑难问题进行归类并给出解决方案 ·总结改进建议，找出可行的、有价值的建议

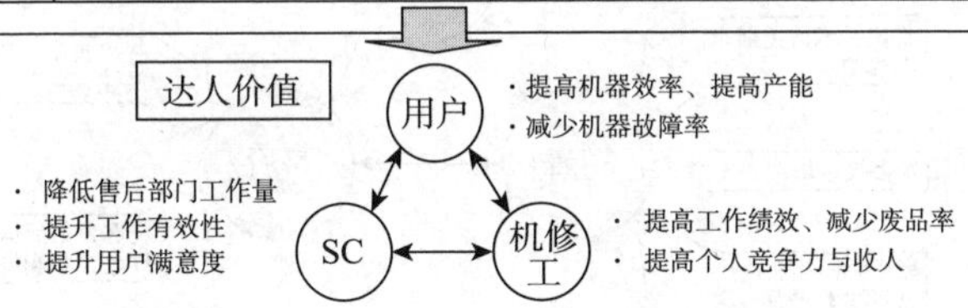

策略实施——举办“机修达人”活动（2/2）

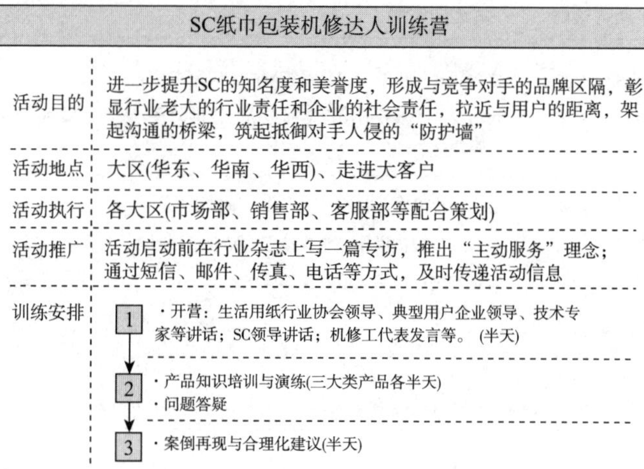

进一步强化公司的技术实力，与营销、售后联动形成合力，是营销策略得以实施的根本保障

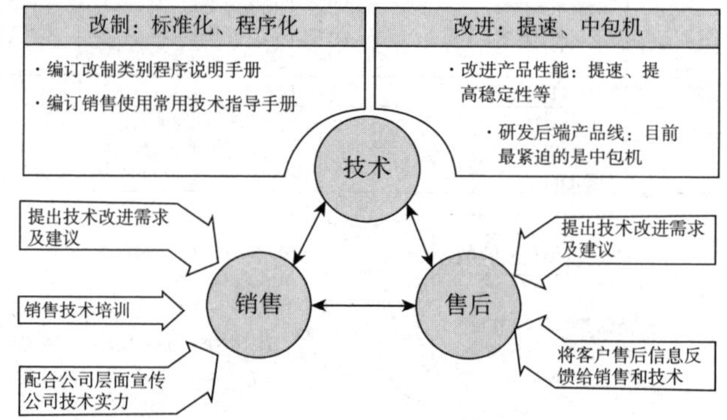

案例启示：

铁打的营盘流水的兵，员工流失与裂变不可怕，可怕的是公司没有一个强有力的营销管理体系；竞争不可怕，可怕的是公司没有一个清晰的营销组合策略。策略不是拍脑袋，更不能靠经验，而是要善用营销组合策略制定工具。

第七章

方案营销

工业品营销有单品、多品和方案三种形态。方案是较复杂、较难，但带给用户价值最大的一种。这种为用户提供解决方案的营销方式，我们称之为方案营销。具体地说，方案营销是指针对客户的需求、问题、期望、愿景和目标，帮助客户正确地识别需求、解决问题、满足期望、实现愿景和达到目标的方法和措施。通常，对于一些基本设备、系统与服务等产品的销售，工业企业不再是简单地为客户提供一款单一的产品，而是为客户提供系统的解决方案。

企业为什么要进行方案营销呢？

首先，单一产品不能满足用户的复杂需求。因为用户的需求有时是复杂多样的，而且可能是不明确的，他们往往不知道自己真正需要的是什么产品，他们面对的和关注的是自己存在的困惑与问题。单一产品或者多产品都不能很好地解决用户的问题。这时，企业就需要为用户提供问题的解决方案。比如，养殖户和饲料企业都关心饲料对猪的采食和消化吸收改善的问题，对于这个问题，单一的甜味剂或者香味剂等都是不能很好解决的。因此，企业必须针对具体问题，提供问题的解决方案，进行产品的有效组合。

其次，用户在采购过程中需要专业指导。现在市场上品牌繁杂，产品性能各异，好坏难分，用户很难判断孰优孰劣。况且，工业产品技术含量较高，用户有时候也不具备足够的专业知识来识别其好坏。这时候就需要专业人士来帮助他们进行理性决策。

最后，用户的需求是不断变化的。随着社会的进步和产品使用环境的变化，用户的需求也将发生变化。当你的产品无法满足他们眼前的需求时，替代品马上就会进入他们的眼帘，他们将可能不再忠诚于某一品牌。方案营销不是简单地提供产品，而是全面解决用户问题，满足用户的深层次需求。无论用户需求如何变化，方案营销都会及时予以满足。

第一节　方案营销 VS 产品营销

一、方案营销的特点

方案营销有客户需求隐性、技术难度高、采购决策复杂和项目周期长等显著特点。

（一）客户需求隐性

由于客户对所采购的上游产品不太专业，加上长期使用的习惯性，即使存在未被满足的需求，他们也未必能察觉或主动改变；或是虽已察觉到问题的存在，却不能很好地描述，更不能清楚表述该如何解决这些问题。

（二）技术难度高

通常情况下，客户需要解决的都不是很简单的小问题。他们的问题有的可以通过生产企业提供非常专业的、技术复杂的产品系统来解决，有的可能还需要通过互动研发或者基础研究来解决。因此，技术难度都比较高。方案营销过程中涉及的需求沟通、解决方案设计、方案验证、方案实施等环节，也都具有很强的技术性。

（三）采购决策复杂

由于方案营销的客户需求隐性、技术难度高的特点，客户在采购时往往是理性的、谨慎的，采购决策复杂。客户往往会设立一个构成复杂的采购组织，采购决策一般由企业内部众多部门共同参与完成，有的客户还会聘请外部专家参与决策。同时，不同的部门和个人，在采购决策过程中又承担着不同的职能，他们的关系错综复杂，共同构成了一个庞大复杂的决策体系。

（四）项目周期长

方案营销客户的采购决策程序复杂、漫长，这决定了项目的周期必然也是长的。对于一个新的购买过程，客户往往会经历产生需求、确定需求、寻求供应商、征询解决方案、筛选供应商、商务洽谈、签约实施、绩效评价等阶段。从开始到结束，少则数月，多达数年。而方案营销就必须介入到客户采购的各个环节当中去。

二、方案营销与产品营销的差别

方案营销与产品营销不管是在营销的本质上，还是在营销的方法与能力要求上都有很大差别。如图 7－1 所示。

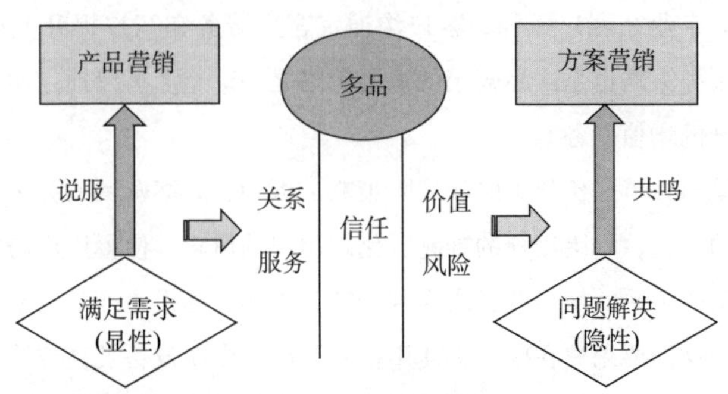

图 7－1　方案营销与产品营销的区别

（一）方案营销与产品营销的本质不同

产品营销的本质是满足用户的需求，而且这些需求是明确的、显性的。首先，用户对自己的需求很了解，比如：他需要什么样的产品、产品要起到的作用、产品应该实现的目标、产品的技术参数和性能指标，等等。这时，企业只要为用户将相关产品采购到位就可以了。那么，产品营销的核心任务就是满足用户的需求，为用户提供他所需要的产品或服务。

方案营销的本质是解决问题，因此用户的需求往往是不明确的、隐性的。不是所有用户都能明确自己的需要，他们可能只是知道自己的产品存在某些不足，比如成本较高、品质不好，或者市场竞争力较差等。为此，他们需要降低产品成本、提升产品品质、综合提升产品的竞争力。但怎么解决这些问题，怎么实现这些目标，他们是不清楚的、茫然的。于是，厂家需要为他们提供问题的解决方案，而不是简单的产品。因此，方案营销的本质是从用户的问题出发，围绕用户的问题展开一系列的营销活动，帮助用户解决问题。

（二）方案营销与产品营销的营销核心不同

产品营销的核心是说服，即在用户产品需求明确的情况下，通过产品介绍等营销手段说服用户相信他们需要的是自己预先设计好的产品或服务，而不是竞争对手的产品。

方案营销的关键点是引起用户的价值共鸣，企业需要通过方案营销的逻辑和方法使用户对企业提出的问题看法和解决问题的技术路线等产生认同和共鸣。企业的核心任务是针对用户关注的问题提出自己的解决方案，并使方案得到用户的认同，从而使其产生购买需求。

（三）方案营销与产品营销的策略重点不同

从四轮驱动策略来讲，产品营销的策略重点在于关系策略和服务策略。因为，当下中国的工业产品基本都过剩，用户的选择余地很大；产品同质化严重，要想通过产品形成竞争差异很难。剩下能改变的就是关系和服务，其目的都是为了说服客户。

关系策略是产品营销的重要策略之一，不同企业有不同的关系资源，各自也可以搭建不同的关系路径，企业在客户甄别、客户沟通、客户服务和客户提升上有较大的发挥空间。除此之外，服务策略也是产品营销的重要策略之一。企业可以通过服务的差异化，为客户提供更加精准的增值服务。

方案营销的策略重点是价值策略和风险策略。因为，方案营销的关键在于构造一个能为用户创造价值的方案，解决用户的难题，化解用户的风险，使得用户与企业之间建立起一种长久的相互依赖关系，使得两者成为利益的共同体。如果是产品营销，增加价值意味着增加成本，因为这需要用户在生产中使用稀有资源、专用设备及高技能的员工等。而在方案营销的模式下，高价值的方案并不必然具有高成本。因为方案营销带来的价值往往是增加用户的附加价值，比如在产品成本没增加的情况下改善了用户的产品品质或者解决了用户的现实难题等。

第二节　方案营销的逻辑与方法

在工业品营销领域，方案营销越来越受到重视，更多的企业正在采用或正准备尝试采用方案营销。既然方案营销与产品营销有较大的差异，那么企业应该如何进行方案营销呢？在多年的工业品营销咨询与实践中，我们总结了一套方案营销的逻辑与方法，将方案营销的流程分为五个步骤，分别是：引起兴趣、结果预期、技术路径、问题界定和方案设计。这几个步骤通过循序渐进的方式，逐步引导用户产生共鸣、激发欲望、认同逻辑，再为用户量身定制方案，设计产品组合。如图 7－2 所示。

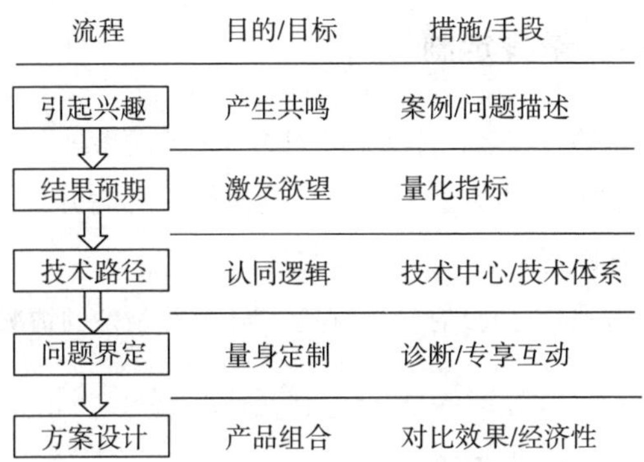

图 7－2　方案营销的逻辑与方法

一、引起兴趣——产生共鸣

方案营销的第一步就是要引起客户的兴趣，从而与其产生价值共鸣。如何引起客户的兴趣呢？一般可以先从客户感觉舒服的领域入手提问，从最近的新闻、趣事等话题引发讨论，从客户的外表、年龄、职业等话题入手寒暄，从品牌文化、产品特色等方面入手交流；然后，介绍与客户相类似的案例故事，并使客户对案例内容产生共鸣，在榜样客户的例证下，逐步引导客户对自己企业的问题进行思考；最后，对客户的现实问题进行描述和确认。

二、结果预期——激发欲望

确认客户问题以后，营销人员要向客户进一步阐明问题将会带来的预期后果，正如赵本山小品《卖拐》里的“轻则××，重则××”。当然，你要继续向客户解释，如果他的问题按案例中的方法解决，他将得到怎样的预期收益。这一步的目的就是要激发客户解决问题的欲望和尝试的冲动。因此，不管是负面结果还是正面收益，在阐述中都要尽量列出可衡量指标，并具体量化。

三、技术路径——认同逻辑

接下来的第三步就是要介绍企业解决问题的技术路径或方法逻辑了，即说明你是如何解决客户问题的。不同问题的解决方案是不同的，但解决问题的路径和方法逻辑是相同的。不管客户是要降低产品成本，还是要提升产品品质，或者解决某些难题，你都可以重点介绍企业的技术路线，使客户认同企业解决问题的逻辑，相信企业解决问题的能力。技术路径介绍一定要专业、科学、严谨，决不可胡编、浮夸。同时，你还可以以一些案例作为佐证，进一步打消客户可能产生的疑虑。

四、问题界定——量身定制

当客户认同你的技术路径以后，你还需要对客户的问题做进一步的界定和确认，其目的是为量身定制方案找到问题的表象和根源。就像医生看病开处方一样，通过望、闻、问、切等一系列手段，诊断清楚病人的问题所在。

问题的界定可以由客户自己总结提出，在客户不是很清楚的情况下，也可以由企业帮其做市场调研得出。

五、方案设计——产品组合

最后一步，方案设计。解决方案应该是能解决客户问题，并能得到客户认可的方案。因此，解决方案设计不能说一套做一套。不按技术路径和方法逻辑去解决问题，其结果可能只是产品的简单堆砌，这样很难真正解决客户问题，最终危害的还是自己。

当然，在进行方案设计时，产品组合与利润设计也至关重要，它们关系到该项营销活动的业绩与利润。根据解决方案提供给客户的产品不仅是简单的产品组合，它应该具有更大的增值价值，要能实现“1+1>2”的效果。

因此，企业需要在事前就合理安排产品组合中各产品的具体利润方案。例如，在很多工业行业的方案营销中，企业会对某些单价高的产品做出价格上的让步，这会让客户觉得非常划算，因而忽略对某些单价低的小产品或配件讨价还价。而其实，在企业的预期中，利润就是从这些客户忽略掉的小产品或配件中获得的。客户关心程度不高的小产品、配件或者价格还不透明的新产品、高端产品，在方案营销中往往有更多的利润贡献。

第三节　方案营销的关键要素

由于方案营销有着不同的显著特点，因此，企业在进行方案营销时，策略重心和营销的关键要素也应有所不同。

一、尽早介入客户项目——需求调研，技术引导

因为方案营销涉及的项目周期长、环节多、采购决策复杂，所以企业需要尽早介入项目，配合客户的采购流程，做好项目的跟进工作。前期介入的主要任务与目标是需求调研

和技术引导。

企业应积极地参与到客户的需求调研中，更好地理解和把握客户的需求，具体的工作有：在确定招标技术规范前，进行客户需求引导、技术引导，参与制订技术参数、性能要求，并满足客户的其他特殊需求，构筑技术门槛，设置硬性条件，为后续的投标和商务洽谈等做好铺垫，为技术交流、供应商资格入围、供应方案设计等赢得更多的时间和发挥的空间。如果在正式的采购招标之前，我们已经与客户沟通好解决方案的技术规范要求了，在正式投标时就会得心应手。投标好比探囊取物，胜算可想而知。所以，成功的关键是这个“囊”有没有编织好。

二、引导需求，价值共鸣——问题确认，效果预期

在方案营销中，由于客户的需求是隐性的，因此挖掘、引导客户需求十分重要。引导客户需求，首先应对客户现状做充分的调查和分析，探索并确认客户存在的问题，发现客户的潜在需求，然后才能针对问题提出解决方案，引导需求。

解决方案要清楚阐述其带给客户的价值与好处，要阐述企业解决问题的技术路径与方法逻辑，以及具体的实施办法。企业应通过问题确认、效果预期、技术路径介绍等方面的沟通，引起客户的价值共鸣。在提出解决方案及与客户交流的过程中，企业应尽量以数据说话，量化指标，用直观的图表展示来增强解决方案的说服力与直观性。

三、建立立体客户关系——三者分析，立体服务

前面讲了，方案营销的采购组织通常设置复杂，一般包含最终使用者、采购者、决策者、组织招标者，以及技术专家等影响者几类角色。每一个角色在采购决策过程中的地位和作用是不同的。这要求我们在实施方案营销的过程中，深入调查，了解客户的采购组织结构，搞清参与人员的决策定位与权力，以及决策程序、既有关系、决策权重，并且分析公司需要与哪些人建立关系及如何与其建立关系。这一切的分析都需要利用“三者分析”工具。然后，企业才能制定有针对性的客户策略，建立立体客户关系，提供立体服务。不能忽视其中的任何一个环节，但也不能平均使力。企业既要发展全面立体的客户关系，又必须根据决策方各人的决策权重和资源能力有重点地出击。

四、打造高素质的营销团队——强化基本功，加强过程管理

方案营销，实现了从单一产品销售，到提供解决方案；从与客户一对一的销售沟通，到面对一个复杂组织的立体交流；从被动售后服务到主动全程服务的转变。这些转变的实现，离不开一个高素质的营销团队和强大的公司后台支持。

营销人员既要熟悉产品技术、了解行业知识，又要有商务沟通、项目管理、资源协调

的能力。这些都要求营销人员有扎实的营销基本功，营销基本功可以按本书相关章节进行学习和训练。

对营销团队来说，方案营销不能再依靠营销人员的单打独斗，凭经验销售。它通常需要销售、市场、技术、商务、客服以及高层领导等众多部门与人员的通力协作，团队作战。这就要求企业要有很强的项目策划能力和营销管理能力，尤其是过程管理能力。因为，方案营销是一个较为漫长的营销过程，如果营销过程没管好，企业不能及时发现问题并解决问题，错一步就可能满盘皆输，虽然投入了大量的人力、物力和财力，到最后还是功败垂成，既浪费了资源，又错失了良机。

【案例】MC 公司：表达效果，彰显品质

MC 公司生产饲料添加剂，其服务对象为饲料企业。在与之接触之前，该公司已经认真研读了《工业品营销，赢在信任》（第二版），并按照书中的工具开始着手建立基于信任导向的营销管理体系。工业品营销的根本是赢得用户信任，MC 公司对此有着深刻的体会，还购买了上百本《工业品营销，赢在信任》（第二版）赠送给合作伙伴。

饲料添加剂属于工业品吗，适用工业品营销吗?

初次沟通时，MC 公司的洪总敏锐地察觉到了我们的疑惑。洪总将书中提及的工业品特征、工业品营销的七大特征、三大要义等与饲料添加剂及其营销实践一一对应，说明饲料添加剂的营销适用工业品营销。

MC 公司生产的是功能性饲料添加剂，当下的主要工作是生产猪饲料中的香味剂、甜味剂以及酸化剂，其市场占有率在国内名列前三。但市场狭小所形成的天花板，制约了公司的发展。

爱学习、重逻辑，是 MC 公司领导及其团队的两大特点。大量的阅读及在阅读基础上的逻辑分析，使得公司内部初步形成了一些观点共识与制度规则。正因如此，MC 公司具有了很强的“忧患”意识。

家文化、诗意境，是 MC 公司十五年沉淀的显著特征。MC 公司 15 周年庆典晚会淋漓尽致地表达了这一特征：15 年来曾经工作过的离职员工及其家属悉数到场，在职员工通过诗歌朗诵、歌曲演唱等一个个精心设计的节目，在台上台下深情互动，15 年心路历程的难忘瞬间一一定格……

15 年是个分水岭，MC 公司需要规划后 5 年、10 年的发展战略与实施路径。在与 MC 公司的深度合作中，我们发觉，其隐性的比较优势是技术，即对技术的深刻理解与执着追求。

其实，MC 公司本应该是一家技术公司，不应该表现为一个产品公司。唯有技术可以

打破产品形成的天花板。进一步梳理了公司的发展历程、成功基因、业务机会、行业趋势等，我们确定了以“技术驱动价值”作为MC公司的核心诉求；将公司的愿景优化为：成为全球领先的动物营养技术公司；并着手实施“技术驱动，方案营销”的营销战略，打造“分品分种全程技术、分层分级立体服务”的营销模式。

产品公司卖产品，技术公司卖方案。方案营销必须遵循其逻辑，从卖产品向卖方案转变，围绕“技术营销，营销技术”，运用技术体系聚焦用户实际问题，为用户提供“表达效果，彰显品质”的价值，MC公司为此开展了一系列工作：

营销战略

“技术驱动，方案营销”战略就是以技术为“发动机”，来驱动产品创新、品牌传播、渠道变革、市场培育、客户服务等；同时以方案营销为“车轮”，来接触用户，然后再透过技术来解决客户问题，体现价值。

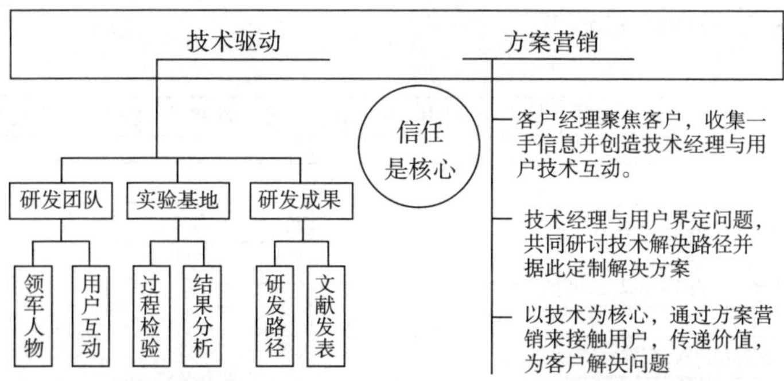

两个体系

通过搭建“技术体系”和“营销体系”，来实现“技术驱动，方案营销”的营销战略，以技术体系为“发动机”，营销体系为“车轮”，带动MC公司高速发展。

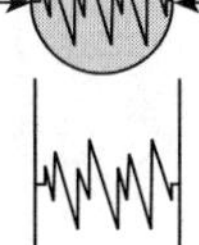

技术体系－全程技术

从动物生理的切实需求出发，从技术原理到养殖需求，关注动物的采食、消化、吸收的营养全过程，提供相对应的产品开发、系统方案和技术服务。

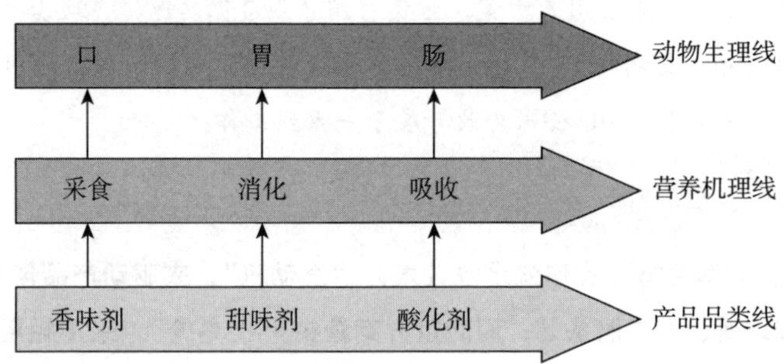

技术体系——产品定制逻辑

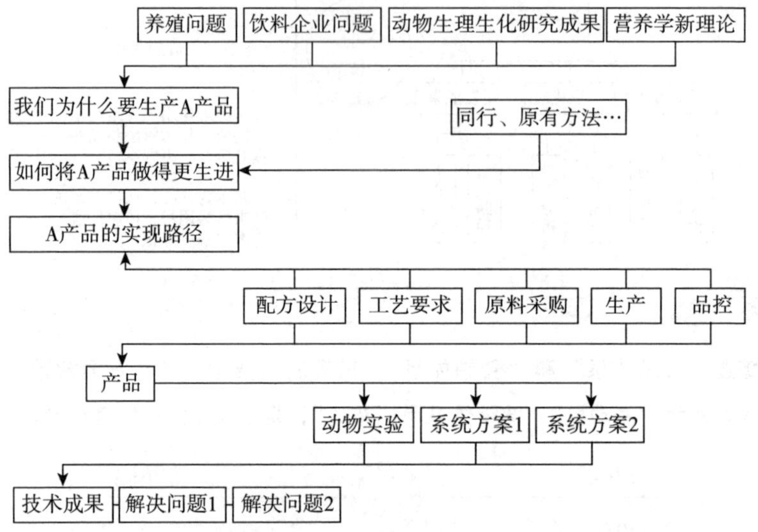

技术体系——组织优化

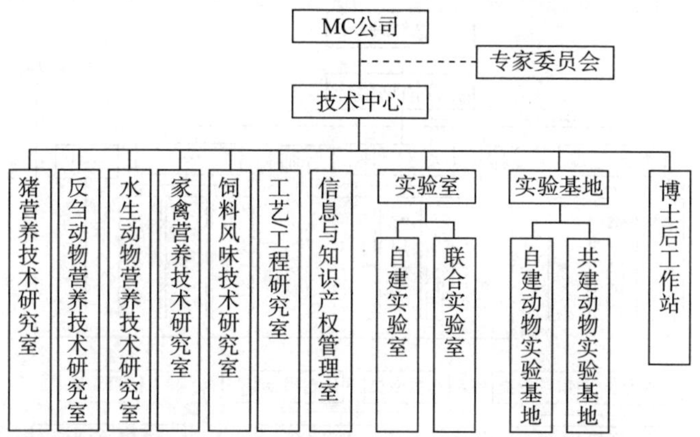

技术体系－关键岗位

关键岗位	主要职责
技术经理	·遵循方案营销流程，为客户提供问题诊断服务。 ·根据问题诊断结果，为客户定制解决方案。 ·与客户进行解决方案沟通，引导客户对公司的技术路径认同和解决方案确认。 ·制定试验方案，并配合营销组织实施。 ·协助营销解答产品使用过程中客户提出的问题。 ·配合营销处理因产品质量出现的客户投诉。 ·通过技术服务工作总结和市场关注，为公司的产品改进或新产品研发提出建议。

关键岗位技术中心增设高级技术经理岗位，切实推行方案营销

营销体系——组织优化

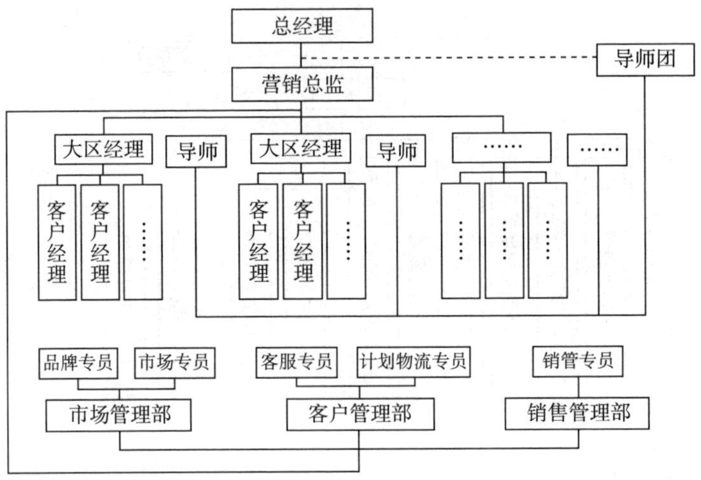

营销体系——关键岗位

关键岗位	主要职责
大区经理	·参与制定公司营销规划及销售政策，并制定所属大区的策略规划，提出具体的目标、策略和行动方案，完成区域的业绩目标。 ·有计划地实施策略方案，并不断地总结和优化，领导团队成员确保目标任务完成。 ·指导客户经理动态制定客户开发策略，并督导实施。 ·区域内经销商的开发和维护。 ·根据需要，参与和配合客户的开发及服务工作。 ·制定区域内市场推广及品牌塑造方案，并组织实施。 ·品类延伸、种类延伸的市场研究与市场布局。 ·区域市场内的专家、大学、行业组织等资源的整合和利用。 ·客户经理的过程管理及日常出勤管理。 ·客户经理的培养、培训、激励、淘汰等队伍建设相关工作。

营销体系——关键岗位

关键岗位	主要职责
客户经理	·组织研讨管辖客户的开发策略，制定《客户开发策划书》，并有计划、有步骤地组织实施。 ·收集、整理被开发客户的基础信息、竞争信息、拜访信息等，动态更新《客户动态信息表》，优化《客户开发策划书》。 ·管理、协调客户的寄样、下单、发货、收款等事务。 ·按照客户经理工作“三字经”要求开展工作，遵守过程管理规范。 ·完成所服务客户的业绩目标。

方案营销进程优化

方案营销进程	关键事项	客户人员	MC 人员	道具	成果
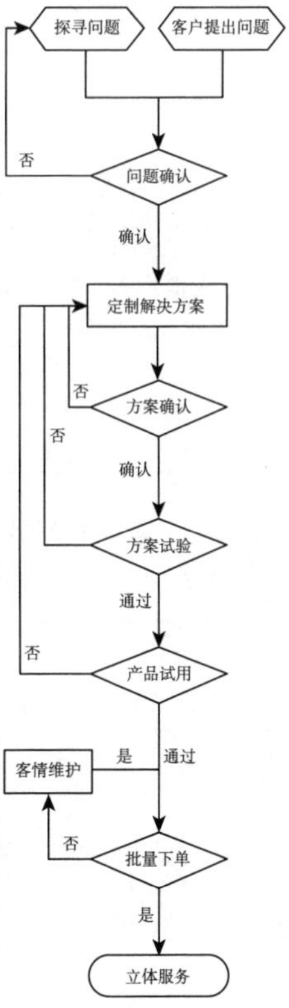 探寻问题 客户提出问题 问题确认（否／确认）	◇利用既有客户关系进行技术交流或产品试验 ◇借用影响因素实现客户技术交流或产品试验 ◇召开 B2 类专题会议或座谈会等，讲技术体系影响技术总监，谈经营质量去影响老板 ◇客诉记录、客户回访记录分析：客户营销部门的抱怨等 ◇客户产品市场表现调研	老板 技术总监 营销部门	客户经理 技术经理 大区经理 营销后台	如何做调研 客户动态信息表 客户开发策划书 公司介绍 案例介绍 偏嗜实验视频 诊断提纲 会议策划方案	多路径侧翼探寻出目标客户存在相应问题
定制解决方案	◇与客户进一步确认问题	技术总监 老板	客户经理 技术经理	——	《客户面临的问题与解决方向》
方案确认（否／确认）	◇利用 MC 的技术体系，进行互动研发 ◇定制问题的解决方案	技术总监	技术经理 客户经理	方案框架 产品介绍	《客户问题解决方案》
方案试验（否／通过）	◇与客户技术总监等负责人确认方案 ◇如果方案没确认，将进行解决方案的调整和重新确认	技术总监 老板	客户经理 技术经理	——	《客户问题解决方案》确认
产品试用（否）	◇对确认的解决方案进行使用试验 ◇如果试验没通过将进行解决方案的调整和重新确认及试验	技术总监	客户经理 技术经理 试验基地	试验方案	《试验报告》实验视频及照片
通过 客情维护（是）	◇客户产品试用 ◇试用效果跟踪	技术总监 品管部门	客户经理 大区经理	——	《产品试用报告》
批量下单（否／是）	◇跟踪试用效果，确保批量下单 ◇如果试用效果好，但仍不批量下单，应注意加强客情的维护和相应的公关	老板 采购部门	客户经理 大区经理	——	批量下单
立体服务	◇批量下单后，进行立体服务 ◇规律性地定期服务	老板 技术总监 采购部门 品管部门 财务部门	公司高层 大区经理 客户经理 营销后台 财务部门	——	增进互信，加深合作

客户经理工作“三字经”

阶段	关键事项	主要内容	道具	成果
进了门摸了底	客户基本情况调研	客户公司的画册、公司网站以及网上公共信息查询、产品样品、产品诉求	如何做调研公司介绍	《客户动态信息表》《客户开发策划书》
	摸清客户产品现状及竞品使用情况	从客户的采购、技术、品管、营销、库管等部门了解，并多方验证信息		
	摸清客户采购决策程序、“三者”调查	主要从客户内部人员、非竞品销售人员、既有资源等途径了解		
说上话引上门	来MC公司参观	邀请客户采购、技术及决策人等到MC参观	案例介绍 偏嗜实验视频	加深客户对MC的了解，引起对自身问题的重视，激发解决问题的欲望
	去客户企业交流	促成公司技术经理、高层领导等到客户企业进行技术、管理等层面的交流		
定问题提方案	探寻问题	通过技术交流、产品试验、客户营销部门的抱怨、客户产品市场表现调研等多途径进行问题诊断	诊断提纲	《客户面临的问题与解决方向》
	确认问题	与客户的技术部门、企业高层确认问题		
	定制解决方案	利用MC的技术体系，进行互动研发，定制问题的解决方案	方案框架 产品介绍	《客户问题解决方案》
做验证订产品	解决方案试验	制定实验方案并组织实施	试验方案	《试验报告》、实验视频及照片
	确定产品并试用	跟踪试验效果，确保产品试用，乃至批量下单	——	《产品试用报告》、产品订单
理资源树榜样	梳理客户资源	进一步梳理客户资源，巩固客情关系，客户转介绍	——	扩量、扩品；客户转介绍
	树立榜样客户	通过榜样客户，扩大影响		

运行案例

遵循方案营销流程，MC 公司在技术与营销两大体系的融合之下，一个新用户、一名新的客户经理，只用了 50 天左右的时间，完成了方案营销，赢得用户的信任，形成合作。

(1) 基础调研，激发兴趣——邀请来访公司

(2) 参观公司，重建信任——展示，信任

(3) 先谋后动，确保结果——探寻问题

(4) 营销搭台，技术唱戏——确认问题与确认解决方案

(5) 基地试验，全程可视——方案验证

(6) 运筹帷幄，决胜千里——方案实际价值讲解演练

(7) “技术”驱动，再次征服——方案实际价值展示

方案提纲

表达效果 彰显品质

营养物质效果表达的技术路径及解决方案

1、某用户产品效果表达的初步判断

2、影响用户产品营养物质效果表达的因素分析

3、成功案例资料

4、营养物质表达技术路径与MC技术体系

提 纲

① 试验背景

② 试验结果

③ 试验过程回顾

④ 试验结果及过程的答疑

⑤ 价值总结与评估

方案营销回顾

时间	流程	关键事项	用户人员	MC 人员	道具	成果
D1	激发兴趣	体现技术感 介绍公司	总经理	客户经理 大区经理	公司介绍	邀请参观公司
D10	提出问题	公司参观，建立信任	总经理	MC 公司	公司介绍 技术中心	——
D15	诊断问题	了解饲料基本情况、问题、市场表现	技术经理 营销经理	客户经理	《互动研发项目进程表》	《问题诊断报告》
D20	确认问题 定制方案	汇报《问题诊断报告》 双方确认 共同定制方案	总经理 技术经理 营销经理	客户经理 技术经理 大区经理	《HM950 问题诊断报告及解决方案》	《问题备忘录》
D48	方案验证	双方共同验证	营销经理	客户经理 技术经理 基地技术员	——	《试验数据分析报告》
D50	试验评估	回顾试验目的 客观专业评估结果 回归试验目的	总经理 技术经理 营销经理	客户经理 技术经理 大区经理 某地技术员	《评估报告》	订货计划
D51	试用	了解库存，盯紧计划	技术经理 采购经理	客户经理	——	订货

案例启示：方案营销必须以技术为先导，在营销体系与技术体系高度融合的基础上方可实施。方案营销应该遵循其自身逻辑，务必强调与用户的技术互动。互动越多，信任度就越高；用户的参与度越高，方案的精准性与可实施性就越强。

第八章

工业品营销基本功

我们认为，工业品营销没有技巧，只有策略和基本功。尤其一线营销人员，更应提升营销基本功，强化自身专业度，不说外行话，不做外行事，从而快速获得用户的信任，拿下订单。工业品营销基本功强化训练的工具有：三大武器、成交五诀和六大步骤。

第一节　三大武器

一、快速赢得客户信任的武器——AT 法则

信任是什么？

有人说，信任就是托付、无风险、安全、可靠、有保障……总之，信任是一种感觉。

如何才能赢得客户的信任？

有人说，找关系、搞关系、请吃喝、送厚礼……

需求有层次理论，那么信任是否有一个规律可循呢？

有人说，不知道，应该没有吧，信任是一种感觉，怎么能理性化呢！

带着这些疑问，我们进行了大量研究。信任（Trust）本身具有两重含义，其一是心理情感的一面；其二是行为表现的一面，在中国社会中，两者并不统一。对于个人与个人之间的信任，我们很难进行理性的研究，但组织与组织之间的信任是有规律可循的。

企业间的信任关系影响和决定着企业间的交易行为。从发生学的角度理解，信任关系是交易的核心。信任关系包括微观个体信任关系和宏观系统信任关系。在中国，社会宏观系统信任关系必须嵌入在微观信任关系网络中。微观信任关系也可视为人际关系，它又分为既有关系和交往关系。既有关系是由血脉、地缘、业缘等非个人互动的因素决定的；交往关系是实际交往行为的结果。西方强调将既有关系和交往关系区别开，强调其合理性，既有关系对交往关系影响不大；而中国式关系的内涵核心是“伦”，即将既有关系和交往关系混在一起，带有强烈的理性色彩。为此，我们研究了一套具有中国特色的信任法则——AT法则。AT 是“Action for Trust”的缩写，其本意为赢得信任的行动。

（一）信任的三阶模型

信任分三个阶层，如图 8 – 1 所示。

1. T1：基于公司（组织系统）的信任

基于公司（组织系统）的信任是指不受区域制约，不受个人因素影响的，建立在社会规则、行业规则和基础制度上的非个人形式的信任。现代社会在结构上呈现时空分离与抽离化机制两大特征，即社会关系在无限的时空中重组，以货币和专家等系统取代地域关系。因此，企业不能仅仅依靠人们的有关社会文化特性的信任，以及有关交易的历史经验

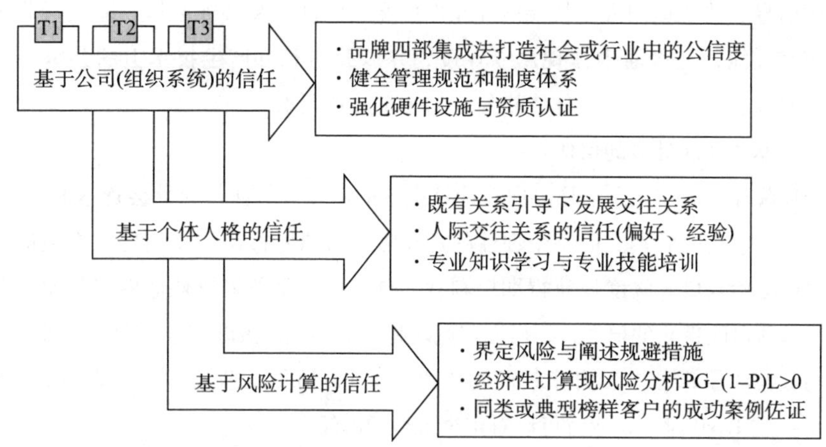

图 8－1　信任的三阶层

或对未来担保的信任，一定要依靠非个人的组织体系形式的信任，例如：专业资格认证、规章制度、法规等。

对于基于组织系统的信任，我们可以从两个方面来分析：一方面，从组织的结构、价值观、行为规则等隐性的理念层面分析组织系统的可持续性；另一方面，从资质认证、运营制度、硬件设备、业绩、荣誉等显性的体系保证层面分析组织系统运营的可靠性。

营销是产品的交易，而产品质量只通过成品是很难鉴别的，营销必须建立在组织系统的信任上。将营销建立在个体信任上的风险是很大的，因为个体本身就是个风险体，会受到环境、情绪、认知等的影响，同时，员工的流动性也是一个很大的不稳定因素。在营销中，要赢得用户的信任，企业首先必须与客户建立基于组织系统的信任。组织系统的大小视实际情况的不同，可以是集团公司、子公司、经销代理公司或职能部门等。

2. T2：基于个体人格的信任

信任是由人际关系中的理性计算和情感关联决定的人际态度，基于个体人格的信任可以理解为人际关系的产物，它侧重于与情感有所关联的人际态度。日常人际交往中的信任其实是由情感和理性两个维度组合形成的不同类型信任的混合体。初次接触中建立的信任大多数以情感信任为主，也就是说，人们总是对既有关系更容易产生信任。接下来就是基于交往经验而产生的信任，这种信任源自交往、交换和交易经验的积累，互惠性是其核心。依据双方的经历、社会阅历、文化、家庭环境等背景的不同，互惠性也就有了不同的含义。在个体人格信任的建立中，找到情趣、偏好、性格、资历等情感方面的共鸣是至关重要的。

营销无不是在业务人员与客户的沟通中展开的。关系的引导、企业技术的展现、商务的洽谈等，都需要建立在代表组织系统的特定个体与用户之间人格的信任上。因此，销售人员既要能够在人际交往中不断锻炼、积累经验，形成良好的个人修养，并通过既有关系的引导，熟练运用人际技能展开互惠性交往活动，又必须掌握产品或行业相关的专业知识和技能，在沟通中体现出专业度，并以此与对方产生技术上的共鸣。经验积累、个人修养、专业技能是个体人格信任的三个必备因素。

3. T3：基于风险计算的信任

基于风险计算的信任完全是由理性计算决定的信任。信任作为社会资本的一种形式，是减少监督与惩罚的成本。但一个理性的行动者冒着风险做出给予信任或拒绝信任的选择，其目的必然是最大限度地获得期望利益。首先，企业必须清晰地界定可能存在的风险，以及这些风险带来的损失；再研究与风险相对应的规避措施和控制要素；最后才能进行风险与收益的计算分析：测算获得成功的概率 P、可能的收益 G、可能的损失 L，当 PG－（1－P）L>0 时，企业就可以对该决策给予信任。

在营销中，每一个订单的形成都可以看作一次投资行为，其决策是分段的。在对组织体系的信任以及代表组织系统的特定个体人格的信任的基础上，企业还必须进行投资的收益分析，明确成功概率、收益和损失、存在的风险以及如何规避，对所有的选择进行对比分析后，才能形成最后的决定。即便有了组织系统的信任，有了个体人格的信任，过不了风险计算的信任这一关，决策也是得不到企业的信任的。

（二）行动的三阶模型

对照信任的三阶模型，企业可以通过下面的三阶行动来建立与客户之间的信任关系，如图 8－2 所示。

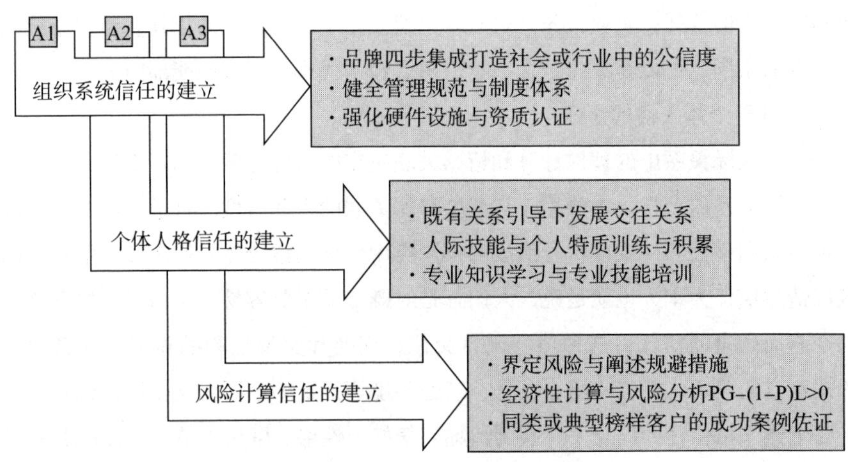

图 8－2　行动的三阶模型

1. A1：公司（组织系统）信任的建立

企业可以通过企业家品牌、企业文化品牌、管理模式品牌及雇主品牌的“工业品品牌四部集成”，阐述组织的价值观、行为特征、发展规划，综合打造组织在社会或行业的影响力和公信度，展现组织系统的可持续性。公信度高也表示组织失信的成本大，从侧面印证了组织的高可信度。在强化硬件设施与资质认证的同时，企业还要健全管理规范与制度体系，用设备的先进性和管理的制度化赢得用户对品质的信任。只有设备没有管理制度，只有管理制度没有设备的企业都是不可信的。企业必须通过 9000 认证、CCC 认证以及行业规定的认证，才有资格参加招投标，由此可见，组织系统信任的建立是首要的、必要的。

实施建议：

公司要精心设计一本全面、系统地介绍公司的精美画册，要站在用户的角度，把用户最想知道的信息按照次序逐一介绍，多用第三方的案例来佐证公司的实力，把公司的文化与价值说透。营销人员要把这本精美画册背熟背透，天天上公司网站查看公司的最新情况，尤其关注公司取得的荣誉、形象业绩案例，等等。

2. A2：个体人格信任的建立

有了组织系统信任的建立，接下来就是个体人格信任的建立。因为组织系统必须通过个体人格表现出来。个体人格信任的建立要从人际关系技能和专业技术技能两个层面展开。公司可以从梳理、寻找既有关系开始，制定交往关系的路径，并在既有关系的引导下熟练运用以互惠为核心的交往技能开展公关活动，逐步得到客户情感上的认同和信任，直至客户为营销人员的人格魅力折服，并与其产生心灵的共鸣。营销的技术属性要求营销者必须具备一定的专业技术，专业技能的学习和训练十分重要。光有人际技能没有专业技能的信任是很不稳定的，一些专业性强的营销必须要由专业技术人员和销售人员一起作战，以弥补专业的不足。人际技能的训练积累与个人修养的提升、专业知识学习与专业技能培训是建立个体人格信任的两大基础。

实施建议：

员工要熟知并尊重商务礼仪，不做外行事，不做无理事，以提高自身专业度来强化人格的信任，决不能一味地以人情来维系关系。向公司售后服务部门以及技术部门的同事学习、向用户的使用部门与技术部门的相关人员学习、向竞争同行的业务人员以及渠道商学习，可以快速提高自身的专业度。衡量个体人格信任的标准是：营销人员能否抓住用户的关注点与兴趣点，并且能在最短的时间内与之形成共鸣。

3. A3：风险计算信任的建立

完成 A1 和 A2 两大步之后，企业就要进入实质性的谈判沟通阶段了，也就是从理性计算的角度促成交易。营销中，风险是必然存在的，然而最大的风险是不知道风险在哪里。建立风险计算的信任，要求企业必须站在客户的角度思考，帮助客户算经济账。企业可按照以下三步建立与客户的风险计算信任：第一步，界定可能存在的风险并详尽阐述风险对应的规避措施；接下来，从经济的角度用数学的方法进行经济性计算与风险分析，用 $PG-(1-P)L>0$ 的数据结果促进信任的建立；最后，运用同类或典型榜样客户的成功实例进行佐证，充分借助榜样的力量。

在信任和行动的三阶模型的基础上，综合研究两者的内在逻辑关系，我们就得到了赢得和建立信任的 AT 法则，其内容归纳为四条：

AT1：只有赢得信任的行动才是有效的，只有激发行动的信任才是有价值的。

AT2：信任是按照信任三阶模型逐步递进的，只有建立了底层信任，企业与用户之间的信任度才能往上升。

AT3：行动只有按照行动三阶模型逐步递进才有效，底层的行动有效了，上一层的行动才可能有效。

AT4：信任和行动一定是交替螺旋上升的，重复交往与第三方制约是促进信任的捷径，并可以加速信任度的上升。

在一次大型论坛上，有一位 MBA（工商管理硕士）毕业的某企业营销总监黄先生用自己的案例现身说法，对 AT 法则提出了质疑：“我们企业有一个日本客户，我曾多次到他们公司参观。他们公司对我公司高度认可，对我个人更是高度信任，双方对合作的风险等细节也进行了深入的探讨，可就是不能成交。我们企业已经与该日本客户建立了高度信任关系，但一直未能成交，所以 AT 法则无效。”

“黄先生，按照 AT 法则的三个层级循序渐进，更加容易赢得客户的信任，对于这一点，你是否同意？”我试探性地发问。

“这个我认同，但为什么我的这个日本客户赢得信任后还不肯与我们签约呢？”

“黄先生，这个日本客户有没有在中国采购你的竞争同行的产品呢？”

“有，这个日本公司目前的主要供应商有几家，分别是……”黄先生如数家珍地回答。

“黄先生，日本客户最近在国内有没有选择其他新的供应商呢？”

“有，最近他们在国内大量采购我们的直接竞争同行 A 公司的产品，就是不采购我们的产品，我们已经与他们接触交流两年了。”

“黄先生，你能否用一句话描述 A 公司的主要特征以及它与你公司的差异？”

“A 公司是一家中日合资的企业……”黄先生不假思索地答道。

“尊敬的黄先生，请你大声地再次把 A 公司的特征说一遍。”

“A 公司是一家中日合资的企业。”黄先生大声地重复这一句话。

“各位，刚才黄先生的这句话已经回答了他自己的问题。”

现场爆发出一阵笑声，接着就是雷鸣般的掌声。

原来这个日本客户对黄先生公司的信任根本就没有建立，日本企业一定是首先信任日资以及中日合资的企业。黄先生以为日本客户对他们公司信任了，于是花费了大量的公关费用，到头来却是一场空。因为他们没有得到客户对公司的信任，也就是说 AT 法则的第一阶层就没有通过，所以根本谈不上成交。

AT 法则不但在营销中有威力，在生活中也可以得到验证。比如，在婚姻恋爱中，我们可以运用 AT 法则赢得爱人的芳心。

婚姻中，中国人讲究门当户对，说的就是家庭之间组织系统的信任；追求一个对象，一般要通过一些既有关系的人来介绍，比如红娘，或者是找一些“灯泡”来助阵，等一盏盏“灯泡”逐渐熄灭后，两人方可走进二人世界，接着就是通过一些活动来检验对象的人际技能和专业度；最后，一定要在心中盘算一下和这个对象结合后的风险。

（三）赢得客户信任的七个习惯

1. 倾听

要想赢得客户的信任，首先必须要学会倾听。倾听时千万不能心不在焉的，要注意：

（1）坐在客户的左边

（2）保持适当的距离

（3）保持适度的眼光接触

（4）倾听的时候不要打岔

（5）不要发出声音

（6）对关键的事情做记录

（7）回问并确认客户所讲的话

（8）要听客户所要表达的真正意思，而不是听客户所讲的话

2. 赞美

要想赢得客户的信任，就要学会赞美。人性的七大弱点中指出，每一个人都希望被肯定。赞美可以迅速缩短人与人之间的心理距离，创造良好的沟通氛围。赞美还可以给对方无穷的力量。

3. 模仿

模仿，可以让人从形体等综合方面与对方的经验和知识、偏好产生共鸣。这符合 AT 法则个体人格信任建立的第二条。

比如：对方很喜欢抽 555 牌香烟，即便你不喜欢抽这个牌子的香烟，你也要表现出很喜欢的样子，最好附和：“我也很喜欢 555，因为一抽三五，烦恼全无!”

但要注意，当对方口吃的时候，你千万不要模仿，否则会酿成大祸的。

4. 不断地认同

客户存有异议是我们销售的开端。任何客户一开始都是半信半疑的，所以我们要从客

户的疑义开始，熟练运用我们的基本功，把相关知识与标准等信息告知客户，让客户不断地认同我们。其间，我们也要不断地认同客户，让客户参与讨论，最好让客户用自己的语言对我们进行肯定。

5. 专业知识

专业度一定是通过专业知识体现出来的。所以，专业知识的学习，是赢得客户信任的最为重要的途径。

干一行就要有一行的样子。对自己行业的了解、对自己产品知识的了解以及对客户所在行业、客户情况的了解，是专业学习必须掌握的主要内容。关于专业知识最低的标准就是不要说外行话。

6. 得体的仪表

得体的仪表是人际技能的外在表现，也是对客户尊重与认同的信号。

某外资企业为了突出自己的企业档次，给每一个人员配备了高档的西装。而这家企业的客户是分布在荒郊野外的养殖户，当销售人员穿着笔挺的高档西服拜访客户时，客户认为销售人员只是来指导的，总是和销售人员保持着距离，生怕把销售人员的衣服弄脏了。

当这家企业要求销售人员一律穿工作服（必须穿比较脏的工作服，新的工作服也要故意弄脏）去拜访客户时，销售人员与客户的距离一下子拉近了，销售进展十分顺利。

7. 客户的验证

没有任何客户愿意第一个“吃螃蟹”，做别人的试验品。所以，我们最好在与客户交流之前，尽量多了解客户的情况，了解得越多，越能够把握好什么样的客户才能够作为该客户的验证。当然，榜样客户要愿意为你验证才行，千万不能编造客户验证。要想有客户验证，你必须和客户成为朋友。而交朋友的唯一方法就是你自己首先必须够朋友。

某企业准备打开中小民企的物流市场，于是召开大型的报告会，对其为500强企业以及著名外企服务的过去大谈特谈。结果效果很差，究其原因，民企发现这家企业太规范了，服务的客户太高端了，与他们的差距很大。这些不对等的案例根本起不到榜样验证作用。

实施建议：

AT法则的运用说明

1. 规范营销人员的行为

很多销售人员在工作中一味强调自身的能力，而这些能力主要集中在“找关系”“搞关系”上。以公司大量销售费用维系的个人关系到最后成了和公司叫板的筹码，有的还给公司造成了一定程度的“麻烦”。

AT法则明确指出，工业品销售过程中，公司首先必须赢得客户对公司的信任，再谈个体人格的信任的建立。没有公司信任的个体人格信任的建立行动是最大的浪费，既浪费了销售人员的时间和精力，也浪费了公司的销售费用。要想赢得客户对公司的信任，销售人员必须对公司十分了解，最好的方法就是背公司的画册、天天上公司的网站、看看公司的内部刊物，以了解公司在行业中做的推广活动以及行业广告的内容与发布渠道等。检验销售人员赢得客户对公司信任的能力，就是看销售员对公司的历史、公司企业文化、公司管理制定、公司的各项资质认证、公司的发展战略、公司取得的荣誉、公司近期活动等的掌握程度。

接着，企业要规范销售人员的个体人格信任建立行为，也就是要注重专业度，尤其是产品知识方面以及行业知识方面的专业度。营销人员要做到不说外行话、不做外行事；在人际技能上要注重现代商务礼仪，避免不良的嗜好和不规范的礼仪行为；尽量寻找既有关系，避免进行对陌生客户的拜访。

要洞察客户心中的担忧，营销人员应多和公司的售后服务人员打交道，了解客户常常提出的问题以及售后服务中经常需要解决的问题。另外，营销人员一定要把公司一些成功的案例了解得清清楚楚，并能够给用户做详尽介绍。

2. 指导编写介绍公司的话术

一些所谓的销售精英们在公司同仁面前介绍公司时，往往是结结巴巴、语无伦次的，于是就归根为：不好意思，在客户面前可不是这样的。其实不然，在客户面前介绍公司之所以容易，是因为客户对公司不太了解，随你怎么编；而公司同事对公司是很了解的，所以在他们面前做好介绍就不那么容易了。如此，营销人员在客户面前传递的信息很可能就不是公司所要表达的正确信息。为此，我们建议公司按照AT法则，面对不同客户不同场景，编制统一的介绍公司的标准话术，并将其整理成册。销售人员不但要把这些话术倒背如流，还要对它们有深入的了解和理解，这样才不会是“背台词”，说出的话才可能使客户相信。

3. 制定工业品营销的策略

构建基于信任导向的中国特色工业品营销管理体系，就是以AT法则为根本指导思想。工业品营销的组合策略、渠道策略、品牌策略等都建立在AT法则的基础之上。

二、把握自身优势的武器——FAB

行业发展日渐成熟，市场竞争日益激烈，而产品又高度同质化，在这样的背景下，营销人员应该怎么找到自己的优势呢？FAB就是营销人员把握自身优势的武器。

FAB 是 Feature（属性）、Advantage（作用）和 Benefit（益处）三个英文单词的首位字母的缩写组合。FAB 的观点就是，按照属性、作用和益处这样的顺序来介绍或进行说服性演讲，才能达到最好的营销效果，让客户相信你的产品是最好的。也就是说，我们在向客户介绍产品时，应跟客户说我们有什么样的产品，我们的产品能做什么，它们能给客户带来什么好处，以此去打动客户，让客户愿意掏钱买你的产品。

（一）F——属性（Feature）

很多营销人员至今还把它翻译成特征或特点。特征，顾名思义就是区别于竞争同行的地方。当你把自身产品与竞争同行的产品进行比较时，客户会产生一定的抵触情绪。

我们不应把 FAB 中的 Feature 翻译成特征或特点，而应翻译成属性，即你的产品所包含的客观情况和所具有的属性。比如，某款 UPS 是 X + X 冗余，X + X 冗余就是产品所包含的某项客观情况、属性（Feature）。

（二）A——作用（Advantage）

很多销售人员习惯性地把它翻译成了“优点”，但其实，优点就是你们比竞争同行好的方面，这会让客户产生更大的抵触情绪，因为你们所面临的竞争同行非常多，与你们的产品相似的产品也很多，你们的产品不可能比所有的产品都好。

现实中的每一个产品都有其特征，当你们说产品的某个功能比竞争同行好的时候，客户就会产生非常大的抵触情绪。在销售中，把 A（Advantage）翻译成“作用”会更好一些，首先，营销人员应该介绍产品具有的某种优势差异，并阐明这个优势差异能为客户解决的问题，以及它能起到的重要作用，而这个作用对应着用户的 B（Benefit），即益处。

（三）B——益处（Benefit）

益处就是产品给客户带来的利益。比如，某款 UPS 的属性是 X + X 冗余，那么 X + X 冗余给客户带来的益处就是系统可靠性高。

营销人员介绍产品时要非常简明、扼要、清晰易懂，争取能用一句话就让客户知道产品的优点。用 FAB 法则介绍产品有两个好处：能让客户听懂产品介绍；给客户真实可靠的感觉。

（四）运用 FAB，提炼产品的买点

大家可能都很熟悉产品卖点（Unique Selling Proposition，简称 USP，即独特的卖点主张），卖点也是营销人员在销售过程中提及率最高的词语之一。所谓的卖点，顾名思义，它是制造商从产品出发，对产品的一些特点、性质和功能等的提炼，但这些并不一定能构成用户购买它的理由，营销的本质就是给用户一个购买的理由。

因此，我们强调的是产品买点（Unique Purchasing Proposition，简称 UPP，即独特的买点主张）的提炼，简单地说，产品买点就是用户购买产品的理由。它与卖点虽然只有一字之差，却是两种不同的思维方式和经营理念。卖点是站在企业的角度，分析产品的独特性，让用户被动地接受；买点是站在用户的角度，分析产品带给用户的作用和益处，吸引

用户主动接受。出发点不同，用户的接受程度当然完全不一样。通过对产品买点的提炼和宣传展示，企业能更容易地让用户亲近产品、了解产品，进而接受产品。好的产品买点更能够让用户相信你的产品的效果是最好的，也更容易打动用户的心。

自恋于自身产品是很多企业所犯的营销错误，由于没有把用户的真正需求和所关注的利益放在第一位，所以他们在宣传和销售上显得乏力，用户根本不买账。所以，要把卖点和买点相结合，卖点是产品的特点和功能，买点是产品可以给用户带来的利益和比较优势；卖点是买点的载体和实现客户价值的支撑点，买点是卖点的灵魂和内在。在营销中，企业应该更加重视研究买点，掌握客户真正关注的利益点，依此进行产品的开发和买点的设计和宣传。只有这样，企业才能把产品打造成用户真正需要的产品，也才能构筑更有竞争力的核心优势。

买点不是企业凭想象“拍脑袋”弄出来的，而是通过与用户的沟通、调研总结出来的。不同用户的关注点和利益点是不同的，他们心中的产品买点也是不同的。我们虽然不可能把产品的买点细分到每个客户，但可以把它细分到每一类客户，将客户进行有效的归类，针对每一类客户的不同需求点进行独特的买点提炼。

企业在进行买点提炼时，切忌贪多而眉毛胡子一把抓，将所有的买点都提炼出来进行设计。这样不但不能吸引更多的用户，反而会引起用户的质疑。因为你不可能满足用户的每个需求，也不可能在每个方面都优于竞争同行。企业需要进行目标客户定位，针对重点目标客户，结合企业的自身优势，进行有针对性的产品买点提炼。企业在进行买点提炼时应该注意以下几点：

（1）产品的买点必须依托产品的实际功能或特性，并和卖点有效统一。

（2）企业提炼出来的产品买点必须区别于同类产品和竞争者，要有自己的独特主张。

（3）企业提炼出的产品买点必须易于传播，易于理解和记忆。产品买点的总结应该尽量避免使用拗口的学术用语，要让普通用户听得懂、记得住。

FAB 运用实例：

（1）台达 UPS—HIFI 产品的 FAB

<table>
<tr><th>F：功能属性</th><th>A：竞争差异</th><th colspan="2">B：竞争差异给用户带来的好处</th></tr>
<tr><td>N + X 冗余</td><td>低成本实现高可靠性</td><td>系统可靠性高</td><td rowspan="4">高性价比</td></tr>
<tr><td>可在线热插拔更换模块</td><td>MTTR 近于 0（完全排除系统修复过程中的所有不可控因素，降低再故障发生率）</td><td>系统恢复时间快</td></tr>
<tr><td>可在线增加模块或者并机</td><td>随需扩容（不用一次性投资到位，可以根据业务发展需要投资）</td><td>初次投资少</td></tr>
<tr><td>27% 负载时效率即可达到 94%</td><td>高效节能
（低载高效率）</td><td>运行费用低</td></tr>
<tr><td>配备动力环境监测</td><td>小配件，大管理（除对 UPS 本身的管理之外，还可以对动力环境进行监控管理）</td><td>全面动环监控</td><td>增值</td></tr>
</table>

（2）安徽森源电器 VA 断路器的 FAB

F：功能属性	A：竞争差异	B：竞争差异给用户带来的好处
行业独创智能控制	解决因低电压等外界原因而烧坏分合闸线圈的问题（普通为行业上一直在使用的线路板）	机构更可靠
三次强制分闸	一次分闸操作不成功时，可强制三次分闸，解决拒分问题（普通为带电一次分闸）	
单簧置中放置	同期性好，同期性小于 0.5ms（普通为双簧，偏中心放置）	
合闸保持机构	扣板保持、二级保持机构（普通为扣板、半轴一级保持机构）	
一级四连杆传动	故障率低，机械寿命达 30000 次（普通机构为二级四连杆传动，20000 次）	机械寿命更长
表面化学镀镍磷	高耐磨、高耐腐蚀（普通为发黑处理）	适应能力更强
自润滑轴承	不需再涂润滑油（普通机构为普通轴承）	
一体化储能手柄	压杆式，且储能手柄固定在本体上（普通为单独手柄，不固定在本体上）	操作更方便
内置防跳	与综保完全兼容，不干涉（普通为继电器防跳，与综保不能同时配置）	选型更简单

（3）麦福斯永磁传动产品的 FAB

F：功能属性	A：竞争差异	B：竞争差异给用户带来的好处
专利导体盘结构	提高传动能力	适用范围广
独特的导体材质	调速平稳	调速范围广
	热损耗低	节能投资回报率高
专利导风叶片	运行稳定	散热好
	无噪音污染	噪音低

实施建议：

公司可以为每一款产品都编写一张 FAB 表格，只有编写这样的表格后，公司的产品才能真正地存在于营销人员的心中，如此才能提高业务人员的信心与战斗力。

首先，公司的技术研发、售后服务、营销三个部门各编写一份 FAB 表格；然后，三个部门的负责人坐在一起研讨，得出众人公认的一份 FAB 表格。

F，可以从技术原理、结构设计、材料工艺、外观形态等四个方面展开；A，多用比较值，如提高了多少个百分点，即便只能用固定数值来描述，也请注明一般是多少以示比较；B，站在用户角度，写出能够使用户体会到，能够引起用户共鸣的好处。

请务必注意 F、A、B 的对应关系。每一个 B 一定要找到相应的 A 以及 F。最好以一个成功案例作为佐证，或者明确这款产品的目标用户特征。

三、激发潜在需求的武器——SPIN

SPIN 是销售人员以问题形式进行调查（或探索）的最好的方法和技术之一。通过这种方法，销售人员能够发现隐含的客户需求，并将其培育成明确的需求。SPIN 是销售人员在营销活动中激发客户潜在需求的有力武器。

需求分为隐藏性需求和明显性需求。隐藏性需求是指客户的问题点、困难、不满和抱怨等，这类需求较难引导出客户的购买意愿；明显性需求是指客户表现明显且强烈的需求与期望，比较容易引导客户的购买意愿。寻找客户的问题时，我们必须平衡的是问题的严重性与客户对策的成本，当问题的严重性还不足以引起客户的重视时，客户是不可能与你成交的；当客户的隐含问题都被挖掘出来，并且问题的严重性能够引起客户的重视时，客户与你成交的可能性就会大大提高。

使用 SPIN 时应该注意：不要问太多有关客户现状的问题，而要问与销售有关的问题，即问核心和重点问题；永远掌握主动权，不能被对方牵着鼻子走；倾听并掌握与自己有关的信息，帮助客户理清思路，分析并找出与产品相关的资料；对于重点信息与细节动作，需要做笔记；需要互相沟通并给予积极的回应，不要一味地问对方问题，而要适时让对方问问题。

SPIN 的逻辑图如图 8 – 3 所示。

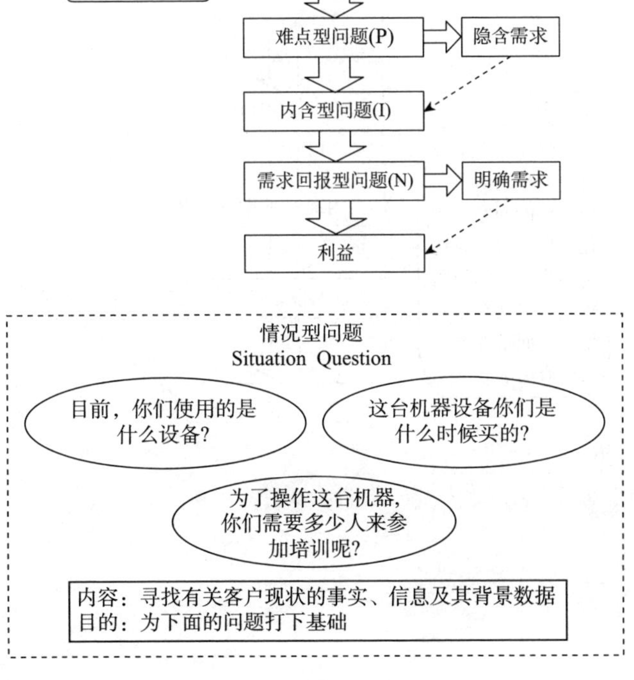

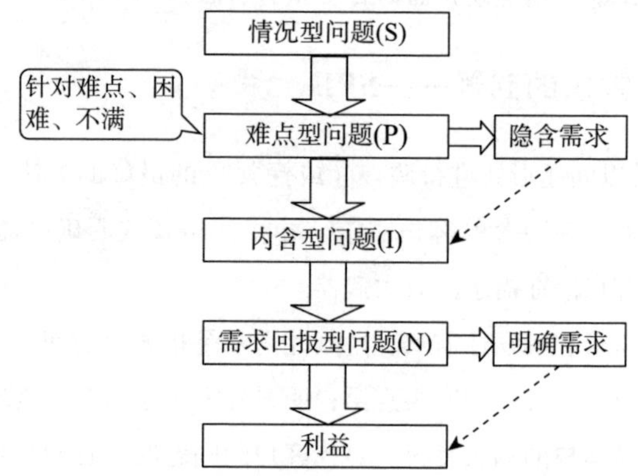
情况型问题(S)
针对难点、困难、不满
难点型问题(P)
隐含需求
内含型问题(I)
需求回报型问题(N)
明确需求
利益

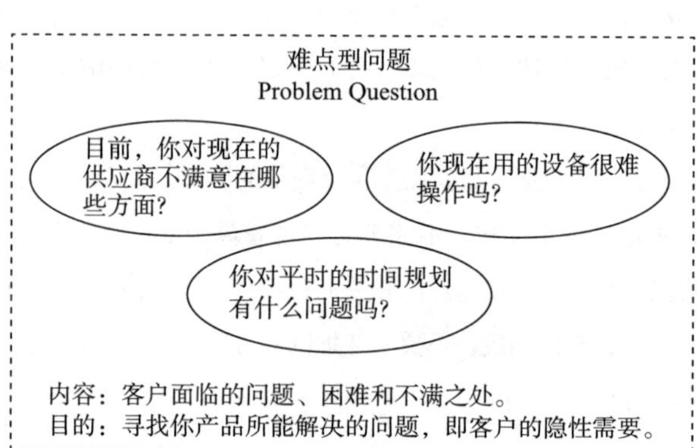
难点型问题
Problem Question
目前，你对现在的供应商不满意在哪些方面?
你现在用的设备很难操作吗?
你对平时的时间规划有什么问题吗?
内容：客户面临的问题、困难和不满之处。
目的：寻找你产品所能解决的问题，即客户的隐性需要。

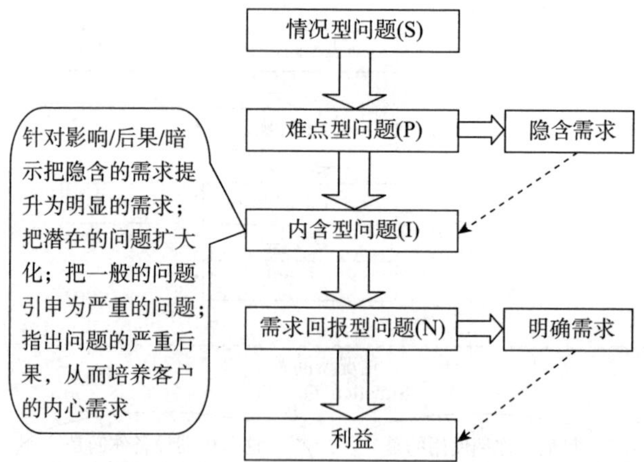
情况型问题(S)
针对影响/后果/暗示把隐含的需求提升为明显的需求；把潜在的问题扩大化；把一般的问题引申为严重的问题；指出问题的严重后果，从而培养客户的内心需求
难点型问题(P)
隐含需求
内含型问题(I)
需求回报型问题(N)
明确需求
利益

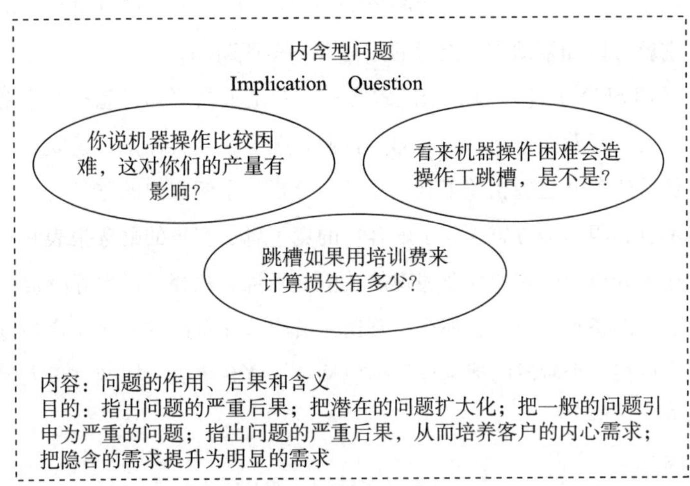
内含型问题
Implication Question
你说机器操作比较困难，这对你们的产量有影响？
看来机器操作困难会造操作工跳槽，是不是？
跳槽如果用培训费来计算损失有多少？
内容：问题的作用、后果和含义
目的：指出问题的严重后果；把潜在的问题扩大化；把一般的问题引申为严重的问题；指出问题的严重后果，从而培养客户的内心需求；把隐含的需求提升为明显的需求

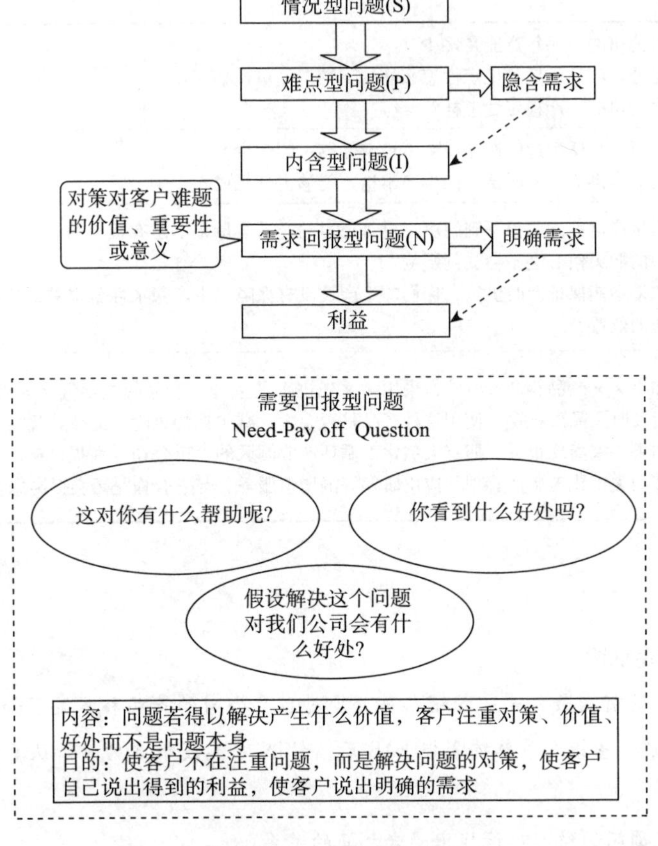
情况型问题(S)
难点型问题(P)
隐含需求
内含型问题(I)
对策对客户难题的价值、重要性或意义
需求回报型问题(N)
明确需求
利益
需要回报型问题
Need-Pay off Question
这对你有什么帮助呢?
你看到什么好处吗?
假设解决这个问题对我们公司会有什么好处?
内容：问题若得以解决产生什么价值，客户注重对策、价值、好处而不是问题本身
目的：使客户不在注重问题，而是解决问题的对策，使客户自己说出得到的利益，使客户说出明确的需求

图 8－3　SPIN 逻辑图

把 SPIN 模式看作一个灵活的会谈路径图，看成一种和客户进行由浅到深交流的思维方式和技术，它就可以如帮助成千上万的其他人一样帮助你。

要想成功运用 SPIN 技术，就必须理解客户。营销人员要知道怎样去了解客户的实际需求、存在的问题、经营战略、绩效导向、行业状况等，其目标是：建立一个对客户日常经营状况的整体看法，并运用相关工具去总结、分析。了解客户的路径有：从经销商或代理商那里获得消息、跟踪地方媒体、了解客户的竞争者、客户的财务报表和年报、网络搜寻等。此外，还要分析影响客户商业表现的政治、经济、社会、技术等因素。

如果客户已经准备购买产品，那么，营销人员应该让自己的公司在众多竞争者中成为领先者。营销人员在这个阶段的战略性目标包括：了解客户决策标准，最大限度地使我们的方案达到标准。

SPIN 应用实例：

（1）LX 公司化工产品 SPIN 话术

S	·贵公司的产品年产能是多少？ ·贵公司产品的质量稳定性怎么样？下游产品单耗如何？ ·贵公司的生产稳定性怎样？
P	·由原料品质引起的产品质量不稳定能够占到多少？ ·由原料供应不及时造成的生产不稳定能够占到几成？
I	·质量稳定性问题得不到解决，对贵公司的产品质量是不是有很大的影响？长此以往，你们客户的购买信心会不会受到影响？ ·如果不能保证及时供货，你们的生产就没有保障，生产稳定性就很差，那是不是会影响到公司的效益？
N	·如果××产品年产×万吨，采用××先进工艺生产，产品的主含量××以上，生产稳定、供货及时、品质稳定，使用这种产品是否会大大减少您的风险，提高效益？ ·如果一家离您很近、拥有大型化工循环产业园区的上市公司，在提供产品的同时，还提供更多的关于化工生产管理与应用研发等的增值服务，与它合作是否会提高您企业的竞争力？

实施建议：

SPIN 的运用说明

使用 SPIN 的前提条件是：营销人员必须对自己公司的产品和方案了如指掌，同时要对用户十分了解。营销人员熟练掌握 FAB 后，SPIN 才能发挥威力。请认真填写以下四个表格：

S——状况询问的练习：请找出两者之间的关系。

我们的优点	客户面临的难题

P——问题询问的练习：请找出两者之间的关系。

产品或服务	客户存在难题的原因及其解决方案

I——暗示询问的练习：请找出两者之间的关系。

提供的解决方案	客户问题不解决带来的严重后果

N——需求满足询问的练习：请找出两者之间的关系。

产品的潜在价值	给客户带来的价值

依据用户的不同情境，对大家各自整理的四张表格进行研讨并达成共识，然后，给每一张表右边的内容加上问号，编写成下面的 SPIN 话术：

S	
P	
I	
N	

第二节　成交五诀

用户购买的决策过程大致可以分为五个环节：项目可研、项目确立、初步筛选、确定供应商和签约实施。那么，与其对应的销售环节就是：获取项目信息、找到关键人物、技术交流、综合实力展示和临门一脚。在销售的长链公关过程中，我们可以总结出五诀：走对路、找对人、说对话、做对事、用对心，分别对应用户采购决策的五个环节。如图8－4所示。

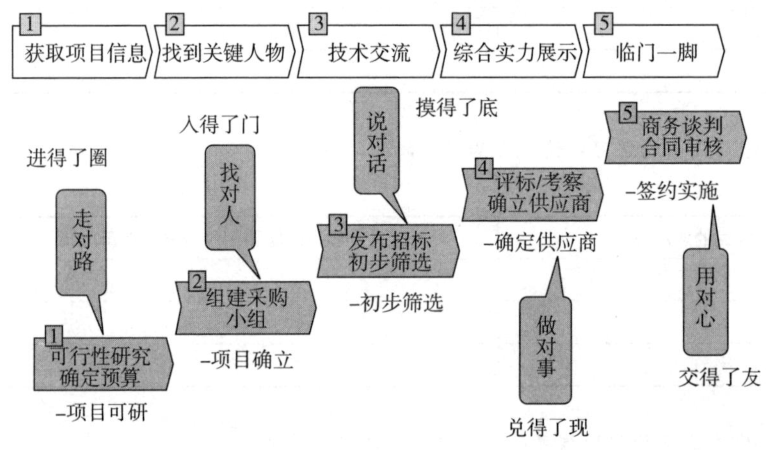

图8－4　工业品营销五诀

一、走对路：进得了圈

新项目（首次采购）的项目可研一般由项目发起或筹备部门承担，如项目指挥部办公室、战略规划部、投资合作部等，主要任务是从投资回报成本分析的角度研究项目的可行性。在此阶段，客户只是对项目涉及采购的产品设备按照行业找出不同等级企业产品的价格区间。设备直接采购（更换采购）的项目可研，一般则是由设备使用部门来完成的，主要任务是描述设备的基本功能要求、设备选型、使用要求等。在这一阶段，销售公关的主要任务是获得项目信息，最好能将公司的资料纳入可研的范围，为此，公关的主要手段是寻找“线人”。“线人”能为销售人员提供及时的信息，销售人员最好能为“线人”的可研工作提供帮助。销售人员务必在区域客户圈内经常走动，才能找到“内部线人”，及时获得信息，这就要求销售人员“走对路，进得了圈”。

圈子，顾名思义，就是一个互相流通的圆圈。一般说来，圈子能够为我们提供这几种基本资源：人脉资源、信息资源、品牌资源。因此，也有人说，圈子就是个人资源与社会资源进行交换、整合、匹配的一种魔方。广义上讲，圈子是由有某一共同标志符号的群体组成的。那个标志符号可能是身份、血缘、地位、专业、生活兴趣等。古人云：物以类聚，人以群分。人生在世，每个人都无法避免地生活在圈子当中。圈子越来越多，只意味着人与人之间的接触越来越频繁，社会关系越来越开放和多元。

广阔的人脉正是一个人通往成功的必不可少的外围支持，而能够带来各种人脉关系的工具，正是各类圈子。同样，没有人，也就没有所谓的圈子。当然，个人只有进入某个圈子，成为那个圈子流通中的一个环节，才能够获取圈子提供的机会、信息、盟友、人脉，才拥有这个圈子给你带来的平台和品牌价值。销售人员如果在目标客户的圈子内经常走动，就能最快获得销售信息，促进交易达成。如果销售人员在圈外漫无目的地乱转，只会浪费时间和精力，收效甚微。

工业品营销要聚焦建立两类圈子：一个是用户圈，一个是影响圈。用户圈由用户的使用者、购买者、决策者等相关人员及其延伸的人等组成；影响圈由行业组织、行业媒体、政府主管部门等单位以及行业专家、权威人物、非竞品营销团队、竞品渠道商等组成。

二、找对人：入得了门

项目确立阶段，客户的主要工作是依据项目可研的结果，结合用户的实际制定采购规则、流程以及组建采购小组。销售人员要想获得订单，在此阶段，公关的重要任务是找到关键人物，即“找对人”。找到了正确的人并了解其决策风格以及个体性格，销售人员才能够制定有针对性的公关活动。采购决策小组中的人员关系比较复杂和微妙，“找对人”中的“人”包括：关系引路的介绍人、决策的影响人、决策的人、执行操作的人等。

（一）关键人物的关键性

工业品的采购决策过程中往往有多方面、多层次人员的参与，而且他们的角色不同、地位不同，所起的作用也不同。企业一般有自己专职的采购人员或独立的采购部门，对于大单工业品的采购，企业还会成立采购小组，专门为采购做出决策。

因此，工业品销售人员必须了解客户购买过程的决策组织，包括决策参与人及其个性特征、充当角色、所起作用，并且设法了解谁是关键人物。不同企业的采购决策组织一般都不相同，有的企业是老板直接采购，老板死死地抓住采购大权不放；有的企业是由采购部门进行采购，采购经理就成了采购决策人，当然，当事采购员的影响作用也不能忽视；也有的企业由使用部门自行采购，那么使用部门的经理等领导就是采购的关键人物，而使用者的意见也十分重要。总之，销售人员必须弄清客户的采购组织构成，明白谁是真正的采购决策人。只有这样，我们的销售公关工作才会高效，否则，一切可能都是徒劳。

有这样一个例子：

某建材公司的销售员小丁，通过网络发现一家房地产公司某个项目正在进行建材招标，于是小丁很快就跟对方取得了联系，并与对方的项目工程部王经理建立了良好关系，三天两头请他吃饭、洗桑拿、泡KTV，投入了大量的时间、精力和金钱。王经理也带给小丁不少的内部信息，在王经理的大力支持下，经过精心准备，小丁公司顺利入围。而且王经理信誓旦旦地答应小丁，此项目一定给他做。小丁得到了王经理的承诺，心中甚是高兴，更是围着王经理转，三天两头请王经理吃、喝、玩、乐。但最后小丁的公司并没有得到这个项目，王经理的解释是："本来我是想选择你们的，可是我们总经理硬是挑选了另外一家公司，我也没办法……"就这样，小丁所做的一切都白费了。

（二）关键人物的关键人物

关键人物是在采购决策组织中具有决策权的人，但他们的决策往往会受到各方面因素的影响，不是自己想买什么就能买什么，或者想买谁的就买谁的。而这些能影响关键人物的人就是关键人物的关键人物，也就是我们常说的影响者。

影响者是一些直接或间接影响产品购买决策的个人或团体。企业内部的影响者有高层领导、技术人员、维修工等；企业外部的影响者有行业协会、业内专家、招标公司、政府部门、新闻媒体、咨询机构、他人用户、亲戚、朋友等。这些影响者直接或间接地影响着采购决策。所以，要想取得交易的成功，企业不但要了解产品的直接使用者、公关采购的决策者，同时还要关注影响者。只有进行立体式公关，企业销售成功的可能性才会大。举个现实案例：

周经理是上海某公司东北区业务经理，为了拿下东北某电厂的成套设备采购订单，他可以说费尽了心思和力气，长期奔波于上海和东北之间，不断地拜访企业的采购经理、工程部经理、技术部总监、企业老总等。差旅费用花了一大堆，人也消瘦了不少，可就是入不了采购名单。客户常说的一句话就是"让我们再考虑考虑"。这句话给了周经理希望，但每次拜访回来，他都很失望。实在没办法，周经理将情况向企业营销总监李总进行了详细的汇报，请求支援。李总了解了项目情况后，和周经理进行了深入的分析和推理，最后做出的判断是：之所以不能尽快定下来，主要是周经理将主要精力投在了采购经理上，而采购经理却不是采购决策人，他的工作只是收集供应商，并进行初步的筛选，最后做决策的还是企业的总经理。于是，周经理调整了公关的方向，将主要精力放在了客户的总经理身上，事情很快有了进展，周经理的公司顺利进入3家候选企业名单中。

但事情也没这么顺利，企业入围之后还必须做最后PK。与其他2家企业相比，周经理的企业并没有什么优势，在品牌影响力上还稍逊一筹，最后胜出的难度很大。于是周经理又找李总商量对策，商讨后，二人决定从客户总经理的影响者入手，给客户施加影响力和压力。经分析发现，在近期最能影响他的是某小学校长，因为他家小孩正到处求人上该小学，如果能解决他当前的难题，订单的事也就好办了。刚好该小学校长与公司某同事关系不错，于是通过公关，周经理帮助客户总经理解决了小孩的上学问题。感激之下，客户总经理将采购订单给了周经理的公司。

三、说对话：摸得了底

销售是语言的艺术。销售活动归根到底是人的社会活动，因此销售人员少不了要处理方方面面的关系，也少不了用语言交流、沟通。语言交流、沟通的效果如何，也就是说话的方式与内容如何，直接关系到销售的成败。

与客户交流的机会不是想有就有的，尤其是大型集团客户或者重大项目，他们可能会不接电话、对销售人员避而不见。因此，每次与客户交流的机会都弥足珍贵。与客户交流时，销售人员既不能只“侃大山”，也不能去瞎忽悠，必须带着收集信息、摸底的目的与客户坦诚交流，直接或者侧面打探相关信息，比如用户需求、采购流程、采购决策权重、价格预算、竞争厂家、评价标准等。

在项目进展的不同阶段，销售人员与客户交流的侧重点不一样。在初步筛选阶段，企业主要通过公开的招投标信息或者在采购规则下选择邀标的供应商，此时企业的工作侧重于企业宣传资料以及相关资质的审查、技术交流、对采购项目的理解或者解决方案的解说等。在此阶段，销售人员最好组织相关的专业技术人员与用户采购小组直接交流，但务必做到“说对话”。因为对于企业的信息，不同的人有不同的理解，销售人员与技术人员或其他人员可能对用户感兴趣的问题有着不同的答案，很容易“说错话”。比如对企业年度销售业绩的理解，销售人员会尽可能说出大的数据（把集团其他产业的业绩也包含其中），而技术人员可能只说出一部分业绩（实际发生）的数据，如此就造成了可信度的降低。要“说对话”，销售人员就必须精心安排，全程参与沟通，及时纠偏解释，注重“话”的一致性、针对性、适合性。

（一）话语的情景

话语情景是由讲话对象、讲话环境、讲话内容、讲话情绪等构成的具体话语环境。什么样的话语情景下，讲什么样的话；对不同的讲话对象，营销人员要说不同的话，说话的方式、内容、节奏、声音、情感等都要有所不同；在不同的讲话环境中，营销人员要使用不同的语言表达方式。比如，带客户到车间考察，噪音很大时，营销人员讲话的声音就要大一点，不然客户听不到；内容简短点，否则对方听多了太累；情绪高昂一点，不然客户没有兴趣。在客户不同的精神状态和思想情绪下，讲话也必须讲究。比如，客户今天心情很不好，你还一个劲地唠唠叨叨，激情四射，那对方一定很反感。再比如，客户在向你积极、主动地了解公司情况、产品情况等，你却爱理不理的，客户一定会扫兴而去。

同样一句话，由于当时的情景不同，说者的神态、语气不同，可能会有不同甚至完全相反的意思。比如，当客户正在忙碌工作时，销售员却在滔滔不绝地向他介绍产品，客户一定很烦，最后销售员问：“我们的产品很不错吧？”“是，不错。”客户顺口说道。这时客户也许并不是真的在赞扬你的产品，不过是敷衍你而已，希望你尽快闭嘴。

（二）话语的一致

销售的每个环节都离不开语言的表达、信息的传递、数据的展示等。工业品营销是一个漫长的过程，销售人员会长时间地在各种场合与各种人打交道。不注意的话，销售人员在各个环节往往会传达不一致的信息，使客户对销售人员讲的话产生怀疑，进而对销售员和公司产生不信任。如果出现了这种情况，那生意要达成就很困难了。

销售过程中的关键信息不外乎产品的性能参数、价格、质量等；公司的发展现状、销售业绩、资质荣誉等；商务上的预付款、质保金、付款方式等。我们只要对这些常规问题进行充分的总结，形成自己的销售语言，并让公司上下掌握到极其熟练的程度，那么，不论在什么地方、什么时间、和谁讲话，销售人员传递的信息都是一致的，这样不但增强了信息的真实性，还会获得客户更多的信任。

有这样一个活生生的案例，我们要引以为戒：

一批客户到某公司考察，一到公司，就受到热烈的欢迎。公司派出了由产品、技术、商务、营销等相关部门最强实力人员组成的接待团。在去公司接待室的路上，销售员率先说了：“欢迎你们来我公司考察，你们看了一定会满意的，在去年完成10亿元销售额的基础上，今年的形势喜人啊，估计又会增长30%……”客户听后，点头称赞。一路说着就到了接待室，营销总监开始做企业介绍，在向客户客套了一番后说：“我们高起点、高投入，机制灵活，发展迅猛，每年销售业绩按25%的速度增长，去年销售额突破8亿元人民币，今年有望实现10亿元的目标……”客户听了，有些疑惑，不过仍鼓掌祝贺。介绍会结束后，一行人去车间参观，看见工人们还比较忙，客户中一位采购经理就随便问了一位车间工人：“你们发展速度这么快，生产跟得上吗？”“没问题啊，我们的产能大着呢，就算是一年销售20亿元的产品，我们也能生产，去年销售也不过6亿元左右啊……”该工人一边干活一边回答道。10亿、8亿、6亿……客户越听越觉得蒙了，失去了继续考察下去的兴趣。在回去的路上，客户顺便就问了下开车送他们的司机：“你们公司去年业绩怎么样啊？完成多少销售额？”“可能就5亿多吧，越来越难做了……”客户彻底失望了。

四、做对事：兑得了现

在确定供应商阶段，客户会通过招标评标、实地考察等程序，确定最终的入围者。到了“临门一脚”的关键时刻，在实际操作中，我们就要看销售人员如何“做对事”。销售人员要通过“做对事”，尽情展示企业的综合实力以及自身与采购项目的匹配度，化解采购决策者的采购风险，包括用户公司风险、关键任务的个体风险。“做对事”的事务必要差异化、合理化、公开化。即便要有灰色公关，销售人员也要做得合乎规则，防范各种可能的“灰色猜疑”。

（一）兑现承诺是根本

工业品营销是技术营销、商务营销及合约营销，客户十分看重厂家的技术实力、产品性能、产品质量、交货周期、价格水平、售后服务等。因此，在客户公关时，销售人员为了拿下订单，往往会不加思考、不顾实际情况地答应一切要求。有的销售人员还堂而皇之地说：“怕什么，什么要求都答应下来，定了再说……”这种做法是很不可取的。一来，一旦客户发现你在弄虚作假，你不但会失去订单，还会失去客户对你的信任；二来，如果你夸大产品的性能，用户将产品投入使用，产品却不能满足客户的生产要求，这可能会造成严重后果。

所以，销售员在前期销售公关时要掌握好分寸，不能什么都答应，什么都承诺。否则，到最后就是竹篮打水一场空。当然，最关键的是在客户确定供应商阶段——兑现你的承诺，做个言而有信的个人和值得信任的公司，“临门一脚”，促成交易。

（二）考察接待是关键

工业品订单往往是大宗交易，成交金额少则几十万，多则上千万。对于这么大的一笔投资，客户一般都十分重视，除一轮轮的竞标筛查外，还会组织专家、技术人员、使用人员、主管领导等到厂家实地考察。如果你的公司有幸被选中，那么认真做好接待工作十分重要。

客户到厂家去考察，主要是查看厂家的综合实力、生产加工能力、质量控制能力、经营管理能力等。所以，企业在收到客户考察的要求后要认真研究，充分准备，利用一切可利用的资源和力量来展示企业的综合实力，以及与采购项目的匹配性，给客户留下“非你莫属”的印象。不管日常做得有多好，企业都有必要对各个环节精心布置。一般来说，企业要做好以下几方面的工作：

1. 充分准备，重视细节

有备才能无患。在客户来司考察前，企业一定要精心安排、充分准备，主要的准备事项有：接待申请、确定接待级别、制定接待流程、安排接待人员、安排食宿、接见领导预约、接待现场布置、接送站准备、礼品准备、办公楼及车间的清洁卫生等。为了表示对客户的重视，企业往往会在厂区的显眼处拉上欢迎条幅，在客户的考察路线上设置指示牌，在接待室也会打上条幅或其他欢迎标语。

特别要强调的是，公司要做好企业综合实力展示的准备，想尽一切办法，展示企业的长处，回避短处，比如：精心制作企业宣传画册、产品技术图册及公司宣传片，将公司历史成功案例整理成册，为本次营销提供有力的佐证；为采购项目设计简短的技术指导手册，让客户一目了然；配备专门的讲解人员，准备好解说词，并进行严格训练；对公司的形象及产品展示厅进行精心布置，使客户对企业、对产品有更直观的了解；生产车间要按6S 标准整理、整顿，尽量开足生产线，证明公司业务繁忙而生产有序；最后，就是你的成品仓库要备足一定的货，不能让客户看到空空荡荡的场面。

2. 热情大方，以客为尊

一般来说，在客户到单位时，单位领导要提前到办公楼前迎接，其他参加人员应提前到达接待室或工作岗位，客户进接待室时应鼓掌欢迎。

接待人员应衣着整洁，最好统一着工作服，接待期间不要交头接耳或做其他事情。客户考察结束离开时，公司领导要亲临现场话别。

3. 车间考察最关键

客户考察生产车间时，企业应将车间的门尽可能全部打开，以示欢迎。各车间人员应坚守岗位，尽量开足生产线，但应繁忙而不混乱。

在客户到达时，不要停止正常生产，对客户的提问要礼貌地回答，不要在客户走过后交头接耳、议论纷纷。

五、用对心：交得了友

签约实施阶段，是商务谈判达成一致后进入合作实施的阶段。很多销售人员认为销售活动到此就结束了，消费品也许可以，但工业品的销售绝没有结束。这是客户开发的结束，却是客户维护的开始。在此阶段，销售人员要“用对心”，在合约实施的过程中兑现承诺、履行职责，用真诚的心满足用户的各种需求。

企业不仅要跟客户做成一单生意，还要尽量与其保持长期的合作关系，因此销售人员不要强调他是在向客户推销产品，而要表明他是在为客户提供帮助。在客户感到有问题的时候帮助他，在他没有发现问题的时候提醒他，急客户所急，想客户所想，这就是所谓的“用对心”。只有这样，客户才会感受到你的真心、真诚，才会与你成为朋友。

每天问一下自己：有没有用心地去整理过客户记录？哪些是意向客户？哪些是目标客户？哪些是潜在客户？对于不同的客户，我们要花的时间和精力都不同，要有计划地对他们进行分类跟进。再问问自己：有没有用心兑现你的承诺？你的产品符合客户的要求吗？你的交期是按合同规定的吗？你的服务跟上了吗？等等。

“用对心”的主要作用是：

1. 有利于项目顺利进展

不是合同签了，订单下了，就万事大吉了。因为，你还没完成工业品销售的整个环节，验收、回款这重要的一环还没有完成。一般来说，工业品采购的预付款不会超过采购总价的30%，还有约60%的货款要在验收合格之后才能收到，而剩下的5%～10%是质保金，回款时间就更长了。所以，要想顺利通过验收，拿到验收款；保证产品不出问题，拿到最后的质保金，销售人员都必须更用心做事，合同的条款要求不能打折扣，就算口头承诺也要一一兑现，让客户满意。

2. 促进客户的辗转介绍

用对心，跟客户交朋友，真心为客户办事，客户也会为你着想，帮你辗转介绍新的客户。

六、某制冷公司产品销售五诀的运用

某大型制冷公司主要从事特种制冷设备、中央空调、舰船空调、特种空调等产品的研发、生产和销售，是国内极少数全面进入制冷空调领域的生产厂家，目前已成为国内生产规模最大的工业空调制造商之一，市场占有率位居国内前列。

虽然发展很快，业绩骄人，但公司70%的业绩都掌握在几位销售精英手中，新招的二十几位销售员都业绩平平。如何使这些新人快速成为销售精英呢？在对几位销售精英的方法进行了解剖、提炼之后，形成了营销成交五诀，让新来的销售人员去学习、模拟演练、实际操作，收到的效果十分明显。

1. 走对路

要在分管区域内尽快找到潜在客户，公司首先要列出对产品有需求的所有厂家和部门。根据以往的销售经验，公司得出，以下的厂家具有采购高温特种空调的能力和需求：

（1）大型的钢铁企业

一般来说，年产在300万吨以上的钢铁企业都具有采购工业空调的能力。产量相对较小的钢铁企业，就算需要工业空调，其用量也很小。因此，对于较小的钢铁企业，营销人员只需相对关注即可，重点是要抓住大型的钢铁企业不放松。

（2）大型的冶炼企业（包括铜、铝等金属冶炼）

由于金属冶炼会产生大量的腐蚀性气体和高温，所以绝大多数有色金属冶炼企业都有购买工业空调的需求，而且其需要的空调经常伴有防腐、防电磁等特殊要求。

（3）大型的焦化企业

炼焦的时候一般会用到拦焦车、熄焦车等大型设备以及电器控制室，由于工作环境中有腐蚀性气体，并且伴有高温，所以焦化企业一般都需要用到工业或耐高温空调。

（4）行车、焦化车、大型采掘设备制造企业

这些设备的使用环境相对恶劣，所以大部分都会配备各类的特种空调。如果可以与这

些设备形成配套的话，产品的需求量就比较大，且受季节性的影响较小。

（5）工作环境恶劣的企业

有高粉尘、危险性气体等工作环境恶劣的企业，一般也需要特种空调。

营销人员要重点收集这5类企业的信息，关注他们的动态和需求，并分别研究，走进这些企业采购和使用部门的圈子中去，比如：走进行业协会、专业媒体等影响因素中去了解和收集具体用户信息；走进给这些用户提供服务的经销商、非竞品厂家业务人员的圈子中，收集用户的采购部门、使用部门等具体人员、决策流程与关系权重等精准信息。

2. 找对人

找到目标用户后，营销人员应根据目标用户的性质，尽快找到相关部门的关键人物。我们要在最短的时间内找到进入的渠道，这点非常重要。

（1）钢铁企业、焦化企业和冶炼企业都是由不同的分厂组成的，各分厂一般相互独立，但采购时采取集中采购的形式。采购的种类分为零固采购（零星固定资产采购）、项目采购、备件采购。一般来说，采购部门的人相对难沟通，我们可以采用迂回的战术，先到某个分厂（如炼钢分厂、炼铁厂、转炉分厂等），找到分厂的设备科领导或电器主管，然后通过设备科领导找到分管设备的分厂副厂长。首先，营销人员可以通过他们了解其公司的基本概况和空调使用情况、采购渠道、报批方式等，如分厂有建议权或报批权，则尽量使其在报请购买工业空调时推荐我们的产品。在相对熟悉后，营销人员可请求该分厂的相关领导帮助引见其他分厂的相关部门或领导。如分厂无权力决定空调的采购品牌，营销人员可请求该分厂的相关领导帮助引见采购部门的负责人或主管采购员。总之，营销人员一定要想办法先让自己的企业进入合格供货商目录。对于招标办，企业要给予重点关注，项目的招投标都由其负责，是否可以参与招标项目也由招标办决定。如果可以通过投标的方式进入供货商目录，企业将会收到事半功倍的效果。

（2）由于行车、焦化车、大型采掘设备制造企业都是在产品制造中配套使用空调产品，所以前期的技术沟通非常重要。一般来说，营销人员需要先与采购部门进行沟通，在获得采购部门的认可后，可积极地与技术部负责人以及电器设计工程师联系，使其在产品设计中加入我们的空调。在接口和电路方面，每家的产品都不相同。如果客户在设计的时候就采用我们的产品，那么在后期与采购部门的谈判中，我们就会占很大优势。

3. 说对话

在与客户沟通的过程中，让客户很快地对你销售的产品产生兴趣，对你和你代表的公司产生信任是非常重要的，这就要求销售人员在沟通过程中注意以下几点：

（1）对本公司的情况要非常了解，特别是公司的各项资质和可以让客户非常信服的资源优势，例如，公司是国有大中型企业、第一台窗式空调和第一台军用空调的生产厂家、最大的军用空调生产企业、国家军用空调标准的制定者、最大的特种空调生产研发基地、拥有国家级的空调检测中心等。在介绍公司产品时，要重点突出公司的核心技术，即军用空调生产和军用制冷技术，强调特种空调是军工技术民用化的衍生产品。军工技术在特种空调上的广泛运用，使其技术含量和可靠性大大提高。

（2）工业空调的价格要远远高于普通的民用空调，这就要求销售人员对产品的主要配置和技术参数以及产品的特点非常清楚，要让客户认可工业空调和普通空调是有本质区别的，就需要体现销售人员的专业度，特别是如果对工业空调的基础知识不是很了解，就很容易说一些外行话，这样会使客户对你和你销售的产品失去信任和兴趣。因此，新进入公司的员工，由于对空调的知识很难一下了解到位并熟练地运用，建议在介绍公司产品的时候拿一个记录本，可以把主要的技术知识记在上面，以便于回答客户提出问题，也便于记录客户的要求，同时也显示出对客户的尊重和谦虚。对于不是完全了解的事情千万不要随口乱说。

（3）由于针对不同的用户，在工业空调的价格制定上有较大的不同，当客户要求报价时，不要随意报价，一定是在了解客户的需求量、现场环境、配置的具体要求、付款方式、以前是使用哪家产品、以前大致的采购价格的基础上，和公司进行沟通后以书面的形式进行报价，一般要求第一次的报价是在可能成交价格的基础上适当上浮，以免客户讨价还价或者增加其他的费用。

4. 做对事

在工业空调的销售过程中，如何让客户在最短的时间内接受你和你销售的产品，第一印象是非常重要的。在第一次上门拜访之前需要做好以下几件事情：

（1）熟背公司的情况介绍。

（2）熟背产品的性能特点以及和其他类似产品相比较的优势。

（3）了解客户公司的大体情况，对主要人员先进行电话拜访沟通。

（4）带好公司的相关产品资料、宣传册、资质文件、自己名片等。

（5）带好笔记本、笔，以便随时记录客户的需求、电话及你所希望了解的情况。

（6）带两包香烟，以便在客户有抽烟习惯时散发给客户增加一些好的印象（当客户同一办公室有其他同事时要一并发到）。如果客户没有抽烟的习惯，最好不要抽烟。

（7）注意自己的衣着打扮，不要太休闲，要体现你的专业性和公司的实力，严格按销售员着装、仪表规范打扮。

5. 用对心

一个成功的销售人员，一定要做到观察细致入微，充分了解客户需要而且对于潜在信息进行不断跟踪。对工业空调销售过程中的注意事项归纳如下：

（1）工业空调的销售中，有时会产生一些销售费用，当客户有意向采购产品时或者针对某些关键的人物（对合同签订有决定权或可决定后续订单的人），在客户没有要求的情况下不要随意地承诺什么。

(2) 在对客户的拜访过程中要尽可能地了解客户的详细信息，比如姓名、职务、年龄、兴趣爱好、生日、家庭住址，是否喝茶、抽烟、喝酒。可以选择在客户生日或者重要的日子给予问候，并且邮寄一些礼物表示祝贺。如果客户有喝茶、抽烟、喝酒的习惯，可以在回访的时候带一些当地的茶、烟、酒赠送客户。你的一些细致入微的关心也许会比其他更大的投入更加有用。

(3) 在工业品销售的过程中，投标是不可避免的，在招投标中，不仅仅是价格低就可能中标，还需要销售人员做大量细致的工作，对可以提高中标可能的一些要素列举如下：

第一，让招标办认可自己，发投标邀请函这是首先要做的。

第二，一般在收到投标邀请函之前，通过对方公司的分厂或者采购计划部门就可以提前知道招标的信息，在知道信息后要进行及时的追踪，提前掌握是哪个分厂要的、是什么样的空调、装在哪个位置、有什么特殊要求、有没有指定品牌、连接管路需要多长，等等。

第三，招投标都有评标委员会，在投标之前要尽可能多地找到可能会参加投标的人员，了解他们的想法，有针对性地介绍自己产品的优点，给他们增加好的印象。

第四，要通过招标办或者相关部门尽可能多地了解招标信息，包括会邀请哪几个厂家来参加投标、招标方有没有主导意见或倾向性、在招标文件中选用的是哪个厂家的产品型号、采购方是希望低价中标还是希望采购产品质量可靠且售后服务有优势的产品、开标时是采用一次报价还是多次报价等，这对我们最终报价起到至关重要的作用。

第五，在标书的制作中，我们首先要看清楚招标邀请函中的规定细则，需要我们提供哪些资料，千万不要遗漏，或者答非所问、供非所需。要尽可能多地把公司拥有的优势资源展示出来，把投标的产品数量、具体技术要求、付款方式、开标时间及地点等看清楚，可能一个细小的差别就会使得报价相差很大，在报价表中尽量不要急于填写价格，最好是在投标前将基本情况了解清楚后再填写密封。

(4) 在销售过程中会经常遇到很不容易合作的厂家。由于冶金企业的规模都很大，在当地都有一些依靠他们做生意的经销商，他们在企业中都有各种关系和渠道，当我们没有办法进入或进入的成本较大时，我们可以找到这些经销商，给予其一个较有优势的价格，利用其在企业中的资源销售进去，然后再对销售进去的产品进行跟踪回访，掌握企业的真实情况，以达到对经销商也要有一定控制的目的。

第三节　六大步骤

消费品营销中常用“销售漏斗”。所谓“销售漏斗”就是漏斗的顶部是有购买需求的潜在用户，漏斗的上部是将本企业产品列入候选清单的潜在用户，漏斗的中部是将本企业产品列入优选清单的潜在用户（两个品牌中选一个），漏斗的下部是基本上已经确定购买本企业的产品，只是有些手续还没有落实的潜在用户。漏斗的底部就是我们所期望成交的用户。为了有效地管理自己的销售人员或系统集成商、增值服务商，就要将所有潜在用户按照上述定义进行分类，处在漏斗上部的潜在用户其成功率为25%，处在漏斗中部的潜在用户其成功率为50%，处在漏斗下部的潜在用户其成功率为75%。消费品的需求是很难确定的，只能用“销售漏斗”从商业机会和市场机会再到销售机会再到客户机会一次次地漏来漏去，犹如“大海捞针”。

通用的销售管理软件或者CRM软件大都是按照“销售漏斗”原理来设计和编程的。于是，很多工业企业采用销售管理软件就出现了很多问题，反而使得效率低下，业务人员抱怨不断，营销管理的导向性不强。

工业品用户的需求是派生的、刚性的、明确的，这样的属性，决定了工业品营销不需要在大海中漏来漏去。工业品营销，我们提倡的是鱼缸式的“放水养鱼”。所谓鱼缸式“放水养鱼”，按照工业品营销六大步骤就是：通过市场开发把潜在客户统统搜猎到鱼缸中；客户开发环节，就是把客户特征制作成一个鱼勺，在鱼缸中捞出第一批成交可能性高的客户；客户拜访，就是对成交可能性大的客户进行拜访，探究成交的可能性；客户分类，根据拜访结果分出近期可能成交的客户；成交规划，就是对成交可能性大的客户量身定做方案；辗转介绍，利用已成交的客户介绍新的客户，也就是把鱼勺子再一次放在鱼缸中，重复运动。

鱼缸式“放水养鱼”不会造成营销资源的流失，只能使得资源容易聚合，更能使得营销人员的工作目标更加准确。实施“放水养鱼”，就要按照工业品营销的六大步骤一步一步进行。即：市场开发——寻找目标群；客户开发——制定客户标准；拜访客户——传递企业信息；分类跟进——形成合作意向；成交促进——临门一脚；辗转介绍——树立榜样。

一、市场开发：寻找目标群

一般来说，寄样册、送少量试用品、登门拜访是客户开发的三招，但很多公司把它混同于市场开发，认为市场开发就那么几招。

小心！如果过去是这样开发的，那么我们可能已经错失了不少的机会！

所谓的市场开发，也就是寻找以下问题的答案：对一个大的区域市场怎么开发？通常我们有哪些招数，效果如何？这个市场中几类用户的特点如何？总体开发价值多大？预计要花多长时间开发？

工业品营销市场开发就是要做好以下四件事：

1. 行业广告

行业媒体发布广告，主要是技术文章、成功案例，突出公司的实力与品牌形象，如果产品具有很大的优势或者领先程度很高，也可以做一些产品的广告，产品广告必须突出给用户带来的好处。

对行业影响部门做人员推广，拜访行业影响部门的负责人，与之交流做关于公司品牌的相关推广，使得这些影响因素知晓公司，最好能够使之主动传播公司。

2. 新品推介会（行业展销会）

为你的产品开个专门的推介会，策划产品推介会关键是人员的邀请、产品的领先、费用的预算和会后的跟踪。

参加行业展会，在展会上做到：展示自我、扩大知名度、收集行业信息。

3. 建立当地潜在客户目录

本公司其他地方的几类主力客户在本地的目录和档案；本地几类发展快，产品用量大的客户目录和档案，并确定相应的开发计划；未来可以用其他产品满足的一些客户；拜访当地相关的龙头企业，并收集其需求。如此就可以很快编写出当地潜在客户目录。

4. 寻找有特殊关系的人或组织

关系网的重心在哪里？可否找到这种很有影响力的人或组织？如何与其合作（总公司应有一些框架和原则）？竞争同行在这方面是怎么做的？效果如何？如何效仿和替代它？解决这几个问题，就可以找到有特殊关系的人或者组织，报告公司，研究如何与之形成合作。

市场开发这一步骤的重心是：对整个市场进行催熟；布下未来业绩发展的大棋局；准备一些特殊资源，支持未来的业绩成长；选择目标区域，目标行业；选择进入的时机。

实施建议：市场开发练习

1. 如何在最短的时间内建立一个较完整的潜在用户目录？你的方法有哪些？
2. 所在区域或者行业市场的潜规则是什么？
3. 特殊关系的人或者组织是谁？如何与之建立合作关系？

二、客户开发：制定客户标准

客户开发就是在潜在客户目录中筛选出目标客户群。在客户开发中，寻找和研究客户务必回答：我们的客户在哪里？从哪些渠道把它们找出来？新的潜在客户在哪里？

一般来说，行业内刊、黄页号码薄、展览会等会有我们60%的客户，但问题是谁都知道了，抢夺客户的竞争会很激烈，我们的优势何在？

下面的问题需要引起营销人员共同注意：你的主力客户有哪几类，你建立了客户目录吗？你每个月新开发多少客户？这在你的业绩考核中占有多少的比重？建立了主力客户的分类目录及相应档案吗？这些问题事实上是一切工业品营销问题的根，后面所有的问题只不过是它的衍生而已。

接下来就要认真研究客户：我们的产品具有不可替代性吗？客户目前的供应商的优势何在？能否成交？价值多大？要分配多少精力？如何成交（包括通过让利、服务、协助、工艺试验等）？我们带给客户的价值何在（从成本、材料性能、工艺、供货方式、服务、长期合作上思考）？

可见，寻找和研究客户已完成这一步骤，其重点是：新客户的寻找与研究；新客户类型的发现与开发；客户的研究、过滤及锁定目标。

对于工业品来说，了解客户需求主要就是了解工业品使用项目的需求。比如，客户为什么要购置产品？对产品有什么样的要求？使用到什么项目？项目的规划是怎样的？用户期待达到什么样的预期效果？计划投入多少费用？

同时，为了客户的开发成功，营销人员还应了解以下内容：用户是否以前接触过该类产品？用户的购买决策人有哪些？购买决策过程是怎样的？有哪些竞争同行参与竞争？竞争同行的优劣势有哪些？可以通过公司成熟市场的成功客户研究提炼出客户的特征。

实施建议：客户开发练习

如何从中找出较有开发价值的第一批客户？你寻找的标准有哪些？

最容易成交的客户或者最成功的客户是谁？分别拥有什么特点？

无法成交或者不愿意成交的客户是谁？其特点是什么？

用一句话概况当前最容易成交客户的特征。

三、拜访客户：传递公司信息

拜访客户是企业营销人员的天职，拜访客户的结果好坏将直接影响到销售的最终达成。在拜访客户之前，多调查、了解客户的需要和问题，并针对客户需求及问题，提出建设性的意见。客户拜访的策划可分成三个阶段：拟定目标、计划行动、最后准备。

（一）拟定目标

确定拜访目标是必要的，因为它使我们精确了解我们希望达成的是什么。一次客户拜访可以有好几个目标或者任务，主要任务有：

1. 销售产品

这是拜访客户的主要任务，销售人员向客户介绍公司的情况与产品，增加已购产品的批次和数量，或者推介未成交的产品。

2. 市场维护

没有维护的市场是昙花一现。销售人员要处理好市场运作中的问题，解决客户之间的矛盾，理顺渠道间的关系，确保市场的稳定。

3. 建设客情

销售人员要在客户心中建立自己个人的品牌形象，同时也代表了公司的形象。这有助于赢得客户对你工作的配合和支持。

4. 信息收集

销售人员要随时了解市场情况，监控市场动态，掌握客户需求。

5. 指导客户

销售人员分为两种类型：一是只会向客户要订单的人，二是给客户出主意的人。前一类型的销售人员获得订单的道路将会很漫长，后一种类型的销售人员赢得了客户的尊敬。

（二）计划行动

拟定目标后，你应该制订一个行动计划来达成你的目标。为了做到这点，请回答下列问题：我从客户那里还需要什么额外的资料？如何使他感兴趣？客户的利益是什么？如何向他证明我能带给他利益？客户可能提出什么反对理由？我该如何处理？我将运用什么话术来达成目标？

（三）最后的准备

拜访是达成销售的面对面阶段，工业企业的营销人员一般要分管几个地区、一个省甚至几个省的市场，每个月要走访大量的客户，对每个客户拜访的时间一般很短。因此，销售人员在拜访客户之前，就要做大量的拜访准备工作，必须做好准备，为成功拜访打下基础。失败的准备就是准备着失败。

1. 上次拜访行动反省

销售人员要将自己上次拜访客户的情况做一个反省、检讨，发现不足之处，及时改进。

（1）上次拜访计划是否落实了？

销售人员每次客户拜访前要检讨自己：上次拜访客户时，有没有完全落实之前的拜访计划？哪些方面没有落实？今天如何落实？

（2）未完成的任务是否跟踪处理了？

（3）客户承诺是否兑现了？

一些销售人员常犯的错误是“乱许诺，不兑现”。销售人员一定要做到“慎许诺，多落实”。

2. 掌握公司资源

了解公司的基本情况、产品知识、产品策略、销售政策、价格政策和促销政策，等等。尤其是在企业推出新的销售政策、价格政策和促销政策时，更要了解新的销售政策和促销政策的详细内容。要统计分析不同客户的价格情况，以及同一客户不同时期的价格变化，同时还要掌握竞争对手的价格状况。当公司推出新产品时，销售人员要了解新产品的特点、卖点。

3. 明确销售目标和计划

销售人员要为实现销售目标而工作。销售人员每次拜访客户，都要明确以下内容：自己拜访客户的目标是什么？如何去做才能实现目标？做好拜访路线规划，统一安排好工作，合理利用时间，提高拜访效率。

4. 演练话术

基于对客户需求的了解，销售员要学会倾听和提问以便识别客户的真实需求，了解客户的特点、动机和行为，回答客户提出的疑问，帮助客户做出购买计划，同时推介公司的实力、产品的优势、服务的价值等，打动客户产生购买欲望，做出购买决策。

5. 带全必备的销售工具

凡是能促进销售的资料，销售人员都要带上。调查表明，销售人员在拜访客户时，利用销售工具，可以降低50%的劳动成本，提高10%的成功率，提高100%的销售质量！销售工具包括产品说明书、企业宣传资料、名片、计算器、记录本、笔、价格表、宣传品、样品、有关剪报、订货单。

6. 整理好个人形象

销售人员要通过良好的个人形象向客户展示品牌形象和企业形象。

实施建议：

拜访客户是一件神圣的事情，严肃的事情。工业品营销中客户拜访十分讲究对等原则。尽量避免让新手（不成熟的营销人员）去拜访新客户，用新客户来练新手。

一定要抱着自己能够对客户有帮助的信念去访问客户，只要你把如何才能对客户有所帮助的想法铭记在心，那么你一定会提出一个对客户有帮助的建设性构想，实现建设性的客户拜访。

拜访客户一定要及时填写拜访记录。每一次的拜访活动，必须有所收获！坚决不做无目的无收获的拜访，如此拜访既浪费时间与费用，更浪费客户的时间和精力！

演练拜访客户的话术，如表8－1所示。

表8-1　拜访话术演练

	通常的做法	正确的做法
依照不同的场景，编写相应的公司介绍版本（AT）		
描述一些使用公司产品的榜样客户的案例，编成故事		
预先准备好客户各种问题的答案（LSCPA），根据客户的疑义陈述我们的对策		
列举产品的所有功能、优势与利益，以证明对客户有利（FAB）		
在陈述过程中，使客户参与发表意见（SPIN）		
把自己产品的好处与竞争者产品的缺点比较		

四、分类跟进：形成合作意向

业务人员时间有限，不能在每个客户身上花同样时间；业务费用有限，不能在每个客户身上都投资；产品有其特性，对不同客户来说价值感不同、重要性不同；营销有其目标，需要集中精力先拿出一些业绩支持公司的长远发展；我们的研究成果领先程度有限，需要最快时间推广给最需要的客户；我们的管理能力有限，需要把管理对象分出轻重缓急。

客户分类，就是分析客户拜访的信息，以一个标准来对客户进行分类。比如：营业额、利润额、商誉及支付能力、原料消耗量、发展执着、对我们的依赖程度、在行业中的影响力、预计成交额、成交的难易程度、地理上的远近程度……

通常按照客户属性分成A、B、C、D四类。

A类客户：购买额度比较大，是企业业绩的主要贡献者，而且对其销售成本相对不高，为企业创造了大量的利润。

B类客户：这些客户一般是行业大型企业，或者是排名在前的知名品牌企业，这些企业实力强，信誉度高。他们在行业内有一定的号召力，往往起着“羊群效应”的作用，对这类客户开发好了会有事半功倍的效果。

C类客户：这类客户购买量不是很大，也不是行业领头企业，但他们是行业的新生力量，对技术和服务都有特别要求，一般都做订单式加工，有利于公司技术和服务水平的提高，但为此花费的人力、物力较大，为企业创造的利润往往不高。

D类客户：他们是一般的大众客户，一次购买量不大，服务需求少，但购买次数往往比较多，这类客户是一般企业的主要客户，也是企业销售业绩的主要来源。

我们必须明白：即使你的工作很到位，你的A类客户也会有10%～30%流失；100个基础客户中经过筛选，最后成为你客户的不到三成，A、B、C类客户比例为1∶3∶6；要不断促进客户升级，预备升C类、C类升B类、B类升A类，否则不到一年，你的业绩就会大幅滑坡；即使意向很低的C类成预备客户，也不能轻言放弃，要立即问候、寄资料、拜访；不要轻信他人的分类，要不断更新资料，不断调级；如果客户被你分为A类，却没有持续的订单，你得检讨；一个营销人员明天成绩如何在于他的B类客户的质量，而未来业绩如何则取决于C类客户的质量；每个月要调整20%的各类客户，了解相关情报，升降级；不同区域市场的A、B、C类标准不同；不同行业的A、B、C类标准也不同。

营销主管要注意：对自己属下每个人的A类客户要了如指掌，A类修补客户力争做到如此，如果能进一步了解其B类客户，那就厉害了；确定每年（月）营销目标的一个重要指标；大数原理：你规划的营销目标很可能达成，有的该成的没成，不该成的成了，但客观上，意外和惊喜抵消了，目标达成了；记住营销管理不是一个确切数字，一定要管理增长率：订单总额增长率、利润增长率、A类客户增长率、个人业绩增长率、单月回款增长率、拜访次数增长率；只有管住了这个趋势，才能管好工业品营销，所以一定要有销售会计或有这个管理职能来协助我们进行增长方面的统计和分析。

由于工业品的特殊性，工业品购买时表现出理性、专业性，购买决策过程复杂、决策时间长的特点，在如此漫长的等待时间里，影响用户购买决策的因素都可能在发生变化，这既是机会也是挑战，如果此时你认为可以回家睡大觉了的话，那就大错特错了。对客户进行时时跟进是十分必要的，建立好客情关系，进一步做好项目的攻关工作显得尤为重要。

实施建议：

在工业品销售的实践中，每个企业根据当月的项目进展以及客户对当月销售指标的贡献或是影响程度，将客户分为A、B、C三类：A类为当月指标确保的客户；B类为当月指标弥补的客户；C类为当月开发的客户。以此来编制每个月的客户动态分类表，如表8-2所示。

表8-2　月度客户动态分类表

类型	客户名称（编号）	销售贡献/影响程度		主要措施	责任人
		项目	销售额		
A					
A					
B					
B					
C					

这张表的绘制，紧密围绕当月的销售指标。业务人员以此来规划分配自己的精力与投入；经理人员通过这张表整体掌握并及时跟踪当月指标的完成情况，对出现的异常予以高度关注，将重点放在对当月业绩指标影响或贡献大的A、B类客户上。

五、成交促进：临门一脚

成交促进，就是集公司之力对成交可能性大的客户开展营销工作，它就好比是足球场上的临门一脚，如果你不踢这一脚以致“球”不进，你前面所做的一切都是白费。

销售方案的制定是临门一脚的精华，主管人员要想办法多开发一些模式，供大家参考，营销人员要互相多交流，公司也要拿一些经典案例来推广。即使你做了成交策划，也做了相应的营销努力，也很可能没有业绩，所以，你必须：抓住大趋势，个别月份的业绩不理想是正常的；用大量时间来促使老客户的订货额增长；抓住榜样客户做文章；不断使用各种办法使客户升级。

（一）成交策划

这是由工业品的特征决定的，我们以滞后性为例。你如果想获得3~5个大订单，那么从今天起你要：

（1）准备立即拜访所有A类客户，并针对每个企业特点，设计一个最佳的方案。

（2）给所有B类客户寄去公司最近的宣传资料，准备在拜访完A类客户后（或顺道）拜访B类客户，当然别忘了每周一次的定期问候。

（3）给所有C类客户打去电话，了解他们的进展，排选其中一些有意向，或内部有调整，或产品有变化的客户，准备晚些时候寄资料，拜访。

我们必须明白，如果仅仅是靠热情，还不如去拉保险，既然工业品营销是一门专业度较高的事业，每一个项目的谈成都需要周密的规划：

（1）制定一揽子销售方案：售前试验，售中配合，售后跟进也是产品独到的卖点。

（2）如果没有优势，没法设计方案，就要考虑是否可以代理些相关新产品，进行一次购齐的整合服务。

总之，要为客户提供更多的方便性和更多价值，使客户对你有更多的依赖感或觉得你具有不可替代性。

（二）销售促进

销售促进是营销成功的“临门一脚”，对于工业品营销来说也是特别重要，通常的促进方法是：试用、信用赊销、培训班、演示会、展示会、会员制、互惠购买、赠送等。

1. 试用

可分无条件试用与有条件试用。

（1）无条件试用

比较适合仪器设备的销售促进。为了打消用户对产品质量的顾虑，或客户对产品所带来的收益有怀疑时，企业可以采取免费试用的方式吸引客户，最后促使用户下定购买决心。

（2）有条件试用

企业可同意用户免费试用三个月，如果在试用后用户满意则购买，不满意则运回企业。当然也可以收一定的费用，这要根据具体情况而定，此可称有条件试用，一般来说比较适合原材料的销售促进。如为了从竞争同行里抢市场，当自信自己的产品质量优于对手时可以提出低于售价、打折销售让用户试用，使用户选择自己的产品，而后按市场售价销售。当然也可以免费小批量试用，如一个大的用户，就值得以小批量免费试用为代价争取市场。总之企业可以根据产品特点、市场情况综合考虑采用哪一种方式。

2. 信用赊销

企业针对信誉可靠的企业可以采取赊销的方式促进销售。对于不同信誉程度的企业可以采取不同比例的赊销。但是在中国目前市场环境下，要谨防赊销造成呆账坏账。

3. 培训班

在大多数目标企业对新推出的产品或技术不了解或不熟悉的情况下企业可以采取举办培训班的办法。培训班一般来说有两种作用，当用户没有购买时，可通过培训使其下定购买决心；当成为用户后，可通过培训使用户更好地掌握使用技术，提高用户企业效益，促进再次购买。

4. 演示会

通过现场演示，使用户了解产品的优势和特点。比如通过现场演示，体现出设备的操作简便，效率提高等。

5. 会员制

供应商通过设定一定的条件来限定用户，符合条件的用户可成为供应商的会员用户，双方共同制定一个共同遵守的会员章程。如年采购量，或一次采购量超过某一额度即可成为会员，可享受其他非会员单位享受不到的优惠价，或优先供货，免费服务，等等。同时也可要求会员做一些承诺，如只采用本单位的产品等。

6. 互惠购买

即你买我的产品的条件是我也买你的产品。比如汽车制造厂家从轮胎厂家购进轮胎，轮胎厂家从汽车厂家购进汽车。

7. 赠送

比如针对企业销售的某一型号的设备我们可以赠送 3 年的免费保修期。国外企业常常会针对国人出国的欲望，采取“如果你购买我的设备，我们可以在美国谈判，一切费用由供应商承担”的方法，这也是一种赠送。营销研究表明采购者喜欢那些能为他们做额外事情的供应商。

8. 项目招投标公关中的人际攻关

针对项目的招投标过程中，人际攻关也是临门一脚的一种重要手段。针对招标中心、专家评委、行业协会以及用户的关键决策人物等相应的攻关，是项目招投标得以成功的关键因素，在后面的章节中“五诀”部分将会有详细介绍。

实施建议：

成交策划依据用户的不同有着不一样的方案，但就其过程，一定遵循以下的递进过程：建立信任—发掘需求—介绍方案—要求成交。成交策划方案请站在共赢的角度考虑，做成方案后换位思考客户的价值点。

六、辗转介绍：树立榜样

其实，按以上五步做下来，你要么累瘫了，要么不了了之。但现实中，营销人员也想过正常人的生活，不眠不休的工作只会使其健康恶化。那么，如何才能只要正常投入就可以有业绩了呢？

我们先来看一些事实：每个采购主管（更不说企业家了）都可以影响 4 家以上同业厂商；一个满意用户推荐，胜过你 5 次以上的拜访，且成交时间更快；一个对你怀有好感的主管，是很乐意向其他厂商推介你的；用户推荐的客户往往是你不了解的，这是扩大你客户目录的绝佳方法。

所以说拜托客户公司主管向你介绍一些他在行业内的朋友，或直接向某些厂商推荐你，让你的客户做你的“营销员”或者“活广告”是一举多得、不可替代的营销手法。当然，在你的前几个运作很扎实的基础上，才能有相应的丰硕结果。

事实上，你在刚开始接触对方主管的时候，对方为了压价、摆老资格炫耀或其他原因，会讲他的关系如何如何，哪些企业是他的朋友，等等，你当然要留意记住，从以后他的言谈中来判断，他的话可信度多高，是否值你多花一些工夫。当然，你也要开诚布公地讲出自己的目的，看其是否会推脱。

我们的主管也要注意：要一线营销人员把辗转介绍作为营销的一个目标，如果一个营销人员一年到头都没有一个辗转介绍的客户，要注意辅导了；如果某个关系很广的客户不愿辗转介绍，要过问一下为什么。告诉营销人员，不管辗转介绍有没有成交，一定要向介绍人寄感谢信或礼物。

实施建议：

辗转介绍是客户信任的一种转移和客户信任的验证。在基于风险信任的建立环节，榜样客户的验证起着关键的作用。榜样客户的辗转介绍，可以迅速建立在榜样客户圈内的口碑宣传，也是工业品品牌建立的重要途径。

辗转介绍是工业品营销六大步骤成功的结点标志，也是下一轮工业品营销六大步骤循环的良好开端的更高起点，如此的良性循环可以形成工业品营销螺旋式上升，实现销售到市场再由市场到更高销售的递进。

第四节　实际演练

营销基本功测试

（1）贵公司是一家什么样的公司，您是如何用一句话来向用户介绍您的公司的？

（2）关于贵公司的宗旨、理念、口号，您是如何向用户介绍的？

（3）关于贵公司在行业的知名度，您如何向用户展示？

（4）关于贵公司在社会上的公信度，您怎样向用户表述？关于贵公司的品质管理、售后服务等相关管理制度，您是如何向用户介绍的？

（5）关于公司的荣誉以及相关资质证书，您是如何向用户介绍的？请写出您认为重要的荣誉与证书并说明其意义。

（6）请您回忆出一个公司的成功案例或者形象业绩的故事（200 字以内）。

（7）您是怎样描述贵公司品牌的？您认为在一线销售中品牌会给您带来什么样的作用？您认为什么样的行为才能够与贵公司品牌相匹配？

（8）公司现有产品您清楚吗？具体有哪些？

请思考 9 – 11 题：

（9）请思考一款您最熟悉的产品的功能与原理。

（10）请思考一款您熟悉的产品与主要竞争厂家相比的优势和劣势。

（11）请思考一款您最熟悉的产品的目标用户定位，以及该产品给用户带来的好处。

在思考完 9 – 11 题以后，请把您最熟悉的产品的相关内容填写在以下表格：

目标用户	相对于竞争厂家的差异化功能特性	差异功能特性的作用	给用户带来的好处	典型案例

（12）您是如何向用户介绍影响产品质量的因素的？贵公司又是怎样做的？

（13）您认为影响交货期的因素有哪些？您认为应该如何处理，应与客户做哪些沟通？公司应做哪些准备？

（14）请思考您最熟悉的一款产品的优点以及它能够为用户解决的问题，据此填写以下表格：

产品的优点	解决用户的难题

（15）您知道用户为什么存在以上难题吗？如何才能解决这些难题？

用户的难题的原因	解决难题的对策

（16）以上存在的难题得不到解决，会给用户带来哪些损失和危害？

用户的难题	存在的危害

请思考 17 – 18 题：

（17）用户在采购时最看重的利益点是什么？

（18）用户在采购时最担心的风险有哪些？

思考完 17 – 18 题后，请以一款您最熟悉的产品的某类用户为例，填写以下表格：

	购买者	使用者	影响者
决策主体			
关注利益			
担心风险			
关系权重			
营销对策			

（19）请用一句话概括出最容易成交的用户的主要特征。

（20）您在销售过程中最常遇到的用户的疑问有哪些？您认为该如何正确回答并处理用户的以上疑问？

（21）请回忆一个销售成交案例的过程，提炼出销售过程中的成功做法。

销售任务	成功做法
走对路 （快速寻找项目信息）	
找对人 （快速找到关键人物）	
说对话 （快速传递贵公司信息）	
做对事 （快速展现贵公司品格）	
用对心 （持续感动用户）	

信任互动三：工业品营销操作手册

策略与基本功，是信任导向工业品营销管理体系发挥威力的重要基础，战略与模式最终都是要通过策略与基本功来实现的。

工业品营销四轮驱动策略，从风险入手、价值共鸣、关系引导、专业服务四个层面展开，赢得用户信任。企业运用四要素分析法制定组合策略，让团队成员共同参与，就可以对“策略”的执行达成行动上的“信任”。

按照三大武器、五诀成交、六大步骤训练营销人员的基本功，企业就一定能锻造一支专业、职业、规范、高效、能打硬仗、值得信任的营销铁军。

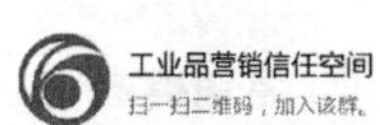

请按照本部分的工具逐一演练、汇总，并参照工业品营销操作手册框架，编写您所在公司的营销操作指导手册。

扫一扫右侧二维码，进入互动空间，就“营销策略、营销基本功等模型工具运用”以及“营销战略策略”与“营销操作手册编写”等相关话题进行互动交流。同时，您还可以参加“信任空间，开门大吉”活动。

“信任空间，开门大吉”活动详情：

信任空间		开门大吉
进入空间	扫描二维码，加关注并成为好友	本人获取：作者亲笔签名的《工业品营销管理实务》专著一本
		公司获取：团购《工业品营销管理实务》专著享五折优惠
打开一扇门	提交“信任互动”一个专题的内容，并进行互动交流	本人获取：作为特邀嘉宾参加工业品营销专题研讨会
		公司获取：2000 元信任基金，可以用于企业内训
打开两扇门	提交“信任互动”两个专题的内容，并进行互动交流	本人获取：作为特邀嘉宾参加工业品营销专题研讨会，并有机会作为嘉宾发言
		公司获取：5000 元信任基金，可以用于企业内训、专题策略营
打开三扇门	提交“信任互动”三个专题的内容，并进行互动交流	本人获取：参加工业品营销课程授权讲师训练班，并有机会成为课程授权讲师
		公司获取：10000 元信任基金，可以用于企业内训、专题策略营、营销管理咨询
打开四扇门	提交“信任互动”四个专题的内容，并进行互动交流	本人获取：参加工业品营销咨询顾问培训班，并有机会成为签约咨询顾问
		公司获取：15000 元信任基金，可以用于企业内训、专题策略营、营销管理咨询
打开五扇门	提交“信任互动”五个专题的内容，并进行互动交流	本人获取：参与专题研发与案例开发，并有机会署名参与《工业品营销管理实务》再版修订
		公司获取：20000 元信任基金，可以用于企业内训、专题策略营、营销管理咨询

工业品营销操作手册框架

1. 营销战略

<table>
<tr><td>营销战略核心</td><td colspan="2"></td></tr>
<tr><td>营销战略目标</td><td colspan="2"></td></tr>
<tr><td colspan="3">营销战略定位</td></tr>
<tr><td>客户定位</td><td>产品定位</td><td>区域定位</td></tr>
<tr><td></td><td></td><td></td></tr>
</table>

2. 营销模式

营销模式核心	
营销模式内容	

3. 营销策略

产品策略		
渠道策略		
品牌策略		
四轮驱动策略	风险策略	
	服务策略	
	价值策略	
	关系策略	

4. 营销组织

(1) 营销组织结构

(2) 关键部门的核心职能

部门	核心职能

(3) 营销人员岗位职责

岗位	核心职责

5. 薪酬绩效

(1) 薪酬结构

(2) 绩效考核 KPI

序号	指标	权重	衡量方法	考核/统计

6. 营销进程

营销进程	关键事项	客户人员	公司人员	道具	成果

7. 过程管理

（1）过程管理表单

（2）过程管理细则

8. 营销基本功

（1）公司介绍 AT

介绍对象	介绍内容

（2）产品 FAB

F：功能属性	A：竞争差异	B：竞争差异给用户带来的好处

（3）营销话术 SPIN

S	
P	
I	
N	

（4）常见问题答疑 LSCPA

客户常提出的异议		客户为什么问这个问题	解答示范
种类	具体问题		
品牌			
价格			
供货			
付款			
服务			
其他			

第四部分

工业品品牌与渠道

品在工牌在业，精提炼聚传播。

渠为伴道无限，定功能享收益。

工业企业，品牌是个梦，渠道是个惑。

品牌之梦几多愁。工业品是否进入了品牌竞争时代？工业企业要不要做品牌？做产品品牌还是做企业品牌？到底该如何做品牌？尽管大家对这些问题一直有着不同的回答，但品牌是工业企业跨越发展不可回避的问题。相对于消费品品牌，工业品品牌有其显著特点，工业企业决不能套用消费品品牌的做法。消费品品牌的塑造讲究知名度与美誉度，工业品品牌的塑造强调基础力与传播力。基础力，就是运用工业品品牌提炼六要素，精准提炼品牌核心诉求，承载并沉淀公司核心优势，以示区隔；在做好品牌区隔的前提下，我们再来研究品牌的溢价。传播力，即通过规模实力、员工行为、榜样用户等途径，在业内、圈子中对企业进行聚向传播，形成“推而荐之”的螺旋式传播。SY公司品牌基础力不弱，但没有进行品牌提炼，品牌区隔乏力，传播不力，我们运用提炼六要素与塑造两力模型，赋予了品牌新的生命。

渠道之惑两茫茫。工业企业纠结着“想做不敢做”“边做边防”，渠道商抱怨着忍受用户与生产企业间的“夹板气”。工业品渠道起着“放大”与“支点”的作用，因此，企业应视渠道为伙伴、给渠道留空间，定渠道功能、分渠道所享，尽力脱离渠道困境。针对什么情况下与渠道商合作、选择什么样的渠道商、与渠道商怎样合作等一系列问题，我们提出了渠道空间论，据此，企业可以绘制自身的渠道策略地图。YZ公司的应用案例，对于生产制造能力相当、寻求渠道突围的中国制造型企业，是一个难得的实践探索先例。

渠道看重品牌，品牌促进渠道。工业品品牌塑造与渠道管理，大多数通过营销活动展开。营销活动的质量取决于营销活动的策划，信任互动四回答了怎样进行工业品营销活动策划的问题。

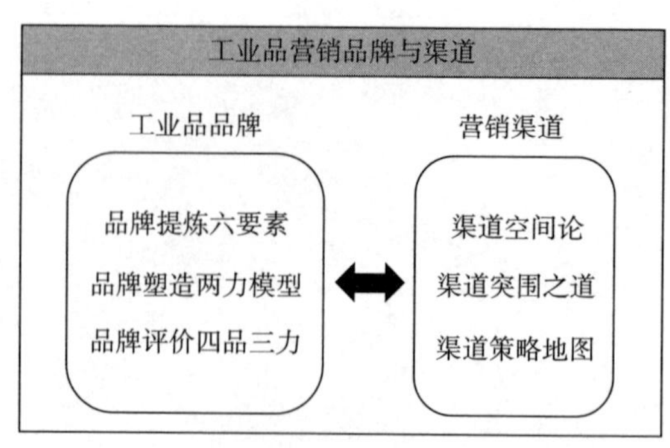

第九章
工业品品牌

第一节　工业品品牌 VS 消费品品牌

有人认为：工业品主要是靠中间商去做市场，大件工业品是靠关系拿下大客户，而小件工业品产品本身区别小，与品牌关系不大，不做品牌照样销售……这些是很多工业企业不做品牌的最冠冕堂皇的理由。

在瞬息万变的市场中，要想永远抓住有实力的中间商或者大客户是非常困难的。要与它们维持好关系，企业就需要强大的营销实力、研发实力和雄厚的资金投入。而任何一个失误都可能使企业的中间商“移情别恋”，使客户弃企业而去。为了使公司有足够的影响力和抗风险能力，企业就需要一个强大的品牌形象，以维持市场，缓冲压力，化解危机。

一、工业品品牌与消费品品牌的差异

工业品品牌在品牌主张和品牌塑造路径上与消费品品牌有较大的差异，如图 9－1 所示。消费品品牌的核心是满足或者引导消费者的需求，在品牌主张上强调功能、利益，特别是情感利益。由于消费品品牌的受众面广，因此塑造路径往往是广告拉动，广而告之。时下惯用的做法是请明星代言、在央视做广告等。

而工业品品牌的核心是信任，包括用户的信任、员工的信任、渠道商的信任等。工业品品牌强调的是专业，品在“工”、牌在“业”。“工”是指企业先进的工艺、领先技术和一流的设备等；“业”是指品牌传播往往在业内渠道进行，专业传播，是窄而告之。

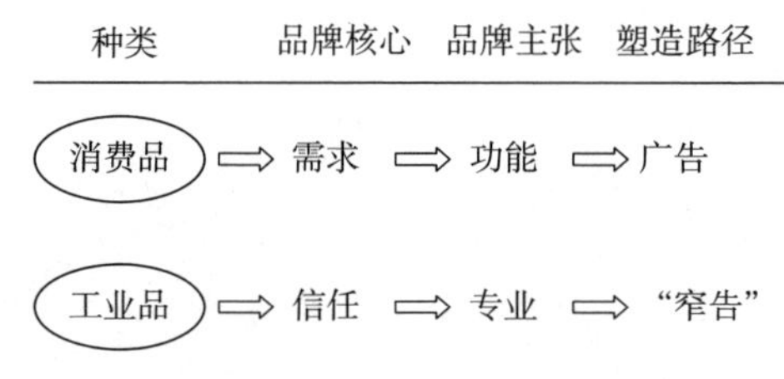

图 9－1　工业品品牌与消费品品牌的差异

无论是工业品品牌还是消费品品牌，它们都不是短时间能够培育出来的，是长期文化、技术、品质的沉淀与积累的结果。高端品牌的搭建更要靠时间来沉淀，需要企业产品在很长时间内保持超高品质。在文化和品质方面，企业有很多工作要做。长寿的品牌非常注重产品品质，企业一般都具备非常强大的产品制造和品质控制能力。

二、工业品品牌的作用

工业品品牌对于工业企业来说，可以起到七个方面的作用，如图 9－2 所示。

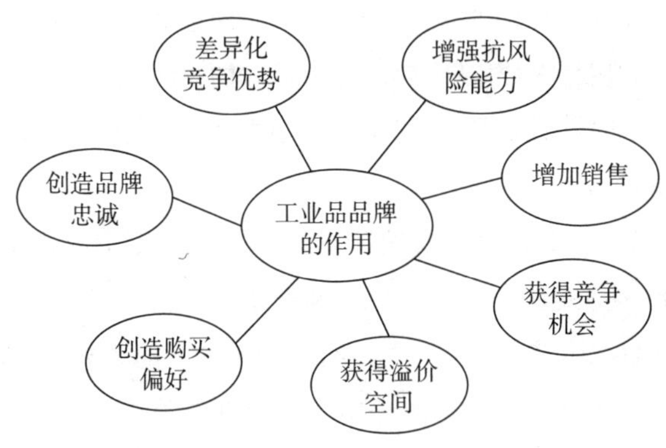

图 9－2　工业品品牌的作用

1. 获得差异化的竞争优势

品牌是一种使高度无差异化的产品“与众不同”的有效且引人注目的重要手段。一个强有力的品牌企业，可以为产品赢得差异化的竞争优势，而且这种优势是竞争同行无法模仿的。这种优势还可以使企业在营销传播中受益，与那些完全无名的产品或服务相比，知名企业的营销努力将更容易被接受。通用电气、ABB、上海电气等都是很好的例子。

2. 创造品牌忠诚

品牌可以帮助公司营销从以交易为基础的推销模式，转型为以品牌为基础的长久合作模式。客户永远是最重要的，企业只要始终如一地根据品牌承诺竭力递送品牌价值，就能创造客户对企业的忠诚，从而获得更多的购买机会。同时，品牌对塑造企业员工的忠诚度也是大有裨益的，它使企业更容易招聘和留住人才。一个积极的品牌形象可以吸引所有的利益相关者。

3. 创造用户的购买偏好

品牌偏好能有效地帮助企业对竞争性品牌进行区隔和排斥。品牌偏好在消费品市场已经是司空见惯了，在工业品市场也是如此。一个强势品牌传递的信念、利益、功能、特征等品牌价值，将阻碍用户转向竞争者的产品或服务。大多数电脑爱好者对英特尔 CPU 的偏爱就是一个很好的证明。

4. 获得更多的溢价空间

企业的最终目标是追求利润最大化，工业企业也是如此。因此，工业企业也应培育品牌，保证中间商能获得合理的利润，也使自己获取最大的利润。据统计，名优品牌和一般品牌价差很大，国外一般是 30%～60%，国内一般是 10%～30%，据此，我们可以确定，培育名优品牌可以使经销商获得更多的利润，同时也可使工业企业获得合理、稳定的利润。通过企业品牌，把工业企业、商业企业、中间商连接起来，形成一个利益共同体，才能真正实现工业企业、商业企业和中间商的“多赢”和利益共享。而在这个利益共同体中，三者必须达成对品牌关系的共识，必须明白获利的重要手段是有好的品牌。拥有品牌之后，工业企业可以利用品牌对客户的吸引力及品牌的拉动力来获取更大的利润空间。企业在产品价格上升的同时依旧能够具有极强的竞争力，这就是做品牌的魅力。

5. 获得更多竞争机会

随着市场选择的增加，买方无疑更加偏好自己已经知道的公司和品牌，因为这样既节省调研时间又降低了风险，还能更快、更好地完成采购任务。通常，买方没有太多的时间和资源彻底核查和评价所有的潜在供应商。显然，在买方潜在采购来源的名单上，大多数都是著名的企业和品牌。所以，要想在激烈的市场竞争中突围，成为知名的供应商，或者至少挤入买方采购的供应商名单中，企业就要建立一个强势的品牌。

6. 增加销售

建立强势的品牌，不但可以使企业从较高的利润中受益，还可以从较大的销售量中受益。相反，企业往往只能通过降价、折扣等来获得订单，利润大大降低，而且销量还往往上不去。

7. 增强企业抗风险能力

借助强势品牌，利用品牌各利益相关者的忠诚度，企业能比较容易地度过产品质量、营销事件等带来的各种企业危机。由于长期来对品牌形成的偏好和忠诚度，即使企业一时出现了负面问题，客户仍会最大限度地“不离不弃”，这就给了企业解决问题、处理危机的机会和时间。

第二节　工业品品牌提炼六要素

一、提炼六要素

工业品品牌的内涵提炼归纳起来有六个要素，如图 9－3 所示。我们可以以瑞典利乐公司（Tetra Pak）及其生产的包装产品“利乐包”为例，分析品牌内涵六要素。

1. 属性

属性即该品牌产品区别于其他品牌产品的最本质的特征，如功能、情感、品质等。提起利乐，人民就会想到他们生产的包装产品是适度包装的经典之作，具有对包装物的保护功能，便于运输和储存。

2. 利益

利益就是品牌帮用户解决问题带来的实际好处。利乐让生活变得更简单、更方便、更安全，提高了包装效率，使用利乐的包装产品使人感到安全、放心。

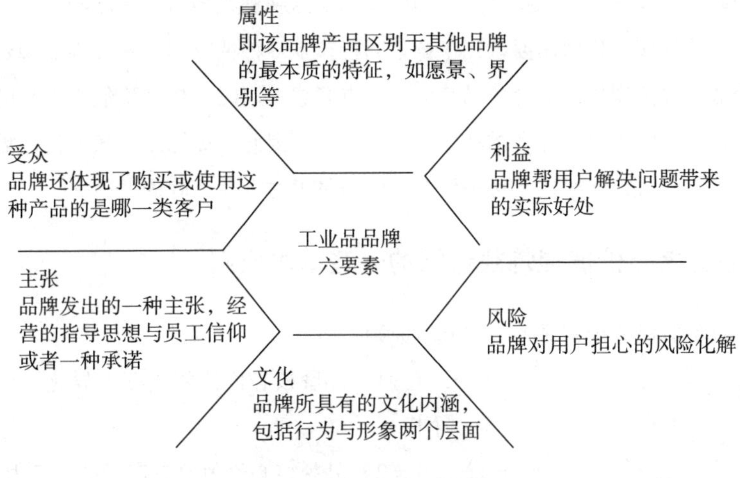

图 9-3　工业品品牌内涵

3. 风险

品牌能够有效化解用户担心的风险。利乐有效化解了牛奶、果汁、饮料不易存储、运输、保质期短等问题。

4. 文化

文化是指品牌所具有的文化内涵。利乐一直遵循公司创始人鲁宾·劳辛博士（Dr. Ruben Rausing）的格言："包装带来的节约应超过其自身成本。"这句话的精髓是"节约成本"。利乐包装始终追求在食品的生产、运输和销售过程中，为生产厂家节约成本，同时也给消费者带来安全和便利。

5. 主张

品牌代表着一个企业价值的主张。品牌主张就是品牌的独特气质和特点，是品牌的人性化表现，比如利乐主张碳素饮料的包装就应该"简单、方便、安全"。

6. 受众

品牌必须明确其具体受众。比如利乐包的受众是牛奶、果汁、饮料和许多其他产品包装系统的企业。

运用工业品品牌提炼六要素，结合企业实际，企业就可以进行品牌定位以及品牌核心价值提炼。

品牌定位是企业通过设计产品和服务，在目标客户脑海中占有的独特价值地位，具有独特性、偏好性。从品牌联想、与竞争品牌差异点的角度来看，品牌价值是品牌定位的基础。定位需要从价值出发。品牌定位可以归纳为几句话或者一段文字，以阐述理想的应该被用户认同的品牌核心价值。

品牌核心价值来源于用户的品牌联想，因此，提炼品牌核心价值首先要询问用户对品牌的联想和期望是什么。准确探询用户的内心和对品牌利益的追求是准确提炼核心价值的前提。另外，品牌核心价值需要区别于竞争同行，是一种独特的、差异性品牌资产，所以品牌核心价值需要体现用户对竞争品牌的差异点联想，同时，核心价值不能是随意规划的空中楼阁，是需要作为事实存在的功能性价值支持，因此，提炼品牌核心价值需要考虑企业自身的资源与能力，同时还要考虑到企业内部员工对企业品牌的期望。

二、品牌核心价值提炼须遵循的一些基本原则

品牌核心价值提炼须遵循的一些基本原则：

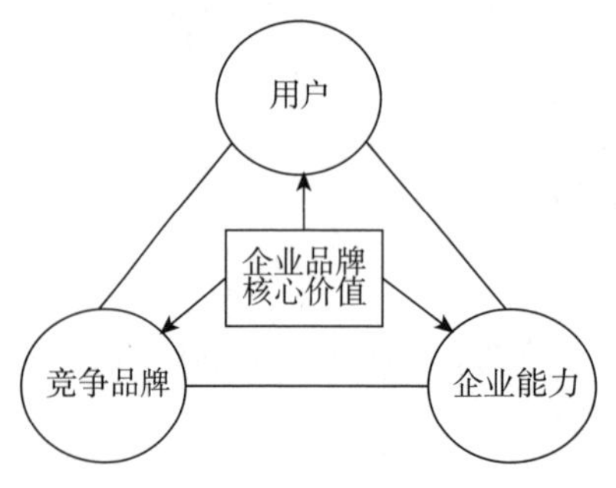

图9－4　工业品品牌核心价值提炼

（1）品牌核心价值要高度差异化，具有鲜明的个性；

（2）品牌核心价值要有广阔的包容力与扩张力；

（3）品牌核心价值要富有感染力，能够激发主要利益相关者的共鸣；

（4）品牌核心价值需要有高品牌溢价能力；

（5）企业资源能力能够实现品牌承诺。

企业可以从用户、竞争品牌以及企业能力三个角度提炼工业品品牌的核心价值，如图9－4所示。

（一）对用户：能否给用户带来价值

品牌给用户带来的价值主要有功能性价值、情感性价值和社会性价值三个方面。

1. 功能性价值

品牌带给用户的功能性价值是理性层面的价值，功能性价值是品牌固有的、作为事实存在的功能属性，是以产品为基础的，是带给用户的实际好处和利益，也就是用户愿意用金钱、时间，冒着风险购买的一个问题解决方案。交易后，如果用户从商品中获得的利益与满足感超过了其所支付的代价，用户就会产生对该品牌理性层面的认同，这是品牌核心价值的基础，但还不足以使用户忠诚。想要用户对品牌高度认同并忠诚，品牌还需要获得用户感性层面的认同，即获得情感性价值。

2. 情感性价值

品牌带给用户的情感性价值是感性层面的价值。情感性价值是用户购买并使用某品牌产品的过程中获得的情感满足，包括用户的归属感、认同感、荣誉感等诸多表达自己思想与感受的感性因素。就像恋爱一样，你无法说清楚具体喜欢什么，为什么喜欢。因此，品牌的核心就像空气一样，看不见、摸不着，但能感受得到。这也使得竞争同行无法攻击，无法效仿。品牌的情感性价值能牢牢地抓住用户的心，影响用户的思想和行为，使用户产

生高度的忠诚。

3. 社会性价值

品牌一旦成长起来，就会变成一定的文化载体。品牌在给用户带来功能性价值与情感性价值的同时，也实现了其社会性价值。品牌的文化属性和其所代表的精神、价值观念等才是品牌真正意义上的无形资产，才是品牌价值最关键的所在。

社会价值是一个比较复杂的概念，也是一个难以定量化的指标。在具体操作中，企业可以通过品牌与用户的关联性、品牌文化的用户认同性、认同品牌价值观的人群占有率、用户对特定品牌的依赖度等指标来评估，这些指标的定量依据可以通过实地调查来获取。

（二）对竞争品牌：能否产生差异性占位

1. 竞品占位状况

首先，企业应进行市场细分。在工业品领域，企业主要可以按区域、产品或者用户行业三大类标准分别进行细分。然后，企业要在不同的细分市场中，研究竞争品牌的占位情况，比如竞争品牌的品牌理念、品牌文化及品牌核心价值等；竞争品牌在其功能性、情感性和社会性价值的定位情况，是强调功能性、情感性还是社会性，与用户的价值需求有什么差异等。

2. 竞品占位能力

接下来，企业要分析竞争品牌的占位能力，研究竞争品牌是否有能力实现它们的竞争定位。有的企业将品牌定位定得很高，想象得也很好，可是却没有资源和能力实现它，这样的品牌定位也只能是空中楼阁，或者仅仅是一句口号罢了，可以写在纸上，可以挂在墙上，而不能付诸行动。当然，也有的企业有这个实力和能力，却不是很重视，定位只是走形式，赶时髦，企业没有将品牌的核心价值及要素贯彻执行，没有将其融入企业的每一个人、每一个场合、每一个事件、每一场活动当中。

3. 竞品占位效果

同时，企业还需要分析竞争品牌占位的实际效果，比如用户是否买账，社会反响是否积极，对企业的品牌提升是否有帮助，从而评估品牌的市场占有能力、赢利能力和成长发展能力等。

（三）对企业：是否有能力实现

1. 企业的核心能力

企业的核心能力是企业在长期生产经营过程中的知识积累、特殊技能（包括技术的、管理的等）以及相关资源（如人力资源、财务资源、企业文化资源等）组合成的一个综合体系，是企业独有的一种能力。企业核心能力是企业的整体资源，它涉及企业的产品、技术、人才、管理、文化等各方面，表现在企业各部门和全体员工的共同行为中。企业的发展由自身所拥有的与众不同的资源决定，企业需要围绕这些资源构建自己的能力体系，以获得自己的竞争优势。

核心能力可以从与竞争同行的差异性角度进行分析，具体分为两个步骤：

第一步：分析企业与竞争同行各自拥有的战略产业要素的差异及其原因；

第二步：分析企业与竞争同行的市场和资产表现差异，特别是企业不同于竞争同行的外在表现，如技术创新、产品开发、产品形象、企业声誉、企业服务、客户忠诚度等，识别哪些是企业具有的战略性资产。根植于战略性资产之中的便是企业的核心能力。

2. 与企业核心能力的匹配性

品牌定位应从企业的核心能力入手，与企业的核心能力相匹配。现代企业的竞争，很大程度上表现为品牌的竞争。并且，随着经济全球化的发展和知识经济的到来，品牌竞争大有愈演愈烈之势。企业拥有和掌握核心能力后，还应将其内化为企业独特而具有个性的品牌形象，进行准确的品牌定位，实现有效的品牌管理。

品牌的基本作用在于将企业与竞争同行相区别，从而在用户心目中树立独特的形象，占据有利地位。只有在掌握并运用企业的核心能力的基础上建立并保持有独特个性的品牌形象，然后进行准确的品牌定位，企业才能实现有效的品牌管理，才能在激烈的竞争中立于不败之地。

品牌核心价值，又称品牌诉求，是关于品牌精神和内涵的一种高度负责任的语言，是对品牌定位最精炼的表达。一个品牌，在其成长的不同阶段都会用不同的品牌诉求语言，来向自己的目标受众传达自己特定的品牌信息、带给用户的利益和价值。企业应该运用“三者分析法”，从购买者、使用者及影响者的角度分析用户的需求特征、购买偏好、价值取向、利益目标及风险因素等，再结合企业自身的实力和品牌定位，提炼出品牌在现阶段的核心诉求。

三、工业品品牌诉求验证

品牌的核心诉求提炼出来后，企业还必须将其拿到市场中去验证，以检验品牌诉求的效果和用户对它的接受度。验证的对象有购买者、使用者、影响者、中间商等；验证的方式有访谈、问卷调查、演示、演练、体验等；而验证的内容主要是对象对品牌定位的理解、对诉求点的体会、对传播语的感受等。如图 9－5 所示。

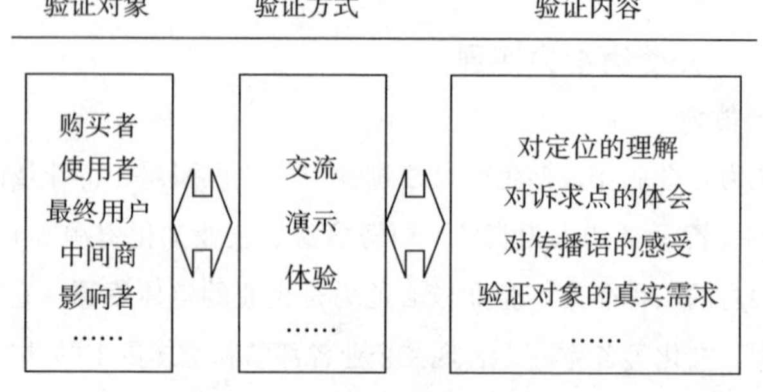

图 9－5　工业品品牌诉求验证

ZL 电缆企业品牌内涵提炼：

ZL 曾是中国三大电缆厂之一，有过辉煌的历史。虽然如今在行业的地位逐渐降低，优势逐渐丧失，但是 ZL 在中西部地区及老一辈业内人士中还有一定的知名度和美誉度。ZL 品牌影响力逐步减弱的主要原因是其品牌诉求不鲜明、品牌形象模糊，在行业的声音越来越小，曝光度也越来越低。ZL 需要重塑花费 50 年发展起来的电缆行业老品牌，打造品牌新形象。

ZL 的品牌定位与内涵既要能体现其 50 年品牌的历史积淀，突出其对未来的憧憬和专注，又要能旗帜鲜明地与竞争品牌形成区隔。为此，ZL 将品牌定位为"电缆真专家"，是集电缆产品研发、生产、销售为一体的真正电缆专家；是不做劣质电缆，只做"真"电缆的电缆专家；也是 50 年专心、专注于电缆行业的电缆专家。

同时，ZL 将品牌诉求提炼为"穿越历史，连接未来"。在品牌塑造上，ZL 从行业老专家、典型用户、内部老员工等的角度回顾了公司 50 年来"真"的痕迹，形象地展示了公司 50 年的经典时刻以及感人事件。ZL 还在公司内部塑造"真"企业文化：产品知识真内行、工作态度真用心、工作过程真考核；生产产品使用真材实料，采用真工艺；发布"真"宣言及品质自律行业倡议书，聘请品质监督员和技术专家等。

GZG 企业品牌诉求提炼：

GZG 照明科技有限公司坐落于杭州湾跨海大桥北岸滨海新区，是一家专业从事照明设计、研发、制造、销售、服务的照明企业。GZG 审时度势，重点发展商业（工业）照明，积极发展道路和景观照明。

GZG 的企业名称就与光相关，与人类相连。GZG 从用户、竞争者以及企业能力三个角度提炼出了自己的品牌定位。

品牌使命：为建设最环保、最舒适、最安全、最节能、最美丽的照明环境而奋斗。

品牌愿景：致力于成为国际一流的 LED 照明企业。

品牌诉求：让国人用上健康之光。

品牌口号：一盏灯，一份爱。

品牌内涵提炼如图 9－6：

GZG 大力弘扬"爱"的品牌文化。爱，首先是自爱，对用户来说，就是爱自己，用健康之光，对 GZG 来说，就是专心专意做好产品；其次是博爱，即我为人人，爱慈善、爱公益，每售一盏灯，捐赠一份爱；最后是大爱，环保、节能，爱人类、爱地球。

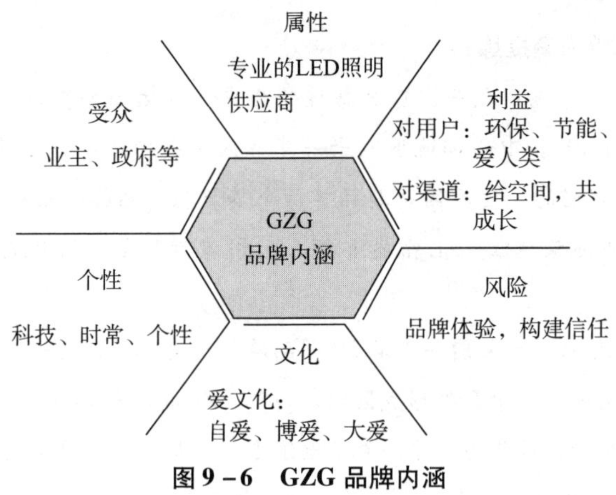

图9－6　GZG 品牌内涵

第三节　工业品品牌塑造“两力模型”

知名度、美誉度是衡量品牌、塑造品牌的重要指标，而工业品品牌则更多地侧重于基础力、传播力两个指标。如图9－7所示。

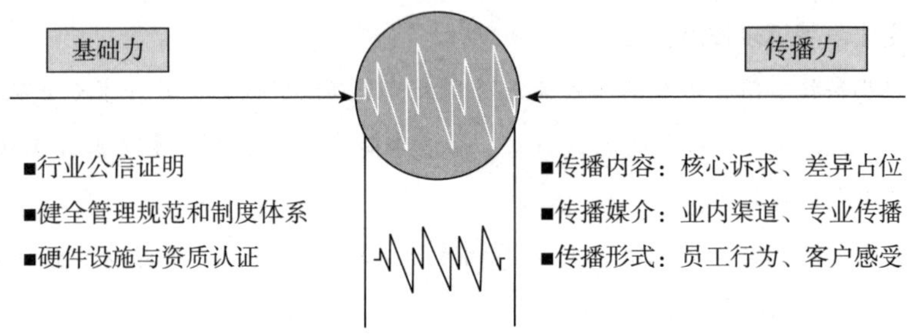

图9－7　工业品品牌塑造两力模型

一、基础力

基础力是指公司所拥有的、用户十分关注的一些主要的、必备的要素，包括规模实力、硬件设备、相关认证、技术实力、研发团队、管理模式、企业文化、企业领导集体的经营理念等。

行业公信证明：企业在第三方权威机构获得的各种荣誉与证书，可以有效证明企业产品的高质量、技术的先进性，以及领导人在行业中的高地位；

健全管理规范和制度体系：公司相关管理体系获得的权威机构认证，如ISO9000、ISO14000等，以及公司在制造管理、品质管理、服务管理等方面提炼的成功管理体系，都能证明公司管理体系的健全，证明公司完全有能力兑现对用户的承诺；

硬件设施与资质证明： 公司的先进生产设备、厂房以及权威生产资质认证，能够证明公司拥有强大的制造能力与长期服务客户的能力。

工业企业必须把这些因素呈现在公司的画册、产品手册、环境布置、样品、产品包装、宣传光碟、企业报刊、网站等品牌道具上。

品牌道具： 品牌道具是工业企业品牌传播的载体，是企业赢得客户信任的关键性工具。工业企业需要从建立信任的三个层级来策划品牌道具。基于公司信任的品牌道具有企业宣传画册、企业宣传光碟、企业内刊、品牌展厅、企业网站、投标文件、企业手提袋、办公用具、办公场所，以及关于产品的产品包装、产品画册、产品选型手册、产品样品、产品演示道具等。基于个体信任的品牌道具有标准的销售话术（企业介绍、产品介绍、品牌故事等）、行业及时资讯、产品操作或演示技巧、个人形象包装（符合公司品牌形象的仪表仪容）等。

二、传播力

传播力的大小主要取决于传播的媒介以及传播的形式。企业要特别注重第三方的传播，如在专业杂志上发布技术文章、成功案例；与行业协会举办专题会议；参与社会公益活动等。同时，企业要充分利用营销人员的行为进行传播，在与客户的交流中，营销人员应该自觉展现公司的品牌，用自身的行为来诠释公司的品牌。

（一）传播内容

传播内容主要包括工业企业品牌的核心诉求、与竞争对手的差异、企业发展中的阶段成果、成功案例、用户体验活动等。

（二）传播媒介

企业可以聚焦用户圈、影响圈等业内渠道，尤其可以通过行业性专业媒体进行专业传播。

（三）传播形式

传播方式要侧重员工的行为与客户的感受。

（四）传播原则

工业品品牌传播要坚持以下原则：

1. 功能价值与情感价值并重原则

工业品品牌的传播诉求可分为理性、感性、形象诉求。其中，理性诉求的重点在于核心技术工艺、原辅材料、生产加工设备、执行标准、核心零部件等方面，企业的工作重点是建立理性价值；感性诉求则需要企业建立情感价值；形象诉求亦服务于情感价值的建立。理性价值是基础，情感价值是升华。

2. 实施整合化传播的原则

长期以来，工业企业品牌的经营是粗放的、不成系统的。其主要表现为传播没有战略化、传播策略老化、传播手段单一（如以平面宣传品为主，而忽略其他传播手段）、传播媒介狭窄（以专业媒体为主，而忽略了其他专业性传播途径，如行业协会、学校、科研单位）等，这些都导致了企业的传播效果有限。归根结底，就是企业的传播缺乏有效整合。

3. 为客户创造更大价值的原则

在此，我们不妨引用国际营销大师米尔顿·科特勒（Milton Kotler）的观点来说明这个问题：工业品制造企业最重要的工作不应是围绕创品牌展开的，也就是说，创品牌不是目的，企业要把重点放在为客户创造价值上。你需要提供一些科学的、实证的数据，来证明你能够降低客户的使用成本、提高客户的盈利能力，这才是工业品制造企业建立品牌的核心。

4. 长期开展品牌传播

如果选择了做品牌这条路，那就要坚定不移地走下去。这句话有几层意思：把品牌管理战略化；把管理机构常设化；坚持资源投入长期化。但需要强调的是，这个“长期化”的过程，也是一个不断调整的过程，或者说是一个否定又否定的过程，否则就不会有很多企业品牌“变脸”的情况发生了。

打造工业品品牌要抓好以下几个关键环节：进行品牌长远战略规划、建立品牌传播长效机制、建立个性品牌传播模式、制定实效品牌传播策略、构造品牌传播沟通工具、整合多种品牌传播渠道。也就是说，没有一天就建立的品牌，必须完成足够的品牌积累，品牌才能形成。

5. 传播手段

由于工业品的目标市场更为明确，相对于消费品企业来说，工业企业执行品牌战略更容易，成本也更低。在传播的内容上，工业品牌更加侧重沟通、说明企业的综合实力和产品的性能，注重可行性和实效性，将传播的重点放在产品或服务的优势和能够满足的显在需求之上，这些需求包括降低成本、时间、管理费用，以及提高劳动生产率和质量。例如，在品牌传播时，企业往往会将重点放在产品提高生产操作灵活性和适用性的作用上。但品牌传播中，企业应该避免传播信息太多、太复杂。

在传播工业品牌时，有效的细分和目标市场的选择十分重要，因为不同的目标用户群常常看重不同的价值，有不同的需求。就算是同一个采购中心的成员，他们也不可能对相同的品牌价值抱有同等的兴趣。因此，企业在进行品牌传播时，要满足所有用户成员的需求是不现实的，而更应该重视在理解用户需求信息的基础上，宣传企业能给用户带来的信任、安全、放心、适用等情感价值，甚至通过情感的刺激，吸引用户注意产品的功能性品牌价值。成功的工业品牌传播要求其营销战略既要考虑到不同组织采购者的理性因素，也要考虑传播包括社会和心理诉求在内的品牌价值。

为制定恰当的传播战略，企业首先必须精确地了解信息的传播对象。由于工业品牌传播是受到多个参与者影响的复杂的互动，因此，企业在进行品牌传播时，需要全方位考虑，如图 9－8 所示。

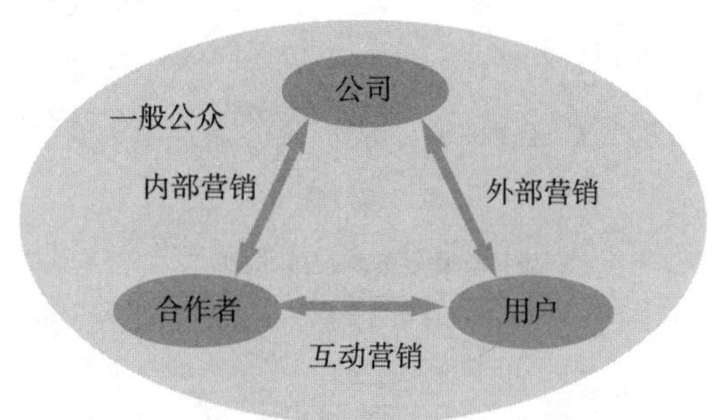

图 9－8　品牌化三角形

品牌化三角形描绘了三种重要的市场参与者，即公司、合作者（员工、合伙人）和用户三者之间的互动关系。外部营销涉及对用户的产品或服务的日常定价、分销和促销工作；内部营销包括培训和激励合作者成为真正的品牌传播者。外部和内部沟通直接受到公司的影响，而互动营销主要受到内部市场营销活动的影响。

品牌化三角形说明要建立成功的品牌，仅仅依赖于外部营销的努力是不够的，合作者在品牌传播中也起到非常重要的作用。企业在实施品牌战略时，首先有必要在内部有效地向员工和合作者传播企业品牌的本质和独特价值，使合作者理解品牌的含义、公司品牌战略的目标，以及为实现这一目标需要采取的行动。

我们也可以按不同传播努力的一般目的，将品牌传播划分为公司传播、营销传播和对话传播。传播的聚焦点有公司本身、产品、服务和个人接触，不同的传播聚焦点要求不同的传播工具和方法，如图 9－9 所示。

在实施品牌战略时，保持一致性非常重要。为了既定的品牌权益，公司必须将希望传播的品牌识别贯穿于所有的营销资料和传播活动中。

营销传播是品牌建立的工具，公司借助它们告知、提醒和劝服用户直接或间接地关注产品和品牌信息，将企业要表达的品牌理念和价值传达给用户。工业品牌的传播手段主要有：

1. 人员直销传播

为保证品牌信息和价值的有效传播，大多数工业企业依赖公司自己的销售队伍进行品牌传播，通过企业的销售人员直接向目标客户进行面对面的互动推广和销售。工业品客户数量有限，人员直销的方式更加有效，个性化的传播能够更好地适应客户的特殊需求。同时，这一方式以销售人员紧密的人际互动和行业、市场、产品、技术商务等方面的知识为

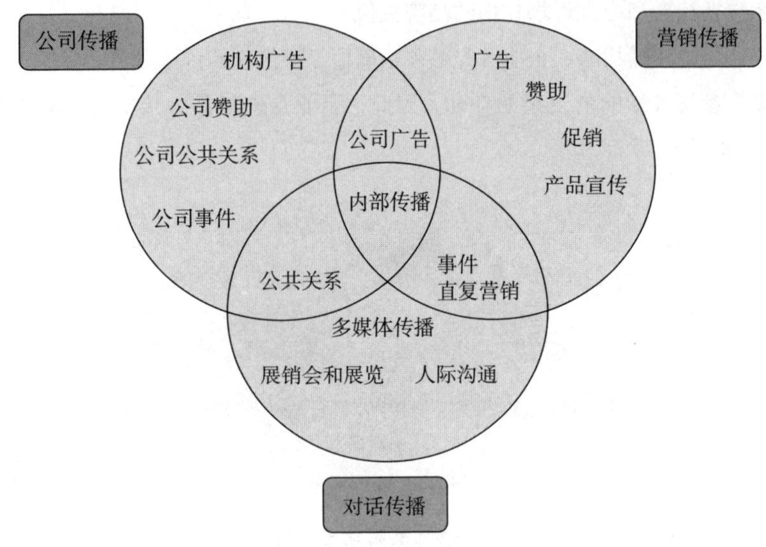

图9－9　工业品品牌传播的手段

基础，目的在于建立长期的业务关系。人员直销对销售人员的专业水平要求很高，销售人员传播技巧和能力的好坏，直接决定了品牌传播的效果。销售人员也是最昂贵的传播方式。

用户一般采购定制产品，因此十分注重技术支持和商务服务，而企业通过销售人员直接向用户提供产品或服务，不但实用，而且高效，能快速、准确地将品牌信息和价值传递给客户，其涉及的每一件事情都影响了客户对品牌的感知。

2. 战略联盟传播

工业企业可与上下游厂商结成战略联盟，共同打造品牌。你中有我，我中有你，强强合作，优势互补，借助对方的品牌实力来迅速提升自己的品牌地位。最为成功的案例有Intel处理器、利乐包装等。

3. 直复营销传播

直复营销在服务性行业使用更为广泛，它是通过直接邮件、电话、传真、电子邮件、即时通讯、目录、因特网以及其他途径与特定客户和潜在客户进行直接沟通。直复营销能为用户及时传递富有吸引力的定制化信息，而且传递的信息易于调整和个性化。但是，这种传播方式还需要被整合进公司品牌的长期信息传播之中，以保证其持续可行。

随着科学技术的进步，直复营销的手段不断进步，特别是因特网的出现和发展，使得电子邮件、电子购物等成为重要的直复营销手段。

4. 营销渠道传播

工业品营销渠道除直营销售外，一般有代理和经销。不管是代理还是经销，都是由中间商直接与用户进行接触和联系，中间商就成了企业品牌信息的传播者。对中间商进行品牌战略的宣贯和培训，让他们对品牌信息了解更多，对品牌价值体会更深，有助于企业品牌战略的实施和品牌的传播。

5. 展销和展览会传播

展销和展览会在特定的时间和地点为企业带来建立品牌知名度、认知度和激发人们兴趣的良机，能够在短期内以相对较低的成本，为企业提供更多的客户或潜在客户。展销或展览会，为企业提供了集中展示自身实力、形象、产品、服务的机会，是品牌传播的有效途径。工业企业可以有选择性地参加公共性或行业性的大型展销或展览会，通过个性化的、创意性的展台搭建、产品展示、企业或产品资料发放等，进行全方位、多角度的企业综合实力和品牌形象展示。

6. 公共关系传播

公共关系传播是组织运用传播手段向公众传递信息的过程，旨在吸引对各相关群体有影响力的媒体的关注和报道。公共关系方案要经过深思熟虑、周密计划，有新闻性、特色和很高的可信度。公共关系方案具有真实性，读者认为这种渠道传播的信息更加可信，它也能够影响那些倾向于回避销售人员和广告的潜在客户。凭借有限的资源，公共关系凭借其重大影响和最高水平的可信度，促使人们谈论品牌，进而相信品牌；通过建立积极的、有说服力的口碑来树立品牌。因此，公共关系是建立和维护企业品牌形象的最有效的途径之一。

有效的公共关系必须进行仔细管理，公司要持续地监督对自身有着实际或潜在利益贡献的客户和所有其他群体的态度和看法。常用的传播手段有举办新闻发布会、研讨会、技术交流会、联谊会、大型论坛、公益活动、公益赞助等。企业可以借助会议进行面对面的品牌信息传播；利用某些特殊事件的影响，进行新闻传播，树立企业良好的社会形象。

7. 专业媒体传播

工业品市场不同于消费品市场，工业品客户数量少，但比较集中，而且是专业、理性购买。因此，如果像消费品一样在大众媒体上做广告，效果是不容乐观的。

在工业品市场，利用专业媒体进行品牌传播是最为有效的。每一个行业都有自己的行业杂志、刊物及行业网站，能够针对经过选择的读者进行发行，在这些媒体上发布企业新闻、产品信息、广告以及公共关系内容，将使营销传播的投资能够得到最大的回报和立竿见影的传播效果。当然，大众媒体广告也并非不管用，比如在建立和维护企业品牌形象时，央视广告、高速公路或机场高炮广告等也是不错的选择。

8. 活动推广传播

通过推广活动来传播品牌、促进产品销售的方式，被越来越多的工业企业所采用。推广活动的形式很多，如技术交流会、产品推介会、客户联谊会、现场体验活动等。

工程机械的市场竞争十分激烈，各品牌间的战争已经到了“肉搏战”的地步，推广活动也被用到了极致，花样百出，与消费品行业相比，有过之而无不及。工程机械销售的主要推广活动有潜在客户大会、目标客户小会、交机仪式、老客户恳谈会、活动月（旺季促销）、用户联谊会、产品推介会、技术交流会、产品订货会、试驾会、机手培训会等，大会小会加起来有近二十种。

第四节　工业品品牌评价“四品三力”

工业品品牌，可以通过“四个品三个力”进行综合评价。“四个品”指的是：企业家品牌、企业文化品牌、管理模式品牌、雇主品牌；“三个力”指的是：产品竞争力、行业影响力、产业整合力。

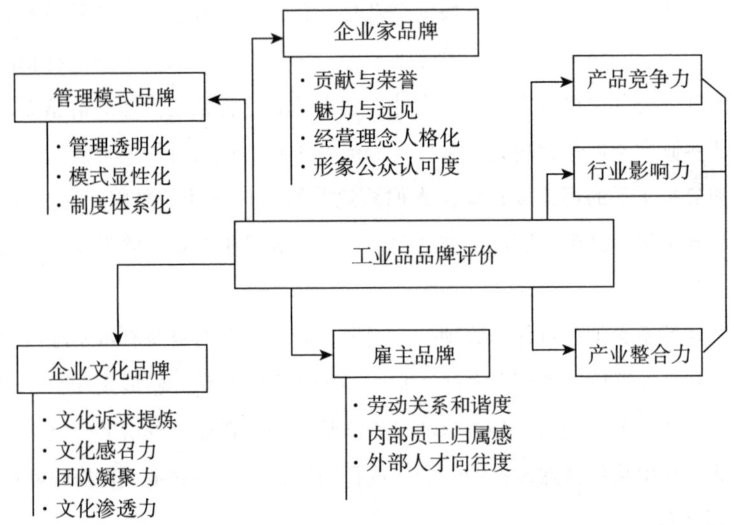

图 9－10　工业品品牌评价“四品三力”

“四个品”，侧重于企业内部的评价，检核企业在企业家品牌、企业文化品牌、管理模式品牌、雇主品牌四个方面取得的成果。

一、企业家品牌

每一个成功企业的背后，都有一个出色的企业家。DELL 的戴尔（Michael Dell）、微软的比尔·盖茨（Bill Gates）、GE 的韦尔奇（Jack Welch）、华为的任正非、三一的梁稳根等，他们的一举一动都代表着企业的形象，传播着企业、品牌给公众带来的信息或者利益。爱屋及乌，对一个企业家有好感，你也会对其公司的产品和服务有好感。

企业家品牌也就是将企业形象人格化，利用企业家思想的社会共识以及企业家在行业以及管理等方面的社会话题，以点带面浓缩企业个性的新型传播，旨在建立企业系统的公信度。

工业企业的企业家，可以就行业发展、产业规划等话题发出强有力的声音；在社会责任等方面表达自己的观点；出席相关论坛或者公众活动，回顾企业的发展历程、传播企业的价值观。企业家“火”了，企业也就跟着出名了，企业家不失为当今社会企业最有力的宣传途径之一。

企业家就是企业的形象代言人，是最好的宣传工具。格力的董明珠就是一个典型。现代社会有这样一条竞争铁律，那就是谁先让客户知道，谁先让客户使用，谁先成为知名产品和强势品牌的概率就会比你的竞争对手要高。企业掌门人亲自出马，特别是该企业的掌门人在业界和公众中本身就有较高的知名度时，这招就更管用了。代言也罢，骂人也罢，绯闻也罢，企业家站到台前来，往往可以发挥广告不能起到的作用。但要塑造和管理好企业家品牌也不是件容易的事。因为个人品牌的管理不同于一般的管理模式，每个企业领导人的资源具有独特性，因此，企业家品牌的建立方案需要更具体的量身定制。其实，企业家的个人品牌管理不仅仅是形象管理，还包括行为与说话的技术、讲究内在修养的做法，涉及且不限于与员工的互动，以及和用户的情感沟通……企业家是一个组织中最容易被大家认同为感性信息来源的地方，也是现代企业中应该加以管理、利用好的资源。

实施建议：

企业家品牌的评价，一看企业家的贡献（产值、利税、专利、公益等）与荣誉（社会头衔、政治待遇、行业组织）；二看企业家的魅力与远见；三看企业家经营理念的人格化；四看企业家个人形象的公众认可度。

二、管理模式品牌

企业可以对自身的管理体系进行归纳，然后参照管理文献以及相关体系认证的要求，结合企业的实际运作，整理一套具有企业特色的、经过实践检验的、实际操作性强的体系化管理模式，以提高内部管理的可控性，也有利于对外购并和整合时的管理输出。管理模式品牌，旨在建立企业系统运行的可靠性以及发展的持续性两个方面的信任。比如，企业可以对产品质量、客户关系、技术研发、生产过程等方面的具体管理模式进行升级。

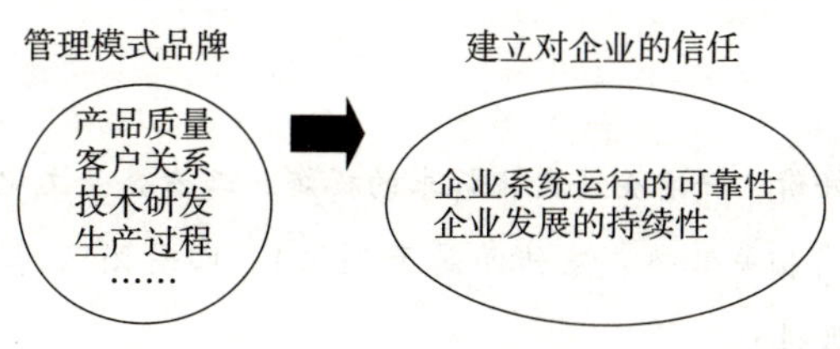

图 9－11　管理模式品牌

管理模式品牌本质上是使得“企业”这一黑箱透明化，这一点对工业品制造企业尤为重要。因为工业品的产品质量、用户价值与企业的管理模式密切相关，而用户一般无法对所需产品进行全程监控。用户看到的是样品或是样本上的宣传资料，而签订合同后生产出来的产品到底是什么样，用户无法知晓。但有一点，用户是肯定的，那就是拥有一套严格的、令人信服的管理模式的企业生产出来的产品是可靠的、值得信赖的。

实施建议：

管理模式品牌的评价，一看管理透明化；二看管理模式的显性化；三看制度体系化。

三、企业文化品牌

企业文化是企业长期生产经营活动中所自觉形成的，并为广大员工恪守的经营宗旨、价值观念和道德行为准则的综合反映。

企业文化品牌是指从企业的组织行为特征、员工心智模式、企业社会活动中折射的企业价值观，以及特殊事件、特殊时期、突发事件中体现的企业员工凝聚力共同勾勒出的企业中各种关系的综合状态。企业文化品牌，旨在对内凝聚人心、对外传达企业价值观，利于合作和软性传播。

GE 公司前任 CEO 韦尔奇认为，文化是永远不能替代的竞争因素，企业靠人才和文化取胜。这一点，已成为众多企业的共识。企业文化决定了人的思维方式，进而决定了企业的经营理念、奋斗目标、战略战术、方式方法等。企业文化的差距会带来企业间经营力度的差距。因此，只有形成具有竞争力的企业文化，企业才能保证其品牌战略在竞争中取胜。

企业文化的作用不仅仅是对内的导向、凝聚和规范作用，它更重要的作用还在于提高企业的经营业绩，铸造品牌信仰，使企业永续经营。在市场经济条件下，企业是市场的主体，企业文化作为企业经营观念、品牌形象、企业声誉等的母体，在激烈的市场竞争环境中至关重要。随着经济的发展、社会的进步，以及市场需求情况的变化，产品的市场竞争能力集中体现在产品的技术含量和文化附加值上。

实施建议：

企业文化品牌的评价，一看企业文化诉求的提炼；二看企业文化的感召力；三看企业文化的渗透力（是否有相关载体、宣传面是否到位）；四看团队的凝聚力（团队间的信任、文化与行为的一致性）。

四、雇主品牌

在企业的经营和品牌建设的过程中，有一个非常关键的因素，那就是企业的人力资源。工业品是客户用于再生产的工具，一般合同签订后有一定的生产周期，更主要的是使用的周期较长，对技术、质量与服务的要求很高。而这一切都需要人来完成，不同人产生的效果差别也很大。

雇主品牌就是企业在人力资源方面的品牌体现。企业要通过对内部人才的相关具体措施、员工感受、对企业外相关人才的感召，形成内外人才对企业的认知与归属感、自豪感。雇主品牌的打造，旨在建立企业系统信任下的个体人格信任。企业在正确处理好在职员工的同时，更要妥善处理员工的离职并加强与离职员工的沟通，使得员工无论在职还是离职，都是企业雇主品牌的宣传者。

雇主品牌是企业品牌的核心要素之一，是企业品牌经营的重要内容，也是企业核心的无形资产。对于一个企业来讲，品牌是最重要的核心资产，是核心竞争力的源泉。而雇主品牌是企业品牌经营的最高层次。所谓最高层次，就是它反映了企业品牌内涵的最核心内容，也反映了企业品牌经营的最高层次的诉求。

雇主品牌反映了劳动力市场上人才对企业的高度认同和认知感，是企业市场最佳工作场所形象的标杆。一个企业一旦在劳动力市场确定了最佳劳动场所的形象标杆，它就在人才竞争价值链上抢占了先机。一个企业如果能够在人才市场上确立最佳的雇主品牌形象，就在整个人才竞争过程中占领了至高地，取得了人才竞争市场中的相对优势。这对企业在人才市场中吸纳人才、招募人才十分有利，使企业在人才竞争中获得差异化的优势。企业与企业之间的竞争在于人才的竞争，而人才与人才之间的竞争，关键在于企业人才机制的竞争。一个企业一旦确定了最佳雇主品牌的地位，就在人才竞争上形成了差异化优势，这对于提高一个企业人才的竞争能力，减少人才交易与流动的成本，拓宽人才渠道都具有重要的意义。

对内，雇主品牌就是企业对人才成长和发展做出的一种郑重的承诺。创建雇主品牌可以驱动一个企业不断优化内部的人才生态环境，提高一个企业人力资源管理的系统能力。中国企业发展到今天，已经从机会导向转向战略导向，从技巧性能力的竞争走向系统能力的竞争，人才也是如此。过去可能随便从人才市场寻找一两个能人就可以解决企业问题。现在企业人才竞争的关键是能否构建一个能够激活人才，能够使人才在企业当中成长和发展的生态环境。这种生态环境会促进企业人才的聚合，提高人才的整体竞争能力。

企业在了解员工期望、做出承诺和实际表现三个方面，需要建立平衡机制，秉持“一致性”原则，即让员工在进入公司之后感受的企业和其印象中的企业保持一致或者更好，而给予员工的承诺就要不折不扣地做到，在实际的人力资源管理贯彻实施中一定要注意每一个细节，让员工对企业心悦诚服，而不是三心二意。

实施建议：

雇主品牌的评价，一看企业的劳动关系是否和谐（劳动纠纷、员工承诺的兑现）、是否精准；二看内部员工的归属感（自豪感、成就感）；三看外部人才的向往度（在人才市场的响应度、专业人才引进的意愿）。

“三个力”，侧重于在企业外部的评价，检核产品及其服务的竞争力、行业的影响力、产业的整合力。

产品竞争力，可以通过市场占有率、客户满意度、技术领先度等进行衡量，还要看其产品卖点是否鲜明、产品展示是否鲜活、用户感受是否认同。

行业影响力的评价可以从两个方面展开。一方面，我们可以通过行业协会、行业媒体、行业专家、专业机构的访谈，看企业在行业活动中的表现、在行业媒体中的曝光度、行业专家对企业的认可度、专业机构对企业的评价值等；另一方面，我们可以通过企业与国内外行业标杆的距离，评估其在行业中的地位。

产业整合力，综合评估企业的发展战略、企业在产业链中的价值定位、企业业务的延展性、上下游的合作度、核心资源的掌控度、技术的领先性，更评估其在产业研究上的投入、在国际合作上的包容性。

五、中国工业企业品牌竞争力评价活动简介

为加快推进工业企业品牌建设，在工业和信息化部的指导和中国工业经济联合会的支持下，中国工业报社已成功举办了两届中国工业企业品牌竞争力评价和发布活动，产生了较好的社会影响。

该活动的目的是通过建立有影响力的工业企业品牌竞争力评价发布平台，引导工业企业加快培育品牌，扩大品牌社会影响，提升品牌价值和竞争力，提高工业经济发展的质量和效益，同时也为工业和信息化部给予企业相关政策扶持提供采信依据。中国工业企业品牌竞争力评价的相关技术文件由专家委员会编写，专家委员还会对专家库进行管理，指导专业机构的测算工作，保障评价工作的科学性和公正性。

【案例】SY 公司：专“芯”专意，中“芯”报国

谈到工业电气国产化的话题，SY 公司董事长目光坚定、语言铿锵。他虽然已经成为国内一家工业电器行业上市公司的掌门人，但回顾一路走来的心路历程，尤其是遭遇外资

品牌大肆围剿的艰难时候，还是有种“壮志未酬”的情愫。

20世纪末期，ABB公司将其中压断路器产品VD4带入中国市场。国内产品空白与需求旺盛形成了巨大的利益空间，在有关部门与专家等有识之士的极力推动下，西高所才得以在消化吸收ABB公司VD4的基础上绘制了国产中压断路器VS1的技术图纸，取名“森源”，并将技术图纸出售给国内开关制造企业，开始了“开关中国芯”的新征程。

自此，“森源”就成了国产中压断路器的代名词。SY公司是最早一批购买技术图纸的为数不多的国内企业之一。在取得技术图纸之后，SY公司没有立刻组织仿制生产，而是组织了国内相关技术、制造专家组成“技术再优化”的课题组，并于2002年推出了SY公司的新一代VS1产品，在国产断路器市场打响了“第一炮”。SY公司趁热打铁、乘胜追击，结合国内应用实际，于2006年在行业内率先推出了自主型号中压断路器VA，凭借其堪比VD4的过硬品质、国产制造成本优势所形成的性价比优势，自主型号中压断路器VA迅速在钢铁、化工、轨道、电力等行业得以广泛运用。

与此同时，其他几家购买“森源”技术的国内企业也发展迅猛。随着国内品牌的逐步崛起，外资品牌开始了其惯用的伎俩——资本手段。SY也不例外地收到了外资品牌抛出的橄榄枝，在其他几家企业陆续被收购之后，SY也有过动心的念头。但回想购买“森源”技术图纸的初衷和“开关中国芯”的雄心壮志，以及在国产断路器征程中的心酸与欣喜，SY更加坚定了“国产品牌”之梦。

SY公司是专业生产中压真空断路器的高新技术企业，“SY”为省著名商标。企业在行业内树立了良好的企业形象和信誉，是国内中压断路器企业中的佼佼者。但是如何将在财力资源、固定资产、技术研发能力、生产能力、服务能力等方面综合形成的比较优势，转为品牌优势，一直困扰着SY公司的经营团队。

品牌之梦几多愁，品牌之路几多艰。一毕业就走进SY公司，从营销员做起，成长为公司总经理的刘先生，谈起品牌更是喜忧参半，喜的是SY在坚守“开关中国芯”的“森源”系中取得的国产品牌优势，忧的是打着“森源”旗号的一些企业的“骚扰”，更是国内同等规模的同行几乎都变成了外资的合资品牌或者子品牌，这让SY有一种莫名的“孤单”。

初步判断

虽然SY公司提出了“以品牌影响市场的发展理念，争创国内行业影响力品牌，做中压真空断路器市场的领导者”的目标，但“森源”品牌混乱，而SY公司的品牌定位不明确，塑造、传播乏力，以致品牌区隔乏力，从而制约了发展。具体表现在以下几个方面：

（1）品牌提炼不精准，区隔乏力。SY公司的品牌定位不清晰，在用户心中的形象模糊。定位不清晰就很难形成品牌积累，也很难进行传播，公司缺乏系统的品牌塑造战略和传播策略。

（2）品牌传播不聚向，道具乏力。SY公司的品牌推广缺乏系统的规划，公司在用户行业建立的相关公共关系薄弱，行业资源整合、借力不够，推广力度也不够，主要靠销售人员进行传播。SY公司的技术研发、品质保证、生产等综合实力较强，但这些资源和能力没有在营销端得到很好的体现，品牌道具不齐全，品牌传播内容不规范，塑造乏力。

品牌优化

SY公司应运用工业品营销品牌提炼与塑造工具，即品牌提炼六要素、品牌塑造两力模型，定制并优化SY的品牌策略，主要内容如下：

品牌现状——品牌区隔乏力

虽然SY公司提出了“以品牌影响市场的发展理念，争创国内行业影响力品牌，做中压真空断路器市场的领导者”的目标。但“森源”品牌混乱，而SY的品牌定位不明确，塑造、传播乏力，以致品牌区隔乏力，从而制约了公司发展。

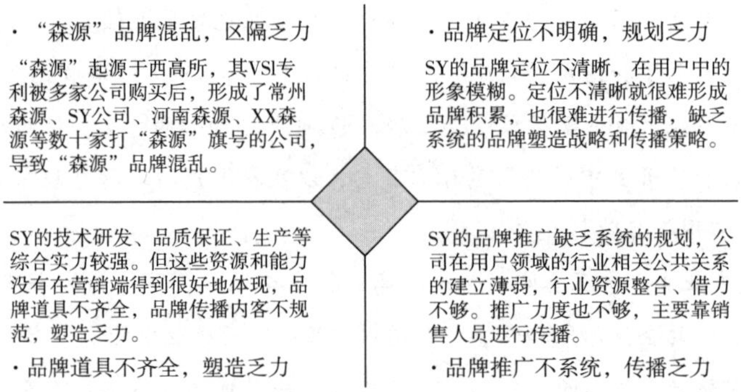

· “森源”品牌混乱，区隔乏力

“森源”起源于西高所，其VSl专利被多家公司购买后，形成了常州森源、SY公司、河南森源、XX森源等数十家打“森源”旗号的公司，导致“森源”品牌混乱。

· 品牌定位不明确，规划乏力

SY的品牌定位不清晰，在用户中的形象模糊。定位不清晰就很难形成品牌积累，也很难进行传播，缺乏系统的品牌塑造战略和传播策略。

SY的技术研发、品质保证、生产等综合实力较强。但这些资源和能力没有在营销端得到很好地体现，品牌道具不齐全，品牌传播内客不规范，塑造乏力。

· 品牌道具不齐全，塑造乏力

SY的品牌推广缺乏系统的规划，公司在用户领域的行业相关公共关系的建立薄弱，行业资源整合、借力不够。推广力度也不够，主要靠销售人员进行传播。

· 品牌推广不系统，传播乏力

产品同质化

国内中压断路器产品是在国外产品基础上研发出来的，技术含量较低，产品质量与国外产品比有差距。中压断路器产品的标准化程度高，产品同质化严重。受不同行业用户开断任务和使用环境的影响，真空断路器将会更加专业化、细分化，服务将成为用户关注的重要因素。

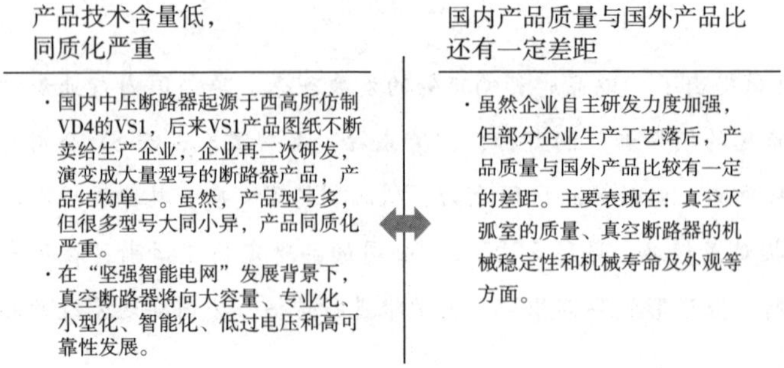

产品技术含量低，
同质化严重

· 国内中压断路器起源于西高所仿制VD4的VS1，后来VS1产品图纸不断卖给生产企业，企业再二次研发，演变成大量型号的断路器产品，产品结构单一。虽然，产品型号多，但很多型号大同小异，产品同质化严重。
· 在“坚强智能电网”发展背景下，真空断路器将向大容量、专业化、小型化、智能化、低过电压和高可靠性发展。

国内产品质量与国外产品比
还有一定差距

· 虽然企业自主研发力度加强，但部分企业生产工艺落后，产品质量与国外产品比较有一定的差距。主要表现在：真空灭弧室的质量、真空断路器的机械稳定性和机械寿命及外观等方面。

SY 公司优势

SY 的成功基因是"借势"和"聚焦"，借势"森源"取得了发展，"聚焦"钢铁等行业用户，通过直销积累了大量的行业业绩和客户资源，在行业内有较大的品牌影响力。公司在财力资源、固定资产、技术研发能力、生产能力、服务能力等方面综合实力强，在行业内具有"比较优势"。

资源及能力状况	业务现状
· SY是上市公司的全资子公司，在财力资源、固定资产、技术研发能力、生产能力、服务能力等方面综合实力强，在行业内具有"比较优势"。关键看如何通过营销将这些"比较优势"转为"市场优势"，即表现为产品销量的提升和品牌实力的增强。	· 从SY近两年客户构成看，重点行业用户约占销售总业绩的50%，尤其是钢铁系统、矿业、电力、石油化工、医药卫生等行业用户的占比高，项目金额大，而且客户资源可以持续利用。

品牌格局与机会分析

外资品牌打品质牌，大肆整合国内品牌；国内品牌打关系牌，服务这一品牌的重要内涵未被突出。在产品同质化情况下，SY 通过服务差异化形成品牌区隔，彰显品牌内涵，作为国产专业断路器品牌，紧紧抓住国产品牌的政策利好机会。

品牌格局	SY——服务彰显品牌
· 外资品牌 ABB、施耐德、西门子等外资品牌一方面抢占高端市场；同时加速整合国内品牌，抢占中低断市场。 · 合资品牌 外资品牌大肆整合国内品牌，形成有一定影响力的合资品牌。如：伊顿整合常州森源，成立伊顿森源；施耐德整合宝光，成立施耐德宝光；库柏整合宁波耐吉，成立库柏耐吉等。 · "森源"系品牌 国内"森源"系企业很多，但不是被收购就是多元化扩张，或者小作坊式经营，专注做断路器的森源企业已很少。	· 差异化服务形成品牌区隔 国内"森源"品牌太多，SY在行业内的知名度和影响力不够，品牌区隔乏力。通过差异化技术服务与国内其他"森源"品牌形成区隔，彰显"SY"品牌内涵。 · 差异化服务提升市场竞争力 目前断路器行业的产品严重同质化，通过产品力获得市场竞争力十分困难。技术服务是用户十分需要的，也是竞争同行欠缺的。通过技术服务，与外资品质相当的情况下形成服务差异化，与合资及国内"森源系"企业形成品牌区隔。 · 差异化服务增强用户黏着度 通过差异化服务增强与用户的黏着度，实现二次销售。

服务彰显品牌

以“全程无忧”为服务理念，以“全程、价值、快捷”为服务准则，树立与传播“SY”服务品牌；提升业主专业能力，便捷使用；同时，促进公司的二次销售。

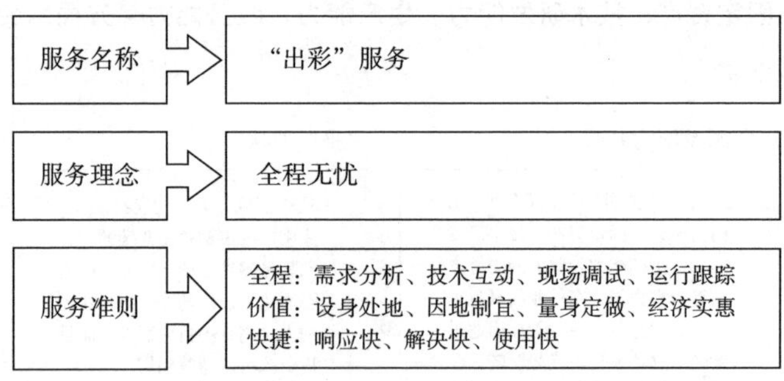

品牌提炼

纵观中国中压断路器市场，能叫得响的几乎都是合资或者外资品牌，国产中压断路器的象征——“森源”系企业，不是倒闭就是被收购，或者不再专注断路器生产。唯有“SY”12 年坚守，扛起中国中压断路器国产大旗，“专‘芯’专意，中‘芯’报国”。

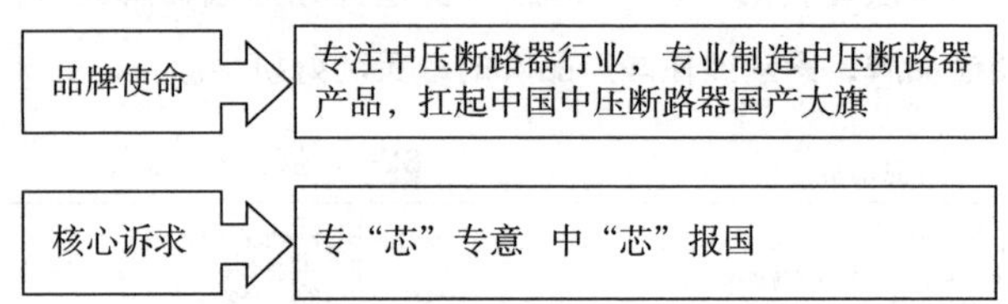

品牌策略——品牌塑造路径

SY 品牌塑造的主要路径为：树国产旗，打服务牌。重塑员工行为，增强专业度；推行“出彩服务”，提升用户黏着度；行业内专业推广，打造公信度。

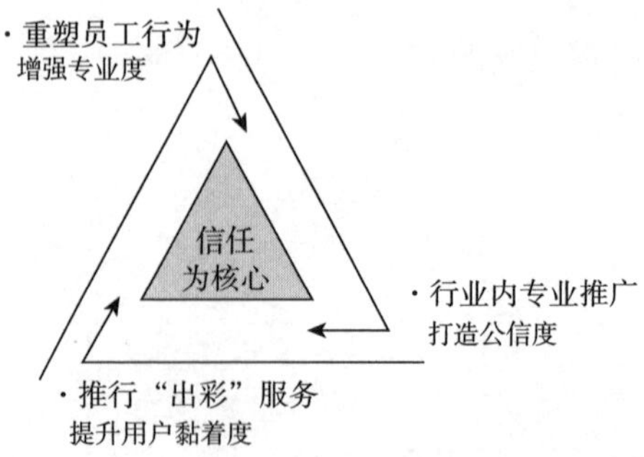

重塑员工行为

按照“专业化、规范化、高素质”的要求，重塑员工行为，增强专业度，建立营销人员的“人格信任”；传递 SY 的品牌使命和品牌愿景，重塑 SY 品牌形象，建立“公司信任”。

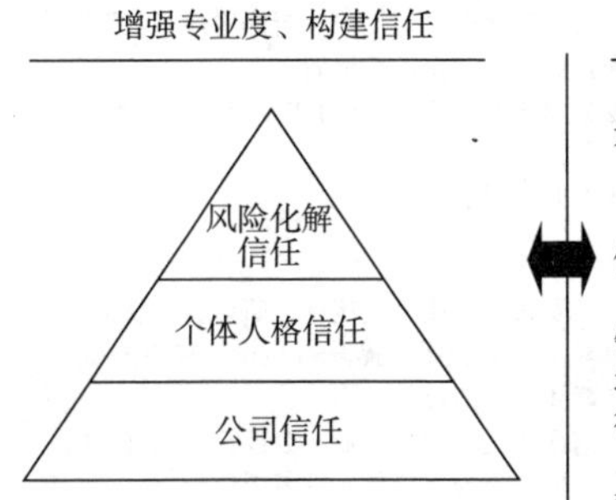

重塑员工行为主要路径

- 深刻理解“SY”的品牌使命和品牌愿景，建立品牌自豪感和使命感。
- 规范品牌形象，导人CIS。
- 每周一在厂区举行“唱国歌，升国旗”仪式。
- 深刻领会营销变革与模式创新，按照销售进程，演练工具；按照过程管理，填写表单；认真学习产品知识，了解行业知识。
- 加强与技服线的互动和配合，营销过程中带好品牌道具，传播企业品牌。

品牌道具优化

以“专‘芯’专意，中‘芯’报国”为策划设计的灵魂，以“中国中压断路器国产领导品牌”为核心思想，优化、完善 SY 的品牌道具。

企业类：企业宣传画册　企业宣传光碟　企业网站　品牌展厅　企业介绍 (PPT)　名片　礼品　……

产品类：产品手册　产品营销资料(MFABE)　产品包装　产品介绍 (PPT) ……

细化“出彩”服务

细化服务项目，明确服务对象，制定服务内容及服务标准，形成可操作的服务手册。同时，制定内外部的服务监督机制，切实将服务做实，做出气势，做出差异化来。

服务项目	服务对象	服务内容	服务标准	服务监督

行业内专业推广（1/2）

以建立品牌信任为核心，根据品牌受众的特点，通过专业途径，进行精准传播。主要包括：人员推广、公共关系推广、行业会议推广、展会推广和专业媒体推广等。

人员推广	·通过项目代理商或关系代理直接向目标用户进行面对面的互动推广和传播，使代理商成为企业品牌信息的传播者。 ·在配网市场招募品牌专员(客户经理兼)，通过供电局向业主推介SY品牌。 ·直销人员向设计院和业主的面对面互动推广。
公共关系推广	·针对设计院，开展新产品发布会、技术交流会、研讨会、联谊会等活动，建立起SY与设计院的良好关系，提升SY在设计院中的知名度和美誉度，达到设计推荐和上图的目的。 ·通过断路器行业协会，钢铁、化工用户行业协会及行业主管部门等公共关系进行品牌推广。如：成为其会员、理事单位等。 ·通过用户技术人员进行传播。如：聘请为公司“质量顾问”。

行业内专业推广（2/2）

行业会议推广	·参加断路器行业以及下游聚焦用户行业组织举办的专题研讨会、技术交流会、联谊会、大型论坛等，借助会议进行面对面的品牌信息传播，目标客户交流，品牌形象塑造。
展会推广	·选择性地参加公共性或行业性的大型展销或展览会，通过个性化的、创意性的展台搭建、产品展示、企业或产品资料发放等，全方位、多角度地展示企业综合实力和品牌形象。
专业媒体推广	·在断路器行业及下游用户行业的杂志、刊物、行业网站等进行定向推广，使营销传播的投资预算能够得到最大的回报和立竿见影的传播效果。

做好一篇文章

森源是为国产断路器而生，曾经有过蓬勃发展之势。而如今森源系几大翘楚要么转型、要么被外资收购，唯有 SY 坚守开关中国芯专业梦。

开关中国芯 SY公司梦	
主题	开关中国梦—断路器国产之路
媒体	《高压电器》《高压开关》《钢铁报》《化工报》《中国工业报》
专家	原机械部相关领导、森源研发者 行业协会专家 断路器资深从业人员
内容	1、梦之源：VD4进入中国之际 2、梦之愿：森源之使命 3、梦之路：森源系演变 4、梦之艰：国产之困 5、梦之光：SY公司

办好一个活动

SY 公司 2002 年成立至今已有 12 年，12 年坚守，12 年发展。通过 SY “12 年庆典”，架起与行业专家、新老用户等的沟通桥梁，发布 SY 新定位、新形象，增强员工的凝聚力和行业影响力。

开关中国芯 SY公司梦	
庆典时间	2014年
庆典地点	公司
邀请人员	断路器行业的协会、研究院领导及专家；钢铁、化工及配网行业的设计院领导及专家；钢铁、化工、配同行业的典型用户，断路器行业媒体等
庆典内容	1、庆祝SY公司12华诞 2、发布SY公司新的品牌形象和定位 3、宣读SY公司行业使命宣言 4、推介“国家技术中心”，聘请行业专家为常年技术顾问 5、与大型研究院、设计院等签订意向战略合作协议 6、中压断路器技术发展研讨

案例启示：

国产品牌迎来了千载难逢的发展机会。工业品牌应以企业品牌为主导，以产品品牌为辅，精提炼聚传播，尤其要强化品牌诉求提炼，并将品牌诉求在圈内聚向传播。

第十章

工业品营销渠道

第一节　营销渠道设计

工业品营销渠道是指产品或服务从制造商流向用户所经过的各个中间商联结起来的营销通道。这个通道通常有代理商、经销商和其他合作伙伴。而营销渠道设计（Marketing Channel Design）是指企业为实现营销目标，对自身营销渠道结构进行评估和选择，从而改进原有的营销渠道（营销渠道再造）或开发出新型的营销渠道（营销渠道创新）的过程。营销渠道设计是市场营销决策者必须面临的现实问题，营销渠道设计的好坏往往决定一个公司经营的成败。

一、营销渠道设计的目标

营销渠道的设计直接体现出企业的营销战略意图，营销渠道设计的目标主要体现在以下几方面：

（1）方便用户购买，让用户的让渡价值最大化。

（2）开拓市场，提高市场占有率。

（3）提高产品渗透率，让中间商赚到钱。

（4）渠道设计顺畅，便于管理、控制。

（5）设计科学合理的市场覆盖面及密度。

（6）扩大品牌知名度，提升用户信赖度。

（7）选择渠道类型和中间商种类。

二、营销渠道设计的需求识别

营销渠道设计的需求存在两类情况：一是打造全新的营销渠道结构的需求；二是进行原有营销渠道再造的需求。

以下几种情况下，公司需要全新的营销渠道设计：

（1）新公司成立之时。公司刚成立时，一切都需建立，包括营销渠道。

（2）公司进入一个新行业时。进入一个全新的行业，市场情况的变化、产品竞争情况的变化等，都要求企业重新设计一个营销渠道结构。

（3）公司进入一个全新地域时。进入一个全新的地域市场时，由于地域与地域之间差别很大，新的地域、新的环境、新的市场往往都要求企业设计一个新的营销渠道。

以下几种情况下，公司需要对渠道进行改进（内部因素）：

（1）企业的整体战略发生转移。

（2）企业开发了新的产品或产品生产线，而原有营销渠道不能适应。

（3）产品进入了一个新定位的目标市场。

（4）渠道影响因素发生了较大变化。

公司应经常对现有营销渠道进行检核和评估，发现渠道中存在的问题，如果现有营销渠道不能满足企业或市场发展需要，公司就要考虑对营销渠道进行修改。

以下几种情况下，公司需要对渠道进行改进（外部因素）：

（1）外部环境发生较大改变，企业需要调整渠道结构才能与之相适应，如经济环境、社会环境、人文环境、竞争格局等的变化以及技术进步等。

（2）营销理念的创新、营销方法的进步等推动营销渠道的变革。

（3）渠道中出现较大问题和冲突，营销渠道结构受到严重挑战。

（4）渠道成员发生了重大变化。

三、营销渠道设计的基本原则

（1）渠道设计一定要适应宏观经济形势。在经济萧条时，制造商希望以最经济的方式把产品送到市场，这就需要“扁平式”营销渠道设计。

（2）渠道设计还必须考虑中间商的优缺点，要能最大程度发挥渠道成员的优势，规避劣势。

（3）渠道设计应保持渠道的畅通高效。畅通、高效是渠道设计的首要考虑因素。只有畅通高效的营销渠道，才能以最短的流通路线，花费最低的营销费用，将用户喜欢的产品尽快、尽好、尽早地送达他们方便购买的地方，以此提高渠道流通效率，降低营销费用，获取更大经济效益，为企业赢得较大的竞争优势。

（4）渠道设计应保证渠道的稳定、可控。一个企业的营销渠道模式一旦确定就不会轻易改变，因为建立一个科学、完善的营销渠道需要花费企业大量的人力、物力和财力。只有保证渠道的相对稳定，企业才能提高渠道的效益，增强渠道的竞争力。同时，由于影响渠道的各种因素都在不断地变化，渠道还应具有一定的可调整性，以适应市场环境的变化，保持自身的适应力和生命力。企业可以通过对渠道的可控调整，使渠道保持相对的稳定。

（5）渠道设计要协调平衡好各方利益。企业在渠道设计时不能只考虑企业自身的利益，而不顾中间商的死活。科学的营销渠道应照顾到各渠道成员的利益，只有有利可图，有钱可赚，渠道成员才会加入到你的营销渠道中，也才会死心塌地地为企业服务。

（6）渠道设计切忌“一刀切”。不同的区域市场，不同的产品线，市场环境都会不一样，企业在进行渠道设计时切忌搞“一刀切”，应因地制宜地进行渠道调整。

（7）渠道设计要最大程度发挥企业的优势。企业进行渠道设计的最终目的就是要通过渠道优势获得企业整体的竞争优势。所以，在设计渠道时，企业要充分利用自身的优势资源，整合产品策略、价值策略、服务策略、关系策略、风险策略等企业策略资源。

四、营销渠道设计的流程

营销渠道设计流程，如图 10－1 所示。

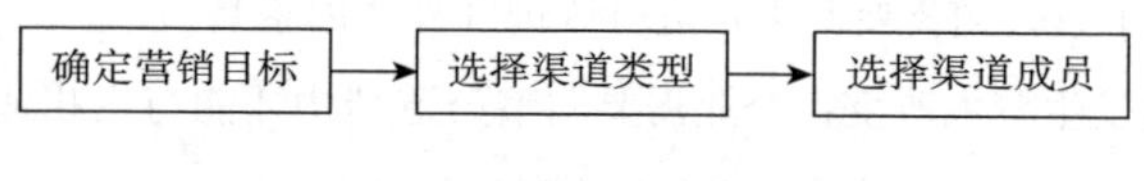

图 10－1　营销渠道设计的流程

（一）确定营销目标

营销目标必须与公司其他战略目标互相协调、互相配合、互相促进，决不能相互违背、抵触；营销目标要具体、明确，不要含含糊糊、模棱两可。确定营销目标要做好：熟悉公司其他相关策略、目标；了解市场发展状况，研究公司历史销售业绩和竞争对手的业绩和目标；公司的决策层和基层营销人员就营销目标进行讨论。

（二）选择渠道类型

1. 直销与分销

工业品营销渠道类型通常可以分为直营销售和分销。

直销是工业企业经常采用的一种产销合一的经营方式，即产品从生产领域转移到用户领域时不经过任何中间环节，由企业自己的销售人员完成销售的全过程。如图 10－2 所示。直销的主要方式可以是企业销售人员直接面对终端用户推销，也可以是电子商务、客户推介、行业推介等。

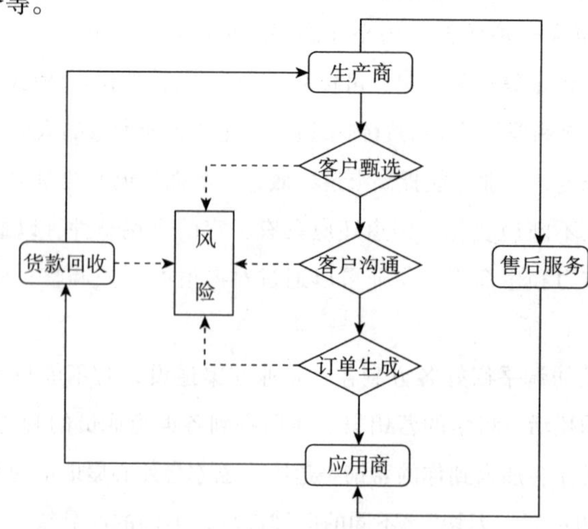

图 10－2　直销模型图

分销是指产品从生产领域转移到用户手中要经过若干中间商的一种销售渠道。渠道中可能有一个或多个中间商，这些中间商主要有代理商、经销商、分销商等。企业通过中间商为终端用户提供产品或服务。如图 10－3 所示。

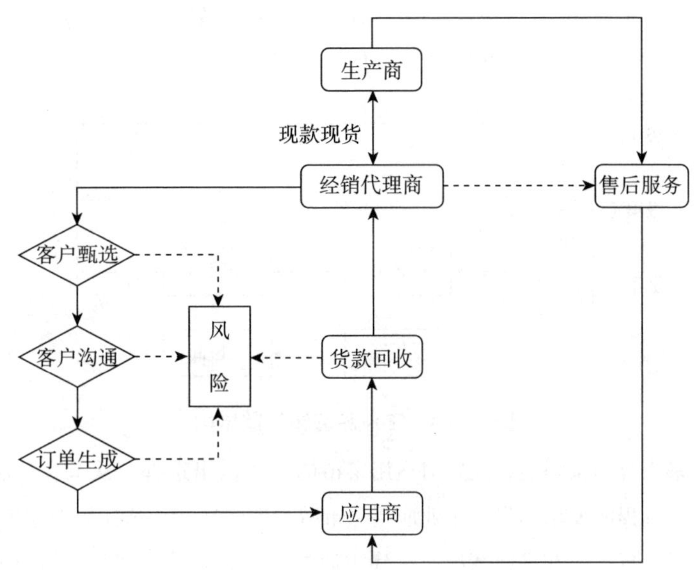

图 10－3　分销模型图

直销具有及时、中间费用少、便于控制价格、便于及时了解市场、有利于提供服务等优点，一般来讲，以下情况下，企业适合采取直销渠道策略：

（1）市场集中，销售范围小。

（2）产品的技术性高或者制造成本大；产品易变质、易破损；产品为定制品。

（3）企业自身有市场营销技术，管理能力较强，经验丰富，财力雄厚；企业需要高度控制产品的营销情况。

但是此渠道模式会使制造厂家投入较大的物力、人力、精力和财力，所以使用范围广、市场规模大的商品，不宜采用直营销售。

分销模式下，由于有中间商的加入，企业可以利用中间商的知识、经验、关系和营销网络，简化交易、缩短买卖时间、降低渠道建设开支，从而集中人力、财力和物力发展生产，增强产品的竞争力。在以下情况下，企业适合采取分销策略：

（1）市场分散，销售范围广，如大部分的零配件、原材料等的销售。

（2）产品非技术性，制造成本小；产品不易变质、非易碎品；产品为日用品、标准品。

（3）企业自身缺乏市场营销的技术和经验，管理能力较差，财力薄弱，对其商品和市场营销的控制要求不高。

2. 长渠道与短渠道

渠道按其长度来分类，可以分为若干长度不同的形式，商品从生产领域转移到用户的过程中，经过的环节越多，销售渠道就越长，反之就越短。工业品销售渠道有三种基本的类型：制造厂家—工业品用户；制造厂家—代理商或者经销商—工业品用户；制造厂家—代理商—经销商—工业品用户。如图 10－4 所示。

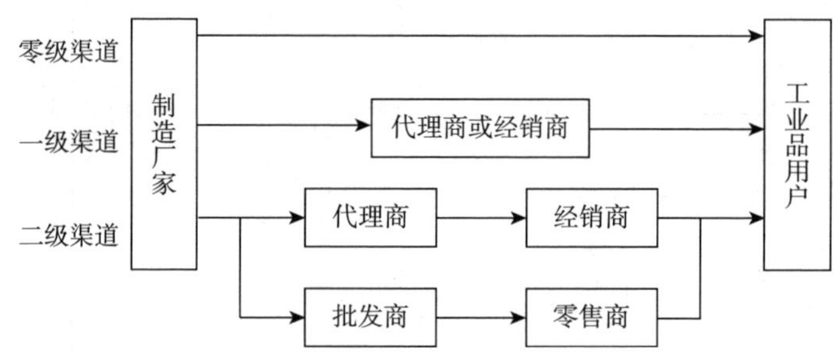

图 10－4　工业品营销渠道结构

企业决定采用分销策略后，还要对适用渠道的长短做出选择。从节省产品流通费用，加速社会再生产过程的要求出发，企业应当尽量减少中间环节，选择短渠道销售。但是中间环节也不是越少越好，在多数情况下，代理商的作用是制造厂家和经销商无法替代的。因此，采用长渠道策略还是短渠道策略，必须综合考虑产品的特点、市场的特点、企业本身的条件以及策略实施的效果等。

一般来讲，在以下情况下，企业适合采取短渠道销售策略：

（1）产品易腐、易损、价格贵、不便储运；售后服务要求高而且技术性强。

（2）用户市场相对集中，需求数量大。

（3）企业的销售能力强，营销人员素质高，资本雄厚；产品销售的收益能够补偿花费的销售费用。

反之，在以下情况下，企业适合采取长渠道策略：

（1）产品非易腐、非易损、价格低、储运方便、选择性不强、技术要求不高。

（2）用户市场较为分散，各市场需求量较小。

（3）企业的销售能力弱，营销人员素质较差，缺乏资金；产品销售的收益不能够补偿多花费的销售费用。

3. 宽渠道和窄渠道

营销渠道的宽窄，是由经营某种商品的中间商的数量，即营销渠道的每个层次（环节）适用同种类型的中间商的数目决定的。据此，我们可以将营销渠道分为广泛营销策略、有选择的营销策略和独家经营策略三种。

(1) **广泛营销策略**。当商品数量很大而市场面又广时，企业为了使商品得到广泛的推销，使用户随时都可以买到这种商品，就会采用这种策略。例如，广泛通用的工业原材料、零配件以及半成品等可以采取这种策略。采用这种策略，生产企业就会负担较多的广告费和促销费，以调动中间商的积极性，扩大企业品牌的知名度和影响力。

(2) **有选择的营销策略**。这种策略是指生产企业精心挑选一部分代理商或经销商来经营自己的产品。采用这种策略时，中间商数目较少，有利于厂商之间的紧密协作。同时，该策略也能够使生产企业降低销售费用，提高控制能力。这种策略适用面较广，例如，主要设备、辅助设备、企业服务等的销售都可以采用这种策略。而中间商的具体数目，应该根据具体情况来定，一般来讲，这个数目的设定应该既要使中间商有足够的市场面，又能够保证企业的产品能够及时地销售出去。

(3) **独家经营销售策略**。这种策略是指生产企业只选择一家中间商，令其独家代理，全权销售公司产品。在一般情况下，生产企业在特定的市场范围内，不能再通过其他中间商销售这种商品，但选定的经销商还可以经营其他同类的产品。生产企业和中间商双方通过签订协议做出明确的规定。这种策略主要适用于某些特殊的工业品，以及具有独特风格的某些商品。这种策略有利于调动中间商推销商品的积极性，同时，有利于生产企业集中精力做好生产和产品的更新换代等。

(三) 选择渠道成员

确定了渠道类型之后，企业就要选出适合公司渠道结构的、能有效帮助公司完成营销目标的营销合作伙伴，即选择中间商。除直营销售外，其他渠道模式都需要进行渠道成员的选择。然而，对渠道成员的选择未必是渠道设计的产物，在渠道结构没发生变化时，公司也常常面临渠道成员选择的问题。这主要存在于两种情况下：

一是，现有的渠道成员流失或渠道成员不能胜任营销工作时，公司为了完成营销目标就必须重新选择渠道成员。

二是，公司的营销市场区域扩大时，就需要更多的渠道成员去完成市场营销工作。

渠道成员的选择是非常重要的，渠道成员往往决定着公司的营销渠道是否畅通、高效；决定公司的营销目标是否能完成；决定公司营销成本的高低；决定客户对公司服务是否满意。

渠道成员选择的重要性与公司营销密度息息相关。公司的营销密度越小，渠道成员的选择越重要。因为营销密度小，渠道成员就相对少，各自承担的渠道任务就越重，他们的成败往往决定了公司的营销成败，风险成本高。而且，一旦选好渠道成员，就意味着公司丧失了使用其他渠道成员的机会，机会成本也就增加了。相反，如果营销密度大，渠道成员选择的重要性就会减小，正如营销渠道实践家罗杰·潘格勒姆（Roger Pegram）描述的那样："采用密集型渠道策略的公司往往将公司的产品投放到几乎每一个可能的渠道中去，以便覆盖市场。除了考虑渠道成员的必要信用度，公司几乎很少严格鉴别这些渠道成员。”在渠道成员相对密集的情况下，个别渠道成员的好坏、去留不会影响到整个营销渠道的正常运行，这也就是所谓的“多一个不多，少一个不少”。

第二节 渠道空间论

一、渠道模式的价值与风险

（一）渠道模式的价值

工业品渠道模式的价值在于：

（1）疏通制造商与最终用户之间的阻碍。渠道商对区域市场十分了解，有成型的客户关系网，与渠道商合作有利于制造商进行市场开拓和推广，为抢占市场赢得先机。

（2）信息收集。制造商的人力、物力及财力都有限，不可能用太多的人、花太多的钱去收集信息。而渠道不但网络广、覆盖范围大，而且与市场及最终用户接触的机会多，能更好、更快地收集到市场信息、竞争信息、用户信息等。

（3）减轻财务压力。渠道商不是制造商的员工，制造商不需要为其发放工资。这比企业自建销售网络和组织销售人员要节省很多费用。同时，渠道商往往还可以垫资，这能够直接减轻厂家的资金压力。

（4）提高交易效率，降低交易成本。渠道商分布范围广，能最近、最快地为最终用户提供产品及服务，大大地提高了交易效率，降低了交易的成本。

（5）最大地接近最终用户。有多少最终用户，就有成倍的渠道商，一个最终用户往往由多个渠道商提供产品及服务。因此，通过渠道商去接近最终用户，不但快，而且相对省事。

（6）共享渠道资源。一般渠道商在自己的“地盘”上都有较多的资源，制造商通过渠道模式开展销售，能与渠道商达成资源共享，弥补自身的不足。

（7）规避直销风险。企业的精力有限，不可能对每个市场都很了解。生产企业如果自己贸然进入市场，就会面临很大的风险，而选择渠道商就可以最大限度地规避风险。

（二）渠道模式的风险

对制造商来说，渠道虽然有很大的价值，但同时也会给制造商带来相应的风险：

（1）制造商对渠道商缺乏足够的控制力。制造商与渠道商之间仅仅是合作关系，没有从属关系，因而制造商对渠道商的直接控制力很弱。当然，如果制造商品牌强势，产品畅销，那它对渠道商的影响就很大，渠道商会尽量满足制造商提出的相关条件；反之，制造商还得向渠道商低头，去满足渠道商提出的各种要求。

（2）渠道商可以多重销售产品，包括竞争产品。一般一个渠道商都会进行 2 ~ 3 个品牌产品的销售，由于每个产品的销售情况不一样，渠道商不会在每个产品上平均使力，这样势必会影响到制造商产品的销售业绩。

（3）渠道的不稳定性。大部分渠道商与公司无任何合同关系或其他关系，是自由的、独立的个体，有权决定和哪家公司合作。由于种种原因，渠道商的忠诚度一般都不太高，当它们的切身利益可能受到危害时，它们可能会挥手而去。

（4）合同风险大。这一点主要表现为应收账款的回收。渠道商对最终用户的资信不做评估，或者所谓的资信评估也就是渠道商对最终用户的了解，这就导致了有些合同无法执行，更有甚者，最终用户的合同就是一个陷阱。

（5）订单的不稳定性。制造厂家的销售依靠渠道商来实现，而渠道商的销售情况具有很大的不确定性，这就导致了制造厂销售计划的不确定，以不确定的销售计划为基础配置的生产设备、资金、技术和人员等资源也是不确定的，这就会形成要么资源闲置，要么资源不足的状况。另外，渠道商没有整体市场规划，掌握不了订单的周期，这也会使制造商的生产出现异常波动，要么没有订单，要么生产能力不足交不了货，影响信誉。

二、渠道模式的困惑与挑战

（一）渠道商面临的困惑

渠道商主要会面临三个方面的困惑，即分散单一的市场作战十分艰难、项目的利润空间有限和不规范的制造厂家带来的风险很大。如图 10 – 5 所示。

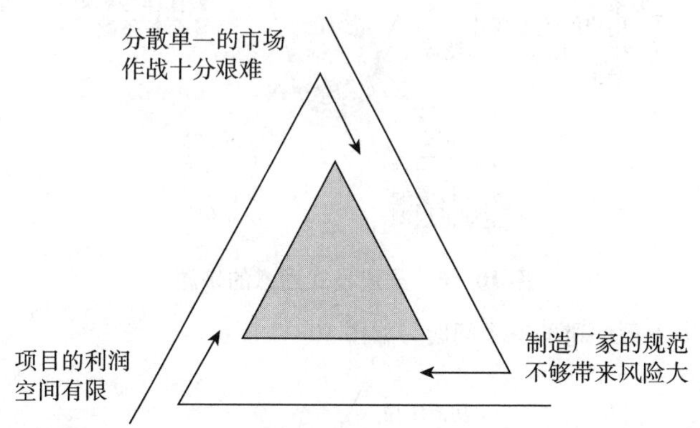

图 10 – 5　渠道模式的困惑

1. 分散单一的市场作战十分艰难

渠道商们由于自身精力、能力和收益等因素的制约，像一个个游击队员在当地的市场上活跃着，其市场信息有限。另外，在市场发展趋势的分析和竞争信息的收集上，渠道商缺乏动力，因而不会派遣相应的专业人员来做这方面的工作。信息不足，会造成收益下降，或者项目的成功率降低。有些地方要做宏观市场方面的工作，像区域市场入网、与设计院联络、品牌形象宣传等，渠道商没有能力和动力去做，使得大的项目自己无力操作。没有组织的游击队，发挥不了整体的作战能力。工程项目对技术要求较高，渠道商的技术能力又往往偏弱。最致命的是最终用户对渠道有排斥心理，希望与制造厂直接联系。

2. 项目的利润空间有限

工业品一般都是大宗产品，单次购买费用高，购买次数较少。因此，在购买工业品时，用户显得十分谨慎，往往会有多个部门、较多的核心人员参与，通过招投标进行采购，价格压得很低，营销费用很大，有的货款还要垫资，项目跟踪周期长，不确定因素多，最后的收益空间有限。

3. 不规范的制造厂家带来的风险很大

很多制造厂家管理很不规范，比如：价格不确定、不能按时交货、产品质量不稳定、售后服务不及时、差额返款困难等。这就使得渠道商不得不同时多找几家制造商，这样就不利于渠道商在当地品牌的巩固，尤其是制造厂家同时将销售授权给几个渠道商时造成的冲突，给渠道商带来的损失风险很大。

（二）渠道的困惑来源

渠道商的困惑主要来源于最终用户的需求特征、制造厂家的综合实力及渠道政策状况。如图 10－6 所示。

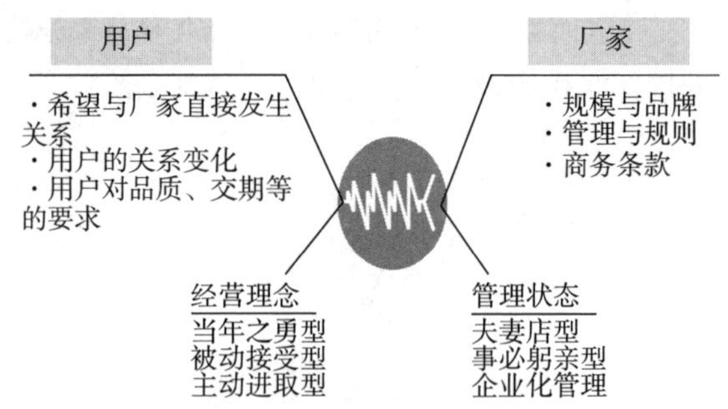

图 10－6　渠道模式困惑的来源

工业品渠道商不可回避的三个问题，如图 10－7 所示。

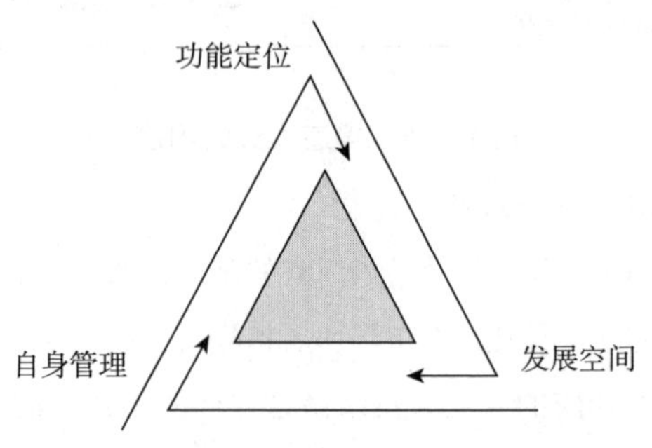

图 10－7　工业品渠道商需要思考的问题

（1）渠道的功能定位。工业品渠道商需要思考，渠道商的功能是将制造厂家的产品简单地搬到最终用户手上，起个“搬砖头”的作用，还是扎扎实实地做好区域市场建设，与最终用户建立良好持续的伙伴关系，不但为最终用户提供产品，还提供及时的服务，最大限度地满足用户的需求，在区域市场里挖出一口口“深井”，从而获得源源不断的“甘泉”。

（2）渠道的自身管理。渠道商要发展，而且是持续健康地发展，就必须做好自身的管理，如人员管理、销售过程管理等。

（3）渠道的发展空间。渠道商生存的关键是要有足够的发展空间，如市场空间、厂家的空间等。

三、渠道空间论

关于工业品渠道商如何突围，我们提出了渠道空间论，包括外部空间和内部能力两大方面。如图 10－8 所示。

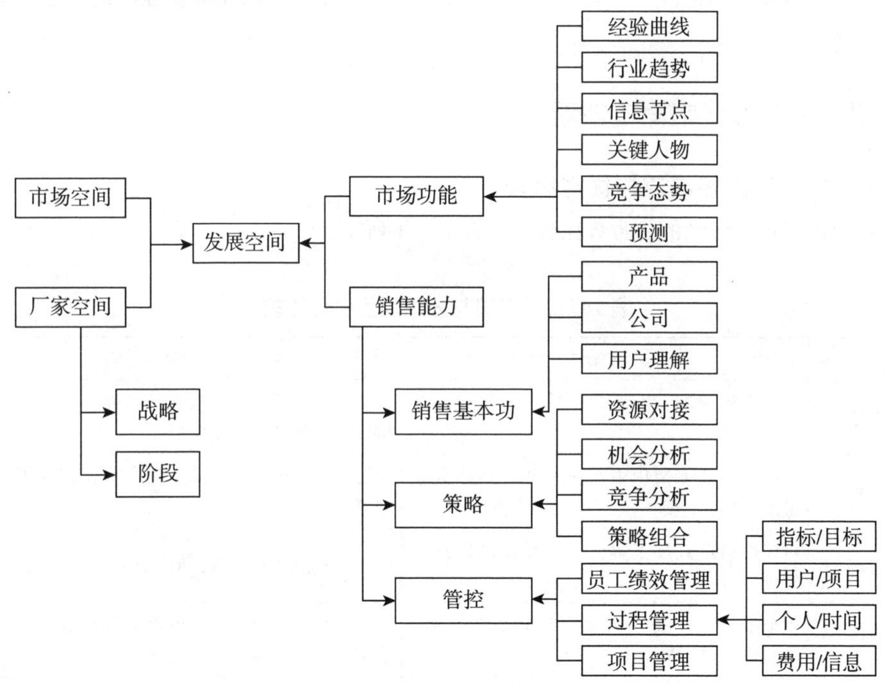

图 10－8　工业品营销渠道空间论

（一）外部空间

渠道要生存，要发展，就必须要有足够的发展空间。

一是要有足够的市场空间。空间有多大，舞台就有多大，所以厂家在进行市场划分时一定要兼顾渠道商的发展空间需求。市场空间太小，渠道商的发展空间就有限，市场对渠道商的吸引力就会不够。当然，区域市场也不能划分得过大，否则渠道商可能开拓不过来，这就势必造成市场浪费。

二是要有足够的厂家空间。厂家空间主要包括厂家的发展战略及其对渠道商的影响、厂家所处的发展阶段及该阶段为渠道商所留的空间大小。这些都是厂家在制定战略时必须考虑的，也是渠道商选择厂家时所在乎的。

（二）内部能力

制造厂家要发展好渠道，还必须修炼好“内功”，提升内部能力。

一是要有强大的市场功能能力。厂家要能把握行业趋势、明辨竞争态势、掌握信息节点、找到关键人物、熟悉行业经验、准确市场预判等。

二是要有强大的销售能力。销售人员的基本功要扎实，对最终用户的需求了然于心，对公司了如指掌，对产品如数家珍，能通过机会分析、资源分析、竞争分析等，制定出合适的销售策略。

三是要有较强的销售管控能力。厂家要切实进行销售人员的绩效管理、销售过程管理及项目管理等。

四、工业品营销渠道创新

（一）传统销售渠道的优劣比较

传统的直销和分销的优劣势比较，如表 10－1 所示。

表 10－1　直销与分销的优劣势比较

	直销	分销
价格	可以直接控制，反应快，单个项目价格操作空间较大	与分销商协商，决策权在分销商，单个项目价格操作空间较小且反应慢
费用	全部销售公关费用由厂家承担，费用大且难以控制和计算	一切销售费用由分销商承担，不存在费用控制问题
市场	对终端用户直接了解，但市场拓展的速度较慢	对用户只能间接了解，但市场拓展的速度很快
风险	单个项目由于费用大而存在较大的风险，但渠道稳定，风险小	单个项目的风险很小，但渠道的稳定性小，可能带来整体的较大风险
适用	在一定范围内的区域市场或某一行业内的中小型公司	在大范围内迅速展开业务的无区域公司
优势	价格控制空间大，对用户了解，渠道稳定	市场拓展快，销售费用又小，单个项目无风险
劣势	单个项目风险大，费用大且难以控制	价格控制空间小，对用户不了解且渠道稳定性差

综上分析，直销和分销各有千秋，采取哪种渠道策略主要视情况而定。在用户要求与厂家直接洽谈、市场竞争较为规范、用户对价格较为敏感的情况下，直销的成功率较高；反之，则分销的生命力更强。在产品普遍缺乏差异性的情况下，制造商的竞争优势应当通过有效运营、降低成本来取得。甲方大多希望与制造厂家直接接洽，以获得产品在技术、质量、交货期、售后等方面直接的保障。在中国，很多销售都摆脱不了人情关系，也就是说，竞争具有不规范性。在此态势下，无论直销或分销，在实际市场运作中都存在着较大的困惑。制造商一方面要求对价格控制空间大，另一方面又要求成本和风险小。只有同时具有两种传统销售渠道的优势，还必须规避两者的劣势，才能满足现状的需求。这就势必要求我们创新开拓一种新的渠道。

（二）立体渠道

立体渠道的形成是一种创新尝试和摸索。这种新的渠道要兼有分销和直销的优点，而规避两者的不足。

在分销的基础上直销，将生产厂商的无形资产有形化，以激励分销商进行直销，这种渠道称为立体渠道。如图 10－9 所示。其主要内容为：制造厂家对销售渠道进行重新筛选和整编，赋予某些渠道“名义”上的直销的权力，目的在于提高用户对渠道的信任度的同时，强化厂家对渠道的市场掌控能力，以企业资源换取市场资源。

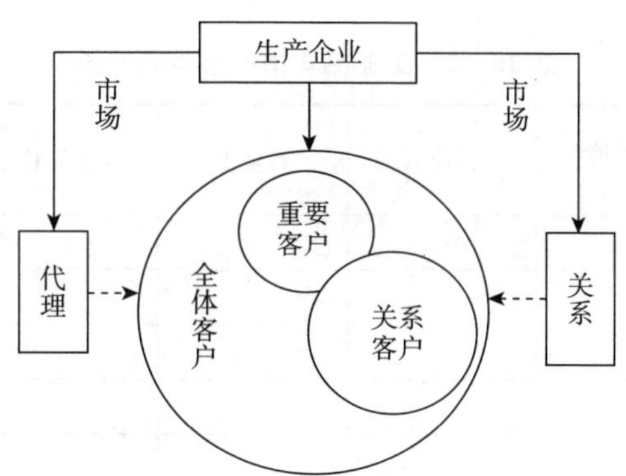

图 10－9　立体渠道模型图

在直销的基础上进行代理，对原来直销的人员进行能力评估，并按照一定的方法将其转化为销售费用自理的代理商，这种模式解决了直销人员在一线作战中终端自我激励不够的问题，保障其自主性，激发其战斗力。

立体渠道的核心是强化市场功能和服务功能。

我们可以形象地把销售比喻为战场上的步兵，把技术支持比喻为工兵。要想战斗获胜，我们必须要使步兵、工兵获得最大的战斗激情与热情，也就是说，要使销售人员能够自我激励和自我管理。化小核算单位、自我控制费用、自我管理回报，代理无疑是满足这三个要求的最好方法。然而，在产品同质化、市场竞争激烈的今天，要想取得胜利，企业必须打立体组合战，即增加空军。掌握制空权就是企业需要强大的市场功能，而组建“空军”需要的投入是很大的，且收益是滞后的，但“空军”又是企业未来长久取得不败战绩的必要保障，为此，“空军”就必须由生产企业来直接管理和组建了。

如此，立体渠道的基本内容就包括：生产企业着力打造市场航空兵，强化市场与服务功能，指导并监管代理的销售；对销售等步兵实行代理核算制。

导入立体渠道的步骤：

（1）现有营销体系诊断、评估。

（2）各相关体的资源投入与收益分析。

（3）明确各相关体的投入与收益。

（4）渠道成员的选择与沟通。

第三节　渠道管理策略地图

针对行业用户的不同需求，根据渠道开发、渠道政策、渠道成长和渠道推广等渠道管理内容，企业可以编制出自身的渠道策略地图。如表 10－2 所示。

表 10－2　工业品营销渠道策略地图

渠道管理体系构建 \ 用户行业		行业 A	行业 B	行业 C	行业 D
渠道开发	渠道特征				
	既有渠道				
	开发路径				
渠道政策	渠道原则				
	渠道支持				
	渠道激励				
渠道成长	学习意愿、次数				
	学习成绩、业绩				
	成长速度				
渠道推广	表现/要素（推广诉求）				
	推广形式（媒体/活动）				
	重点行业的推广				

一、渠道开发

（一）渠道开发对象

1. 渠道商选择思路

（1）企业要把渠道商看成自己的员工，看成自己营销队伍营销网络的一部分，全面考虑，对其多加关心、支持和引导。

（2）企业选择渠道商时要有全局眼光，不能从纯商业、纯贸易的角度出发（够不够大、有没有钱、能带来多少销量），商业素质（包括商业道德、口碑、信誉、营销意识、对下线客户的服务能力等）也很重要。

（3）企业选择渠道商时要有长远眼光：客户网络要和设定区域匹配；注意观察市场的外围环境；尽量不选择过大的客户；要充分考虑客户渠道的丰富程度等。

2. 渠道商选择标准

（1）综合实力：知名度、社会资源、财务状况等。

（2）管理能力：资金管理、人员管理、物流管理等。

（3）营销意识：营销策略、市场熟悉度、服务能力等。

（4）合作意愿：对你公司是否感兴趣、对合作条件是否关心等。

（5）商业口碑：同行口碑、竞争同行对其评价等。

选择标准还包括信用、销售能力、产品线、市场覆盖范围、销售绩效、管理的连续性、态度、规模等。如图 10－10 所示。

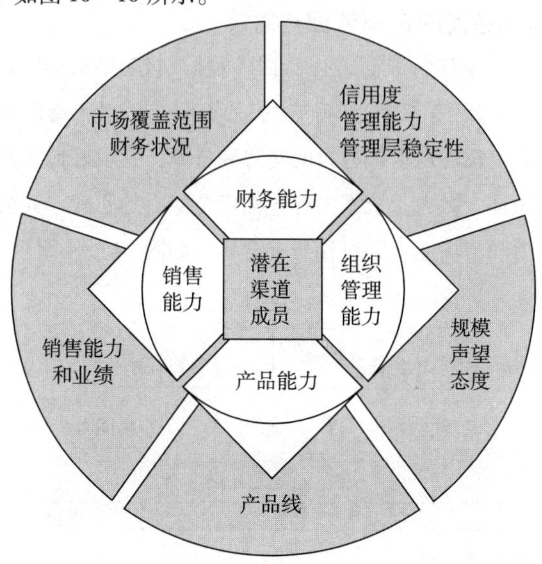

图 10－10 渠道商的选择标准

（二）渠道开发道具

渠道开发最重要的道具是渠道商手册，其目的是要规范行为、明确责任、公开透明。渠道商手册可以有效明确渠道商与厂家各自的权利与义务，促进分工与合作，化解渠道商对制造厂家的担忧。

渠道商手册一般包含代理流程、项目授权原则、定价政策、费用分摊、货款回收、质量保证、差额返款等具体内容。定价政策一定要公开透明，渠道商依据定价政策就能大致核算出价格，而且制造商制定价格时要接受渠道商的听证。

（三）渠道开发路径

渠道开发路径通常有三条：

一是直销开发。制造企业一般都会有一定数量的直销人员，他们主要负责渠道商的开发与维护。他们的工作任务往往是深入市场一线，在负责区域收集大量渠道商信息后，对其进行初步的筛选和分类，然后进行电话沟通或者上门拜访。

二是会议招商。通过参加或者召开各种会议进行会议招商也是制造企业常用的渠道开发手段，如参加有影响力的行业和专业展销会、行业技术会议等，召开渠道招商会议等。

三是广告招商。企业可以通过在行业专业媒体上发布招商广告，吸引潜在的渠道商。行业专业媒体包括行业网站、行业杂志、行业报纸等。

二、渠道成长

（一）渠道商与制造商的资源梳理与对接

渠道要快速成长就必须与制造商进行全面的资源对接，共同搭建有竞争力的资源平台。渠道商能在一方“称雄”，必有独特的优势和资源；而制造商作为产品的提供方，也会有其自身的综合优势。系统地梳理各自的优势和资源，并很好地将其整合和对接，将有助于制造商与渠道的做强、做大。梳理内容包括资金实力的匹配、社会关系的整合、客户资源的共享、管理能力和市场能力的对接与提升等。如图 10－11 所示。

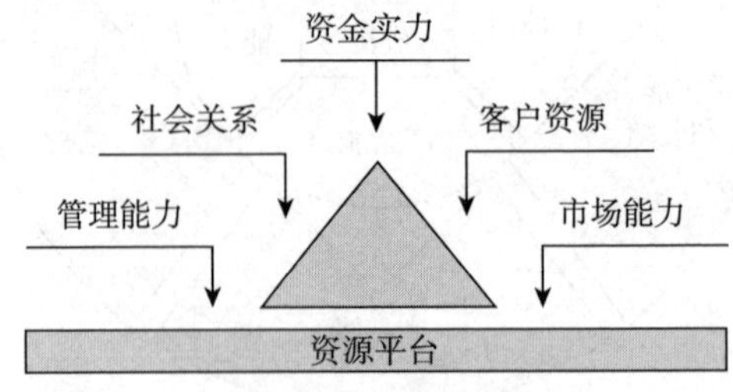

图 10－11　渠道商与制造商的资源梳理与对接

（二）与渠道商共同制定渠道战略

制造商要帮助渠道成长，构筑渠道竞争力。制造商总是在为自己量身打造渠道模式，并不断根据市场变化进行渠道战略规划、渠道模式创新与再造等，同时加大对渠道商的管理力度，排除异己，以达到掌控和驾驭渠道力量的目的。然而，渠道商作为地方销售势力，并非“泥人”，不高兴时就会成为制造商渠道战略、策略执行的阻力，使制造商勾勒已久的渠道策略化作泡影。

渠道战略执行不到位，主要动因是渠道战略越位、渠道战略错位和渠道战略缺位。渠道战略越位是指制造商在制定渠道战略时超越渠道力量现有能力或执行渠道战略时手伸得过长，这会导致制造商对渠道力量强制性过强；渠道战略错位是指渠道战略的制定脱离市场实际，缺乏针对性、实效性和现实性；渠道战略缺位是指战略模糊，没有明确的渠道模式，执行起来更是缺乏统一操作规范，这容易导致渠道混乱。

因此，将渠道商视为制造商的核心成员，让其参与渠道战略的讨论和制定是解决渠道战略执行不到位的根本。只有当家做了主人，渠道商才会有渠道战略制定的积极性和战略执行的主动性。而且，从渠道中来，又回到渠道中去的渠道战略才会精准，才会有可操作性，生命力才强。

（三）对渠道商进行培训

对渠道商及其员工进行培训是制造厂家常用的渠道成长手段。渠道商培训可以达成以下目的：

（1）满足渠道商提升和发展的欲望。

（2）利用“师生”效应树立培训组织者的权威、领导地位。

（3）提高渠道商队伍的素质和“作战能力”。

（4）加强渠道商对市场政策、营销战略战术的支持与配合。

（5）通过培训吸引、留住的客户一般都是优质的客户。

渠道商培训的主要内容模块有：

（1）企业文化与品牌。

（2）产品、质量知识。

（3）行业与竞争知识。

（4）营销知识与营销技能。

（5）财务与管理知识。

（6）管理技能。

（7）营销策略及执行技巧。

（8）市场政策、制度宣贯。

三、渠道管理

（一）渠道商的激励

渠道商的激励包括直接激励和间接激励两种。直接激励是通过给渠道商物质、金钱的奖励来激发渠道商的积极性，从而实现公司的销售目标。间接奖励是通过帮助中间商获得更好的管理、销售的方法，提高销售绩效。

直接奖励主要有：

（1）物质奖励：奖金、奖品等。

（2）返利奖励：与某些指标挂钩，如总量、总额、目标达成率、市场规范指标、增长率、网点建设指标等。

（3）促销：折扣、赠送、补贴等。

间接奖励主要有：

（1）评比表彰。

（2）培训交流。

（3）重点支持，如产品支持、价格支持、人员支持、资金支持、信息支持、管理支持、服务支持等。

渠道商激励的原则是以奖为主、以罚为辅；物质奖励与精神鼓励相结合；营造一种比、学、赶、超的良好融洽氛围。

（二）渠道商管理

渠道商管理的原则是沟通服务为主、监督控制为辅。渠道商管理的主要内容有：信用管理、存货监控、推广督导、信息反馈、网络建设督导、冲突处理、交易额管理、投诉处理、市场规范监督、联络与沟通、财务监控等。

（三）处理渠道冲突三步曲

渠道之间的冲突，实质上是经营者之间利益的冲突，是各方面利益不一致所引起的。渠道冲突处理一般分评估、分析和调节三步来进行。如图 10 – 12 所示。

产生渠道冲突时，首先要对渠道冲突对效率的影响进行评估；然后分析渠道冲突产生的原因，是市场范围的冲突、经营价格的冲突、经营品种的冲突、经营方式的冲突还是经营素质的冲突等，找到产生渠道冲突的本质原因；第三步就是调节冲突或调整模式，比如：严格界定经营范围、界定价格体系、界定渠道的级别、对不同类型渠道采取不同政策、加强渠道管理、对制造厂家业务员严格要求等。

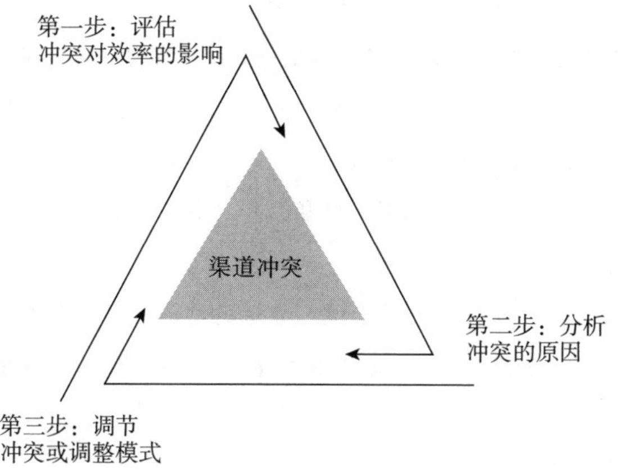

图 10－12　处理渠道冲突三步曲

实施建议：

工业品渠道模式的选择，很看重“杠杆”作用。渠道能够起到市场的放大以及资金的回收周转作用，是考量的关键。渠道商投入最多的是其既有或者将要开发的关系资源，以及一部分资金或者技术服务力量。企业务必要把渠道当作营销团队成员，决不能将其隔离在营销团队之外。

采取渠道销售模式，企业必须要掌握渠道是如何进行终端用户销售的、其在销售中需要的资源支持以及存在的风险。如此，企业方可对渠道进行有针对性的指导和辅导。

渠道空间论从渠道最为关心的发展空间、利润空间等深层次问题出发，研究如何使渠道获得持续的发展空间。

【案例】YZ 公司：高效暖通，全程无忧

作为国内大型专业暖通和制冷设备制造企业和出口基地之一的 YZ 公司，具有国际一流的空调检测试验室和可靠性试验室，拥有一大批先进的生产检测设备，并且成立了行业内为数不多的零部件筛选工厂和零部件检测试验室。YZ 公司的技术水平和研发能力、品质管控和制造能力，在业内都赫赫有名。

YZ 曾是行业内的老字号，秉承“品质至上”的经营理念，一直埋头关注产品品质与制造技术，致力于打造暖通和制冷设备的研发制造基地。而与此同时，一些后起之秀开始大肆在渠道与广告上投入重金，获得了渠道与品牌优势，从而对市场进行重新整合。曾经的老字号品质依然，可品牌却早已今非昔比。

YZ 公司瞄准了商用空调市场，开始发力，委派公司技术总监担任商用空调事业部总经理。经过系统梳理，YZ 公司确定了“聚焦中小商户”的营销定位，大力推动营销与工

程的高度融合，实施“高效暖通，全程无忧”的营销策略。

渠道是营销策略实施的重中之重，YZ 公司进一步梳理发现：现有渠道的用户辐射力不够，项目数量有限；现有渠道多为项目型渠道，交易次数少；相对于分散的中小商户而言，现有渠道商数量少；渠道开发主要靠销售人员一家家跑，一对一谈，而没有一定的方法和策略；公司天天围着渠道转，大事小事亲上阵，让渠道把自己当“小工”使，保姆式服务没有发挥出“教练”的功能，造成投入多、收效少的后果。

如何快速开发渠道？开发什么样的渠道？渠道的功能定位是什么？渠道在中小商户暖通项目的营销中存在哪些困惑？YZ 公司能够给渠道提供什么样的价值，给中小商户提供什么样的价值？

渠道突围，迫在眉睫。

渠道优化

YZ 公司要通过用户采购决策与三者分析、四要素分析，确定营销策略；并据此对不同类型的渠道进行深入分析，运用渠道空间论和渠道策略地图等工具，进一步优化公司渠道策略。主要内容如下：

用户分析——采购流程

以项目形式进行采购，对项目方案设计要求高，讲究实用性，对价格很关注，对品牌和外观等不是太关注。由于不懂产品，专业设计和专业安装公司对他们影响大。

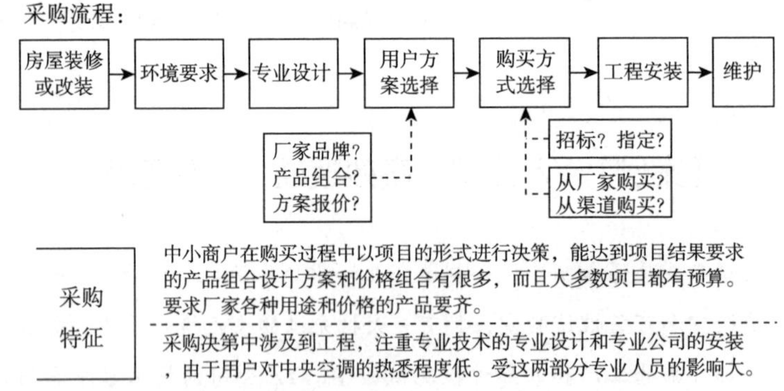

资料来源：行业资料

用户分析——中小商户（单体）

单体型中小商户主要由老板自己采购或者工程部等专门部门人员来采购，采购者有60%左右的采购决策权，专业度不高，关注使用效果和快速服务。外部的基层政府部门、同行朋友、行业协会等有一定的影响力。

	购买者		使用者	影响者				
				内部决策者		外部影响者		
对象主体	老板	工程部主管	顾客员工	股东	工程监理项目经理	消防、公安等基层政府部门	同行朋友	行业协会
关注利益	初投资 服务要快 使用效果	服务要快 个人利益	使用效果	初投资 服务要快 使用效果	使用效果 个人利益	安全性	个人声誉	使用效果
担心风险	影响开业与正常经营	服务慢 灰色猜疑	—	服务跟不上 效果不好	效果不好 灰色猜疑	出事故	出问题 损坏声誉	—
关系权重	60%		—	25%		15%		

资料来源：YZ公司商用空调渠道策略制定分析会

用户分析——中小商户（连锁）

如果是直营连锁，一般由总部采购决策，关注厂家的品牌、方案的合理性、经济性等；如果是加盟连锁，一般是总部提出要求，由加盟商自行采购，更关注方案的合理性、经济性。

	购买者		使用者	影响者			
				内部决策者		外部影响者	
对象主体	总部	加盟负责人	顾客员工	股东	监理	消防、公安等基层政府部门	行业协会
关注利益	统一性/使用成本/方案的合理性/维护维修成本/投资回报率	初投资/使用成本/方案的合理性/维护维修成本/投资回报率	使用效果	初投资/使用成本/方案的合理性/维护维修成本/投资回报率	公司形象/个人收益	安全性	使用效果
担心风险	品牌/可持续性/稳定可靠/温度/服务	稳定可靠/温度/服务/运营可持续性	—	品牌/运营可持续性/稳定可靠/温度/服务	灰色猜疑	出事故	—

资料来源：YZ公司商用空调渠道策略制定分析会

营销策略分析

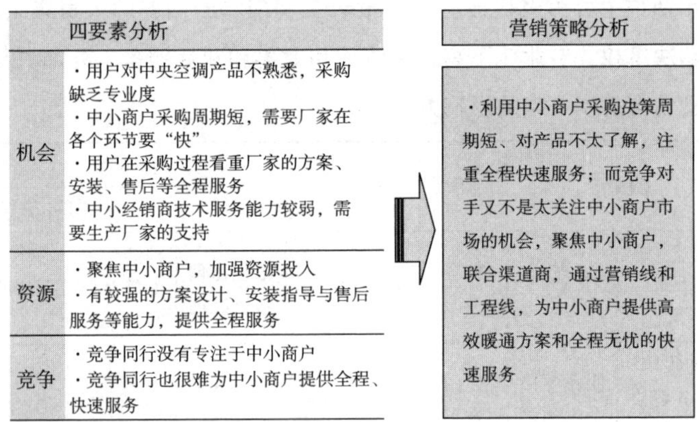

营销策略核心

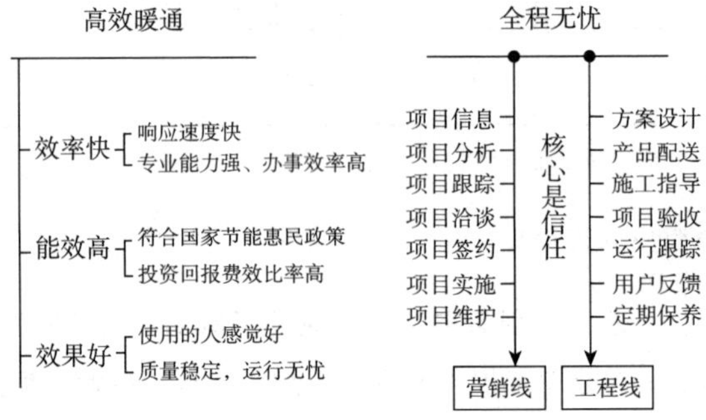

渠道分析——经销商（夫妻店）

夫妻店经销商规模很小，资金实力不强，社会资源有限；设计能力、安装能力及售后能力都很弱。因此对厂家的依赖性强，需要厂家的品牌背书和指导做项目，很看重厂家的实力和综合服务能力。

夫妻店经销商特征

- 规模小，家庭式管理
- 资金实力不强
- 技术有限，设计能力差
- 安装售后能力差
- 社会关系欠缺
- 对厂家依赖较强
- 竞品可替代性不强
- 灵活、多变
- 抗风险能力差

关注的利益

- 价格
- 工程项目利润
- 厂家的技术支持

担心的风险

- 用户不信任
- 项目没利润
- 出现质量问题
- 厂家服务跟不上

渠道分析——经销商（公司型）

公司型经销商具有一定的规模，但管理不规范；拥有一定的社会资源，资金实力和技术能力相对较强。一般操作多个品牌，看重自身的发展空间、项目的利润，以及厂家的支持和培训服务。

公司型经销商特征	关注的利益
·公司化管理，部门较全、分工明确，但管理不够规范 ·资金实力、技术能力相对较强，但在工程安装过程起不了太大主导性的作用 ·有一定社会关系 ·通常操作多个品牌 ·具备一定的抗风险能力	·发展空间 ·项目利润 ·厂家的支持与服务 **担心的风险** ·不利于公司发展 ·项目没利润 ·交期不及时，服务跟不上

渠道分析——安装公司

安装公司资金实力和技术能力相对较强，拥有一定的社会关系。以安装为主，兼有经销产品，但销售能力较弱。看重项目操作利润和厂家的项目营销支持。

安装公司特征	关注的利益
·以安装为主、分工明确，但综合素质不高 ·资金实力较强 ·技术能力、方案设计能力较强 ·安装水平及经验较强 ·有一定社会关系 ·设备选型单一 ·运作成本较低、政策灵活 ·销售能力相对较差	·项目利润 ·厂家的营销支持 **担心的风险** ·产品质量不好 ·项目没利润 ·交期不及时，服务跟不上

渠道分析——总包公司分析

总包公司具有一定的规模和资金实力，社会资源丰富，但专业技术欠缺。对外分包可选择的品牌多，对价格很敏感，需要厂家的技术服务。

总包公司特征	关注的利益
·资金实力雄厚 ·社会网大，主要靠关系营销 ·部门齐全，分工明确，但专业技术欠缺 ·设备选型可替代性强 ·对外分包形式、对价格比较敏感、付款方式较差 ·可选择品牌较多	·产品价格 ·总包利润 ·厂家产品线和品牌实力 ·厂家的支持与服务 **担心的风险** ·产品质量不好 ·厂家技术服务不上 ·交期不及时

渠道空间

渠道商最关注的问题应该是空间，包括市场空间有多大，利润空间够不够，发展空间是否有限等。所以，如果生产商处于一个市场潜力巨大的行业，能提供足够的利润空间，同时能帮助渠道商和企业一同成长壮大，这样才能对渠道有吸引力，渠道也才有生命力。

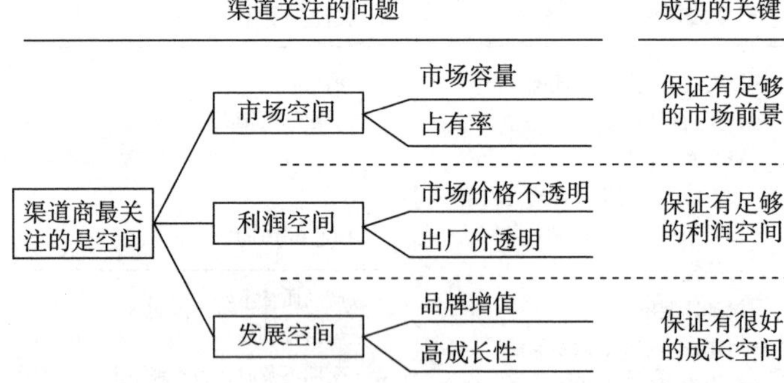

渠道开发

YZ 公司商用空调将由营销线和工程线通过会议营销的形式，大力开发夫妻店型经销商、公司型经销商和工程商。

渠道对象	·夫妻店型经销商，安装队(逐步将售后网点与安装队融合) ·公司型经销商 ·工程商，安装工程公司、工程总包商
开发路径	·在区域市场内搜寻制冷设备的经销商 ·通过经销商转介绍、上网搜索、投标、甲方项目操作、空调安装施工现场、卖制冷配件场所等寻找经销商 ·渠道会议
开发策略	·夫妻店——《中小商户暖通工程项目营销操作方法培训会》 ·公司型——《中小商户暖通工程项目营销管理研讨会》 ·工程商——《中央空调设备安装规范培训与考核》 ·售后网点——《中央空调售后服务流程和规范与考核》

渠道会议

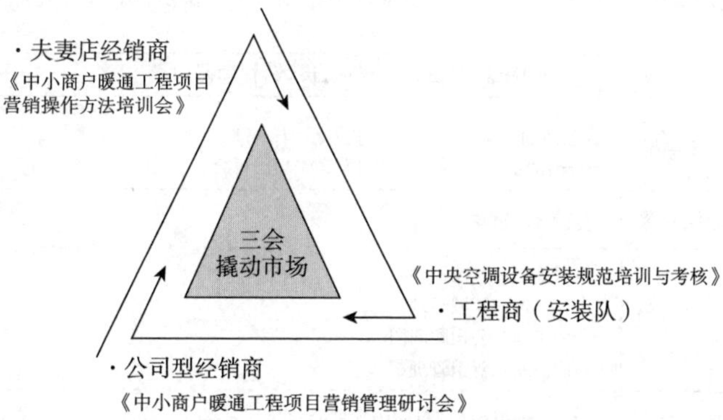

渠道会议一

中小商户暖通项目营销操作方法培训会	
会议主题	小项目，大市场 ——中小商户暖通项目营销操作方法培训会
会议对象	夫妻店经销商、安装公司营销人员
会议组织	组织策划：区域经理 人员邀约：营销员 培训讲师：大区经理 会议协助：营销管理部
会议内容	1 中小商户的现状与困惑 2 如何赢得中小商户的信任 3 《中小商户暖通工程项目营销操作手册》 4 “小项目，大市场”，渠道激励与成长 5 颁发YZ公司中央空调经销商培训合格证

渠道会议二

中小商户暖通工程项目营销管理研讨会	
会议主题	高效暖通，全程无忧 ——中小商户暖通工程项目营销管理研讨会
会议对象	公司型经销商
会议组织	组织策划：大区经理 人员邀约：区域经理 培训讲师：公司顾问团 会议协助：营销管理部
会议内容	1 商户暖通项目营销管理的现状与困惑 2 如何赢得中小商户的信任 3 中小商户暖通工程项目营销管理研讨 4 YZ公司中央空调“高效暖通，全程无忧”营销策略介绍

渠道会议三

中央空调设备安装规范培训与考核

会议主题	高效暖通，全程无忧 ——中央空调设备安装规范培训与考核
会议对象	工程商(主要为安装队)
会议组织	组织策划：大区经理 人员邀约：工程专员 培训讲师：工程部经理 会议协助：营销管理部
会议内容	1 国家对中央空调安装的要求 2 YZ公司中央空调安装规范 3 中央空调安装中常见问题解决 4 颁发YZ公司版安装施工合格证

渠道成长——星级评定

· **渠道商星级参评条件**

星级	产品销售金额	产品销售增长率
五星级	≥500 万	≥20%
四星级	≥300 万	≥25%
三星级	≥200 万	≥40% 示例
二星级	参加培训并通过考核后，与公司合作两个月以上自动升级为二星级渠道商	
一星级	凡与公司有过交易的渠道商均属于一星级渠道商。	

· **渠道商星级评定方式**

项目	权重（%）
回款额	50
项目管理	示30例
学习成长	20

案例启示：

企业要视渠道为营销团队伙伴，切实站在渠道角度分析其困惑，研讨制定解决渠道空间问题的对策。渠道无所谓忠诚，关键看其功能作用。企业应选准渠道对象与开发路径，以用户为中心开展资源对接，与渠道商老板研讨营销策略、对渠道商营销人员强化营销基本功，实现与渠道共成长。

信任互动四：工业品营销活动策划

工业品品牌是公司建立信任的重要法宝。请按照品牌提炼六要素来检核并提炼您所在公司的品牌诉求，请按照两力模型来检核贵公司的“品牌塑造”。

构建渠道与公司之间的信任，是工业品渠道管理的核心。请参照渠道空间论，研讨您所在公司的渠道突围之道，编制渠道管理地图。

品牌塑造与渠道管理都是通过营销活动来进行的，就工业品营销活动的策划与实施，我们归纳了营销活动八大要件，供您参考。

扫一扫右侧二维码，进入互动空间，就“工业企业品牌与渠道管理模型工具运用”“品牌塑造与渠道管理内容及相关活动策划”等话题进行互动交流。同时，您还可以参加“信任空间，开门大吉”活动。

“信任空间，开门大吉”活动详情：

<table>
<tr><th colspan="2">信任空间</th><th>开门大吉</th></tr>
<tr><td rowspan="2">进入空间</td><td rowspan="2">扫描二维码，加关注并成为好友</td><td>本人获取：作者亲笔签名的《工业品营销管理实务》专著一本</td></tr>
<tr><td>公司获取：团购《工业品营销管理实务》专著享五折优惠</td></tr>
<tr><td rowspan="2">打开一扇门</td><td rowspan="2">提交“信任互动”一个专题的内容，并进行互动交流</td><td>本人获取：作为特邀嘉宾参加工业品营销专题研讨会</td></tr>
<tr><td>公司获取：2000 元信任基金，可以用于企业内训</td></tr>
<tr><td rowspan="2">打开两扇门</td><td rowspan="2">提交“信任互动”两个专题的内容，并进行互动交流</td><td>本人获取：作为特邀嘉宾参加工业品营销专题研讨会，并有机会作为嘉宾发言</td></tr>
<tr><td>公司获取：5000 元信任基金，可以用于企业内训、专题策略营</td></tr>
<tr><td rowspan="2">打开三扇门</td><td rowspan="2">提交“信任互动”三个专题的内容，并进行互动交流</td><td>本人获取：参加工业品营销课程授权讲师训练班，并有机会成为课程授权讲师</td></tr>
<tr><td>公司获取：10000 元信任基金，可以用于企业内训、专题策略营、营销管理咨询</td></tr>
<tr><td rowspan="2">打开四扇门</td><td rowspan="2">提交“信任互动”四个专题的内容，并进行互动交流</td><td>本人获取：参加工业品营销咨询顾问培训班，并有机会成为签约咨询顾问</td></tr>
<tr><td>公司获取：15000 元信任基金，可以用于企业内训、专题策略营、营销管理咨询</td></tr>
<tr><td rowspan="2">打开五扇门</td><td rowspan="2">提交“信任互动”五个专题的内容，并进行互动交流</td><td>本人获取：参与专题研发与案例开发，并有机会署名参与《工业品营销管理实务》再版修订</td></tr>
<tr><td>公司获取：20000 元信任基金，可以用于企业内训、专题策略营、营销管理咨询</td></tr>
</table>

工业品营销活动策划

工业企业可以通过营销活动来塑造品牌、构建信任；推广技术、展示公司实力；抢占市场、打击竞争对手；推介产品，促进销售。营销活动的目的不同，活动的形式也很多，比如品牌发布会、企业周年庆典、技术交流会、产品推介会、客户联谊会、客户座谈会、现场体验活动等。不同类型的营销活动内容的复杂程度区别较大，但任一个营销活动策划都必须把握八大方面：主题/主线、组织/人员、流程/日程、事项/任务、宣传/邀约、预算/物料、风险/备案、统计/跟踪。

1. 主题/主线

活动主题是整个营销活动的灵魂和主线，主题策划是营销活动策划的起点，也是难点。活动主题策划得好，活动的效果会事半功倍；相反，企业可能花了钱、费了事，最后一点效果都没有收到。营销活动主题策划的主要步骤如图 10 - 13 所示：

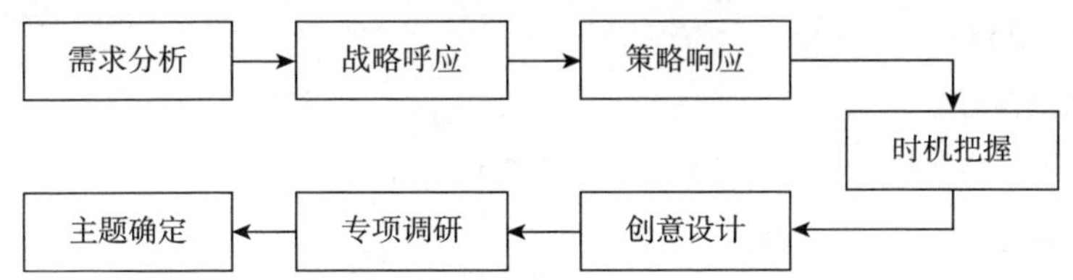

图 10 - 13　营销活动主题策划的主要步骤

策划营销活动主题，企业首先要进行需求分析，根据需求了解营销活动的目的和要求；然后呼应营销战略和响应营销策略，进一步明确营销活动的目的；之后再通过对市场环境、主要竞争对手、活动对象及企业资源能力的内外部分析，把握时机，创意设计活动主题；主题初步设计出来后，企业还需要进行专项调研，补充信息、验证设想；最后确定主题。设计的主题要符合几个标准：

（1）主题选择要结合实际，有操作性。

（2）主题有广泛关注的社会意义。

（3）主题传达的信息清楚明白。

（4）主题通俗顺口，容易明白与记忆。

2. 组织/人员

（1）组织单位及资源分析

营销活动应尽量避免企业自己唱独角戏，自说自话的效果十分有限。与其他企业、组织机构联盟活动往往会事半功倍，而且可能还节省费用。

（2）组织单位确定

组织单位可分为主办单位、承办单位、协办单位、支持单位等。一般来说，组织单位在活动对象中要有影响力和号召力。如果影响力不够，企业可以向行业内有影响力的非营利性组织寻求合作，拉虎皮，好唱大戏。一般可考虑的组织有行业协会、政府主管部门、研究院、设计院等。

（3）活动对象确定

活动的对象可分为重点对象和附带对象。营销活动必须围绕明确的活动对象展开，工业品营销活动的对象甚至可以确认到人。只有有了明确的活动对象，企业才能更好地设计活动内容，更好地做好服务。

（4）工作组确定及人员组成

企业应该成立专门的活动项目组织，并且做好项目组人员的分工和协调。大型活动项目组织可以根据工作类别分成若干小组，比如企划组、接待组、现场服务组、物料组等，并设立总指挥、组长和小组长。统一指挥、协调工作。

3. 流程/日程

（1）活动流程

对活动进行整体规划，制定活动操作流程及相关细节。

（2）日期选定

选定活动日期需要考虑的因素：嘉宾、活动对象、主办方、国家节假日安排等。

（3）日程安排

制定详细的活动日程，如表10－3所示。

表10－3　活动日程表

日期	时间	议程内容	负责人

4. 事项/任务

对活动前期准备、中期活动组织与服务和后期活动总结与跟踪等事项列出详细的任务清单，明确每个事项的主要内容、目的及欲达到的成果，并将之落实到人，限定开始及完成时间，确保按期完成，如表10－4。

表 10-4 任务安排表

工作事项	主要内容	目的及成果	责任人	起止时间

5. 宣传/邀约

(1) 内部宣贯

企业要对活动的目的、意义及详细内容等进行内部宣贯，确保相关人员对活动有整体理解和深刻认识，并从思想上重视起来；同时，对项目组人员进行分工布置，使其对自己的工作任务清楚明白。

(2) 外部宣传

活动策划好后，企业需要将其变成整体方案，并制作成宣传资料，以便进行外部宣传。首先是要对活动对象进行直接宣传，比如通过邮件、传真、邮递等形式进行资料直投；同时，根据活动的性质和欲达到的目的，进行更为广泛的媒体宣传，比如网络、行业媒体，以及其他大众媒体等。

(3) 人员邀约

人员邀约是营销活动的重点，如果人员邀约不到位，营销活动就很难成功开展。人员邀约的形式主要有电话、邮件、传真、拜访等。如果从正式和重视程度来讲，对于重要的活动对象，企业应该派遣员工登门拜访，并亲自呈上邀请函；对于重要程度稍次的活动对象，企业可以通过电话邀约说明活动的目的与意义，表现出诚意；对于一般的活动对象，企业可以通过邮件或者传真等形式进行广泛邀约。

6. 预算/物料

(1) 物料计划

企业应根据活动安排，列出所需物料的清单，比如活动背板、现场布置物料、宣传海报、活动道具、礼品等。活动物料必须根据活动目的和内容，围绕活动主题精心准备。活动礼品最好是为活动特制，要有独特性、专属性和纪念意义。选择的礼品最好是活动对象拿回家后经常看得见或者摸得着的，以起到长期宣传的作用。

(2) 费用预算

企业的活动费用一般是有预算的，也是有限的。因此，在策划活动时，企业必须对活动的大小费用进行较为准确的测算，做出活动费用预算。活动费用主要包括物料费、广告费、场地费、会务费、公关费等。

（3）效果预测

营销活动都有其特定目的和具体要求，在做活动案时，企业要做好活动的效果预测或收益预估，一是为了鼓励员工为明确的预期效果做出努力；二是，活动结束后，企业可以将实际效果及收益与当初的预测进行对比，对活动进行评估和总结。

7. 风险/备案

（1）风险分析

任何营销活动都可能存在风险，策划活动时，企业就要对风险进行预测，提出关键风险因素或者风险点，并进行风险量化。

（2）危机备案

明确风险因素后，企业还应制定防范风险及应对危机的措施，使可能产生风险的因素尽在掌握或控制之中，即便风险真正发生，企业也会有应对方案。

8. 统计/跟踪

（1）数据统计

在整个营销活动中，企业要全程做好财务数据、营销数据等的记录，将实际结果与预期进行对比分析、因子分析等，从中发现问题，找到差距，最后形成汇总报告及活动简报等。

（2）后续跟踪

活动结束后，企业还需要根据活动总结情况进行后期改善，包括完善、优化活动本身的组织情况，争取下次组织得更好；落实解决活动中发现的营销相关问题等。同时，企业还要对活动对象进行后续的跟踪服务，比如活动反馈意见调查、合作意向沟通等。

第五部分

工业品营销组织与绩效

术业有专神不散，安营扎寨号令通。
上下同欲力无边，以计行事赏分明。

梳理了营销战略、优化了营销模式、制定了营销策略，才可设计工业品营销组织结构。如需对现有营销组织进行优化，也得从营销战略、营销模式、营销策略三个层级逐一检核。

工业品营销组织的大忌是“散”“放”，太多的选择会使营销组织精力分散，只要结果不要过程的放养会使营销组织乏力。工业品营销组织结构设计，力求聚焦，强化过程。聚焦主要在于：聚焦产品线，按照产品线设置营销组织，以产品经理为主导；聚焦区域，按照区域设置营销组织，以区域经理为主导；聚焦用户行业，按照用户行业设置营销组织，以行业经理为主导。力求聚焦，就是要各个营销单元做到聚精会神、专心专意、精耕细作、专业高效。企业要强化过程管理，设置营销管理部，以推进工业品营销过程管理体系的有效运行，并做到号令畅通、信息及时、资源共享、团队协助。营销管理部作为后台职能部门，要做好客户动态信息管理、项目动态信息管理、市场动态信息管理；检核营销团队的工作计划、工作日志、工作成果；执行过程管理实施细则与绩效考核办法，计算营销团队的绩效并据此进行绩效沟通。

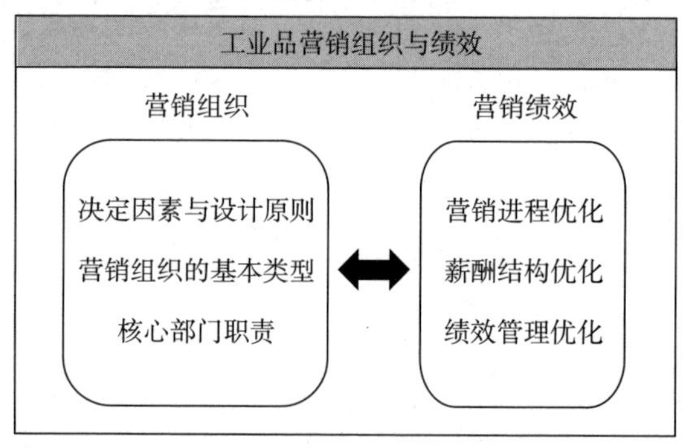

要进行工业品营销的绩效管理，首先要优化营销进程，进而优化薪酬结构，最后才可进行营销绩效的管理优化。绩效管理优化的难点在于营销目标值以及绩效考核 KPI 的设定。设定营销目标值，首先要做到紧扣营销进程、把控用户动态、预算资源投入、参照历史数据、对照专业能力。绩效考核 KPI 的设定，月度关注过程、年度关注结果。月度 KPI 分工作任务指标与工作过程指标，工作任务指标考核完成率，工作过程指标考核工作记录表单与工作效率；年度 KPI 分工作成果指标与体系优化指标，工作成果指标考核年度目标达成率，体系优化指标考核团队成长与知识共享的程度。

信任互动五，围绕“四个合一”“两类表单”“绩效提升”三个关键点，打开工业品营销的天窗，为企业实施工业品营销过程管理提供有力借鉴。

第十一章
工业品营销组织结构

第一节 营销组织设计决定因素

营销组织是企业组织中重要的组成部分，营销战略的目标必须由一个有能力的组织来完成。一个高效率的营销组织能够对公司各部门的职、权、责、利做出最佳的平衡，并时刻为完成战略进行资源的合理配置。因此，组织架构必须服从战略，服务于战略。只有营销不偏离战略，战略才能得到有效执行，企业目标才能更好地被完成。

营销组织结构是一个营销决策权的划分体系和营销各部门的分工协作体系。营销组织结构需要根据企业的营销战略、营销模式及策略来制定，营销组织需要对营销管理要素进行优化配置，确定其活动条件，规定其活动范围。有效的营销组织结构是营销战略实施的基本保证，卓越的营销战略、营销策略需要卓越的营销组织来贯彻和落实。这就要求营销组织具有灵活性、适应性和系统性，能够根据营销环境和企业资源、目标、策略的变化，适应需要，调整结构。而且，企业内各职能部门需要相互配合、整体协调。营销组织设计的决定因素依次是：营销战略、营销模式、行业特征、企业规模。

一、营销战略

公司营销组织的设计，首先应保证该营销组织与公司的总体战略要求相匹配。不同的公司战略，特别是营销战略，如差异化战略、集中战略或者成本最低战略等，决定了不同的营销组织结构。营销组织只有与企业战略相匹配，才可能将企业战略执行到位，企业战略才不至于成为一句空话，执行起来也能够顺畅、高效。比如，某公司将采取差异化战略，针对不同的行业客户采取不同的产品策略、渠道策略和服务策略等。那么，公司在建立营销组织时就要围绕保障差异化战略的落实到位展开，所建立的营销组织应该具备市场研究功能，能够分析、研究不同客户行业的发展趋势和需求特征；还要具备策划功能，能针对不同的行业特性和客户需求特征，制定有针对性的营销策略；在销售组织的设置上，也不能按常规的大区制进行简单的划分，而应该首先按行业进行大的区分，然后在行业里按产品及区域进行进一步的细分。不同的战略目标和意图必须有不同的组织结构与之匹配。比如，当企业的营销战略是以品牌价值和统一的品牌形象赢得客户忠诚时，营销决策权就应该更多地集中在总部；而当营销战略是以对市场的快速反应赢得竞争优势时，营销决策权就应该更多地下放到分公司或办事处。

如果企业的营销组织结构与营销战略、业务发展不匹配，那么组织效率与组织执行力就都难以保障。僵化滞后的组织结构，无法适应外部环境变化，无法满足内部变革的要求。

二、营销模式

营销模式是企业根据行业市场环境、市场竞争态势、自身的资源及能力等确立有机的、结构化的营销策略组合，并围绕营销策略的重点来配置资源的营销运作方式。营销模式是一种体系，而不是一种手段或方式。营销模式的基本类型有体验式营销、数据库营销、连锁营销、品牌营销、文化营销等。在工业品营销领域，常用的营销模式有直销、经销、代理等。企业一旦确定了营销模式，就确定了相应的产品、价格、渠道、促销、服务、关系等策略，也确定了资源的投入方向和投入重点。因此，企业设计营销组织时，就要以营销策略组合为依据，规划营销职能，设置营销部门、营销岗位，以适应营销环境，使营销组织与营销模式、营销策略相匹配。

三、行业特征

不同行业在经济特征和结构上有着很大的差异，而这些差异决定了企业的营销模式、营销策略、营销组织的不同。因此，企业在进行营销组织设计时要从整体上把握行业中最主要的经济特征，这包括：

（1）市场规模：市场规模即客户的需求容量。市场规模的大小，决定了企业的发展空间大小，也影响着企业的营销组织结构和规模。如果市场规模不大，企业就没必要去建立庞大的营销组织。

（2）市场状况：一般表现在供求形势、需求分布、需求变动频繁性三个方面。供求形势决定了企业的竞争策略，需求分布决定了企业的市场选择和营销资源的投入分布，需求变动频繁性决定了企业对市场研究、客户需求研究等的投入力度。而企业的竞争策略、市场选择、市场研究功能等就决定了企业的营销组织架构和职能设置。

（3）同时，行业的市场增长率、行业目前在生命周期中所处的阶段、行业中公司的数量以及集中程度、用户的数量与特性、产品的标准化程度、规模经济等行业经济特征也是企业组织设计的影响因素之一。

四、企业规模

企业规模是影响企业组织设计的重要因素。企业的规模不同，其内部结构也存在明显的差异。随着企业规模的不断扩大，企业活动的内容日趋复杂，人数逐渐增多，专业分工不断细化，部门和职务的数量逐渐增加。这些都会直接导致组织架构复杂性的增加。

企业规模越大，需要协调与决策的事物就越多，管理幅度也会越大。但是，管理者的时间和精力是有限的。这一矛盾将促使企业增加管理层级并进行更多的分权。因此，企业规模的扩大将会使组织的层级结构、部门结构与职能结构发生相应的变化。

企业规模的扩大会相应地增加组织运作的刚性，也降低其灵活性。人员与部门的增多要求企业进行规范管理。企业就会制定详细的规章制度，并通过严格的程序和书面工作实现对员工和部门的标准化控制，如此一来，企业的组织架构就容易机械化。

第二节 营销组织设计原则

营销组织设计一般通过分层、授权、分工、规范等手段进行，从而使营销组织责权清晰、功能明确、运作规范。

在进行营销组织设计时，我们要保证组织的多层次，并对行为进行规范化要求，但通过合理授权、适度规范，组织又要能灵活地对市场做出反应；组织的分工要更细更明确，但组织结构要精简；同时，组织的设计还要满足企业的营销实际，不能脱离企业的实际情况，如果与企业的实际情况不符合，再好的组织体系也不能很好地发挥作用。营销组织设计需要遵循的原则如下。

一、战略、策略是营销组织设计的前提

一个企业在进行营销组织设计前，首先要确定自己企业的战略和营销策略。不同的战略和策略就意味着企业要做不同的事情，要进行不同的业务活动，所需要的人员和组织也不一样。有什么样的策略就有什么样的业务活动，有什么样的业务活动就有什么样的分工，而有什么样的分工就有什么样的部门或岗位。因此战略、策略是组织设计的前提。

但现实中，许多企业并不很明白这个道理，而经常修改组织结构。有的公司基本上是三个月换一次组织结构，部门经理也不断地跟着组织结构的变化而调整。频繁的变化使得员工们都不知道自己的岗位是什么，有什么样的职责。不过企业也是迫于无奈，因为高层总觉得组织有问题，但他们又不从战略及策略等根源上思考，结果改来改去效率却越来越低。

二、根据企业发展的不同阶段来设计组织

企业的发展历程可以简单地归纳为初创期、发展期和成熟期三个阶段。初创期的企业规模比较小，业务模式也比较简单，客户数量有限，营销人员在管理者的监视视野之内，所以营销管理靠人治就能够实现。初创期的企业管理一般是经验管理、松散型管理，相应的营销组织的设计就需要简单，组织层级少、部门少、岗位少。

企业不断发展壮大后，业务模式往往也会随之变化，营销工作也变得越来越复杂，营销管理的幅度和工作量也会越来越大，靠人治则鞭长莫及，所以企业要把人治变为法治，靠规章制度来加强管理。员工按企业的规章制度去行事，在管理者的指挥下行动，企业管

理的内容是员工的行为。那么，发展阶段的营销组织就要适应企业发展的需要，不断地规范化，组织层级增多，分工更加明确，授权也更加明晰。

随着发展，企业逐渐步入成熟阶段，业务模式、营销策略等大的方针政策都比较成熟，营销的工作内容也相对稳定。因此，营销组织也会稳定下来，分工会更加细化和量化，授权将会更加科学，集权与分权会综合使用，而管理的前提是以众为本，构建基于信任导向的营销组织和管理体系，管理的目的是充分发挥营销团队的思考性和协作性。

三、坚持资源共享的设计原则

企业进行营销组织设计时，还要考虑资源的共享性。因为任何一个独立的部门和岗位都意味着人的参与，意味着工资、办公成本消耗和福利保障等，所以企业都不希望自己的营销组织臃肿、分工交叉重叠，除非企业规模大到足以进行后备队伍储备。因此，一个部门能够做的事，不能要两个部门做；一个岗位能够做的事，不要安排两个岗位做。一方面，企业要根据策略要求，强化营销组织设计的能力，进行更细化的内部分工，增设部门或者岗位；另一方面，企业又要充分考虑资源共享，节约成本，利用已经存在的部门或岗位，尽可能通过扩大他们的工作量和提高他们的工作效率来达到新的业务目标，做到只增加工作职能而不增加工作岗位。比如，企业原有的市场主管只负责市场的调研工作，而今企业要加强品牌的推广，需要增加品牌推广这个职能，在企业规模不是足够大、工作不是很多、原来的市场主管能够胜任的情况下，企业就可以考虑对市场主管增加品牌推广的职能，而不是增设品牌推广这个岗位，否则将可能由于岗位工作量的不足而导致人浮于事。

第三节　工业品营销组织的基本类型

根据工业品营销按照产品、行业（用户）、区域的哪一方面分配资源，工业企业的营销组织通常可分为四种基本类型：产品主导型、行业主导型、区域主导型和强化过程管理型。根据企业的实际情况，四种营销组织也可以混合使用。比如，在企业的重点行业采用行业主导型组织结构，而在非重点行业采用区域主导型组织结构，同时还可以加强过程管理。哪种组织模式最合适，取决于企业的规模、企业发展阶段、资源状况、产品和市场的特性、中间商状况、销售人员能力状况以及各种财务因素等。

一、产品主导型组织结构

在产品主导型组织下，按产品划分销售人员职责，让销售人员分工负责特定产品或品牌的营销工作。这种组织的主要目的是满足产品及其支持技术的特殊要求。产品是多种多样的、复杂的，它们代表着公司的竞争优势。产品的知名度是发展公司与客户间有效关系的基础。这种组织适合经营多种品牌或产品，或是采用多元化经营战略的企业。这类企业同时从事多种不同系列、不同品牌产品的经营，产品之间的差异有大有小。当产品差异大，不能采用同样的营销策略和计划时，企业就需要安排不同的员工分别对产品的营销负责。有时，虽然产品间的物理差异不大，但企业为他们制定了不同的营销定位、营销模式及策略，此时，企业也需要设定专人为特定的产品负责。

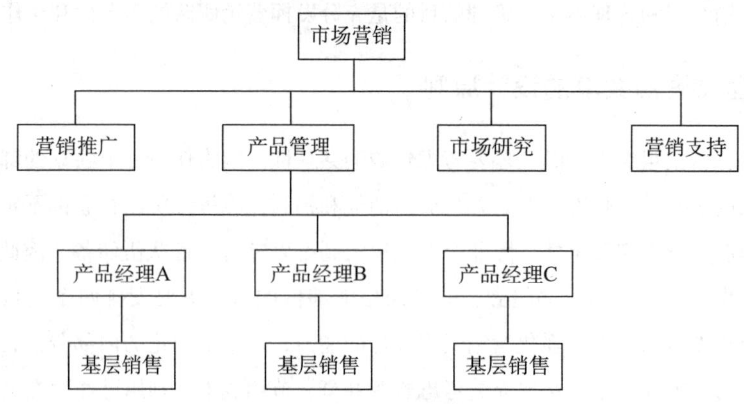

图 11－1　产品主导型组织结构

产品经理的职责是指定产品开发计划并付诸实施、监控结果及采取改进措施。产品经理的责任可细分为：

（1）制定产品的长期经营和竞争战略；

（2）编制年度营销计划、进行销售预测；

（3）与渠道商一起研究产品的推广宣传活动；

（4）增强销售人员和渠道商对该产品的兴趣和支持力度；

（5）不断收集该产品的性能参数、客户及渠道商对产品的看法、产品遇到的新问题及新的销售机会等情报；

（6）组织产品改进，以适应不断变化的市场需求。

这种组织的优点在于产品经理能够将产品营销组合的各个要素较好地协调起来，更快地就市场上出现的问题做出反应。对于那些较小的品牌，产品经理专管的形式可以减少自身被忽视的可能。这种组织的相对不足之处是产品经理们未能获得足够的权威，以保证他们有效地履行自己的职责。产品经理虽然能成为自己所管理的产品的专家，但很难成为其他产品的专家。

二、行业（用户）主导型组织结构

这种组织可以很好地适应明确区分的细分行业市场。行业经理负责制订主管行业的长期计划和年度计划。他们需要分析主管行业的动向，分析公司应向该行业提供什么新产品。他们的工作成绩常用行业市场份额的增加状况，而不是其市场现有的盈利状况来判断。行业经理开展工作所需要的功能性服务由其他功能性组织提供。几名功能性服务的专业人员直接向分管重要行业的行业经理负责。

这种组织的优点在于，市场营销活动不是集中在营销功能、销售区域或产品本身，而是为了满足各类显然不同的客户需求而组织和安排的。这种营销组织模式有利于企业加强对细分行业市场的销售与开拓，也有助于企业深入挖掘用户需求，提供更能满足用户需求的产品。但这种组织的弊端是可能会出现责权不清、多头领导的情况。

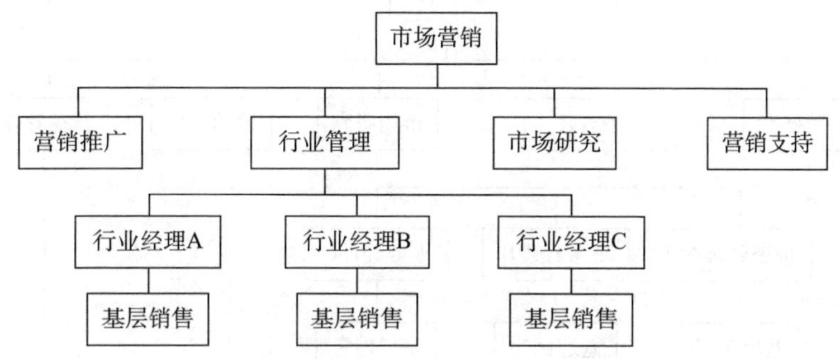

图 11－2　行业主导型组织结构

三、区域主导型组织结构

区域主导型组织结构，即销售人员按区域划分工作范围，每位销售人员分工负责一定区域范围内的销售工作。在广泛地理区域开发产品市场的公司适合采用这种组织形式。若一个企业的营销活动面向全国，区域范围广，该企业就需要按地区分派销售人员，甚至在客户集中的区域设置销售办事处或分公司。这种营销组织结构有利于销售人员更快、更深入地了解当地市场，与当地客户建立更加紧密的、稳定的业务关系，也有利于销售公司提供全系列产品，提高客户的订货效率。

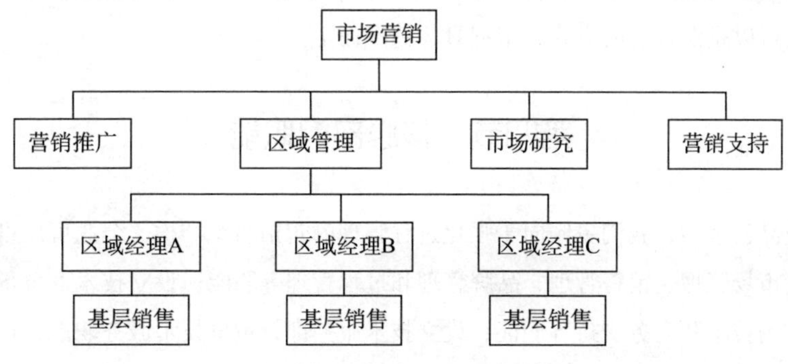

图 11－3　区域主导型组织结构

在这种组织模式中，区域销售人员不仅要销售产品，还要负责当地市场信息的收集、整理及分析工作，比如当地的市场环境、竞争状况、营销机会、营销策略等。

四、强化过程管理型组织结构

营销组织结构的设计，一定要基于公司营销战略以及具体的营销策略。在组织结构设计中，企业一定要突出强化过程管理、市场信息的分析处理等功能。

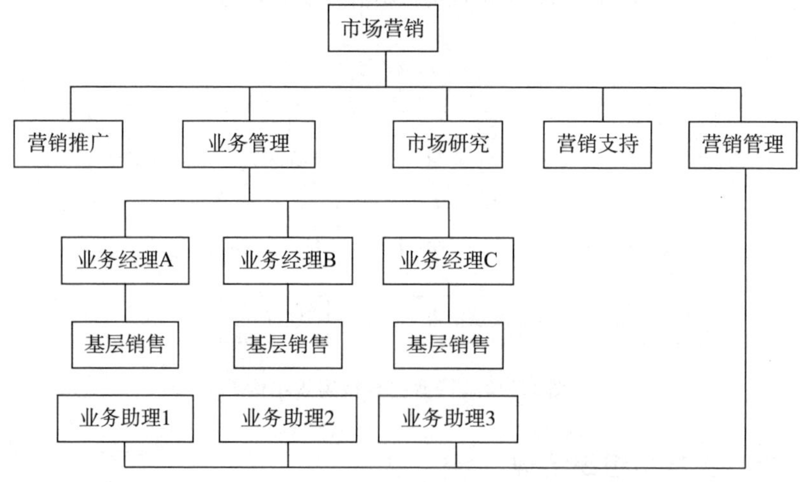

图 11－4　强化过程管理型组织结构

为了强化信息的收集与分析，把分散在营销人员手中的营销资源与客户关系资源集中并统一管理，公司可以设立一个营销管理部门，负责公司营销的后台管理工作；同时，由营销管理部门派出业务助理去服务于业务经理，帮助其处理公司内部相关事务，完成业务经理相关过程管理所需要的资料整理、表单填报，使业务经理能够集中精力在市场上作战；业务助理的绩效参考业务处经理的评价，由营销管理部门考核。

在强化过程管理组织结构里，业务管理既可以采取产品主导、行业主导或者区域主导的方式，也可以是混合型的方式，根据具体情况而定。

第四节　核心部门职能

在工业品营销中，我们更倾向于强化过程管理的营销组织结构。企业可以设立营销管理部，负责市场管理、销售管理、品牌管理和过程管理等职能；设立技术商务部，负责日常营销工作的技术和商务支持等职能；设立技术服务部，负责技术服务职能；设立生产计划部，负责生产计划与调度、物流管理等职能。

一、营销管理部

（一）市场管理

（1）结合公司的营销战略及营销现状，组织制订营销中心的年度营销计划，并进行费用预算。

（2）指导业务、制定区域市场策略。

（3）对新产品开发和新市场开拓进行市场调研和分析研究，并提交研究报告。

（4）新产品的上市规划与实施。

（5）新市场的开拓规划与实施。

（6）公司品牌要素的规范和 VI 系统管理。

（7）公司品牌道具的策划、设计和制作。

（8）企业内刊的策划、编辑和有效发放。

（9）公司品牌塑造与推广的策划和组织实施。

（二）绩效管理

（1）营销系统绩效的管理、考核和沟通反馈。

（2）销售人员的日常行为管理和出勤考核。

（3）销售过程管理及销售费用报销管理。

（4）渠道商管理及项目授权管理。

（5）收集和整理销售信息、用户信息、竞争对手信息等，建立动态信息档案。

（6）销售数据的分析提报和营销分析会的组织。

（三）客户管理

（1）按客户管理标准进行所有客户信息的动态收集、汇总和整理，维护客户档案。

（2）负责客户的回访工作，对客户的意见和建议进行分析总结并及时反馈，提高客户满意度。

（3）受理客户的投诉并对问题的解决过程进行跟踪，及时将处理结果反馈给客户。

（4）客户规律性购买的提醒与波动预警。

（5）销售中的客户接待工作。

（6）销售合同及订单的制作、传递与备案管理。

（7）发货与货款催收管理。

（8）产品样品的准备和发放管理。

（9）行业专家资源整合和管理。

（10）行业主管部门公共关系建立与维护。

（11）公司员工、股东等既有关系资源的梳理、整合、管理和利用。

二、技术商务部

技术服务部的主要职能是根据客户需求拟定技术标书，并根据原材料市场波动和公司成本核算结果，拟定商务标书，并在签约前组织公司各相关部门进行合同评审。

（一）拟定技术标书

（1）分析市场管理部提供的客户需求信息，明确客户需求；

（2）组织公司相关技术人员研究客户需求，并初步拟定技术解决方案；

（3）组织技术人员拟定项目技术标书。

（二）成本核算

（1）收集、整理和研究原材料市场动态信息；

（2）利用财务部的相关数据建立动态定价模型；

（3）不断根据原材料市场价格变化和公司成本变动，核算成本，确定实时报价。

（三）拟定商务标书

（1）根据成本核算结果、客户等级、产品技术要求和市场供求状况，确定产品报价；

（2）综合各种因素，研究并确定其他商务条件；

（3）拟定商务标书。

（四）合同评审管理

（1）向市场管理部及时反馈合同谈判进展；

（2）在公司内部，组织和协调营销、生产、技术、质检部门共同进行合同评审。

三、技术服务部

（1）建立所有出厂产品的动态信息库，做到一机一卡；

（2）依据机器动态信息卡，实施主动服务，定期回访和巡检；

（3）建立客户动态档案，输入客户使用部门的动态信息；

（4）处理客户咨询、投诉、叫修等，并及时反馈给销售部；

（5）编制技术服务培训教材、课件，并做好相关培训工作；

（6）负责设备配件的销售和管理工作；

（7）组织技术服务满意度调查及客户回访，建立客户回访资料，收集产品使用反馈表，传达客户意见和建议；

（8）为客户提供产品质量顾问服务，及时处理产品质量问题，提出产品改进建议，同时宣传推广公司产品并得到更加详尽的客户信息；

（9）技术服务过程管理及各种报表的分析提报。

四、生产计划部

生产计划部的主要职能是及时向有关各方通报公司产能现状，统筹安排已签约合同的生产计划，同时跟踪产品的生产进度，保证按期交货，最后根据生产进度和交货要求，安排产品发货等相关物流事宜。

（一）通报产能

（1）随时和生产部门沟通，了解产能现状；

（2）整理并形成产能报告；

（3）及时向有关各方提交产能报告，通报公司产能现状。

（二）生产计划管理

（1）汇总已签订合同；

（2）根据公司产能和订单需要，统筹安排订单生产；

（3）和生产部门沟通，具体落实合同的生产计划。

（三）生产进度管理

（1）和生产部门保持日常联系，了解已排入生产计划的产品生产进度；

（2）对于已延期产品，了解情况，并及时与营销管理部进行协调；

（3）组织协调生产和营销部门，探讨计划执行改进方案。

【案例】ZD 公司：基于营销战略与策略的营销组织优化

ZD 公司 1992 年成立于上海，其在台湾的母公司是世界第一的开关电源供应商与风扇产品的领导厂商。ZD 公司整合母公司优异的电力电子及控制技术，持续引进国内外性能领先的产品，为工业品用户提供高效可靠的动力、视讯、自动化及能源管理解决方案，其在通信电源方面的市场占有率位居前列，同时也是视讯显控及工业自动化方案的领导厂商。ZD 公司自营业以来就一直高速发展，保持着 32.9% 的年均增长率。

ZD 公司的动力业务板块，采取 3 个 M（区域、产品及行业）分权自治与协同作战的模式，营销组织如图 11－5 所示：

RM 负责区域市场策略的部署和落实，同时执行 PM 的产品策略和 AM 的行业策略；PM 负责产品规划及产品策略制定，对产品统筹负责；AM 负责行业策略制定，对行业统筹负责。3 个 M 有 3 条主线，但同时又有责权的交叉，执行上缺乏统筹管理。因此，ZD 公司必须结合新的营销战略与策略对营销组织进行优化。

营销诊断发现，ZD 公司的成功基因是集中战略应用得当，即集中用户行业——通信，集中客户——五大运营商，集中产品——通信电源。公司通过集中战略，建立核心能力，

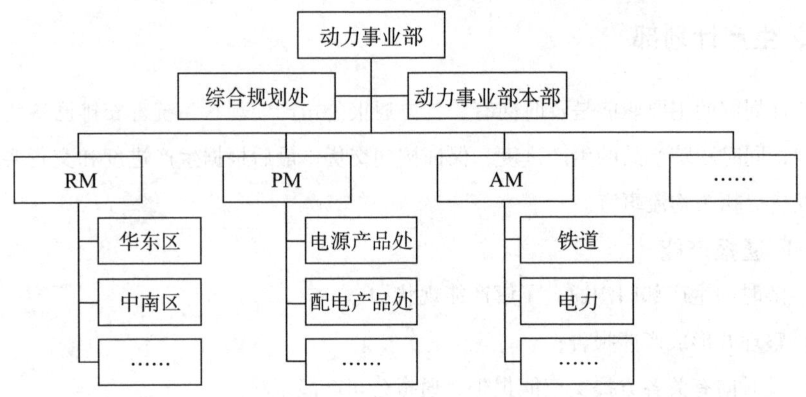

图 11－5 ZD 公司动力事业部的营销组织结构

阻止潜在对手的进入。但是，ZD 公司的集中优势还能持续多久，下一个集中在哪里？公司的动力业务板块面临着运营商发展空间有限、销售网络在新产品新行业的共享作用小、新行业领域拓展缓慢、新产品发展难成气候等挑战。

迫于生存压力，ZD 公司需要寻找下一个聚焦点，战略聚焦下一个利基市场。通过市场吸引力和企业竞争力分析，ZD 公司进行了业务组合优化，开始对铁道等用户行业进行聚焦。同时，在未被聚焦的行业，ZD 公司的各产品处依据产品特性开发了相应的销售渠道，制定了良好的渠道策略，当行业发展成熟时，这些渠道可以由 AM 来运作。公司综合各产品的渠道资源，将其整合成一个可以最大限度地共享内部业务平台的大渠道，实现了资源集约。

ZD 公司的营销组织优化必须以公司的营销战略及策略为基础，为营销战略的落地提供组织保障，同时服务于营销策略的实施。因此，企业的营销组织需要以行业（用户）来划分，企业要筛选出优势行业或者欲开发的潜力行业，以行业为主线，设计营销组织，整合营销资源。从营销管理上，ZD 公司营销组织优化必须有利于组织职能的完善和责任明确，有利于提高营销系统业务流程的效率和市场反应速度，有利于突出营销管理系统的市场功能，也有利于新行业、新产品的孵化。

配合该营销战略，ZD 公司需要采取混合型的营销组织结构。ZD 公司优化后的营销组织结构如图 11－6 所示：

优化后的营销组织结构实现了四大方面的创新：

(1) 营销模式的组合创新

该营销组织结构分别以行业和产品为主线，实现了行业直销与渠道销售两种营销模式的有机结合和资源互补，为公司提供了可持续发展的“双动力”；在保持原有 3 个 M 设置的基础上，进行了责权的重新分配，实现了“三维策略、二维执行”的创新，有效化解 3 个 M 之间的矛盾，实现了行业与行业之间、行业与产品之间及产品与产品之间的优势互

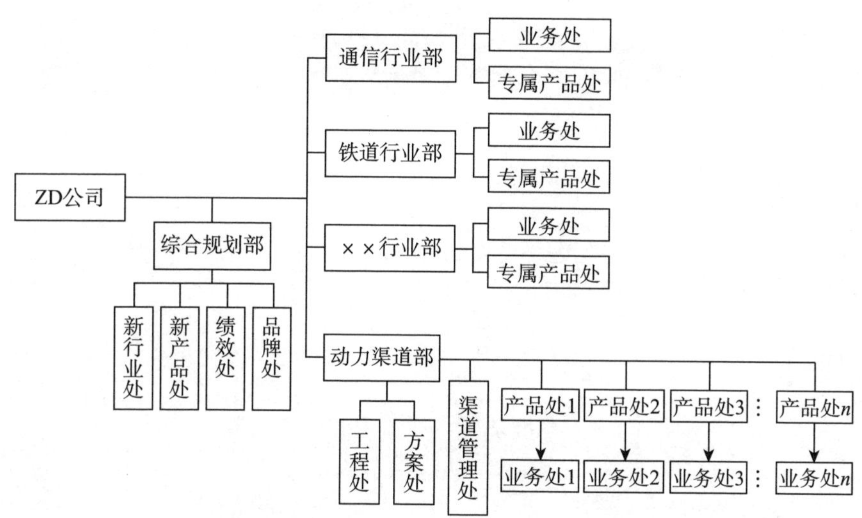

图 11-6 ZD 公司优化后的营销组织结构

补和资源共享，实现了效益最大化和效率最大化。

(2) 信息聚变方面的创新

该营销组织结构设置了新行业处和新产品处，专门负责搜集、整理和研究行业及产品市场信息、客户信息及竞争对手信息。公司 AM、PM、RM 都有责任将掌握的市场信息定期向公司汇报。

综合规划部的品牌处负责品牌信息的收集、整理和评估研究；绩效处负责销售状况信息、客户信息、竞争对手信息的收集和整理。专业的信息收集和处理后使得信息再次下传的时候具有很强的指导和功效性，有利于营销人员在市场的指导下开展销售工作，产生聚变增值。

(3) 人才裂变方面的创新

高速发展的公司迫切需要人才的快速成长。该营销组织结构具有人才裂变通道，可以实现直销与分销、市场与销售、计划与执行等综合人才的培养和能力的锻炼。人才在产品和销售两线岗位之间的流动，有利于企业培养复合型人才，也有利于满足人才的成长空间和能力增长需求。

(4) 客户繁衍方面的创新

该营销组织结构使企业能够通过行业的强势直销，获得行业的标杆客户，树立公司的形象，展示公司的实力，从而成为渠道销售的榜样用户，在进行营销工作时占据有利位置。动力渠道部能够整合产品处的自建渠道，实现渠道的共享，带来更多的客户资源，实现客户的几何级繁衍。

从本案例，我们可以看出，企业的营销组织变革必须以企业的营销战略及策略为基础，并结合企业当下的资源及能力。

第十二章
工业品营销绩效管理

绩效管理所涵盖的内容很多，它所要解决的问题主要包括：如何确定有效的目标？如何使目标在管理者与员工之间达成共识？如何引导员工朝着正确的目标发展？如何对实现目标的过程进行监控？如何对达成的业绩进行评价和对目标进行改进？在绩效管理中，绩效首先是一种结果，即做成了什么；其次是过程，即是用什么样的行为做的。

但企业在营销绩效管理的实际操作中，往往会犯以下错误：

（1）绩效管理简单化——费用包干打天下！

（2）绩效管理不系统——除了财务指标还是财务指标！

（3）绩效管理太随意——朝令夕改。

（4）绩效管理不统一——体系内的考核问题不统一。

绩效管理的第一目标就是不断提升公司营销部门员工的绩效。完整的绩效管理由目标与计划、教练与辅导、考核与检查、回报与报酬四个部分构成，并形成一个闭环。如图12－1所示。从公司层面来讲，这个循环能够引导营销部门员工实现公司绩效目标，从而提升公司绩效水平；从个人层面来讲，员工和主管共同参与，通过这个循环实现技能的不断提高和绩效的不断提升。

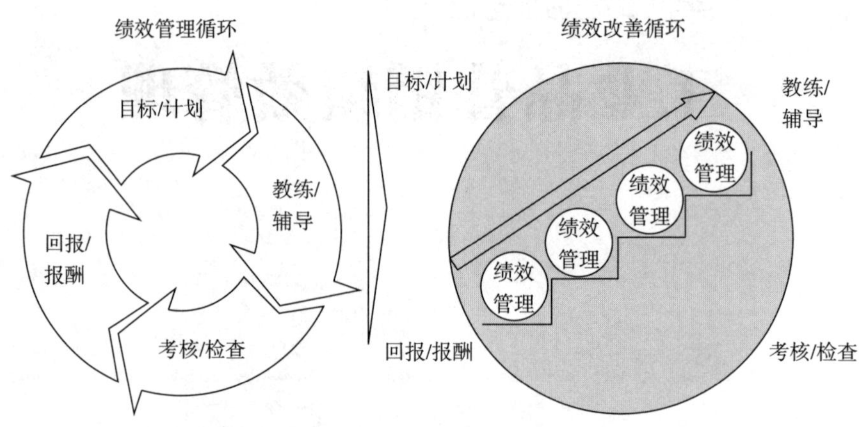

图12－1　绩效管理循环模型图

绩效管理需要管理者与员工之间持续的、有效的沟通和反馈。如图12－2所示。沟通与反馈对于管理者与员工都具有非常重要的作用。

对于管理者来说：

（1）沟通可以帮助下属提升能力。

（2）沟通有助于自身了解被考核员工的工作情况，掌握他们的工作进展信息，并有针对性地为其提供相应的辅导及资源。

（3）沟通有助于主管客观公正地评价下属的工作绩效。

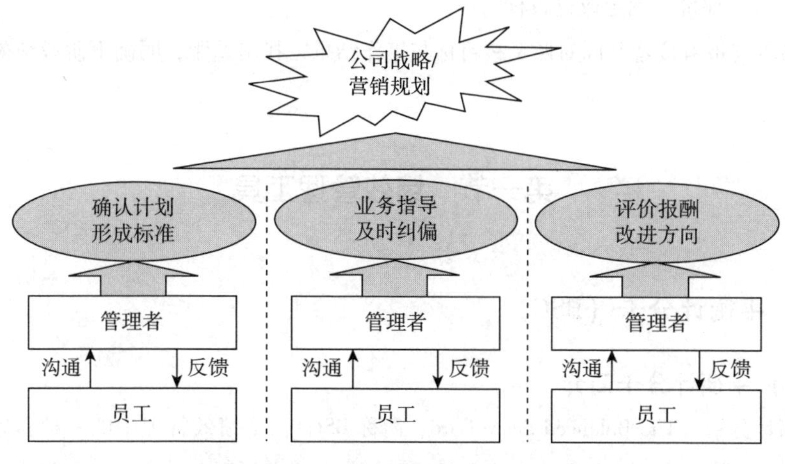

图 12－2　绩效管理过程

(4) 沟通有助于提高考核工作的有效性，提高员工对绩效考核及与绩效考核密切相关的激励机制的满意度。

对于员工来说：

(1) 沟通有助于员工发现自身上一阶段工作中的不足，并依此确立下一阶段的绩效改进点。

(2) 以有效沟通为基础的绩效考核是双方共同解决问题的一个机会，是员工参与工作管理的一种形式。

(3) 沟通可以让员工得到及时、客观和准确的绩效反馈，这是以员工绩效改进工作的起点。

绩效管理不仅强调结果，更强调过程。绩效管理的过程，其实是一个在管理者与员工之间持续不断地进行着的管理循环过程，可称为 PDCA 循环，如图 12－3 所示。

(1) 明确绩效考核目标

这一过程是指考核者和上级主管双方在总结上期绩效的前提下，结合当期的工作重点，以 KPI 体系为指引，经过充分的沟通，共同确定和确认当期（月、季、年）的工作计划与目标（每个目标或标准都应坚持 SMART 原则）。

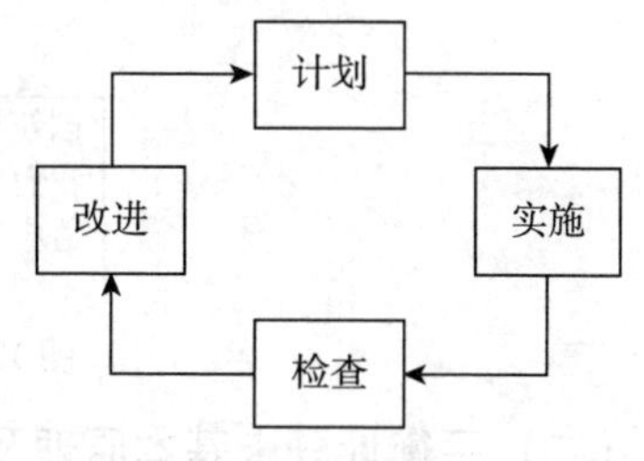

图 12－3　绩效管理的 PDCA 循环

(2) 设立监控点、信息收集及反馈渠道

计划实施过程是考核者与被考核者共同实现目标的过程，上一级主管有责任辅导与帮助下属改进工作方法，提高工作技能；下属有责任向上一级汇报工作进展情况，就工作问题求助于主管。

（3）进行评价、确定改进目标

考核者与被考核者共同对照考核目标与工作结果，找出差距，明确下阶段绩效目标和改进目标。

第一节　绩效管理工具

一、平衡计分卡（BSC）

（一）平衡计分卡简介

平衡计分卡（The Balanced Score Card，简称 BSC），是绩效管理中的一种新思路，适用于对部门的团队考核。平衡计分卡的核心思想，就是通过财务、客户、内部流程及创新与学习四个方面的指标之间相互驱动的因果关系展现组织的战略轨迹，是实现绩效考核、绩效改进以及战略实施、战略修正的战略目标过程。它把绩效考核的地位上升到组织的战略层面，使之成为组织战略的实施工具。

平衡计分卡从四个角度审视自身业绩：财务、客户、内部流程、创新与学习。平衡计分卡的框架如图 12－4 所示。

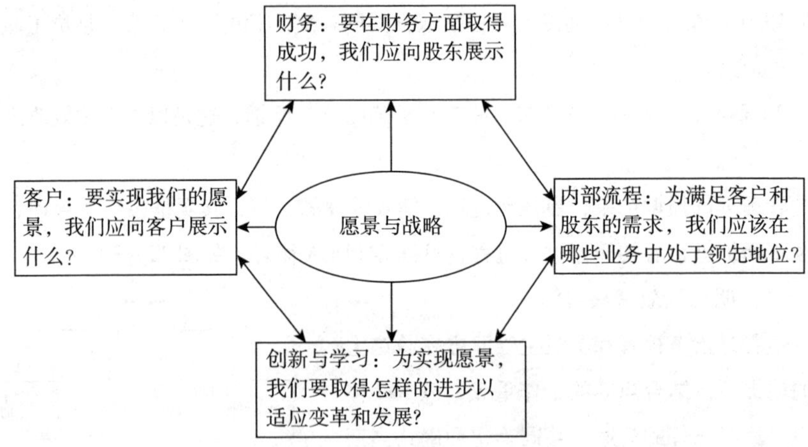

图 12－4　平衡计分卡框架

（二）平衡计分卡基本原理及流程

BSC 是一套从四个方面对公司战略管理的绩效进行财务与非财务综合评价的评分卡片，它不仅能有效克服传统的财务评估方法的滞后、偏重短期利益和内部利益以及忽视无形资产收益等诸多缺陷，而且是一个科学的集公司战略管理控制与战略管理的绩效评估于一体的管理系统。BSC 管理循环过程的框架，如图 12－5 所示。

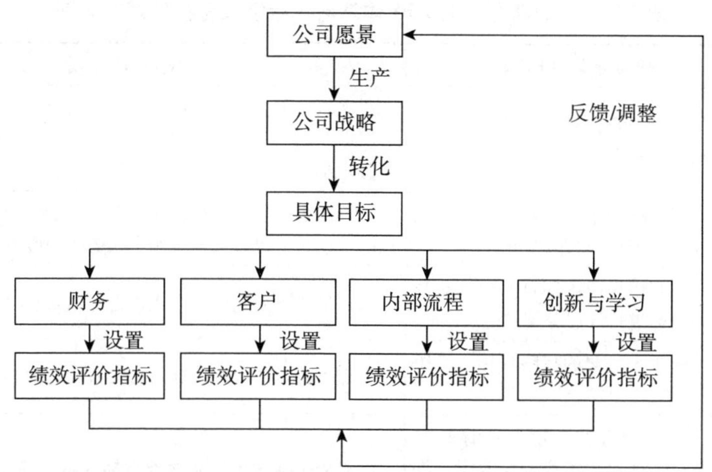

图 12－5　平衡计分卡管理循环过程框架

首先，组织的管理者以组织的共同愿景与战略为内核，依据组织结构，将公司的愿景与战略转化为下属各责任部门（如各事业部）在财务、客户、内部流程、创新与学习四个方面的系列具体目标（即成功的因素）。

其次，各责任部门分别在财务、客户、内部流程、创新与学习四个方面设置具体可操作的目标，并建立对应的绩效评价指标体系。这些指标应兼顾和平衡公司的长期和短期目标、内部与外部利益，综合反映战略管理绩效的财务与非财务信息。

最后，各主管部门与责任部门共同商定各项指标的具体评分规则，一般来说，要将各项指标的预算值与实际值进行比较，然后对应不同范围的差异率，设定不同的评分值。

在绩效管理的过程中，管理者应以综合评分的形式，定期（通常是一个季度）考核各责任部门在财务、客户、内部流程、创新与学习四个方面的目标执行情况，及时反馈，并适时调整战略，或修正原定目标和评价指标，以确保公司战略能够顺利与正确地实行。

二、关键绩效指标（KPI）

（一）KPI 简介

企业关键绩效指标（Key Performance Indicator，简称 KPI）是通过对组织内部流程的输入端、输出端的关键参数进行设置、取样、计算和分析，衡量流程绩效的一种目标式量化管理指标，是把企业的战略目标分解为可操作的工作目标的工具，是企业绩效管理的基础。

KPI 可以使部门主管明确部门的主要责任，并以此为基础，明确部门人员的业绩衡量指标。建立明确的切实可行的 KPI 体系，是做好绩效管理的关键。战略导向的营销部门 KPI 体系与一般绩效考核体系的区别，如表 12－1 所示。

表 12－1　战略导向的 KPI 体系与一般绩效考核体系的区别

	战略导向的 KPI 体系	一般绩效考核体系
假设前提	·假定人们会采取一切必要的行动以达到事先确定的目标	·假定人们不会主动采取行动以实现目标 ·假定人们不清楚应采取什么行动以实现目标 ·假定制定与实施战略与一般员工无关
考核的目的	·以战略为中心，指标体系的设计与运用都是为战略服务的	·以控制为中心，指标体系的设计与运用来源于控制的意图，也是为更有效地控制个人的行为服务
指标的产生	·在营销部门内部自上而下对战略目标进行层层分解产生	·通常是自下而上根据个人以往的绩效与目标产生
指标的来源	·来源于公司的战略目标、营销目标与竞争需要	·来源于特定的程序，即对过去行为与绩效的修正
指标的构成及作用	·通过财务与非财务指标相结合，体现关注短期效益兼顾长期发展的原则；指标本身不仅传达了结果，也传递了产生结果的过程	·以财务指标为主，非财务指标为辅，注重对过去绩效的评价，且指导绩效改进的出发点是过去绩效存在的问题，绩效改进行动与战略需要脱钩
收入分配体系与战略的关系	·与 KPI 的值、权重相搭配，有助于推进公司战略的实施及营销目标的实现	·与公司战略的程度不高，但与个人绩效的好坏密切相关

（二）KPI 设计的基本流程及方法

KPI 设计的基本流程如图 12－6 所示。

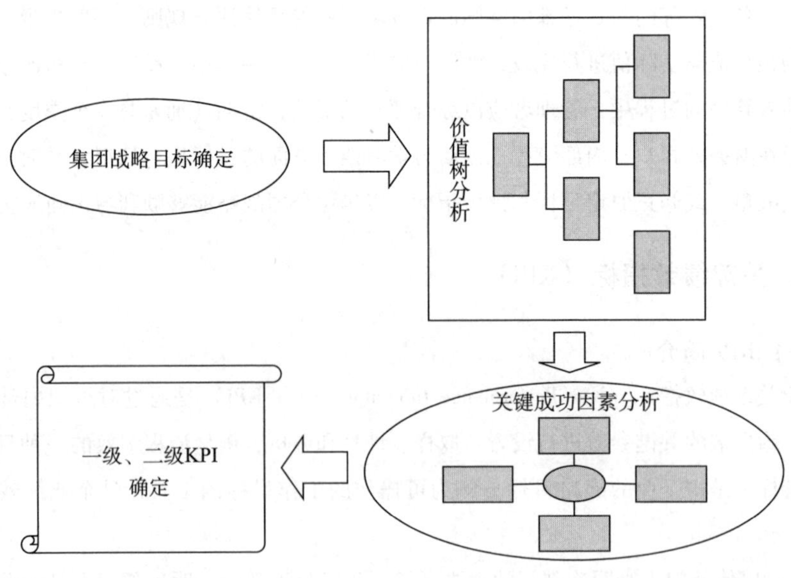

图 12－6　KPI 设计基本流程

KPI 设计的主要步骤：

（1）确定个人/部门业务重点，确定与公司业务相互影响的因素。

（2）确定业务标准，定义成功的关键要素，制定策略以满足业务重点需求。

（3）确定关键业绩指标，即确定判断一项业绩是否达标的实际因素。

公司级的 KPI 逐步分解到部门，进而由部门分解到各个职位。公司要以层层分解、互为支持的方法，确定各部门、各职位的关键业绩指标，并将其用定量或定性的指标确定下来。

确立 KPI 指标应把握的要点如下：

（1）把个人和部门的目标与公司的整体战略目标联系起来，以公司战略目标为依据。

（2）指标应比较稳定，在业务流程等基本条件不变的情况下，关键指标不应有太大的变化。

（3）指标应该可控制，通过努力基本可以达到。

（4）关键指标应当简单明了，容易被执行、被评估双方所接受和理解。

（5）对关键业绩指标要进行规范明确的定义，企业可以给每一个 KPI 指标建立 KPI 定义指标表。

三、目标管理法（MBO）

（一）目标管理法简介

目标管理法是一种强调所需达到的目标的管理方法。在目标管理的过程中，企业会为每个组织、每次活动和每一级的参与人员制定具体的目标。在绩效考核的时候，企业将实际取得的绩效结果与预先确定的目标进行对照，分析结果并做出相应的考核评定。

目标管理法有效实施的关键是：

（1）必须将所有管理者的眼光和努力都集中到一个共同的目标上，确保每一个管理者都明白他要取得的成果是什么。

（2）必须保证上级主管对他所管辖的每一个下级的期望是明确的。

（3）必须激励每个管理者在正确的目标方向上做出最大努力。

（4）在倡导高标准实现工作目标时，应使高水准成为实现绩效目标的手段，而不是故步自封。

（二）目标管理法操作步骤

目标管理法的实施一般分为五个步骤：

1. 确定组织目标

制订整个组织下一个评估阶段的工作计划，制定工作目标。

2. **确定部门目标**

由各部门领导和他们的上级共同制定本部门的目标。

3. **部门目标讨论**

部门领导组织本部门人员就本部门目标展开讨论，并要求下属人员制订自己的工作计划，明确本部门每一位员工为部门目标实现做出贡献的途径。

4. **个人目标界定**

对部门目标进行分解，确定个人目标。部门领导和下属人员共同确定短期的绩效目标。

5. **绩效评估与反馈**

对每一位员工的实际工作成绩进行审查与考核，并与事先确定的绩效目标进行比较，同时也把部门的工作成效与预定的部门绩效目标进行比较。定期召开绩效评估会议，对部门及个人的目标达成情况进行总结和讨论，并制订下一步工作计划，制定下一步工作目标。

绩效是指工作的阶段性结果及工作过程中可评价的行为表现。因此，营销绩效包含两大部分，一是阶段性营销成果，通常为业绩指标；二是营销过程中的行为表现。而绩效管理的目的在于通过激发员工的工作热情和提高员工的能力和素质，达到改善营销绩效的效果。

第二节　营销进程优化

依据工业品营销六大步骤，结合企业的营销模式及营销策略，我们可以有针对性地制定出营销进程。营销进程要求我们把整个营销过程分解成若干重要的阶段性步骤，并列举出每一个步骤的关键事项、企业及客户各方的参与人员、所需的营销道具，以及需达成的重要目标及成果。

工业品营销的主要任务，要么是开拓市场，要么是开发客户，要么是开发项目。因此，与其对应的营销进程有以客户为主线的开发进程、以区域为主线的开发进程和以产品（项目）为主线的开发进程。

一、以客户为主线的营销进程

以客户为主线的营销进程如图 12－7 所示。

客户开发流程图	关键事项	客户人员	企业人员	道具	成果
客户梳理	✧已合作行业客户通过负责人员及公司内部资料整理 ✧未合作行业客户通过网络等途径收集、整理		客户经理 商务处	客户档案	建立《潜在客户目录》
客户拜访	✧梳理资源，寻找既有关系 ✧做好访前准备 ✧上门拜访电气专工、主任、机电（动力）处长，摸清对方的组织结构及采购决策程序 ✧将电气专工或主任等发展为线人	电气专工、主任、机电（动力）处长副总	客户经理 区域经理	公司画册、产品样本、名片、小礼品、《营销操作指南》	完善《客户动态信息表》
确定线人	✧能持续提供准确的客户内部信息及项目信息 ✧持续沟通、感情交流	线人	客户经理	招待、小礼品	确定线人
定向沟通	✧根据客户的决策程序与电气专工、主任、机电处长等相关人员定向沟通（电话、拜访、个人关怀等）	电气专工、主任、机电处长	客户经理 区域经理	招待、礼品	更新《客户动态信息表》
项目信息	✧了解项目的详细信息，掌握项目的建设模式及决策参与人员	项目参与人员	客户经理	—	建立《项目动态信息表》
项目策划	✧按照《项目策划书》进行详细的项目策划	—	客户经理 区域经理 行业总监	—	《项目策划书》
项目运作	✧按照《项目策划书》进行实施，并根据实际情况及时讨论调整《项目策划书》	项目参与人员	客户经理 区域经理 行业总监 技服部	公司画册、产品样本、名片、礼品、招待《项目策划书》	更新《项目动态信息表》
标书入围	✧通过项目运作，主导品牌入围及产品选型	项目参与人员	客户经理 区域经理 行业总监	—	《技术标书》
跟踪招标 品牌确定	✧跟踪了解项目招标动态（技术标书有无变动、对手报价情况等） ✧了解中标厂家、中标价格及中标厂家的动态（关系背景、品牌倾向、交货期）	项目参与人员 成套厂	客户经理 区域经理	—	—
合同签订	✧与参与方深层沟通，主导技术协议签订，了解最终的交货期	技术协议参与人员	客户经理 区域经理 行业总监	招待	《技术协议》
合同执行	✧掌握成套厂与业主合同的执行情况 与成套厂签订合同、技术交底、确定交期	项目参与人员 成套厂的采购、技术	客户经理 技术人员 销售内勤	—	《采购合同》、《技术确认函》
技服跟进	✧落实预付款到账、安排下单，跟踪生产，催款，发货；开票	成套厂采购人员	销售内勤 客户经理	—	《成套厂动态信息表》
	按照技服流程执行	业主使用人员	技服部	—	《客户使用者动态信息表》、《客户使用反馈表》

图 12－7　以客户为主线的营销进程

二、以区域为主线的营销进程

以区域为主线的营销进程如图 12－8 所示。

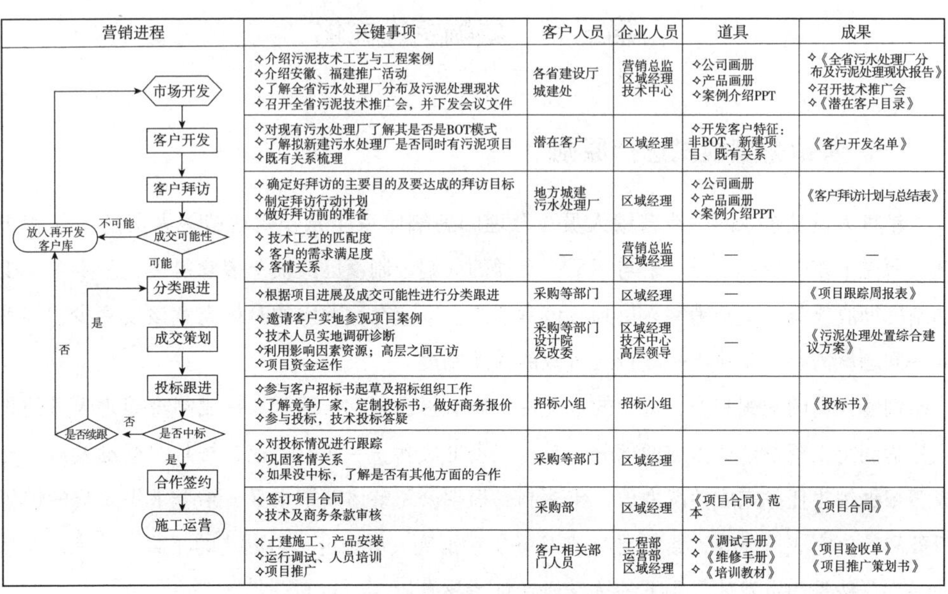

营销进程	关键事项	客户人员	企业人员	道具	成果
市场开发	✧介绍污泥技术工艺与工程案例 ✧介绍安徽、福建推广活动 ✧了解全省污水处理厂分布及污泥处理现状 ✧召开全省污泥技术推广会，并下发会议文件	各省建设厅 城建处	营销总监 区域经理 技术中心	✧公司画册 ✧产品画册 ✧案例介绍PPT	✧《全省污水处理厂分布及污泥处理现状报告》 ✧召开技术推广会 ✧《潜在客户目录》
客户开发	✧对现有污水处理厂了解其是否是BOT模式 ✧了解拟新建污水处理厂是否同时有污泥项目 ✧既有关系梳理	潜在客户	区域经理	✧开发客户特征：非BOT、新建项目、既有关系	《客户开发名单》
客户拜访	✧确定好拜访的主要目的及要达成的拜访目标 ✧制定拜访行动计划 ✧做好拜访前的准备	地方城建 污水处理厂	区域经理	✧公司画册 ✧产品画册 ✧案例介绍PPT	《客户拜访计划与总结表》
成交可能性	✧技术工艺的匹配度 ✧客户的需求满足度 ✧客情关系	—	营销总监 区域经理	—	—
分类跟进	✧根据项目进展及成交可能性进行分类跟进	采购等部门	区域经理	—	《项目跟踪周报表》
成交策划	✧邀请客户实地参观项目案例 ✧技术人员实地调研诊断 ✧利用影响因素资源；高层之间互访 ✧项目资金运作	采购等部门 设计院 发改委	区域经理 技术中心 高层领导	—	《污泥处理处置综合建议方案》
投标跟进	✧参与客户招标书起草及招标组织工作 ✧了解竞争厂家，定制投标书，做好商务报价 ✧参与投标，技术投标答疑	招标小组	招标小组	—	《投标书》
是否中标	✧对投标情况进行跟踪 ✧巩固客情关系 ✧如果没中标，了解是否有其他方面的合作	采购等部门	区域经理	—	—
合作签约	✧签订项目合同 ✧技术及商务条款审核	采购部	区域经理	《项目合同》范本	《项目合同》
施工运营	✧土建施工、产品安装 ✧运行调试、人员培训 ✧项目推广	客户相关部门人员	工程部 运营部 区域经理	✧《调试手册》 ✧《维修手册》 ✧《培训教材》	《项目验收单》 《项目推广策划书》

图 12－8　以区域为主线的营销进程

三、以产品为主线的营销进程

以产品为主线的营销进程如图 12－9 所示。

营销进程	关键事项	客户人员	企业人员	道具	成果
用户信息收集 待开发用户库	☆老客户转介绍、非竞品转介绍、网络搜索、行业渠道收集（协会、展会、交流会等）、黄页、用户库、运输司机等	—	营销员 营销助理 物流	用户信息库 运输司机信息库	《潜在用户目标》
用户分类	☆比较优势、用户实力、产品相关性、量大可能性	—	营销员	《用户选择标准》	《用户分类目录》
用户拜访	☆确定拜访对象、沟通拜访时间、制定拜访路线 ☆制定拜访目标，熟练拜访话术 ☆拜访中确认用户需求，挖掘价值交换点	采购人员	营销员	拜访话术 三者分析	《合作建议书》 寄样品
是否寄样品 不寄样，不下单 不寄样，领导拜访 是	☆填写寄样申请表 ☆按用户需求准备样品及产品手册 ☆附上《化验单》、《信函》、名片等	—	营销助理 营销员	寄样申请表 化验单 信函	按需求准时寄样
寄样品 群品跟进 没收到 问题解决	☆在系统中设置样品跟进时间和所问问题的自动提醒	品管、技术、采购	营销助理 营销员	跟进记录和自动提醒	记录跟进结果
样品情况 不合格 技术沟通 不寄样，试用 合格	☆根据样品化验情况，如果合格，预约领导面谈 如果不合格，则与技术沟通解决问题，并重新寄样	品管、技术、采购	营销助理 营销员 质量顾问	—	预约领导面谈或组团互动 《问题解决方案》
领导拜访	☆根据需要组织营销经理等领导拜访用户	采购领导 分管副总	营销员、营销经理、产品经理等	历史拜访记录 样品跟进记录	高层组团互动、建立互信、促成合作
少量试用 是	☆根据领导拜访结果，如果试用就试用发货 ☆如果不试用，将此用户放入待开发用户库	—	—	—	—
试用发货	☆根据用户需求发货	采购人员	营销助理等	发货计划	按需及时发货
再次购买跟进	☆试用发货后及时跟进，了解试用情况 ☆了解用户关注的价值，担心的风险，并进行化解	采购、分管领导等	营销员	发货通知单等 用户动态信息	促成批量采购
再次购买 否 用户拜访 是	☆如果再次购买，进入正常稳定下单程序 ☆如果不再次购买，再次进入用户拜访，了解原因，化解风险	—	—	—	—
下单 再次购买 否 休眠用户库	☆按用户需求下单	采购等	营销助理 营销员	发货计划	按需及时下单
发货 是	☆按用户需求发货 ☆享受战略用户提货优待	采购等	营销助理 营销员	《战略用户管理办法》等	按需及时发货

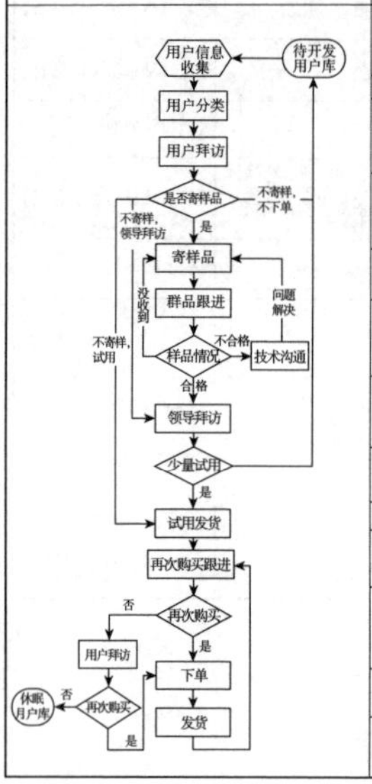

图 12－9　以产品为主线的营销进程

第三节　薪酬结构优化

一、营销薪酬模式选择原则

销售人员是企业的一线营销人员，合理的薪酬体系能充分调动销售人员的工作积极性。原先干多干少一个样、干与不干一个样的大锅饭制度已经被干多拿得多、干少拿得少的制度彻底代替。至于销售人员到底该拿多少、企业在发薪水的时候究竟该发多少，解答这些问题就需要企业建立一套行之有效的薪酬制度。

销售人员的薪酬制度，从大的范畴说一般有提成制和年薪制。提成制将销售人员的收入分为固定工资及销售提成两部分，基本工资即底薪，一般不考核，按月按标准发放；提成会根据销售任务完成情况发放。年薪制是根据公司整体薪资水平，结合销售人员的销售任务和历史完成情况等，给每类（或者每个）销售人员确定一个固定的年薪，其中，年薪的一部分按月固定发放，剩下的按季或者年考核发放。

企业要决定选择提成制，还是选择年薪制，必须明确考核对象的工作任务、其自身的能力要求，以及其自身需要投入的努力和在业绩达成中的贡献率。

假设 a = 个人努力/公司后台，当 a > 1 时，绩效 = 低底薪 + 高提成，提成要及时兑现，营销费用可以有担保地在公司借支；

当 a < 1 时，绩效 = 高底薪 + 目标达成奖励，营销费用可以预支。这时企业可以采取目标年薪制，用高底薪来维持团队的稳定，保证团队的高素质。目标年薪值的设定，要看业绩区间，看资历（服务年限 + 行业经历），看能力（基本功 + 策略），看态度（自我表现 + 客观评价）。通常，目标值 = 业绩 × 70% + 资历 × 10% + 能力 × 10% + 态度 × 10%。对于目标奖励，企业可以设定不同的比例分期发放，如当业绩达到某个值或某个比率时，按月发固定年薪的40%，而当年底目标完成率达到更高值或比率时，发放其余的年薪。此部分可以参考 KPI 的评估结果。

实施建议：

凡对于绩效与营销财务目标（销售额、合同额、回款额）的达成不是直接相关的，或者直接计算提成不合适（数值太大）的岗位，企业在原则上都应采取目标年薪制，如：采取非直销模式的营销人员、渠道管理人员；营销管理部经理、营销总监等带有管理职能的营销岗位。

二、设置专业能力工资

营销人员的月度薪酬一般由基本工资和绩效工资组成，大多数企业对营销人员的基本工资按公司统一规定发放，基本是固定的，也就是说，营销人员无论做好还是做坏，其基本工资都是有保障的。有的企业基本工资开得比较高，那营销人员的日子就很好过了。对于做营销的人来说，这种基本工资方式并不是最优方案。因为，这样就可能造成“养懒汉”的现象，营销团队难成长。

为了打造一支专业化、高素质的营销团队，企业可以将基本工资进一步分解成岗位工资和专业能力工资。岗位工资是你只要在这个岗位上就能得到的回报，不同岗位对应不同的工资，企业实施的时候可以把它和“宽带薪酬”结合起来；专业能力工资是对你专业素质和工作能力的评价。企业应将工业品营销人员的专业能力分成“三级六档”，每一级每一档对应不同工资标准。如表 12－2 所示。

表 12－2　专业能力的三级六档

专业能力		专业能力工资
初级营销管理师	1 档	
	2 档	
中级营销管理师	1 档	
	2 档	
高级营销管理师	1 档	
	2 档	

（一）专业能力评定标准

表 12－3　专业能力评定标准

评定项	内容	初 1	初 2	中 1	中 2	高 1	高 2	考评方式	考评人
工作成绩	月度绩效得分	连续 3 个月在同等能力级别人员中月度绩效得分名列前 10						实际结果	绩效处
	年度指标（万元）	50	100	200	300	400	500		
	培养人数	–	–	1	2	3	4		
知识考试	行业知识 企业知识 产品知识 营销工具	65	75	75	85	85	95	考试	绩效处
综合评议	从判断市场的能力、管理客户的能力、处理异议的能力等几个方面进行评议							面试/测评	评审小组

（二）专业能力评定程序

营销人员工作成绩达标后，还要参加知识考试；知识考试通过后，需要参加综合评议；评议通过后，企业对名单予以公示；公示通过后，营销人员的营销专业能力等级即调整成功，并在下月工资中予以兑现。

（三）专业能力评定要求

自中 1 开始，营销专业能力晋升评定需加入人员培养指标，具体为：中 1 人员需培养 1 名初 2 级人员，中 2 级需培养 1 名中 1 级人员和 1 名初 2 级人员，以此类推。

第四节　绩效管理优化

一、绩效考核方法选择原则

对于一线营销人员，企业主要用 KPI 进行考核，在考核业绩指标的同时，增加过程管理的考核项；对于中层营销管理者（区域经理、产品经理、行业经理），企业可以使用 MBO 进行考核，以促进其管理目标的达成，其绩效要与团队整体业绩挂钩，决不能与一个订单直接挂钩，否则就会出现中层与一线抢单、抢资源的情况；对于中高层营销管理者，建议使用 BSC 进行考核，侧重对其经营能力的考核。

二、绩效考核指标设定原则

绩效考核是营销人员行动的指向标和收益结算的凭据。企业的绩效考核务必要做到使每一个营销人员清楚地知晓他们要投入哪些、投入多少、如何做，才能获得多少回报；收入是如何结算的；结算的公式、结算的周期、主要的影响因素，等等。也就是说，营销人员要能简单地算出自己的回报，这能够激发他们的内在动力。绩效考核指标 KPI 的设定，在月度应关注过程，在年度应关注结果。

（一）月度 KPI 设定

月度 KPI 分工作成果指标与工作过程指标，如表 12－4 所示。

表 12－4　月度绩效考核表

维度	KPI 指标	权重	衡量方法	数据来源
工作成果（完成率）				
工作过程（效率）				

工作成果指标主要用于考核月度工作计划完成率和阶段成果达成率等，工作过程指标主要用于考核按照工作流程开展工作的记录表单（工作记录表单和过程管理表单），考核工作效率。权重根据各项 KPI 的重要性设定；衡量方法，即对指标进行定量，它的作用是说明数据的计算方法，定性指标由上级主管赋值；在“数据来源”一栏中注明由谁提供数据或者赋值。

（二）年度 KPI 设定

年度 KPI 分工作成果指标与体系优化指标，如表 12－5 所示。

表 12－5　年度绩效考核表

<table>
<tr><th>维度</th><th colspan="2">KPI 指标</th><th>权重</th><th>衡量方法</th><th>数据来源</th></tr>
<tr><td rowspan="2">工作成果</td><td colspan="2"></td><td></td><td></td><td></td></tr>
<tr><td colspan="2"></td><td></td><td></td><td></td></tr>
<tr><td rowspan="3">体系优化</td><td rowspan="2">团队</td><td></td><td></td><td></td><td></td></tr>
<tr><td></td><td></td><td></td><td></td></tr>
<tr><td>知识</td><td></td><td></td><td></td><td></td></tr>
</table>

工作成果指标用于考核年度目标达成率，如合同额、销售额、回款、账期、客户开发数、项目成功率等。体系优化指标用于考核团队成长与知识共享的程度，比如团队建设、团队成员绩效达标率、年度工作总结报告等。

（三）绩效考核指标符合 SMART 原则

月度绩效重过程、年度绩效重结果。财务指标不是绩效的唯一，工作任务完成、营销进程推进也是绩效。营销人员都是聪明的，公司领导都是过来人，因此，考核人员决不能“耍手段”“开偏方”。

进行绩效考核，首先要对考核的目标有一个明确的界定，这个目标一定要符合公司营销战略，而且符合 SMART 原则。如图 12－10 所示。

确定营销部门考核目标——SMART目标

明确的（SPECIFIC）
✓ 明确，分项，清晰
例：“增加每日处理的通话……”
可评估的（MEASURABLE）
✓ 量化，一种可供比较的标准，获得具体成果的方式，限定
例：“……（增加）到每班次处理160次通话。”
有行为导向的（ACTION-ORIENTED）
✓ 执行，运作，创造成果
例：“增加……签定的合同数量……”
切实可行的（REALISTIC）
✓ 实际，可实现，精确，可行
例：“……从现有水平（每天100张）增加到每班次签定150张合同”
受时间和资源限制的（TIME- AND RESOURCE-CONSTRAINED）
✓ 有计划，受时间控制，活动期限，可允许使用资源的程度或最后期限
例：“到这个季度为止。”

图 12－10　SMART 目标

三、绩效考核指标值的确定原则

销售人员绩效考核指标的确定是一件很重要，而又难以做好的事情。指标定高了，销售人员怎么努力都难达成，他们就会心灰意懒，没了动力；指标定低了，又不利于公司的业务发展，对销售人员也没有激励作用，公司容易养懒汉。因此，在确定销售人员绩效考核指标时，企业要紧扣营销进程、把控用户动态、预算资源投入、参照历史数据、对照专业能力，务必做到以下几点：

（1）指标值的确定要参考历史数据。

（2）指标要由上下级（考核者与被考核者）沟通谈判确定，不能够由考核者单方面决定。双方要进行充分的绩效沟通，这样才能够保证被考核者认真执行考核内容。

（3）指标值根据营销策略规划，通过层层分解的方法进行确定。

（4）指标值不能太高，也不能太低，太高和太低都失去了控制的意义。

四、绩效考核指标权重分配原则

绩效考核指标权重的分配体现了指标的重要程度，权重越大，说明该考核指标越重要。因此，在营销战略及策略的实施过程中，企业往往可以通过绩效考核指标的权重来进行营销行为导向。绩效考核指标权重分配一般遵循以下原则：

（1）关键指标权重大，辅助指标权重小。

（2）重点有待加强的指标权重大。

（3）权重向量化指标倾斜。

（4）各指标的权重必须每年度动态调整。

（5）权重的调整者是被考核者的直接领导。

第五节　应用参考

绩效优化的实际应用，要求公司结合已实际出台的《营销薪酬绩效管理办法》，进行目标分解，然后与相关人员签订《营销绩效目标责任书》。下面的模板，仅供参考。

《营销薪酬绩效管理办法》

（岗位名称、具体数值等仅供参考，可以依据公司实际进行调整）

一、适用范围：营销中心全体员工

二、薪酬设计原则

（1）岗位技能价值量化（任职资格和责任）

（2）目标达成（结果目标和过程目标）

（3）符合财务要求

三、薪酬结构

（一）区域经理（业务线）

（1）年薪＝∑月工资＋年度绩效奖金

（2）月工资＝（岗位工资＋专业能力工资）×月度绩效系数

（3）年度绩效奖金＝年度区域总回款额×a%

（二）大区经理/营销总监/营销管理部经理（带有管理职能的岗位）

（1）年薪＝∑月工资＋年度绩效资金

（2）月工资＝岗位工资＋专业能力工资×月度绩效系数

（3）年度绩效奖金＝年终绩效奖金值×年度绩效系数

四、专业能力职级与工资

专业能力职级设置：初级营销管理师、中级营销管理师、高级营销管理师。

职称、职级及任职标准：

<table>
<tr><th colspan="2">职级</th><th>任职标准</th></tr>
<tr><td rowspan="2">初级营销管理师</td><td>1级</td><td>刚入职的应届本科生</td></tr>
<tr><td>2级</td><td>1. 有2~3年销售工作经验、刚入职的新进员工
2. 刚入职的应届研究生</td></tr>
<tr><td rowspan="3">中级营销管理师</td><td>1级</td><td rowspan="5">一、级别晋升评议资格
在区域市场完成销售目标的100%
二、级别晋升评议项目
1. 知识（企业知识、行业知识、产品知识）
2. 能力
（1）快速反应能力
（2）数理分析能力
（3）自我管理能力
（4）处理异议能力
（5）影响他人的能力
3. 其他：人员招聘与培养</td></tr>
<tr><td>2级</td></tr>
<tr><td>3级</td></tr>
<tr><td rowspan="2">高级营销管理师</td><td>1级</td></tr>
<tr><td>2级</td></tr>
</table>

专业能力职级评价指标及评价方式：

<table>
<tr><th>维度</th><th>指标</th><th>评价方式</th><th>考评人</th></tr>
<tr><td rowspan="3">知识</td><td>企业知识</td><td rowspan="3">考试</td><td rowspan="3">人力资源部
营销管理部</td></tr>
<tr><td>行业知识</td></tr>
<tr><td>产品知识</td></tr>
</table>

续表

维度	指标	评价方式	考评人
能力	快速反应的能力	面试/测评	评审小组（总经理、营销总监、营销部经理、营销顾问）
	数理分析的能力		
	自我管理的能力		
	处理异议的能力		
	影响他人的能力		
贡献	指标完成	目标达成率	财务
	人员培养		人力资源部、营销管理部

专业能力职级调整：

（1）各级营销管理师根据评价指标自行评估，可随时提出职级调整申请；

（2）申请程序：本人填写《申请表》→主管签署意见→营销管理部经理审核→报人力资源部备案→营销管理部组织考试和评审→总经理批准。（根据职级逐级考核审批）

职称及职级工资标准：

职级		职级工资标准
初级营销管理师	1 级	2000
	2 级	3000
中级营销管理师	1 级	4000
	2 级	5000
	3 级	6000
高级营销管理师	1 级	8000
	2 级	10000

专业能力工资计算及发放：

（1）专业能力工资计算：专业能力工资×月度绩效分数

（2）专业能力工资按月考核发放

（3）月度绩效得分低于 85 分给予 1 次警告，连续 3 个月低于 85 分降级或降职。

五、岗位工资

（1）岗位设置：见习经理、区域经理、部门经理、总监

（2）岗位工资标准：

岗位	工资标准	岗位	工资标准
见习经理	1500	部门经理	6000
区域经理	3000	总监	8000

六、工龄工资（可选择）

工龄工资是公司为鼓励长期服务于公司的员工，按工龄和一定标准发放的工资。标准为每一年工龄50元/人/月，随工龄逐年递增，上限为6年工龄工资（即300元/月）。个人工龄工资在每年1月份统一调整，工龄计算以6月30日到公司正式上班为基准点计算。

工龄工资根据出勤情况按月发放。

七、绩效考核

设计依据：对销售工作的绩效进行有效的衡量和肯定；强调各区的目标达成率，以确保公司整体经营目标的实现。

绩效考核目标值的确定原则：

（1）参考历史数据

（2）在确定指标的过程中，上下级充分沟通，双方达成一致

（3）指标值根据营销规划和策略，通过层层分解的方法进行确定

（4）指标值要符合SMART原则

KPI权重分配原则：

（1）关键指标权重大，辅助指标权重小

（2）重点有待加强的指标权重大

（3）权重向量化指标倾斜

（4）各指标的权重实行每年动态调整

（5）权重的调整者是被考核者的直接领导

关键岗位绩效考核对照表：

岗位	考核方法	直接考核者	结果运用	考核频率
区域经理	KPI	大区经理	·与月度收入挂钩 ·与年度绩效挂钩 ·与职称岗位的升降挂钩	月度或年度
大区经理	KPI	营销总监 总经理		
营销管理部经理	KPI			

各岗位绩效考核 KPI 指标：

（1）区域经理绩效考核 KPI 指标

<table>
<tr><td></td><td>指标</td><td>考核主体</td><td>权重</td></tr>
<tr><td rowspan="2">月度</td><td>过程管理</td><td>营销管理部</td><td>100%</td></tr>
<tr><td>项目开发进度加分</td><td colspan="2">大区经理赋值</td></tr>
</table>

（2）大区经理绩效考核 KPI 指标

<table>
<tr><td></td><td>指标</td><td>考核主体</td><td>权重</td></tr>
<tr><td rowspan="3">月度</td><td>大区月度市场开发重点工作达成率</td><td rowspan="2">营销总监</td><td>30%</td></tr>
<tr><td>大区项目开发进展完成率</td><td>40%</td></tr>
<tr><td>过程管理</td><td>营销管理部</td><td>30%</td></tr>
<tr><td rowspan="3">年度</td><td>合同/回款目标达成率</td><td rowspan="3">营销总监</td><td>40%</td></tr>
<tr><td>项目/客户开发目标完成率</td><td>25%</td></tr>
<tr><td>团队成长</td><td>35%</td></tr>
</table>

（3）营销管理部经理绩效考核 KPI 指标

<table>
<tr><td></td><td>指标</td><td>考核主体</td><td>权重</td></tr>
<tr><td rowspan="3">月度</td><td>月度市场开发重点工作达成率</td><td rowspan="2">营销总监</td><td>30%</td></tr>
<tr><td>月度项目开发进展完成率</td><td>40%</td></tr>
<tr><td>过程管理</td><td>营销管理部</td><td>30%</td></tr>
<tr><td rowspan="3">年度</td><td>合同/回款目标达成率</td><td rowspan="3">营销总监</td><td>40%</td></tr>
<tr><td>项目/客户开发目标完成率</td><td>35%</td></tr>
<tr><td>营销过程管理体系优化</td><td>25%</td></tr>
</table>

（4）营销总监绩效考核 KPI

<table>
<tr><td></td><td>指标</td><td>考核主体</td><td>权重</td></tr>
<tr><td rowspan="3">月度</td><td>合同/回款计划完成率</td><td rowspan="3">总经理
营销管理部</td><td>40%</td></tr>
<tr><td>项目/客户开发进展完成率</td><td>30%</td></tr>
<tr><td>过程管理</td><td>30%</td></tr>
<tr><td rowspan="3">年度</td><td>合同/回款目标达成率</td><td rowspan="3">总经理
营销管理部</td><td>60%</td></tr>
<tr><td>项目/客户开发目标完成率</td><td>20%</td></tr>
<tr><td>团队学习与成长</td><td>20%</td></tr>
</table>

（5）年度绩效奖金值对应表

岗位	年度绩效奖金值	备选	
区域经理（业务线）	区域总回款额×a%		
大区经理	大区年度绩效奖金平均值的1.5倍	大区总回款额×b%	
营销管理部经理	公司年度绩效奖金平均值的1.2倍	公司总回款额×c%	
营销总监	公司年度绩效奖金平均值	公司总回款额×d%	
说明：如果采取的是年薪制，公司可从各岗位合同中约定的目标年薪中扣除按照月度发放的薪资，将余额部分作为年度绩效奖金。			

八、其他

（1）本方案所涉及的薪酬均为税前工资。

（2）本薪酬方案经公司薪酬委员会主要成员批准后自__年__月起正式执行。

（3）本方案未尽事宜，由薪酬委员会主要成员酌情解决。

《营销绩效目标责任书》

（岗位名称、具体数值等仅供参考，可以依据公司实际予以调整。）

一、目标

姓名		部门	大区	岗位	经理
营销目标	合同额			回款额	
团队目标	培养1名副经理				
关键事项	营销过程管理体系优化				

二、月度绩效

1. 月度绩效目标值＝月度基本工资×20 %

2. 月度绩效KPI（总分100分）

KPI指标	分值	衡量方法	备注
合同/回款计划完成率	30	实际值/计划值低于85%不得分，每少一个百分点扣3分。若有偏差，请提交说明	财务部
重点工作计划完成率	20	重点工作完成质量由总监评定，完成率低于60%，此项不得分。若有偏差，请提交说明	营销总监评定
过程管理	30	按照过程管理实施细则评价	营销管理部

续表

KPI 指标	分值	衡量方法	备注
学习成长	20	组织营销团队成员学习专业知识、演练营销工具的使用，每人一份学习报告。每少一份扣4分	营销总监评定

3. **考核细则**

（1）月度绩效实际值=目标值×KPI 分数/100，当月考核，年底结算。

（2）月度 KPI 得分低于 80 分，警告一次；连续 2 个月低于 80 分，提出整改措施；3 个月低于 80 分，则不具评优资格；4 个月低于 80 分，则基本工资降 20%；5 个月低于 80 分，则自动离职。

（3）月度考核统计周期为自然月度周期，每月 5 日前被考核人须收齐各类考核依据，与分管领导进行绩效沟通并确定月度 KPI 分数，然后将其交至人力资源部复核，逾期不交，当月绩效实际值为零。

三、年度绩效

1. **年度绩效目标值=大区总回款额×b%**

2. **年度绩效 KPI（总分 100 分）**

KPI 指标	分值	衡量方法	备注
合同额完成率	40	实际值/目标值×分值	
回款额完成率	20	实际值/目标值×分值	
费用控制率	15	实际费用占比（实际费用/回款额）与预算费用占比比较，每超出一个百分点，扣 5 分	
项目中标率	15	中标项目数/投标项目数 低于 70%，得 0 分 70%～80%，得 10 分 80%以上，得 15 分	
工程项目营销过程管理报告	10	分析营销过程管理的得失与过程管理要点，提出改进建议。	综合评定

3. **考核细则**

（1）年度团队目标不达标，则 KPI 总分直接扣 10 分；

（2）年度绩效实际值=目标值×KPI 分数/100；

（3）产值低于 70%，则 KPI 清零。

四、说明

（1）目标责任书签署的目的是在公司的统筹安排下，充分发挥签署人的主观能动性和积极性，将目标分解、落实。

(2) 本着公平、公正的原则，在自愿、平等、互利的基础上，双方承诺依据责任书对签署人进行考核，签署人在承担责任的同时，也将获得相应的权利和收益。

(3) 签署人必须遵守公司制定的各项规章制度，积极开展工作，接受公司相关部门或人员的监督和考核，同时也拥有对公司内部各职能部门监督的权利。

(4) 本目标责任书的最终解释权归××省××××有限公司所有，公司有权根据经营情况与签署人协商调整内容。

(5) 本责任书自2014年3月1日起实施。

(6) 本目标责任书壹式叁份，人力资源部及财务部、本人各备案壹份。

本人确认努力实现以上目标：　　　　本公司认可上述目标：

签署人：　　　　公司代表：

日期：　年　月　日　　　　日期：　年　月　日

信任互动五：工业品营销过程管理

营销组织的优化是一件严肃的事，它直接影响着营销战略、模式与策略的落地，也直接影响着企业的人员构成与资源分配，切不可随意调整。随意变动组织、随意任命岗位，是对营销组织“信任”的最大破坏。请参照相关内容检核您的组织并对其进行优化。

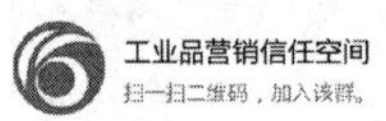

营销绩效的管理是一个不可回避的难题。建议您组合运用三大绩效工具进行管理：用 BSC 导出公司经营主题与重大事件；用 MBO 进行目标管理与分解；用 KPI 细化与衡量月度与年度指标；依据营销进程来细化过程管理，在薪酬结构中设置专业能力工资；绩效考核必须在充分的绩效沟通下进行，以绩效提升与员工成长为目的。

为了实现营销组织的优化与营销绩效的管理，我们可以先通过工业品营销过程管理来解决公司与营销人员之间的信任问题。我们提炼了工业品营销过程管理的“四个合一”“两类表单”“绩效沟通”等实施细则，以供参考。

扫一扫上方二维码，进入互动空间，就“营销组织与绩效”“营销过程管理”等相关话题，以及您所在公司面临的组织与绩效难题进行互动交流。同时，您还可以参加“信任空间，开门大吉”活动。

“信任空间，开门大吉”活动详情：

信任空间		开门大吉
进入空间	扫描二维码，加关注并成为好友	本人获取：作者亲笔签名的《工业品营销管理实务》专著一本
		公司获取：团购《工业品营销管理实务》专著享五折优惠
打开一扇门	提交“信任互动”一个专题的内容，并进行互动交流	本人获取：作为特邀嘉宾参加工业品营销专题研讨会
		公司获取：2000 元信任基金，可以用于企业内训
打开两扇门	提交“信任互动”两个专题的内容，并进行互动交流	本人获取：作为特邀嘉宾参加工业品营销专题研讨会，并有机会作为嘉宾发言
		公司获取：5000 元信任基金，可以用于企业内训、专题策略营
打开三扇门	提交“信任互动”三个专题的内容，并进行互动交流	本人获取：参加工业品营销课程授权讲师训练班，并有机会成为课程授权讲师
		公司获取：10000 元信任基金，可以用于企业内训、专题策略营、营销管理咨询
打开四扇门	提交“信任互动”四个专题的内容，并进行互动交流	本人获取：参加工业品营销咨询顾问培训班，并有机会成为签约咨询顾问
		公司获取：15000 元信任基金，可以用于企业内训、专题策略营、营销管理咨询
打开五扇门	提交“信任互动”五个专题的内容，并进行互动交流	本人获取：参与专题研发与案例开发，并有机会署名参与《工业品营销管理实务》再版修订
		公司获取：20000 元信任基金，可以用于企业内训、专题策略营、营销管理咨询

工业品营销过程管理

工业品营销的过程管理是大多数企业十分苦恼的问题。以下两种情景经常出现：

一种是“圈养”，即密集监控，企业要求营销人员填写各种各样的报表。这样做带来的负面影响是：营销人员的精力有限，填表变成了一种形式，数据都是编出来的；报表填报后也无人跟踪反馈，它与营销人员的收入无多大的关联。于是企业中会出现两个极端：各种报表填得很好的营销人员业绩却很差，业绩好的人报表却填得很差。

营销团队不能圈养，圈养让人唯唯诺诺。

另一种是“放养”，企业干脆只管销售结果，其他任其自由。这样做的结果肯定也会很糟糕：要么营销人员压力太大无业绩而离职，公司浪费了人力、财力以及市场机会；要么营销人员业绩太好，把持业务资源，与公司摊牌，或者另起炉灶。

营销团队不能放养，不能任其自生自灭。

成绩是公司的，成长是自己的。填写相关信息表单、与公司及时互动，一方面可以提高业绩，另一方面，更可以促进自身营销能力的提升。

只要对营销过程中我们所关注的重要信息进行抓取，对其加以分析并即时反馈，我们完全可以对营销过程进行很好的管理。这需要我们使用两类表单，做到“四个合一”，加强月度绩效考核和沟通。

1. “四个合一”

在工业品营销过程管理中，企业必须倡导通过“四个合一”来实现绩效落地。过程管理要有目标，只有这样，过程管理才会精准高效。如图 12 – 11 所示。

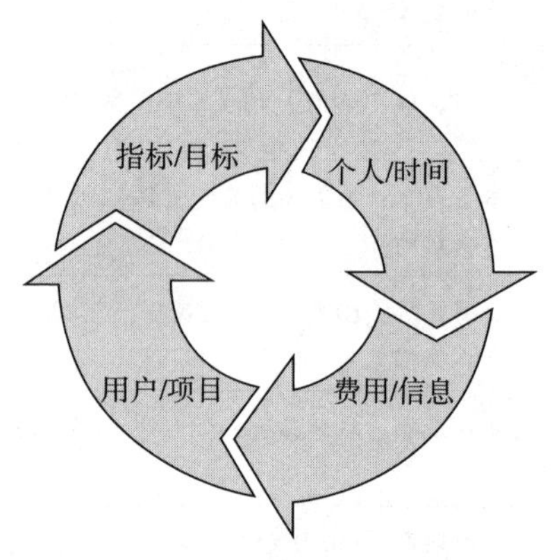

图 12 – 11　四个合一

人人头上有指标、指标头上有客户。计划月月明、任务日日清。过程有指导、工作有记录。

（1）指标与目标的合一：让指标分解到个人、到区域、到用户，使指标与目标紧密结合起来，这样的指标才不会是一句空话，才能落到实处。

（2）个人与时间的合一：个人的指标是多少？目标是什么？怎么实现目标？个人的精力和时间是怎么分配的？这些都需要界定清楚，关联起来。只有这样，销售人员才不会浪费时间和精力，公司也才能很好地管控销售人员的日常行为。

（3）费用与信息的合一：销售费用的管控是工业企业管理的一大难题，管紧了没动力，不管又没效益。费用的管控应和信息的提供结合起来，这样既管住了费用，又获得了信息。

（4）用户和项目的合一：光有用户没有用，工业品销售往往通过项目进行，所以企业在进行管控时，不但要管到用户，还要管到对应的项目上，这样才会出成果。

2. 两类表单

做前有计划、做中有章法、做后有记录。想好了再做，做好了再想。信息及时报、费用不糊涂。最大的费用是“浪费”，最缺的资源是“时间”；最好的习惯是“多写”，最坏的习惯是“多说”。

为了实现工业品营销过程管理的“四个合一”，我们归纳出了一个简单可行、高效互动的过程管理工具——两类表单，即过程管理表单和工作记录表单。这些表单都是围绕客户和项目展开的，内容包括制定策略、跟踪执行、记录信息等。

(1) 过程管理表单

过程管理表单的作用是跟踪管理营销人员的工作计划、执行情况等。过程管理表单主要有月度工作计划表、销售日志和项目跟踪周报表。某公司营销人员分为客户经理、区域经理和行业总监三级，以此为例进行详细介绍。

· 月度工作计划表

客户经理月度工作计划表

部门		区域		客户经理		月度	
项目	项目名称	阶段	工作对象	工作内容及措施	工作目标及成果	花费时间	费用预算
客户	客户名称	阶段	工作对象	工作内容及措施	工作目标及成果	花费时间	费用预算
重点工作	工作项目	工作内容		工作目标及成果	需公司支持事项	完成时间	备注
区域经理审核							
总监审批							

区域经理月度工作计划表

项目	项目名称	阶段	工作对象	工作措施	工作目标及成果	负责人	花费时间	费用预算

续表

部门		区域		区域经理		月度		
客户	客户名称	阶段	工作对象	工作措施	工作目标及成果	负责人	花费时间	费用预算
重点工作	工作项目	工作内容		工作目标与成果	需公司支持事项	负责人	完成时间	备注
总监审核								
总经理审批								

总监月度工作计划表

部门		总监			月度		
项目	项目名称	阶段	工作对象	工作措施	工作目标及成果	负责人	花费时间	费用预算
客户	项目名称	阶段	工作对象	工作措施	工作目标及成果	负责人	花费时间	费用预算
重点工作	工作项目	工作内容		工作目标及成果	需公司支持事项	负责人	花费时间	备注
总经理审批								

月度工作计划表填表说明：

客户经理的月度工作计划表的内容，主要是结合上月的营销计划完成情况，依据客户/

项目策划和营销进程，规划下月的客户、项目及重点工作。客户经理的工作侧重于学习成长，即学习产品、行业、营销等方面的知识，结合实际提高营销能力。

区域经理月度工作计划表的填写内容是区域经理自身的月度工作，主要包括：区域内需要自己重点关注的客户及项目、客户经理工作计划里需要区域经理支持的事项、总监及公司安排的工作等。

月度工作计划表中的客户及项目按重要性和紧急性顺序排列，“阶段”从其表格的下拉菜单中选择，“工作对象”要具体，“工作目标及成果”要符合SMART原则（明确性、可衡量性、可达成性、相关性、时限性），“工作内容及措施”要具体、可行，不能含糊其辞。

只有立过项的项目才能放在“项目”栏；没有立项，不是为某个具体立项项目开展的工作，都放在客户栏。

· 客户经理销售日志

事项	内容	目的	结果	对象	地点	方式	费用记录			
							差旅	住宿	招待	小计
区域经理审核意见										

销售日志填表说明：

客户经理要按照月度工作计划表展开每天的营销工作，并填写当天的销售日志。因此，销售日志的工作事项在原则上应与月度工作计划表相对应，如果有工作调整，客户经理需要提前向上级主管汇报申请，经上级同意后方能进行。

“事项”栏的填写，请按照各行业的营销进程图从表格下拉菜单中选择；“内容”栏的填写，请对照“事项”，并结合自己的实际工作，用一句话高度概括，事项内容要清楚，方法与措施要明确；在“目的”栏填写你做这件事情的目的及预期结果；在“结果”栏填写做这件事后的实际结果；在“对象”栏填写做这件事所涉及的具体人员；在“地点”栏填写做这件事的地点，地点要具体（市、县）；在“方式”栏填写做这件事的途径与方式，如电话沟通、上门拜访等；在“费用记录”栏填写当天做这些事情所产生的各项费用，费用记录一定要具体、准确。

· 项目跟踪周报表

部门		区域		区域经理		日期	××月××日－××月××日		
编号	业主名称	项目名称	设计院/总包方	型号及台数	竞争对手	项目阶段	下周项目推进措施	目标及成果	负责人
1									
2									
3									
4									
5									
6									
7									
8									
9									
10									

项目跟踪周报表填表说明：

区域经理根据区域内所有项目的进展情况，汇总填写项目跟踪周报表。本表的填写重点是依据营销进程，确定每个项目的销售阶段，并制订推进计划；然后简要说明每一个项目下一阶段的推进措施、目标及成果。

（2）工作记录表单

工作记录表单的作用是记录营销过程中的相关事项和信息，比如：客户动态信息表一般用于动态记录客户的基础信息、"三者"信息、工作流程、已合作竞品信息、来往信息、项目信息等；客户开发策划书一般用于制定针对某个客户的开发策略并制订实施计划；项目备案登记表一般用来对项目进行登记备案管理；项目动态信息表一般用于动态记录项目的基础信息、决策信息、竞品信息、项目运作情况等；项目策划书用于策划制定某个项目的开发策略并制订实施计划；项目得失分析表一般在项目结束时用来对项目的得与失进行总结和反思。

· 客户动态信息表

区域		客户经理		客户编码		建档时间		最后更新时间	
基础信息									
客户名称						企业性质			

续表

总部地址			厂址			
电话		传真		邮编		网址
企业性质			资信等级			企业图片
企业简介						

类别	部门/职务	姓名	关注利益	担心风险	关系权重	性别/籍贯	重要日期	从业背景	个人爱好	联系方式	邮箱
执行者											
决策者											
影响者											

工作流程	
决策流程	
采购流程	

已合作竞品信息		
合作品牌	合作条件	合作状况

来往信息						
时间	地点	公司人员	客户人员	目的	内容	结果

项目信息						
时间	项目名称	设计院	成套厂/总包方	断路器厂家	型号/台数	备注

· 客户开发策划书

<table>
<tr><td>客户</td><td colspan="2"></td><td>客户类别</td><td></td></tr>
<tr><td>机会分析</td><td colspan="4">分析客户产品在品质、成本等方面的现状情况，总结客户的问题与困惑，挖掘客户的需求和我们的机会</td></tr>
<tr><td>资源分析</td><td colspan="4">采购决策程序，三者分析，资源梳理（既有资源，借用资源）等</td></tr>
<tr><td>竞争分析</td><td colspan="4">同行产品、量，产品表现，存在的问题，机会点（同行不重视或不满足）分析等</td></tr>
<tr><td rowspan="5">开发策略</td><td>产品策略</td><td colspan="3">单品、多品、解决方案</td></tr>
<tr><td>风险策略</td><td colspan="3">如何化解客户担心的风险</td></tr>
<tr><td>价值策略</td><td colspan="3">为客户提供什么价值，带来什么利益？（提升品质、降低成本等）</td></tr>
<tr><td>关系策略</td><td colspan="3">关系路径</td></tr>
<tr><td>服务策略</td><td colspan="3">服务对象、服务标准、服务措施等</td></tr>
<tr><td rowspan="8">进程规划</td><td>进程节点</td><td>重点工作内容</td><td>工作目标</td><td>完成时间</td></tr>
<tr><td></td><td></td><td></td><td></td></tr>
<tr><td></td><td></td><td></td><td></td></tr>
<tr><td></td><td></td><td></td><td></td></tr>
<tr><td></td><td></td><td></td><td></td></tr>
<tr><td></td><td></td><td></td><td></td></tr>
<tr><td></td><td></td><td></td><td></td></tr>
<tr><td></td><td></td><td></td><td></td></tr>
</table>

· 项目备案登记表

<table>
<tr><td>项目名称</td><td colspan="4"></td></tr>
<tr><td>项目地址</td><td colspan="4"></td></tr>
<tr><td>项目所属</td><td>部门</td><td></td><td>区域</td><td></td></tr>
<tr><td>客户经理</td><td></td><td>电话</td><td colspan="2"></td></tr>
<tr><td rowspan="9">项目背景</td><td colspan="4">项目主管单位（业主）：</td></tr>
<tr><td colspan="4">建设单位（施工方或总包方）：</td></tr>
<tr><td colspan="4">设计单位（设计院）：</td></tr>
<tr><td colspan="4">招标单位：</td></tr>
<tr><td colspan="4">业主性质：□国有 □股份制 □私营；资信状况：□好 □良 □差</td></tr>
<tr><td colspan="4">工程总投资：________万元；开工日期：________；建设周期：</td></tr>
<tr><td colspan="4">资金来源：□银行贷款 □政府拨款 □自筹资金 □其他</td></tr>
<tr><td colspan="4">订货方式：□公开招标 □内部议标 □不招标，议价 □其他</td></tr>
<tr><td colspan="4">预计订货时间：______；预计订货产品及数量：______；预计订货金额：______万元</td></tr>
</table>

续表

<table>
<tr><td rowspan="6">资源状况</td><td>□项目业主　资源人/身份：________电话：</td></tr>
<tr><td>□建设单位　资源人/身份：________电话：</td></tr>
<tr><td>□设计院　资源人/身份：________电话：</td></tr>
<tr><td>□供电局　资源人/身份：________电话：</td></tr>
<tr><td>□其他　资源人/身份：________电话：</td></tr>
<tr><td>资源深度及价值分析：</td></tr>
<tr><td colspan="2">项目有否冲突：□有，□否，若有请作说明</td></tr>
<tr><td colspan="2">项目专员：　　　　日期：</td></tr>
<tr><td rowspan="3">项目审核意见</td><td></td></tr>
<tr><td></td></tr>
<tr><td>区域经理：　　　　日期：</td></tr>
<tr><td rowspan="3">项目运作要求</td><td></td></tr>
<tr><td></td></tr>
<tr><td>总　监：　　　　日期：</td></tr>
</table>

·项目动态信息表

<table>
<tr><td>区域</td><td></td><td>客户经理</td><td></td><td>项目编码</td><td></td><td>立项时间</td><td></td><td colspan="2">最后更新时间</td><td colspan="2"></td></tr>
<tr><td colspan="12">基础信息</td></tr>
<tr><td>项目名称</td><td colspan="3"></td><td>项目地址</td><td colspan="7"></td></tr>
<tr><td colspan="2">项目主管单位（业主）</td><td colspan="10"></td></tr>
<tr><td colspan="2">建设单位（施工方或总包方）</td><td colspan="10"></td></tr>
<tr><td colspan="2">设计单位（设计院）</td><td colspan="10"></td></tr>
<tr><td colspan="2">招标单位</td><td colspan="10"></td></tr>
<tr><td>业主性质</td><td colspan="5">□国有　□股份制　□私营</td><td colspan="2">资信状况</td><td colspan="4">□好　□良　□差</td></tr>
<tr><td>工程总投资</td><td colspan="3"></td><td>开工日期</td><td colspan="2"></td><td>建设周期</td><td colspan="4"></td></tr>
<tr><td>资金来源</td><td colspan="5">□银行贷款　□政府拨款　□自筹资金
□其他：______</td><td>采购方式</td><td colspan="5">□公开招标　□内部议标　□不招标，议价　□其他</td></tr>
<tr><td>预计订货时间</td><td colspan="2"></td><td colspan="3">预计订货产品及数量</td><td colspan="2"></td><td colspan="2">预计订货金额</td><td colspan="2"></td></tr>
<tr><td colspan="12">决策信息</td></tr>
<tr><td>类别</td><td>部门/职务</td><td>姓名</td><td>关注利益</td><td>担心风险</td><td>关系权重</td><td>性别/籍贯</td><td>重要日期</td><td>从业背景</td><td>个人爱好</td><td>联系方式</td><td>邮箱</td></tr>
</table>

续表

执行者											
决策者											
影响者											
工作流程											
决策流程											
采购流程											

竞品信息			
竞品信息	销售模式	资源状况	竞争策略（产品、价格、关系等）

项目运作						
时间	地点	公司人员	客户人员	目的	内容	结果

· 项目策划书

区域		客户经理	
项目名称		业主名称	
机会分析	用户的问题与困惑，挖掘客户的需求和我们的机会		
资源分析	采购决策程序，三者分析，资源梳理（既有资源、借用资源）等		
竞争分析	同行表现，存在的问题，机会点（同行不重视或不满足）分析等		

运作策略	产品策略	用什么产品去满足用户，与对手什么产品竞争	
	风险策略	如何化解客户担心的风险	
	价格策略	拟采取什么价格策略	
	关系策略	关系路径	
	服务策略	服务对象、服务标准、服务措施等	
进程规划	进程节点	重点工作内容	工作目标	完成时间

续表

区域经理意见	
总监意见	

·项目得失分析表

客户名称		项目名称			时间	
产品及数量					金额	
参与厂家情况	厂家/渠道	产品	单价	交货期	合作条件	备注
中标厂家及中标原因						
项目得失总结						
改进建议						
区域经理						
总监意见						

3. 实施细则

（1）过程管理原则

我们要通过指标与目标、个人与时间、费用与信息、用户与项目的“管控四合一”来实现营销模式与策略的落地和绩效管理的实施，并提升过程管理的精准性和效率。

（2）过程管理内容

·客户经理

客户经理的过程管理表单为月度工作计划表和销售日志；工作表单有客户动态信息表、项目备案登记表、项目策划书或入围策划书、项目动态信息表和项目得失分析表。

·区域经理

区域经理的过程表单为月度工作计划表和项目进展周报表。

·总监

总监的过程表单为月度工作计划表。

（3）表单填报要求及考核细则

·销售日志

内容要求：以客户/项目为主线，记录下每一天的重点工作事项，确保信息充实与准确，注意与月度工作计划的对应关系。日志中涉及的客户方人员或项目要及时填入客户动态信息表或项目动态信息表。

提交时间：每工作日 21 时前提交；因招待客户、路途中等特殊原因无法提交的，需提前电话与主管沟通，但需于次日 10 时前提交。

提交方式：邮件。

提交流程：客户经理（填报）→ 区域经理（审核）→绩效专员（备案/报总监）。

反馈时效：区域经理收到后当日 22 时前审核反馈。

考核细则：客户经理逾期未提交的每份扣 10 分，提交不及时每份扣 5 分，内容不完整每份扣 3 分，扣完为止；涉及客户或项目动态信息未更新的，每次扣 5 分。区域经理逾期未审核的，视为当日工作无效，当日差旅、商务费用不予报销，同时，区域经理过程管理总分每份扣 3 分。

·月度工作计划表

内容要求：根据营销进程填写客户/项目等对应的内容，以及当月重点工作事项。

提交时间：每月最后一个工作日的 15 时前提交。

提交方式：邮件。

提交流程：客户经理（填报）→区域经理（审核）→ 总监（审批）→绩效专员（备案）；

区域经理（填报）→ 总监（审核）→总经理（审批）→绩效专员（备案）；

总监（提报）→总经理（审批）→绩效专员（备案）。

反馈时效：总监/总经理在收到后 12 小时内审核/审批反馈。

考核细则：区域经理/总监逾期未提交的每份扣 10 分，提交不及时每份扣 5 分，内容不完整每份扣 3 分，扣完为止。未按时提交的视为当月工作无效，当月差旅费和商务费用不予报销；审核不及时的，过程管理总分每份扣 3 分。

·项目进展周报表

内容要求：根据营销进程，按照项目进展周报表要求填写。

提交时间：每周一 8 时前提交。

提交方式：邮件。

提交流程：区域经理（填报）→ 总监（审核）→绩效专员（备案/报总经理）。

反馈时效：总监在收到后 12 小时内审核反馈。

考核细则：区域经理逾期未提交的每份扣 10 分，提交不及时每份扣 5 分，内容不完整每份扣 3 分，扣完为止。未按时提交的视为本周工作无效，本周差旅费和商务费用不予报销；审核不及时的，过程管理总分每份扣 3 分。

·工作表单

项目备案登记表：客户经理或代理商进行项目立项时需填写项目备案登记表。

项目策划书：按照营销进程，在新项目进行开发前需制定项目策划书。

入围策划书：按照营销进程，在供电局入围运作前需制定入围策划书。

项目得失分析表：每个项目结束后 2 天内填写项目得失分析表。

4. 绩效沟通

月度绩效考核除统计、考评外，重点是要做好营销绩效的沟通和反馈。绩效沟通可以通过月度绩效沟通表进行。

客户经理月度绩效沟通表

部门：________区域：________被考核人：________月度：________

<table>
<tr><td>KPI 指标</td><td>权重</td><td>得分</td><td>考核结果</td><td>考核人</td></tr>
<tr><td></td><td></td><td></td><td></td><td></td></tr>
<tr><td></td><td></td><td></td><td></td><td></td></tr>
<tr><td colspan="2">绩效分析</td><td colspan="3"></td></tr>
<tr><td colspan="2">区域经理意见及建议</td><td colspan="2">被考核人意见（改进计划及措施）</td><td>总监审核意见</td></tr>
<tr><td colspan="2">区域经理：　　时间：</td><td colspan="2">被考核人：　　时间：</td><td>总监：　　时间：</td></tr>
<tr><td colspan="5">年度绩效统计</td></tr>
<tr><td>KPI / 项目</td><td></td><td></td><td></td><td></td></tr>
<tr><td>计划</td><td></td><td></td><td></td><td></td></tr>
<tr><td>实际</td><td></td><td></td><td></td><td></td></tr>
<tr><td>达成率</td><td></td><td></td><td></td><td></td></tr>
</table>

区域经理月度绩效沟通表

部门：________区域：________被考核人：________月度：________

<table>
<tr><td>KPI 指标</td><td>权重</td><td>得分</td><td>考核结果</td><td>考核人</td></tr>
<tr><td></td><td></td><td></td><td></td><td></td></tr>
<tr><td></td><td></td><td></td><td></td><td></td></tr>
<tr><td></td><td></td><td></td><td></td><td></td></tr>
<tr><td colspan="2">绩效总分</td><td colspan="3"></td></tr>
<tr><td colspan="2">总监意见及建议</td><td colspan="2">被考核人意见（改进计划及措施）</td><td>总监审核意见</td></tr>
<tr><td colspan="2">区域经理：　　时间：</td><td colspan="2">被考核人：　　时间：</td><td>总监：　　时间：</td></tr>
<tr><td colspan="5">年度绩效统计</td></tr>
<tr><td>KPI / 项目</td><td></td><td></td><td></td><td></td></tr>
<tr><td>计划</td><td></td><td></td><td></td><td></td></tr>
<tr><td>实际</td><td></td><td></td><td></td><td></td></tr>
<tr><td>达成率</td><td></td><td></td><td></td><td></td></tr>
</table>

附录

“互联网 + 工业品营销”——A&T 工业品营销过程管理软件

“两化融合”，即以信息化带动工业化、以工业化促进信息化，走新型工业化道路。“两化融合”的核心就是信息化支撑，追求可持续发展。在“两化融合”的时代背景下，工业企业的信息化进程明显提速。在十二届全国人大三次会议上，李克强总理在政府工作报告中首次提出“互联网+”行动计划。

营销管理的信息化是工业企业信息化的重要领域。因此，各种各样分门别类的营销管理软件出现了，比如营销管理软件、销售管理软件、销售过程管理软件、客户管理软件、销售人员管理软件等。但是，仔细一看，这些看似不同的软件，其实质都是 OA、CRM，或者 ERP，也有的是这三者的组合。这里不是说 OA、CRM、ERP 不好，它们反而很成熟，也能部分解决企业信息化的问题。但是，这些软件多是以消费品营销的思维和逻辑设计的，尤其是 CRM，使用的是“销售漏斗”的管理思想，这与工业品营销的思维和逻辑有很大差别。从另一方面说，这些软件也没能很好地实现以工业品营销的营销进程为逻辑主线进行销售行为、销售绩效等的营销过程管理。

工业企业的营销管理，尤其是营销过程管理软件，不宜用 OA、CRM、ERP 代替。营销过程管理软件必须以营销战略、营销模式、营销策略为基础进行定制与自我修订。恩虹咨询的工业品营销过程管理软件是一个开放的系统，旨在与工业企业一起将基于信任导向的工业品营销管理体系以信息化的手段高效运行。

一、软件主要功能模块

A&T 工业品营销过程管理软件是以营销进程为主线，以销售行为管理为核心，以组织权限管理、流程审批管理为支撑，通过市场管理、客户管理、项目管理、合同管理、费用管理、绩效管理、知识管理、技服管理来实现营销的全过程管理。其主要目标是建立能够引导营销人员策略性思考，规范营销人员销售行为，提高其业务自主管理能力，并优化其行为的战略平台。其运行模式是：以 Portal（分角色的门户）为终端用户操作界面，实现对业务过程中产生的各类对象（活动、市场、客户、项目、合同、费用、技服等）的操作；通过流程审批管理来连接各个角色之间的交互与审核，并在系统运行过程中形成知识库，以供用户查询与学习。因此，A&T 工业品营销过程管理软件既不是 OA，也不是 CRM，更不是 ERP，当然也不是三者的组合。A&T 软件的主要功能如下图所示。

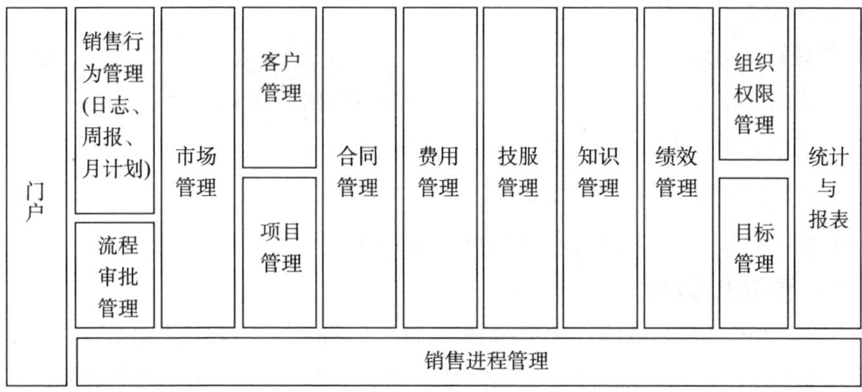

（一）门户（Portal）

门户是用户使用系统时的主要界面，不同权限的使用者进入的门户界面不一样，可操作的功能也不一样。

1. 客户经理

（1）客户经理可以根据营销进程制订月度工作计划。

（2）客户经理可以依据月度工作计划填写工作日志，填写过程中，如果获得新的客户信息，则更新客户信息档案；如果获得新的客户，则建立新的客户信息档案；如果获得新的项目信息，则更新项目信息档案；如果获得新的市场信息，则更新市场信息档案；如果获得学习、成长方面的信息，则更新知识库。

（3）客户经理可以动态地看到和自己相关的行程、客户、项目、回款与费用等情况。

（4）客户经理可以及时地看到自己的 KPI 情况。

2. 区域经理

（1）区域经理可以制订月度工作计划。

（2）区域经理可以审核客户经理的月计划，并安排客户经理执行任务。

（3）区域经理可以统计、分析区域内项目的进展情况，并制定下一步推进措施。

（4）区域经理可以审核客户经理的工作日志与产生的费用，审核结果可以作为客户经理核销的依据。

（5）区域经理可以查看客户经理的历史工作日志。

（6）区域经理可以查看并核签客户经理的 KPI 结果。

3. 行业/营销总监

（1）行业/营销总监可以制订月度工作计划。

（2）行业/营销总监可以审批区域经理及客户经理的月计划，并安排其执行任务。

（3）行业/营销总监可以查阅区域项目进展情况，并审核项目推进措施。

（4）行业/营销总监可以审批区域经理与客户经理的工作日志与产生的费用，审批结果可以作为他们核销的依据。

4. 营销管理人员

（1）营销管理人员可以检核营销人员报表的提报时间、内容、审核审批情况。

（2）营销管理人员可以按流程进行相关的审核审批。

（3）营销管理人员可以发布任务和安排工作。

（4）营销管理人员可以进行营销数据的查阅与统计输出。

（二）营销进程管理

系统可以根据不同行业的营销策略需要，制定不同的营销进程，不同的营销进程对应不同的界面信息。用户可以查询各个销售阶段的客户开发情况和项目进展情况等。

（三）销售行为管理

销售行为是通过月度工作计划和工作日志来管理的。每个营销人员都可以通过系统制订自己的工作计划，记录工作日志；也可以通过任务管理开展部门间的协作，管理者可以给下级安排工作任务，如拜访客户、开会等。

销售日志的工作内容主要分为：客户跟进、项目跟进、推广活动、市场调研、营销会议、学习成长和其他。每种活动都有各自的属性。

销售行为中，如果有涉及客户的操作，系统会自动更新客户信息档案；如果有涉及项目的操作，系统会自动更新项目信息档案；如果有涉及市场的操作，系统会自动更新市场信息档案；如果有涉及营销知识的操作，系统会自动更新知识库。

（四）流程审批管理

流程审批包括月度工作计划的审核与审批、销售日志的审核与审批、项目周报的审批、费用的审核与审批、营销活动的审核与审批、合同与订单的审核与审批等。

流程审批有发起、退回、同意、会签等功能，审批动作可以连接邮件通知功能。

（五）市场管理

用户可通过软件分类建立市场动态档案，并将其与销售行为关联，自动更新；可发起市场活动，并在线审核审批和跟踪执行情况。

（六）客户管理

用户可以为每个客户建立一个完整的动态客户档案，对客户进行分行业、类型、区域的管理，采购决策变化、拜访记录、交易记录等动态信息都可以在档案中查看。

由于客户数据来源渠道较多，因此难免会有重复的情况。系统可以设置查重规则，按照客户姓名、地址、电话等关键字进行查重，用户可以对此规则自由设置，不局限于客户数据，对其他对象的数据也可以进行查重，以便用户对客户进行一对一的管理。

用户还可以对客户数据进行多维度的统计、分析，如按客户类别、销售额、拜访次数、投入费用等进行排名统计，生成仪表板或者报表。

（七）项目管理

项目的立项审核，按项目审核审批流程进行，用户可以在项目库进行项目查询，以免产生项目冲突。对于立项项目，用户可以建立项目动态信息档案，并进行项目动态信息更新。

（八）合同管理

用户可以按项目合同、代理合同、合作协议等的分类进行合同的分类管理；按照合同签订流程进行合同的起草、审核、审批、收款及下单等管理。客户应对不同类型的合同制定不同的合同模版，对不同条件的合同设置不同的审批流程。

（九）费用管理

费用管理功能不仅能够实现员工的日常报销，而且能够把销售费用同销售行为和客户及项目对应起来，每一个客户/项目产生的每一笔费用都可以在系统上进行提交与审批。通过系统的费用预算控制功能，审批人对于超预算的项目可以不予审批或进行费用预算变更。用户可以按时间、按部门、按项目等统计收入、成本、费用等情况，形成项目损益报表。

费用管理与工作记录信息是相互关联的，没有完整的工作记录信息，费用申请无法生成。

（十）技服管理

用户可以建立客户使用部门信息档案（与营销部门的客户档案独立），然后按各种条件在其中进行查询，如输入客户名称、电话号码、合同编号、产品编码等，系统会显示出相关的各种信息，如购买产品列表、服务历史、历史联系人等。同时，用户可以及时更新信息档案，录入相关技术交流、产品培训、维修处理、客户回访等技服信息。

用户可以设置手机短信提醒，如定期回访、巡检、叫修处理等的提醒；工程师也可以通过手机设置完成状态，让用户及时了解此服务的完成状况及工程师忙闲情况。

（十一）知识管理

客户可以在此模块中提供行业知识、公司知识、产品知识、营销知识、销售人员学习的成果等，与他人分享营销心得。

（十二）绩效管理

按照公司绩效考核办法，用户可以在系统中设定各岗位及人员的 KPI，系统可以自动收集相关的 KPI 值，并及时显示 KPI 考核结果。

（十三）组织权限管理

客户可以设定客户经理、区域经理、行业经理、营销管理部等的审批逻辑，决定行业与地区的逻辑树状结构，还可以设定各个人员的事责与费用数额，以达到灵活配置的要求。

（十四）目标管理

系统可以设定、修改客户经理、区域经理、行业总监等相关的各项指标，如客户、回款、利润、费用、团队、成长等。

（十五）统计与报表

客户能进行月度、年度销售数据的统计、分析，并将其制成仪表板或者报表。主要统计数据包括客户、项目、回款、费用、拜访频次、月度 KPI 分值、年度 KPI 分值等。

（十六）系统设置

系统设置包括系统设置管理、数据库管理、公告管理和接口管理（群发短信、群发邮件）。

二、定制流程

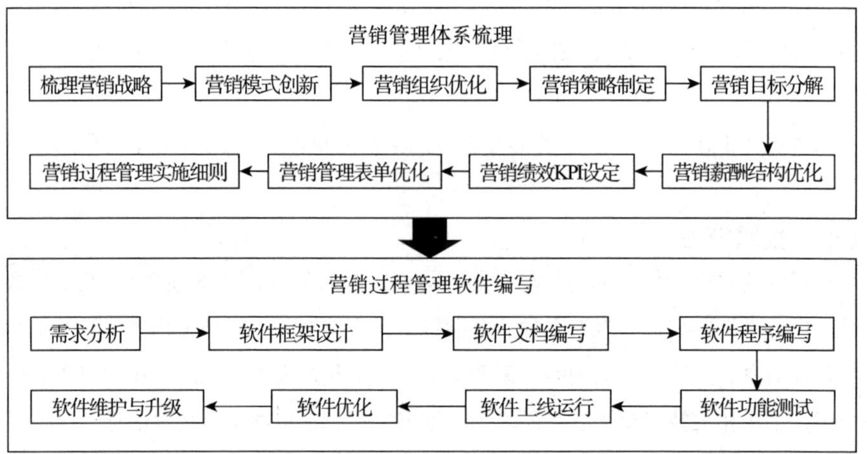

IMPM 系统软件不仅有电脑版，还有手机客户端版本，能够支持手机以及相关智能终端设备的远程登录。

后记

李洪道

酝酿构思、推敲逻辑、整理资料、精选案例、几番修订，终于完稿。虽极尽用心，但笔者能力有限，若有不尽不妥之处，谨请指教。

《工业品营销管理实务》（第四版）的写作过程中，恩虹咨询的顾问团队付出了大量心血，高级合伙人张吉海先生更是承担了大部分的工作。《工业品营销管理实务》（第四版）的内容，更是汲取了所有咨询培训合作企业营销团队的实践营养，尤其是鲁西化工的张雷先生及其团队、上海美农公司的洪伟先生及其团队、扬子中央空调的王建军先生及其团队、通源环境的杨明先生及其团队、鑫龙电器的束龙胜先生及其团队、安徽森源的刘德俊先生及其团队、松川远亿的黄松先生及其团队，他们的创新实践使得《工业品营销管理实务》（第四版）的应用案例更加鲜活。无以为谢，只有附上合作企业名录以表敬意!

书已成稿，心绪难平。时节更替，版本更新，不变的是对中国特色工业品营销的执着与坚定。

见贤思齐，当年一版一版如饥似渴地啃读菲利普·科特勒（Philip Kotler）先生的《营销管理》时，我就立志要一版一版不断深化扎根中国工业企业营销实践的《工业品营销管理实务》。真可谓“初生牛犊不怕虎”，殊不知中国原创专业营销书籍出版路途多舛。

“那一天，我不得已上路，为不安分的心，为自尊的生存，为自我的证明，路上的心酸已融进我的眼睛，心灵的困境已化作我的坚定……” CCTV《赢在中国》第一季归来，《在路上》总在耳边响起，我更加坚定地向着梦想挺进。

从《工业品营销管理实务》（第一版）走到了《工业品营销管理实务》（第四版），一路上有许许多多温暖了我的人：机械工业出版社华章分社的王磊老师、董丽华女士；北京时代光华图书公司的于劲松先生、陈霞编辑；中科大的储雪林教授、古继宝教授；中国工业报社的陈卫社长、张波社长；慧泉国际的李秀芳老师……

在路上，只为伴着我的人：恩虹咨询团队的伙伴们，全国各地培训机构的合作伙伴们，咨询企业项目组的各位伙伴们，培训讲座的嘉宾朋友们……更为我的挚友——上海市劳动模范、上海电器工业协会成套专家组组长丁永生先生。

在路上，是我生命的远行。妻子在我的事业生命中注入了她无尽的爱，更在生命的中年为我们孕育了爱的结晶，让我品尝了中年得女的无尽欢悦。见贤思齐，是生命运行的动力源泉，我为爱女取名“思齐”，更是期望生命有新的远行。

赢在信任，相约前行，

见贤思齐，一路远行。

致敬

向所有导入信任导向中国特色工业品营销管理体系的工业企业致敬！

（摘录部分合作客户，排名不分先后）

中国中铁	海螺水泥	中粮美特	浙江传化
松井化学	黄山永佳集团	大连三星五洲化学	浙江俊尔
回天化工	浙江久立集团	鲁西化工	凌云科技集团
中利集团	长江精工	伟宏钢构	江淮重工
安凯客车	上柴动力	东风电子	钱江制冷
奥托尼克斯（中国）	德国博格曼工业	广州金升阳	诺地乐通用设备
舜宇光电	深圳天马微电子	大连力迪	星恒电源
第一机械	三一重装	海天机械	林德叉车

续表

中航工业天鹅制冷	上海肯特智能仪器	永发保险箱	大连苏尔寿
前进齿轮箱集团	史福特照明	雷克电子	山东泰和水处理
TCL 工业电气	长城电器	长征电器	斯米克电器
大连重工	江苏星河集团	深圳万讯自控	江元自控
东方电子	科大讯飞	南自通华	华立科技
许继电气	苏州万龙集团	劲嘉集团	华信药业
南京科润	新日电动车	安徽力源	北京动力源科技
台达电子中达电通	鑫龙电器	深圳泰永科技	泉峰工具
思源电气	温州格林兰印染	赫科玛（中国）电缆	博康集团
勤上光电	高桥	凤凰集团	益海化工

续表

南通晓星	大通宝富风机	高捷联电气	伟星集团
上海松川远亿	邢台钢铁	绵阳新晨动力	安正防爆电气
郑州电缆	上海雷迅	德力西集团	盾安中央空调
上海萨克斯动力	华通机电集团	上海日立电器	塔星集团
新宇通缝纫机	聚能新能源	厦门钨业	上海美农
扬子中央空调	厦门科华恒盛	厦门海翼集团	通源环境集团
益坤电气	……		

上海恩虹营销咨询有限公司是中国首家工业品营销咨询专业机构，20 余年来专注于工业品营销实战及理论研究。2007 年出版国内首部工业品营销专著——《工业品营销：赢在信任》（第一版），提出“中国工业品营销的根本是为了赢得客户的信任，并持续建立信任”这一创新论断，独创基于信任导向的中国特色工业品营销管理体系。

在之后大量的咨询实践和培训服务过程中，这一论断得到了不断地深化和丰富，并陆续出版了《工业品营销：赢在信任》（第二版）、《工业品营销》（实战白金版），以及本书《工业品营销管理实务》（第四版），引领国内工业品营销的系统化理论研究。从而使信任导向中国特色工业品营销体系全面深化、工业品营销管理体系优化咨询不断升级，并通过营销咨询、营销培训、营销专案、企业营销顾问等服务，帮助中国工业企业走出凭经验管理、拍脑袋决策的误区，用科学的思维和方法，解决企业在营销领域存在的诸多问题。不仅为客户提供有效的解决方案，而且将恩虹咨询多年积累的知识、经验、思考方法转移给客户的员工，从而使客户企业拥有一批中坚力量。

参考文献

［1］沈玉良，凌学岭．企业营销［M］．上海：复旦大学出版社，2004.

［2］张樱．信任、契约及其规制［M］．北京：经济管理出版社，2004.

［3］多米尼克·威尔逊．组织营销［M］．万晓、汤晓华，译．北京：机械工业出版社，2002.

［4］郭国庆．市场营销管理：理论与策略［M］．北京：中国人民大学出版社，2003.

［5］凯文·莱恩·凯勒．战略品牌管理［M］．李乃和，译．北京：中国人民大学出版社，2003.

［6］菲利普·科特勒，弗沃德．B2B 品牌管理［M］．楼尊，译．上海：格致出版社，上海人民出版社，2008.

［7］菲利普·科特勒，加里·阿姆斯特朗．市场营销原理［M］．郭国庆等，译．北京：清华大学出版社，2007.

［8］迈克尔·波特．竞争战略［M］．陈小悦，译．北京：华夏出版社，1997.

［9］艾·里斯，杰克·特劳特．商战［M］．李正栓、李腾，译．北京：机械工业出版社，2011.

［10］李洪道．工业品营销（实战白金版）［M］．北京：光明日报出版社，2011.

“本土管理实践与创新论坛”成立

长期以来，中国企业在学习西方管理、本土化实践中不断进步。经济进入新常态，管理也要进入深水区。东西方企业与管理，有共性，也有个性。本土管理领域正在产生自己独特的理论与模式。尤其在移动互联时代，中国的情况与西方更不同，有很多新课题，需要本土专家们一起研究。

为此，博瑞森图书与各位本土管理专家作者，联合成立“本土管理实践与创新论坛”！“论坛”不以盈利为目的。“论坛”的宗旨是：

孵化思想——加速本土管理思想的孕育诞生

促进实践——促进本土管理创新成果更好服务企业、贡献社会

交流协作——加强本土管理界业内交流、协作

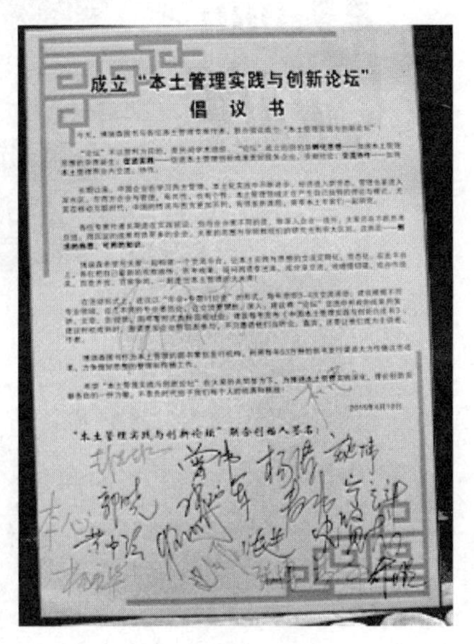
成立“本土管理实践与创新论坛”
倡议书

通过这个论坛，让本土实践与思想的交流定期化、常态化。在此平台上，各位作者把自己最新的观察感悟、思考成果、疑问困惑拿出来，或分享交流、或碰撞切磋、或合作攻关。通过举办“年度论坛”、出版《年度报告》等方式，百花齐放、百家争鸣，一起走出本土管理的大未来！

“本土管理实践与创新论坛”联合创始人

彭志雄、曾伟、宋新宇、杨涛、施炜、郭晓、张学军、秦国伟、宁立新、黄中强、程绍珊、张进、史贤龙、杨永华、高可为、史立臣、张博、李志华、张本心、余世耀、杜忠（以年龄为序，以示本土管理群体思想传承之意）

博瑞森图书分类导读图 + 书目

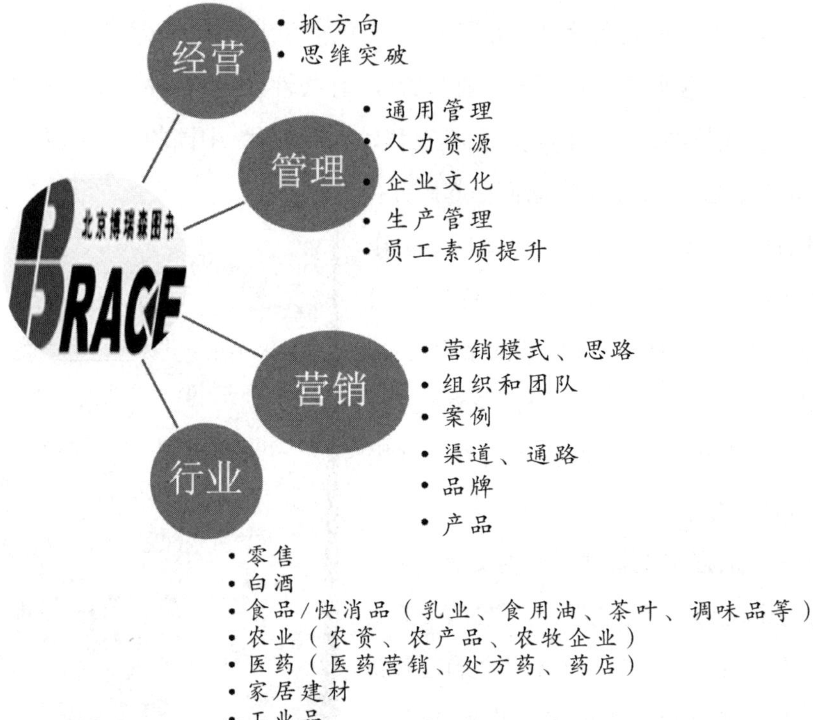

• 零售
• 白酒
• 食品/快消品（乳业、食用油、茶叶、调味品等）
• 农业（农资、农产品、农牧企业）
• 医药（医药营销、处方药、药店）
• 家居建材
• 工业品
• 金融

更多实战好书，请关注“**博瑞森管理图书网**”

BRACE 北京博瑞森图书 http://www.bracebook.com.cn

博瑞森图书：多读干货，少走弯路

行业类:零售、白酒、食品/快消品、农业、医药、建材家居等			
	书名.作者	内容/特色	读者价值
零售·超市·餐饮·服装·汽车	1. 总部有多强大,门店就能走多远 2. 超市卖场定价策略与品类管理 3. 连锁零售企业招聘与培训破解之道 4. 中国首家未来超市:解密安徽乐城 5. 三四线城市超市如何快速成长:解密甘雨亭 IBMG 国际商业管理集团　著	国内外标杆企业的经验 + 本土实践量化数据 + 操作步骤、方法	通俗易懂,行业经验丰富,宝贵的行业量化数据,关键思路和步骤
	涨价也能卖到翻 村松达夫　【日】	提升客单价的 15 种实用、有效的方法	日本企业在这方面非常值得学习和借鉴
	零售:把客流变成购买力 丁　昀　著	如何通过不断升级产品和体验式服务来经营客流	如何进行体验营销,国外的好经营,这方面有启发
	餐饮企业经营策略第一书 吴　坚　著	分别从产品、顾客、市场、盈利模式等几个方面,对现阶段餐饮企业的发展提出策略和思路	第一本专业的、高端的餐饮企业经营指导书
	赚不赚钱靠店长:从懂管理到会经营 孙彩军　著	通过生动的案例来进行剖析,注重门店管理细节方面的能力提升	帮助终端门店店长在管理门店的过程中实现经营思路的拓展与突破
	汽车配件这样卖:汽车后市场销售秘诀 100 条 俞士耀　著	汽配销售业务员必读,手把手教授最实用的方法,轻松得来好业绩	快速上岗,专业实效,业绩无忧
白酒	变局下的白酒企业重构 杨永华　著	帮助白酒企业从产业视角看清趋势,找准位置,实现弯道超车的书	行业内企业要减少 90%,自己在什么位置,怎么做,都清楚了
	1. 白酒营销的第一本书 2. 白酒经销商的第一本书 唐江华　著	华泽集团湖南开口笑公司品牌部长,擅长酒类新品推广、新市场拓展	扎根一线,实战
	区域型白酒企业营销必胜法则 朱志明　著	为区域型白酒企业提供 35 条必胜法则,在竞争中赢销的葵花宝典	丰富的一线经验和深厚积累,实操实用
	10 步成功运作白酒区域市场 朱志明　著	白酒区域操盘者必备,掌握区域市场运作的战略、战术、兵法	在区域市场的攻伐防守中运筹帷幄,立于不败之地
	酒业转型大时代:微酒精选 2014 – 2015 微酒　主编	本书分为五个部分:当年大事件、那些酒业营销工具、微酒独立策划、业内大调查和十大经典案例	了解行业新动态、新观点,学习营销方法
快消品·食品	乳业营销第一书 侯军伟　著	对区域乳品企业生存发展关键性问题的梳理	唯一的区域乳业营销书,区域乳品企业一定要看
	食用油营销第一书 余　盛　著	10 多年油脂企业工作经验,从行业到具体实操	食用油行业第一书,当之无愧
	中国茶叶营销第一书 柏　龑　著	如何跳出茶行业“大文化小产业”的困境,作者给出了自己的观察和思考	不是传统做茶的思路,而是现在商业做茶的思路
	调味品营销第一书 陈小龙　著	国内唯一一本调味品营销的书	唯一的调味品营销的书,调味品的从业者一定要看
	快消品营销人的第一本书:从入门到精通 刘　雷　伯建新　著	快消行业必读书,从入门到专业	深入细致,易学易懂
	变局下的快消品营销实战策略 杨永华　著	通胀了,成本增加,如何从被动应战变成主动的“系统战”	作者对快消品行业非常熟悉、非常实战
	快消品经销商如何快速做大 杨永华　著	本书完全从实战的角度,评述现象,解析误区,揭示原理,传授方法	为转型期的经销商提供了解决思路,指出了发展方向
	一位销售经理的工作心得 蒋　军　著	一线营销管理人员想提升业绩却无从下手时,可以看看这本书	一线的真实感悟
	快消品营销:一位销售经理的工作心得 2 蒋　军　著	快消品、食品饮料营销的经验之谈,重点图书	来源与实战的精华总结
	快消品营销与渠道管理 谭长春　著	将快消品标杆企业渠道管理的经验和方法分享出来	可口可乐、华润的一些具体的渠道管理经验,实战
	成为优秀的快消品区域经理 伯建新　著	37 个“怎么办”分析区域经理的工作关键点	可以作为区域经理的‘速成催化器’
	销售轨迹:一位快消品营销总监的拼搏之路 秦国伟　著	本书讲述了一个普通销售员打拼成为跨国企业营销总监的真实奋斗历程	激励人心,给广大销售员以力量和鼓舞

续表

农业	**农资营销实战全指导** 张　博　著	农资如何向“深度营销”转型,从理论到实践进行系统剖析,经验资深	朴实、使用！不可多得的农资营销实战指导
	农产品营销第一书 胡浪球　著	从农业企业战略到市场开拓、营销、品牌、模式等	来源于实践中的思考,有启发
	变局下的农牧企业发展 9 大策略 彭志雄　著	食品安全、纵向延伸、横向联合、品牌建设……	唯一的农牧企业经营实操的书,农牧企业一定要看
医药	**新医改下医药营销与团队管理** 史立臣　著	探讨新医改对医药行业的系列影响和医药团队管理	帮助理清思路,有一个框架
	医药营销与处方药学术推广 马宝琳　著	如何用医学策划把“平民产品”变成“明星产品”	有真货、讲真话的作者,堪称处方药营销的经典！
	新医改了,药店就要这样开 尚　锋　著	药店经营、管理、营销全攻略	有很强的实战性和可操作性
	电商来了,药店应该怎样开 尚　锋　著	电商崛起,药店该如何突围？本书从促销、会员服务、专业性、客单价等多重角度给出了指导方向	实战攻略,拿来就能用
	在中国,医药营销这样做:时代方略精选文集 段继东　主编	专注于医药营销咨询 15 年,将医药营销方法的精华文章合编,深入全面	可谓医药营销领域的顶尖著作,医药界读者的必读书
	OTC 医药代表药店开发与维护 鄢圣安　著	要做到一名专业的医药代表,需要做什么、准备什么、知识储备、操作技巧等	医药代表药店拜访的指导手册,手把手教你快速上手
	引爆药店成交率 1:店员导购实战 范月明　著	一本书解决药店导购所有难题	情景化、真实化、实战化
	引爆药店成交率 2:经营落地实战 范月明　著	最接地气的经营方法全指导	揭示了药店经营的几类关键问题
建材家居	**建材家居营销实务** 程绍珊　杨鸿贵　主编	价值营销运用到建材家居,每一步都让客户增值	有自己的系统、实战
	建材家居门店销量提升 贾同领　著	店面选址、广告投放、推广助销、空间布局、生动展示、店面运营等	门店销量提升是一个系统工程,非常系统、实战
	10 步成为最棒的建材家居门店店长 徐伟泽　著	实际方法易学易用,让员工能够迅速成长,成为独当一面的好店长	只要坚持这样干,一定能成为好店长
	手把手帮建材家居导购业绩倍增:成为顶尖的门店店员 熊亚柱　著	生动的表现形式,让普通人也能成为优秀的导购员,让门店业绩长红	读着有趣,用着简单,一本在手、业绩无忧
工业品	**解决方案营销实战案例** 刘祖轲　著	用 10 个真案例讲明白什么是工业品的解决方案式营销,实战、实用	有干货、真正操作过的才能写得出来
	变局下的工业品企业 7 大机遇 叶敦明　著	产业链条的整合机会、盈利模式的复制机会、营销红利的机会、工业服务商转型机会……	工业品企业还可以这样做,思维大突破
	工业品市场部实战全指导 杜　忠　著	工业品市场部经理工作内容全指导	系统、全面、有理论、有方法,帮助工业品市场部经理更快提升专业能力
	工业品营销管理实务 李洪道　著	中国特色工业品营销体系的全面深化、工业品营销管理体系优化升级	工具更实战,案例更鲜活,内容更深化
	工业品企业如何做品牌 张东利　著	为工业品企业提供最全面的品牌建设思路	有策略、有方法、有思路、有工具
	一本书读懂工业 4.0 丁兴良　编著	没有枯燥的理论和说教,用朴实直白的语言告诉你工业 4.0 的全貌	工业 4.0 是什么？本书告诉你答案

续表

金融	**交易心理分析** (美)马克·道格拉斯　著 刘真如　译	作者一语道破赢家的思考方式,并提供了具体的训练方法	不愧是投资心理的第一书,绝对经典
	精品银行管理之道 崔海鹏　何　屹　主编	中小银行转型的实战经验总结	中小银行的教材很多,实战类的书很少,可以看看
	支付战争 Eric M. Jackson　著 徐　彬　王　晓　译	PayPal 创业期营销官,亲身讲述 PayPal 从诞生到壮大到成功出售的整个历史	激烈、有趣的内幕商战故事!了解美国支付市场的风云巨变
房地产	**产业园区/产业地产规划、招商、运营实战** 阎立忠　著	目前中国第一本系统解读产业园区和产业地产建设运营的实战宝典	从认知、策划、招商到运营全面了解地产策划
	人文商业地产策划 戴欣明　著	城市与商业地产战略定位的关键是不可复制性,要发现独一无二的"味道"	突破千城一面的策划困局

经营类:企业如何赚钱,如何抓机会,如何突破,如何"开源"

	书名. 作者	内容/特色	读者价值
抓方向	**让经营回归简单. 升级版** 宋新宇　著	化繁为简抓住经营本质:战略、客户、产品、员工、成长	经典,做企业就这几个关键点!
	企业由小到大要过哪些坎 卢　强　著	老板手里的一张"企业成长路线图"	现在我在哪儿,未来还要走哪些路,都清楚了
	企业二次创业成功路线图 夏惊鸣　著	企业曾经抓住机会成功了,但下一步该怎么办?	企业怎样获得第二次成功,心里有个大框架了
	老板经理人双赢之道 陈　明　著	经理人怎养选平台、怎么开局,老板怎样选/育/用/留	老板生闷气,经理人牢骚大,这次知道该怎么办了
	简单思考:AMT 咨询创始人自述 孔祥云　著	著名咨询公司(AMT)的 CEO 创业历程中点点滴滴的经验与思考	每一位咨询人,每一位创业者和管理经营者,都值得一读
	企业文化的逻辑 王祥伍　黄健江　著	为什么企业绩效如此不同,解开绩效背后的文化密码	少有的深刻,有品质,读起来很流畅
	使命驱动企业成长 高可为　著	钱能让一个人今天努力,使命能让一群人长期努力	对于想做事业的人,'使命'是绕不过去的
思维突破	**移动互联新玩法:未来商业的格局和趋势** 史贤龙　著	传统商业、电商、移动互联,三个世界并存,这种新格局的玩法一定要懂	看清热点的本质,把握行业先机,一本书搞定移动互联网
	画出公司的互联网进化路线图:用互联网思维重塑产品、客户和价值 李　蓓　著	18 个问题帮助企业一步步梳理出互联网转型思路	思路清晰、案例丰富,非常有启发性
	重生战略:移动互联网和大数据时代的转型法则 沈　拓　著	在移动互联网和大数据时代,传统企业转型如同生命体打算与再造,称之为"重生战略"	帮助企业认清移动互联网环境下的变化和应对之道
	创造增量市场:传统企业互联网转型之道 刘红明　著	传统企业需要用互联网思维去创造增量,而不是用电子商务去转移传统业务的存量	教你怎么在"互联网+"的海洋中创造实实在在的增量
	7 个转变,让公司 3 年胜出 李　蓓　著	消费者主权时代,企业该怎么办	这就是互联网思维,老板有能这样想,肯定倒不了
	跳出同质思维,从跟随到领先 郭　剑　著	66 个精彩案例剖析,帮助老板突破行业长期思维惯性	做企业竟然有这么多玩法,开眼界
	麻烦就是需求　难题就是商机 卢根鑫　著	如何借助客户的眼睛发现商机	什么是真商机,怎么判断、怎么抓,有借鉴

续表

管理类:效率如何提升,如何实现经营目标,如何"节流"			
	书名．作者	内容/特色	读者价值
通用管理	1. 让管理回归简单．升级版 2. 让经营回归简单．升级版 3. 让用人回归简单 宋新宇　著	宋博士的"简单"三部曲,影响 20 万读者,非常经典	被读者热情地称作"中小企业的管理圣经"
	边干边学做老板 黄中强　著	创业 20 多年的老板,有经验、能写、又愿意分享,这样的书很少	处处共鸣,帮助中小企业老板少走弯路
	阿米巴经营的中国模式 李志华　著	让员工从"要我干"到"我要干",价值量化出来	阿米巴在企业如何落地,明白思路了
	欧博心法:好管理靠修行 曾　伟　著	用佛家的智慧,深刻剖析管理问题,见解独到	如果真的有'中国式管理',曾老师是其中标志性人物
流程管理	1. 用流程解放管理者 2. 用流程解放管理者 2 张国祥　著	中小企业阅读的流程管理、企业规范化的书	通俗易懂,理论和实践的结合恰到好处
	跟我们学建流程体系 陈立云　著	畅销书《跟我们学做流程管理》系列,更实操,更细致,更深入	更多地分享实践,分享感悟,从实践总结出来的方法论
战略落地	公司大了怎么管:从靠英雄到靠组织 AMT 金国华　著	第一次详尽阐释中国快速成长型企业的特点、问题及解决之道	帮助快速成长型企业领导及管理团队理清思路,突破瓶颈
	低效会议怎么改:每年节省一半会议成本的秘密 AMT 王玉荣　著	教你如何系统规划公司的各级会议,一本工具书	教会你科学管理会议的办法
	年初订计划,年尾有结果:战略落地七步成诗 AMT 郭晓　著	7 个步骤教会你怎么让公司制定的战略转变为行动	系统规划,有效指导计划实现
企业案例·老板传记	宗:一位制造业企业家的思考 杨　涛　著	1993 年创业,引领企业平稳发展 20 多年,分享独到的心得体会	难得的一本老板分享经验的书
	简单思考:AMT 咨询创始人自述 孔祥云　著	著名咨询公司(AMT)的 CEO 创业历程中点点滴滴的经验与思考	每一位咨询人,每一位创业者和管理经营者,都值得一读
	六个核桃凭什么:从 0 到 150 亿 张学军　著	首部全面揭秘养元六个核桃裂变式成长的巨著	学习优秀企业的成长路径,了解其背后的理论体系
	三四线城市超市如何快速成长:解密甘雨亭 IBMG 国际商业管理集团　著	国内外标杆企业的经验 + 本土实践量化数据 + 操作步骤、方法	通俗易懂,行业经验丰富,宝贵的行业量化数据,关键思路和步骤
	中国首家未来超市:解密安徽乐城 IBMG 国际商业管理集团　著	本书深入挖掘了安徽乐城超市的试验案例,为零售企业未来的发展提供了一条可借鉴之路	通俗易懂,行业经验丰富,宝贵的行业量化数据,关键思路和步骤
人力资源	回归本源看绩效 孙　波　著	让绩效回顾"改进工具"的本源,真正为企业所用	确实是来源于实践的思考,有共鸣
	曹子祥教你做绩效管理 曹子祥　著	复杂的理论通俗化,专业的知识简单化,企业绩效管理共性问题的解决方案	轻松掌握绩效管理
人力资源	把招聘做到极致 远　鸣　著	作为世界 500 强高级招聘经理,作者数十年招聘经验的总结分享	带来职场思考境界的提升和具体招聘方法的学习
	人才评价中心．超级漫画版 邢　雷　著	专业的主题,漫画的形式,只此一本	没想到一本专业的书,能写成这效果

续表

人力资源	**走出薪酬管理误区** 全怀周　著	剖析薪酬管理的 8 大误区，真正发挥好枢纽作用	值得企业深读的实用教案
	集团化人力资源管理实践 李小勇　著	对搭建集团化的企业很有帮助，务实，实用	最大的亮点不是理论，而是结合实际的深入剖析
	我的人力资源咨询笔记 张　伟　著	管理咨询师的视角，思考企业的 HR 管理	通过咨询师的眼睛对比很多企业，有启发
	本土化人力资源管理 8 大思维 周　剑　著	成熟 HR 理论，在本土中小企业实践中的探索和思考	对企业的现实困境有真切体会，有启发
	HRBP **是这样炼成的之“菜鸟起飞”** 新　海　著	以小说的形式，具体解析 HRBP 的职责，应该如何操作，如何为业务服务	实践者的经验分享，内容实务具体，形式有趣
企业文化	**华夏基石方法：企业文化落地本土实践** 王祥伍　谭俊峰　著	十年积累、原创方法、一线资料，和盘托出	在文化落地方面真正有洞察，有实操价值的书
	企业文化的逻辑 王祥伍　著	为什么企业之间如此不同，解开绩效背后的文化密码	少有的深刻，有品质，读起来很流畅
	企业文化激活沟通 宋杼宸　安　琪　著	透过新任 HR 总经理的眼睛，揭示出沟通与企业文化的关系	有实际指导作用的文化落地读本
	在组织中绽放自我：从专业化到职业化 朱仁健　王祥伍　著	个人如何融入组织，组织如何助力个人成长	帮助企业员工快速认同并投入到组织中去，为企业发展贡献力量
生产管理	**高员工流失率下的精益生产** 余伟辉　著	中国的精益生产必须面对和解决高员工流失率问题	确实来源于本土的工厂车间，很务实
	车间人员管理那些事儿 岑立聪　著	车间人员管理中处理各种“疑难杂症”的经验和方法	基层车间管理者最闹心、头疼的事，‘打包’解决
	1. **欧博心法：好管理靠修行** 2. **欧博心法：好工厂这样管** 曾　伟　著	他是本土最大的制造业管理咨询机构创始人，他从 400 多个项目、上万家企业实践中锤炼出的欧博心法	中小制造型企业，一定会有很强的共鸣
	欧博工厂案例 1：生产计划管控对话录 **欧博工厂案例 2：品质技术改善对话录** **欧博工厂案例 3：员工执行力提升对话录** 曾　伟　著	最典型的问题、最详尽的解析，工厂管理 9 大问题 27 个经典案例	没想到说得这么细，超出想象，案例很典型，照搬都可以了
	苦中得乐：管理者的第一堂必修课 曾　伟　编著	曾伟与师傅大愿法师的对话，佛学与管理实践的碰撞，管理禅的修行之道	用佛学最高智慧看透管理
	比日本工厂更高效 1：管理提升无极限 刘承元　著	指出制造型企业管理的六大积弊；颠覆流行的错误认知；掌握精益管理的精髓	每一个企业都有自己不同的问题，管理没有一剑封喉的秘笈，要从现场、现物、现实出发
	比日本工厂更高效 2：超强经营力 刘承元　著	企业要获得持续盈利，就要开源和节流，即实现销售最大化，费用最小化	掌握提升工厂效率的全新方法
	比日本工厂更高效 3：精益改善力的成功实践 刘承元　著	工厂全面改善系统有其独特的目的取向特征，着眼于企业经营体质（持续竞争力）的建设与提升	用持续改善力来飞速提升工厂的效率，高效率能够带来意想不到的高效益

续表

员工素质提升	跟老板"偷师"学创业 吴江萍　余晓雷　著	边学边干,边观察边成长,你也可以当老板	不同于其他类型的创业书,让你在工作中积累创业经验,一举成功
	销售轨迹:一位快消品营销总监的拼搏之路 秦国伟　著	本书讲述了一个普通销售员打拼成为跨国企业营销总监的真实奋斗历程	激励人心,给广大销售员以力量和鼓舞
	在组织中绽放自我:从专业化到职业化 朱仁健　王祥伍　著	个人如何融入组织,组织如何助力个人成长	帮助企业员工快速认同并投入到组织中去,为企业发展贡献力量
	企业员工弟子规:用心做小事,成就大事业 贾同领　著	从传统文化《弟子规》中学习企业中为人处事的办法,从自身做起	点滴小事,修养自身,从自身的改善得到事业的提升

营销类:把客户需求融入企业各环节,提供"客户认为"有价值的东西

	书名.作者	内容/特色	读者价值
营销模式	变局下的营销模式升级 程绍珊　叶　宁　著	客户驱动模式、技术驱动模式、资源驱动模式	很多行业的营销模式被颠覆,调整的思路有了!
	卖轮子 科克斯【美】	小说版的营销学!营销理念巧妙贯穿其中,贵在既有趣,又有深度	经典、有趣!一个故事读懂营销精髓
	弱势品牌如何做营销 李政权　著	中小企业虽有品牌但没名气,营销照样能做的有声有色	没有丰富的实操经验,写不出这么具体、详实的案例和步骤,很有启发
	老板如何管营销 史贤龙　著	高段位营销16招,好学好用	老板能看,营销人也能看
	动销:产品是如何畅销起来的 吴江萍　余晓雷　著	真真切切告诉你,产品究竟怎么才能卖出去	击中痛点,提供方法,你值得拥有
组织和团队	升级你的营销组织 程绍珊　吴越舟　著	用"有机性"的营销组织替代"营销能人",营销团队变成"铁营盘"	营销队伍最难管,程老师不愧是营销第1操盘手,步骤方法都很成熟
	用数字解放营销人 黄润霖　著	通过量化帮助营销人员提高工作效率	作者很用心,很好的常备工具书
	成为优秀的快消品区域经理 伯建新　著	37个"怎么办"分析区域经理的工作关键点	可以作为区域经理的'速成催化器'
	一位销售经理的工作心得 蒋　军　著	一线营销管理人员想提升业绩却无从下手时,可以看看这本书	一线的真实感悟
	快消品营销:一位销售经理的工作心得2 蒋　军　著	快消品、食品饮料营销的经验之谈,重点突出	来源于实战的精华总结
	销售轨迹:一位快消品营销总监的拼搏之路 秦国伟　著	本书讲述了一个普通销售员打拼成为跨国企业营销总监的真实奋斗历程	激励人心,给广大销售员以力量和鼓舞
	用营销计划锁定胜局:用数字解放营销人2 黄润霖　著	全方位教你怎么做好营销计划,好学好用真简单	照搬套用就行,做营销计划再也不头痛
	快消品营销人的第一本书:从入门到精通 刘　雷　伯建新　著	快消行业必读书,从入门到专业	深入细致,易学易懂
营销案例	解决方案营销实战案例 刘祖轲　著	用10个真案例讲明白什么是工业品的解决方案式营销,实战、实用	有干货、真正操作过的才能写得出来
	招招见销量的营销常识 刘文新　著	如何让每一个营销动作都直指销量	适合中小企业,看了就能用

续表

营销案例	**我们的营销真案例** 联纵智达研究院　著	五芳斋粽子从区域到全国/诺贝尔瓷砖门店销量提升/利豪家具出口转内销/汤臣倍健的营销模式	选择的案例都很有代表性，实在、实操！
	中国营销战实录：令人拍案叫绝的营销真案例 联纵智达　著	51个案例，42家企业，38万字，18年，累计2000余人次参与……	最真实的营销案例，全是一线记录，开阔眼界
	双剑破局：沈坤营销策划案例集 沈　坤　著	双剑公司多年来的精选案例解析集，阐述了项目策划中每一个营销策略的诞生过程，策划角度和方法	一线真实案例，与众不同的策划角度令人拍案叫绝、受益匪浅
产品	**产品炼金术Ⅰ：如何打造畅销产品** 史贤龙　著	满足不同阶段、不同体量、不同行业企业对产品的完整需求	必须具备的思维和方法，避免在产品问题上走弯路
	产品炼金术Ⅱ：如何用产品驱动企业成长 史贤龙　著	做好产品、关注产品的品质，就是企业成功的第一步	必须具备的思维和方法，避免在产品问题上走弯路
	新产品开发管理，就用IPD 郭富才　著	10年IPD研发管理咨询总结，国内首部IPD专业著作	一本书掌握IPD管理精髓
品牌	**中小企业如何建品牌** 梁小平　著	中小企业建品牌的入门读本，通俗、易懂	对建品牌有了一个整体框架
	采纳方法：破解本土营销8大难题 朱玉童　编著	全面、系统、案例丰富、图文并茂	希望在品牌营销方面有所突破的人，应该看看
	中国品牌营销十三战法 朱玉童　编著	采纳20年来的品牌策划方法，同时配有大量的案例	众包方式写作，丰富案例给人启发，极具价值
渠道通路	**快消品营销与渠道管理** 谭长春　著	将快消品标杆企业渠道管理的经验和方法分享出来	可口可乐、华润的一些具体的渠道管理经验，实战
	传统行业如何用网络拿订单 张　进　著	给老板看的第一本网络营销书	适合不懂网络技术的经营决策者看
	采纳方法：化解渠道冲突 朱玉童　编著	系统剖析渠道冲突，21个渠道冲突案例、情景式讲解，37篇讲义	系统、全面
	学话术　卖产品 张小虎　著	分析常见的顾客异议，将优秀的话术模块化	让普通导购员也能成为销售精英
	销售：如何与客户高层打交道 贺兵一　著	一套完整有效的销售策略	有工具，有方法，有案例，通俗易懂
	通路精耕操作全解：快消品20年实战精华 周　俊　陈小龙　著	通路精耕的详细全解，每一步的具体操作方法和表单全部无保留提供	康师傅二十年的经验和精华，实践证明的最有效方法，教你如何主宰通路

思想·文化：把客户需求融入企业各环节，提供“客户认为”有价值的东西

	书名．作者	内容/特色	读者价值
思想·文化	**史幼波中庸讲记（上下册）** 史幼波　著述	全面、深入浅出地揭示儒家中庸文化的真谛	儒释道三家思想融汇贯通
	史幼波心经讲记（上下册） 史幼波　著述	句句精讲，句句透彻，佛法经典的多角度阐释	通俗易懂，将深刻的教理以浅显的语言讲出来
	史幼波大学讲记 史幼波　著述	用儒释道的观点阐释大学的深刻思想	一本书读懂传统文化经典